EXCESS RETURNS

초과
수익
바이블

EXCESS RETURNS

100년을 관통하는 세계적 대가들의 주식투자 절대 원칙

프레더릭 반하버비크 지음 | 이건·서태준 옮김 | 신진오 감수

에프엔미디어

읽고, 공부하고,
실천하면 된다

윤지호(이베스트투자증권 리서치센터장)

직업상 '미스터 마켓(Mr. Market)'의 조울증에 맞서 싸워야 할 때가 있다. 2020년 3월은 그중에서도 가장 가혹한 시기였다. 코스피가 2000, 1800, 1500포인트로 순차적으로 무너지는 상황에서 '당신의 생각은 뭐냐?'는 질문을 사내외에서 받았고, 더 이상 왈가왈부 시장을 평가하기도 민망한 때였다. 답답한 마음에 책장을 뒤져 책 몇 권을 골라 읽었는데, 그중 하나가 프레더릭 반하버비크의 《Excess Returns》다. 최근까지도 이 책의 번역서가 나와 있는 걸 몰랐던 나는 짧은 영어 실력으로 원서를 한 구절 한 구절 읽어갔다.

당시 내린 결론은 세 가지였다. (1) 매크로 이슈에 너무 얽매이지 말자. (2) 이번에도 새롭지 않다. 그냥 좋은 기업이 무엇인지만 찾자. (3) 좋은 기업을 싸게 사놓는다면, 결국 이 위기 국면이 기회가 될 것이다.

2020년 3월 24일, '가을이 되면 풍성하게 수확할 수 있는 시과나무를 심고 기다립시다'라는 문구로 시작한 '이베스트 리서치센터 사과나무' 시리즈를 발간한 배경이다. 코로나의 절정 국면에서 매수를 외칠 수 있었던 것은 바로 《Excess Returns》에 잘 정리된, 대가들에게서 공통적으로 발견되는 투자 전략에 공감했기 때문이다.

2017년 방콕 시암 파라곤 쇼핑몰에 있는 서점에서 이 책을 처음 접했고, 이후 몇몇 사람들과 함께 번역하며 읽었던 기억이 생생하다. 최근에야 에프엔미디어를 통해 이 책이 번역되어 있음을 알게 되었고, 번역된 《초과수익 바이블》을 다시 읽었다. 번역 문장은 깔끔했고, 무엇보다 내가 잘못 이해한 부분을 발견한 것이 큰 수확이었다. 좋은 책을 좋은 문장으로 번역해준 것에 감사한다.

좋은 책을 발견한 기쁨을 더 나누고 싶다. 강연과 모임 뒤에 종종 책을 추천해달라는 질문을 받아왔는데, 이 책이 답이 될 수 있어서 마음의 불편함을 덜었다. 아마도 같은 질문에 시장 바깥에 있는, 아카데미즘에 충실한 분들은 기업 가치평가 또는 매크로 관련 난해한 책을 떠올릴 것이고, 현장에서 투자 경험을 쌓아온 분들은 벤저민 그레이엄, 워런 버핏, 피터 린치, 앤서니 볼턴, 세스 클라만, 조엘 그린블라트, 데이비드 드레먼, 조지 소로스 등의 책을 떠올릴 것이다. 문제는 구루(GURU)들의 의견이 충돌하는 부분도 있고, 무엇을 말하려는 것인지 정리하기도 쉽지 않다는 점이다. 이 책은 그러한 혼돈을 말끔하게 해결해준다.

《초과수익 바이블》은 광범위한 주제를 일목요연하게 다룬다. 투자 과정, 주식의 매수와 매도, 위험 관리, 현명한 투자자라는 4개의 주제로 나눴다. 원서에서는 4개의 주제를 A에서 K까지 11개 챕터로 나누어 실질적 제안을 대가들의 조언과 함께 정리한다. 번역서에서 1~11로 바뀐 챕터들은 독립적인 아이디어를 담았으므로 투자 시점의 현실에 맞는 챕터를 찾아 도움을 받을 수 있다.

이 책을 원서로 먼저 접한 나도 A에서 K까지의 주제들을 시점에 따라 찾아서 기본 지식을 얻은 다음 이와 관련된 자료, 법과 제도, 데이터를 찾아 우리 투자 환경에 적용해보았다. 기대 이상으로 큰 도움을 받았다. 6장의 '성장주기에 따른 투자'와 '경기민감주에 투자하기'는 직접 자료로 연결했던 기억이 새록새록하다.

이 책의 활용법을 더 소개해보자.

1부는 '주린이'에게 유용하다. 초보자라면 누구나 알고 있어야 할 투자 상식을 다룬다. 1장은 투자철학과 행동경제학이 무엇인지를 간략히 소개한다. 2~4장은 실무 교과서에 비견된다. 5장에서는 바로 앞에서 제시한 3가지 투자 프로세스의 각 과정에서 저지르기 쉬운 실수를 살펴보고, 이를 피하는 방법도 다룬다. 책을 읽으면서 개념을 이해하기가 어렵다면 관련된 책을 좀 더 찾아 도움을 받기 바란다. 1부에서 던진 질문을 답하는 과정만으로도 독자는 이미 주린이에서 탈출할 수 있다.

이 책의 중심은 2부다. 실전 투자자라면 책에서 다룬 주제 하나하나를 직접 적용해보길 권한다. 성장주, 경기민감주, 회생주 등을 어떻게 진단하고 판단을 내려야 하는지 6장에서 다룬다. 이어 7장에서 매수와 매도를 어떤 기준으로 실행해야 하는지를 매우 구체적으로 제시한다. 실전 투자자라면 이 두 챕터를 읽는 것만으로도 책값을 뽑아낼 수 있다. 8장은 시장 자체를 어떻게 측정할 것인지, 호황과 불황의 경기순환에 맞춰 투자자는 어떤 태도를 지녀야 하는지를 기술했다. 내가 지난 3월 줄을 그어가며 읽고 앞에서 언급한 결론을 내린 부분이기도 하다. 9장은 실전 투자자라면 '내 이야기 아니야?' 라고 헛웃음을 짓게 하는 내용이 담겨 있다. '실패하는 투자자의 15가지 착각'은 트레이더라면 자신의 PC 앞에 두고 매일 숙지할 만한 내용이다.

3부와 4부는 앞서 다룬 주제들을 요약, 정리했다. 3부에서 위험 관리의 중요함을, 4부에서 저자가 대가들의 투자를 집대성하면서 얻은 아이디어를 3개의 요소로 마무리한다.

코로나의 공포는 아직 사라지지 않았지만, '주린이'라는 단어가 생길 정도로 어디에 가든 주식 이야기가 풍성하다. 카페 옆자리 젊은 청춘들의 대화에도, 오랜만에 만난 동네 친구와의 근황 얘기에도 주식 투자는 빠지지 않는다. 존 F. 케네디의 아버지로 증권거래위원회(SEC)의 초대 위원장이었던 조지프 케네디가 구두 닦는 소년마저 주식 투자를 한다는 이야기를 듣고 바로 주식을 처분했고 얼마 지나지 않아 대공황이 시작되었다는 월가의 고점 신호마저 생각나게 할 정도다.

하지만 너무 걱정하지 말자. 조지프 케네디가 활동하던 시대의 증시는 정량적인 투자 기법보다 내부 정보와 작전, 그리고 감에 의존한 투자가 만연했다. 1934년 주가 조작을 단속하는 SEC 위원장에 조지프 케네디를 임명한 뒤 비판이 쏟아지자, 루스벨트 대통령은 "사기꾼을 잡기 위해 사기꾼을 기용한다"라고 말했다고 전해진다. 감독 당국도 감으로만 작전 세력을 찾아내던 시대의 신호가 현재 유용하지는 않을 것이다.

오히려 대공황은 과학적 투자 기법의 출발점이다. 1934년 벤저민 그레이엄의 《증권분석》이 출간되었고, 이후 1949년 출간된 《현명한 투자자》는 가치투자 시대를 열었다. 1950년대에 들어서면서 가치주 외에 성장주라는 개념이 시장에 알려졌다. 1958년 필립 피셔의 《위대한 기업에 투자하라》가 출간되면서 성장주 투자자의 개념이 도입되고 성장주 투자자들에게 결정적 영향을 주었다. 워런 버핏은 1992년 버크셔 해서웨이의 연간보고서에서 자신을 '85%의 벤저민 그레이엄(가치투자자)과 15%의 필립 피셔(성장투자자)'로 묘사했다. 버핏의 표현을 빌리면 "두 가지 접근은 붙어 있다(joined at the hip)".

하지만 아쉽게도 한국의 투자 지형은 여전히 숫자보다 음모설이 투자자들의 관심권에 머물러 있다. 한국 증시는 1400에서 2400포인트까지 올라왔지만, 대중 매체는 여전히 매일매일 시장의 오르고 내림을 해설하고 신비한 비법을 전하는 데 급급하다. 서점은 자신만이 답을 안다는 책으로 넘쳐나고, 유튜브는 점점 더 자극적인 헤드라인으로 시청자를 유혹한다. 불량식품을 먹고 배탈이 난 사람들은 올바른 처방을 원한다. 이를 기다리는 투자자들의 질문은 더 절실해지고 있다.

주식 투자의 출발점이 좋은 기업 찾기이듯이, 투자 도서 역시 마찬가지다. 투자 대가들의 공통점은 전달하고자 하는 메시지가 쉽고 명쾌하다는 데 있다. 매일 시황을 듣고 돈을 많이 벌었다는 성공담을 듣는다고 해서 따라 할 수 있는 게 아니다. 투자 관련 지식을 갖춰야 투자 언어들을 이해하고, 투자 언어를 이해해야 자료와 투자 메시지의 의미를 파악할 수 있다.

투자 결정에서 위험이나 불확실성만 문제가 되는 것은 아니다. 오히려 더 큰 문제는 개인에게 있다. 투자 관련한 기존 지식이 있는가? 투자 성향은 어떠한가? 무엇보다 무엇을 원하고 선호하는가? 결정이 늦거나 너무 성급한 이유는 바로 투자자 자신에게 있다. 자신의 투자 지식과 투자 성향을 알고 싶다면, 이 책을 읽고 자신과 대가들의 말 한마디 한 마디를 비교하기 바란다. 자신의 민낯이 드러나는 경험을 할 수 있다.

미래는 알 수 없다. 모두 알 수 있으리라는 오만한 생각에 빠지면 불확실성에 대응할 힘을 잃는다. 우리가 할 수 있는 일은 다른 이보다 먼저 불확실성을 줄이는 쪽으로 대응해가는 것뿐이다. 과거 어떤 에세이에서 읽었던 문장이 떠오른다. '사람은 늘 지나고 나서야 현명해진다(Everyone is wise after the event)'. 《초과수익 바이블》은 거장들의 현명함을 늦지 않게 전해주는 책이다. 지나기 전에 현명해지자. 읽고, 공부하고, 실천하면 된다.

실전에 써먹을 수 있는 통찰이 가득한 책

홍춘욱(프리즘투자자문 대표)

2020년 주식시장은 참으로 큰 변화를 겪었다. 신종 코로나 바이러스가 걷잡을 수 없이 확산되어 세계 경제가 심각한 불황에 빠져들었음에도 불구하고, 미국 등 선진국 주식시장을 중심으로 가파른 주가 상승이 나타난 것은 참으로 놀라운 일이다. 강력한 물가 하락 위험에 맞서기 위해 중앙은행들이 적극적으로 통화 공급을 늘린 것이 주가 상승의 가장 직접적인 원인이겠지만, 개인 투자자들이 주식시장에서 강력한 매수를 기록한 것도 무시 못 할 요인임에 분명하다.

그러나 최근 개인 투자자들의 시장 참여를 마냥 긍정적으로만 보기 어렵다는 의견도 많은 것 같다. 이런 비관론의 배후에는 역사적으로 한국의 개인 투자자들이 주식시장에서 큰 성취를 거두지 못한 사실이 자리 잡고 있다. 예를 들어 2002년 이후 개인 투자자의 투자 성과를 측정하기 위해 순매수 상위 10개 종목의 성과를 평균 내면 −7.5%를 기록했다. 반면 외국인의 순매수 상위 10종목의 평균 수익률은 36.4%에 이른다. 즉, 한국 주식시장은 외국인은 높은 수익률을 올리는 반면 개인 투자자는 손해 보는 구조가 만성화된 셈이다.

왜 개인 투자자들은 이렇게 부진한 성과를 기록할까?

여러 이유가 있겠지만, 가장 큰 문제는 체계적인 지식이 부족하다는 데 있다. 예를 들어 기업이 유상증자를 하는 것은 주가에 호재인가, 악재인가? 최근에야 기업의 유상증자

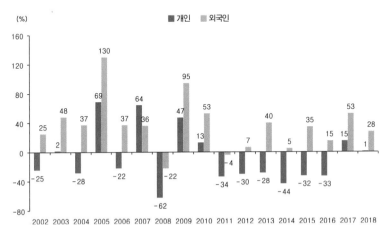

2002년 이후 개인과 외국인 순매수 상위 종목 성과(YTD 기준)

자료: 한국거래소, Wisefn

를 '부정적' 뉴스로 파악하는 경향이 있지만, 예전에는 유상증자를 '긍정적'으로 해석하는 사람들이 많았다.

이런 문제를 해결해주는 책이 바로 《초과수익 바이블》이다. 이 책은 역사적으로 뛰어난 성과를 거둔 투자 대가들의 이야기와 투자 경험을 녹여내어, 주식 투자에 뛰어들려는 투자자들에게 아주 좋은 무기를 제공한다고 볼 수 있다. 예를 들어 주식의 신규 공모에 대한 주식 대가들의 지적을 소개하는 부분이 대표적이다.(107~108쪽)

대가들은 공모주 대부분의 수익률이 시장지수를 크게 밑돌았다고 경고한다. 규모가 작은 기업, 특히 매출이 5,000만 달러 미만인 '초소형주(microcap)'의 공모주 실적이 매우 나쁘다. 그리고 매력적인 공모주는 주로 기관투자가들에게 우선 배분되고, 매력이 없는 공모주만 일반 청약자들에게 배분된다는 점도 유념해야 한다. 공모주의 실적이 부진한 주된 이유는 다음과 같다.

(1) 고평가: 공모가를 높일수록 기업주에게 유리하므로, 대부분 공모주는 고평가된다고 보아야 한다. 기업공개를 주도하는 경영진과 증권회사는 여러 수단을 동원해서 주가를 띄울 수 있다.(중략)

⑵ 경험 부족: 대부분 경험이 부족한 신생 기업이며, 이익을 내본 적이 없는 기업도 많다. 따라서 실적이 기대에 못 미치기 쉽다.

특히 워런 버핏은 "발행시장은 지배주주와 기업들이 주도하는데, 이들은 공모 시점을 선택할 수 있습니다. 당연한 일이지만 이들은 싼 가격에 팔 생각이 없습니다. 이들이 적정 가격의 절반 가격에 파는 일은 드뭅니다. 사실 이들은 시장이 과열되었다고 생각할 때에만 주식을 처분하려고 합니다"라고 지적한 바 있다.

물론 주식시장에 오랫동안 몸담은 투자자들이라면 워런 버핏의 말을 이미 알고 있었을 수도 있다. 그러나 투자의 경험이 많은 투자자들조차도 모르는 영역이 꽤 많다는 것 또한 분명한 사실이다. 가장 대표적인 경우가 '주가지수'에 새로 편입되는 기업들에 대한 투자를 기피해야 한다는 점이다.

한국 주식시장의 가장 대표적인 지수 KOSPI200은 정기적으로 개편되며, 지수에서 빠지는 기업은 주가가 하락하는 반면 새롭게 지수에 편입되는 기업들은 주가가 상승할 것이라고 생각된다. 그러나 주식 투자의 대가들은 전혀

반대 의견을 제시한다.(110~111쪽)

지수에 편입되는 종목이 흔히 고평가되는 이유는 두 가지다. 첫째, 주로 일정 기간 초과수익을 기록한 종목들이 지수에 편입된다. 따라서 이들은 대개 최근 인기를 얻어 주가가 상승한 종목들이다.

둘째, 지수에 새로 편입되는 종목은 지수를 추종하는 펀드들이 반드시 매수해야만 하므로 주가가 더 상승한다. 제러미 시겔은 저서 《투자의 미래(The Future for Investors)》에서, S&P500에 새로 편입된 종목들의 수익률이 지수에 못 미쳤다고 지적했다. 그는 1957년 최초 S&P500 종목들의 수익률이 이후 2005년까지 50년 동안 S&P500 지수 종목의 수익률을 초과했다고 밝혔다.

즉 새롭게 지수에 편입될 것이라는 기대로 단기간 주가가 상승하며 '투자의 매력'이 떨어지는 데다, 최근 인기가 높아서 지수에 새로 편입되었던 것을 함께 고민할 필요가 있다는 것이다. 물론 예외가 없는 것은 아니지만, 적어도 지수에 편입될 것이라는 기대만으로 어떤 특정 종목을 매수하는 것은 올바른 투자 전략이 아닐 수 있다는 지적은 경청할 가치가 있다고 본다.

이 외에도 《초과수익 바이블》은 대단히 많은 주식 투자의 기초 지식을 전달해준다. 예를 들어 절대 공매도(short selling)해서는 안 될 기업들이라든가, 혹은 신흥국 시장에 투자할 때 '단일 민족 국가'인지 여부를 꼭 체크하라는 것 등 매우 다양한 부분에서 실전 투자에 도움이 되는 팁을 담고 있다. 특히 이코노미스트의 입장에서 355쪽에서 시작되는 '주식시장의 고점과 저점을 알 수 있는 지표' 부분은 참으로 배울 게 많았다. 미국 주식시장에서 어마어마한 성공을 거둔 대가의 투자 기법을 정리한 책답게, 27년 동안의 이코노미스트 경험에서도 미처 깨닫지 못했던 핵심적인 부분을 지적해준 것은 참으로 고마웠다.

끝으로 귀한 책 번역하느라 수고한 이건, 서태준 선생님, 그리고 책을 출간하느라 동분서주한 에프엔미디어 편집진에게도 감사하다는 말을 전하고 싶다.

주식 투기로 돈을 잃는 것은 월가의 속임수에 당해서만은 아니다. 가장 큰 이유는 주식시장이 불로소득을 챙길 수 있는 기적이 일어나는 곳이라고 줄기차게 믿고 투기를 벌이는 사람들이 너무나 많다는 점이다.

버나드 바루크(Baruch, 1957)

주식시장은 사람들의 상상력에 불을 댕기는 곳이다. 가진 것이 별로 없는 사람도 주식시장에서 종목만 잘 고르면 손쉽게 벼락부자가 될 수 있다고 생각한다. 그러나 현실에서는 실제로 그렇게 부자가 된 사람을 찾아보기가 어렵다. 수많은 연구에 의하면, 주식시장에서 자신의 운세를 시험해본 사람들 대부분이 주가지수를 능가하기는커녕 따라가지도 못한다. 사람들의 생각과는 달리 종목 선택을 통해 부자가 되기는 그리 간단하지 않다는 뜻이다.

　시장을 능가하는 사람이 거의 없다는 사실을 깨달은 일부 학자들은 시장이 워낙 효율적이라, 운이 좋지 않고서는 시장을 능가할 수 없다고 생각하게 되었다.[1] 이른바 효율적 시장 가설(efficient market hypothesis) 지지자들은 주가가 정상을 벗어나더라도 일반 투자자들은 이득을 보기 힘들다고 생각했는데, 이는 저평가 주식을 찾아다니는 투자 전문가들이 가격을 즉시 바로잡기 때문이라고 보았다.

효율적 시장 가설은 어떤 투자 기법으로도 시장을 능가할 수 없다고 분명하게 주장한다. 그러나 나중에 설명하겠지만, 이 가설은 시장의 흐름을 제대로 설명하지 못할뿐더러 시장이 언제나 효율적인 것만은 아니라는 징후도 많다.

시장을 능가하기

특정한 스타일로 시장을 능가할 수 있다고 주장하는 사람들에도 다양한 부류가 있다. 이를테면 트레이더는 주가 흐름을 분석해 시장을 앞서가려 한다. 추세 추종자나 모멘텀(momentum) 트레이더들은 가격 모멘텀에 올라타려고 애를 쓴다.

반면에 대가들은 "시장을 능가하려면 회사의 내재가치, 경영진, 재무제표, 거시경제 등의 펀더멘털에 집중해야 한다"고 주장한다. 이들은 이런 펀더멘털을 분석해서 주식이 쌀 때 사서 비쌀 때 팔려고 한다. 어떤 대가들은 전적으로 정량 데이터에만 집중하는 반면, 다른 이들은 주식을 평가할 때 정성 데이터도 포함한다. 그리고 거시 투자자로 불리는 또 다른 부류는 거시경제 상황을 고려해 전 세계에 걸쳐 다양한 자산에 투자함으로써 시장을 능가할 수 있다고 믿는다.

특정한 스타일을 따르면 시장을 능가할 수 있다는 주장을 검증하기 위해 대가들의 최소 10년 연복리 수익률을 표 1에 정리해보았다.[2]

효율적 시장 가설을 지지하는 사람들은 이런 수익을 운이 따른 예외일 뿐이라고 할 것이다. 특출한 수익은 홈런(이를테면 저가 투기주에

표 1. 10년 이상 투자한 대가들의 연복리 수익률 추정치

이름	수익률(운용 햇수)	이름	수익률(운용 햇수)
리처드 데니스 *3	120% (19)	브루스 카쉬	23% (25)
마이클 마커스	120% (10)	스탠 펄미터	23% (18)
제프리 우드리프	118% (10)	H. 사이들러 *3	22.8% (23)
브루스 코브너	87% (10)	프란시스코 가르시아 파라메스	22.52% (14)
랜디 맥케이	80% (10)	제리 파커 *3	22.2% (23)
빅터 스페란데오	72% (19)	셸비 데이비스	22% (45)
에드 세이코타	60% (30)	마틴 테일러	22% (11)
윌리엄 에크하르트 *3	60% (13)	S. 에이브러햄 *3	21.7% (19)
길 블레이크	45% (12)	톰 클로거스	21% (26)
조엘 그린블라트 *2	45% (19)	벤저민 그레이엄 *1	21% (20)
윌리엄 오닐	40% (25)	앤서니 볼턴	20.3% (27)
짐 루벤	40% (10)	루 심프슨	20.3% (24)
짐 로저스 *4	38% (11)	월터 슐로스 *1	20% (49)
스탠리 드러켄밀러	37% (12)	R. C. 페리	20.8% (20)
로버트 윌슨	34% (20)	프렘 왓사 *2	20% (15)
제임스 시몬스	34% (24)	톰 냅 *1	20% (16)
릭 게린 *2	33% (19)	에드워드 소프	19.8% (29)
제프 비닉	32% (12)	B. S. 셔먼	19.6% (20)
루이스 베이컨	31% (15)	데이비드 아인혼	19.4% (17)
데이비드 본더먼	〉30% (20)	스티브 클라크 *2	19.4% (11)
리처드 드리하우스	30% (12)	G. 마이켈리스	18.4% (15)
톰 생크스 *3	29.7% (22)	빌 루안 *1	18% (14)
피터 린치	29.2% (13)	글렌 그린버그	18% (25)
조지 소로스	29% (34)	잭 드레퓌스	17.7% (12)
에디 램퍼트	29% (16)	대니얼 러브	17.6% (15)
폴 튜더 존스	26% (19)	마틴 휘트먼	17.2% (21)
스콧 램지	25.7% (11)	A. 밴던버그	16.6% (33)
폴 라바 *3	25.5% (23)	세스 클라만	16.5% (25)
마틴 츠바이크	25% (19)	T. 로 프라이스	16% (38)
줄리언 로버트슨 *4	25% (20)	톰 루소	15.8% (24)
마이클 스타인하트	24.7% (28)	피터 컨딜	15.2% (33)
찰리 멍거 *2	24% (12)	존 템플턴	15% (38)
조 비딕	24 % (10)	존 네프	14.8% (31)
리즈 슈발 *3	23.1% (23)	필립 캐럿	13% (55)
워런 버핏 *2	23% (54)		

주 : *1 정량분석가, *2 정량 – 정성분석가, *3 추세 추종 트레이더, *4 거시경제 투자

투자해 100배의 수익을 챙기는 경우)이나 레버리지(부채나 파생상품을 이용)를 통해서 가능하다고 주장한다. 하지만 표 1의 실적을 한 꺼풀 벗겨보면 이들 모두가 단지 운이 좋았다는 논리로는 뭔가 부족하다.

첫째, 이런 수익이 가능했던 것은 홈런이나 레버리지 때문이 아니다. 사실상 이들 수익 모두 10~60년에 이르는 기간에, 매매를 통해 분산된 포트폴리오를 구축해 달성된 것이다. 표 1에 보이는 대가 중 일부는 레버리지를 사용하긴 했지만, 나머지 대부분은 그러지 않았다. 게다가 레버리지를 사용한 그 누구도 단 한 번의 일확천금으로 이런 뛰어난 실적을 내진 않았다. 아마도 선물 트레이더인 리처드 데니스(Richard Dennis)와 윌리엄 에크하르트(William Eckhardt)는 해당 기간에 수백 수천 건의 거래를 했을 것이다.

둘째, 표 1에 보이는 수익의 상당수는 이 대가들의 실력을 충분히 보여주지 못한다. 여기에 보이는 다양한 수익들은 운용보수와 비용을 차감한 후의 수치들이어서, 차감 전 수익은 훨씬 크다고 할 수 있다. 더욱이 일부 수익은 규모가 너무 커서 운용에 제약이 많았던 대형 포트폴리오로 이룩한 것들이다. 포트폴리오의 규모가 클 때는 규모가 작을 때만큼 신속하게 주식을 매매할 수 없다는 점을 고려해야 한다. 또한 포트폴리오 규모가 크면 매니저는 거래 종목에도 제약을 받게 되는데, 똑똑한 포트폴리오 매니저라면 실적에 별 도움이 되지 않는 소형주에는 손댈 수 없기 때문이다. 결론적으로 이는 운용자가 최상의 선택을 할 수 없었고, 따라서 이들의 실적에도 제약이 있었다는 의미다.

셋째, 표 1의 수익 중 일부는 변동성도 매우 낮은 수준을 유지하면서 달성한 실적이다. 가장 극명한 예가 1969~1988년까지 투자조합을 운영한 230개월 중 227개월에 수익을 낸 에드워드 소프(Edward Thorp)의 실적이다.

월간 기준으로 수익을 낼 확률이 60%(과거 실제 확률)라고 가정할 때, 누구든 소프 이상의 실적을 지속적으로 달성할 확률은 6.1^{-46}이다. 이는 지구 위 임의의 장소에서 특정 원자 한 개를 찾을 확률보다 겨우 몇 자릿수 큰 확률이다. 따라서 소프가 운만 좋았던 것은 아니라고 보아도 무방할 것이다.

넷째, 표 1의 많은 인물이 서로 유사한 스타일을 통해서 시장을 능가했다는 사실이다. 시장이 효율적이라면 구조적으로 불가능한 현상이다.

효율적 시장 가설론자들은 투자나 트레이딩 원칙이 학습될 수 있다는 사실을 더더욱 받아들이기 힘들 것이다. 하지만 표에서 알 수 있듯이, 리처드 데니스와 윌리엄 에크하르트에게 모멘텀 트레이딩을 배운 몇몇 터틀 트레이더(turtle traders, *3으로 표시함)도 매우 성공적이었다. 더구나 모멘텀 트레이딩의 선구자였던 전설적인 투자자 제시 리버모어(Jesse Livermore)는 터틀 트레이더를 비롯한 표 1의 모멘텀 트레이더들에게 영감을 주는 정신적 스승 역할을 했다.

마찬가지로 벤저민 그레이엄(Benjamin Graham)에게 가치투자를 배운 그레이엄의 제자들(*1로 표시함) 역시 독립적으로 자신들만의 가치투자 원칙들을 실천에 옮겨 놀라운 성공을 거두었다.

이들 외에도 *2로 표시한 이들은 이른바 버핏류로 불리는 대가들이다. 에디 램퍼트(Eddie Lampert), 조엘 그린블라트(Joel Greenblatt),

프렘 왓사(Prem Watsa)는 워런 버핏(Warren Buffett)의 스타일을 추종했다고 공개적으로 밝혔고, 릭 게린(Rick Guerin)과 찰리 멍거(Charlie Munger)는 버핏의 동업자로 일했다.

또 다른 곤혹스러운 예는 조지 소로스(George Soros)가 이룩한 성취인데, 짐 로저스(Jim Rogers)와 결별한 후 후임자로 탁월한 스탠리 드러켄밀러(Stanley Druckenmiller)를 발굴해서 헤지펀드 운용을 맡겼다(모두 *4로 표시함).

효율적 시장 가설에 의하면, 시장을 능가하는 사람들은 단지 운 좋은 개인이어야 하므로 무리를 이룰 가능성은 현저히 낮다. 이는 소위 새끼 타이거(표에는 없음)에 의해 다시 한번 흔들린다. 이들은 줄리언 로버트슨(Julian Robertson)의 타이거 펀드(Tiger Fund)에서 일한 후 제각각의 길을 걸어간 매우 성공적인 대가들, 이를테면 스티븐 만델(Stephen Mandel)과 리 에인슬리(Lee Ainslie) 같은 인물들이다.

끝으로, 스타일이나 방법을 떠나 표 1의 모든 인물이 남들과 다른 태도와 습관, 정신적 요건들을 핵심 성공 요인으로 꼽고 있다는 사실이다(본서의 마지막 장에서 다룰 것이다).

그동안 경영대학원에서 수많은 학생에게 생각해봐야 아무 소용 없다고 가르쳐준 덕분에 내가 유리했습니다.

워런 버핏(Grant, 1991)

투자의 대가들

앞에서 특정 트레이딩이나 투자 스타일로 시장을 능가할 수 있다는 자료들을 열거했다. 이제 이를 염두에 두고 대가들이 어떻게 시장을 능가하는지에 초점을 맞춰보겠다. 바로 이것이 이 책에서 다루려는 주제다.

그림 1은 일부 대가들의 S&P500 지수 대비 초과수익률(배당금 재투자)을 나타낸다.[3] 이들이 상당한 차이로 시장을 능가해왔음을 한눈에 알 수 있다.

먼저 눈에 들어오는 점은, 기간이 길어질수록 시장지수를 능가하는 초과수익이 줄어드는 경향이다. 그런데도 어떤 대가들은 반세기가 넘는 기간에 걸쳐서 5%가 넘는 초과수익을 달성하기도 했다. 가장 경이로운 사례는 워런 버핏의 실적으로, 54년에 걸쳐 무려 13%라

그림 1. 대가들의 S&P500 지수 대비 초과수익률(배당금 재투자)

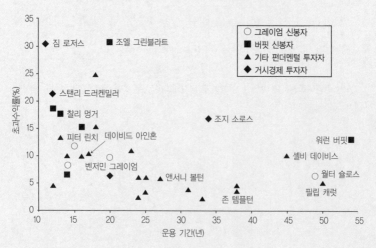

24

는 놀라운 초과수익률을 기록했다.

그림 1에는 이 책에서 중시하는 미국의 전설적인 대가들이 등장한다.

벤저민 그레이엄은 일반적으로 가치투자의 아버지로 여겨지며, 흔히 정량 스타일을 사용했다. 즉, 사업보고서에 나오는 재무 정보를 이용했다. 나중에 투자업계를 주름잡게 되는 워런 버핏과 월터 슐로스(Walter Schloss) 등 몇몇 사람들에게 가치투자를 가르쳤다.

피터 린치(Peter Lynch)는 역사상 최고의 펀드매니저 중 한 명이다. 1977~1990년에 걸쳐 피델리티(Fidelity)의 마젤란 펀드(Magellan Fund)를 운용했다. 그의 저서 《전설로 떠나는 월가의 영웅(One Up On Wall Street)》과 《피터 린치의 이기는 투자(Beating the Street)》는 1990년대에 큰 인기를 끌었다.

앤서니 볼턴(Anthony Bolton)은 1979~2007년에 걸쳐 피델리티 특수 상황 펀드(Fidelity Special Situation Fund)를 운용했다. 이런 면에서 그는 피터 린치의 가까운 동료였다.

찰리 멍거는 워런 버핏의 동업자로 1970년대에 버크셔 해서웨이(Berkshire Hathaway)에 합류한 이래 그의 최측근으로 활동해왔다. 버크셔에 합류하기 전에는 1962~1975년에 걸쳐 놀라운 실적을 쌓아 올렸다.

필립 캐럿(Philip Carret)은 워런 버핏의 좋은 친구였으며, 반세기에 걸쳐(1930년대의 대공황을 포함해서) S&P지수를 연 5% 정도 능가하는 놀라운 실적을 냈다.

존 템플턴(John Templeton)은 1954~1992년에 걸쳐 템플턴 성장 펀

드(Templeton Growth Fund)를 운용했다. 여기에 열거한 다른 투자자들과 달리 템플턴이 돋보이는 점은 미국이 아닌 외국에 계속해서 투자했다는 것이다.

월터 슐로스는 1950년대에 벤저민 그레이엄이 투자조합을 정리할 때까지 그의 동료였다. 이후 직접 투자회사를 차려 약 49년 동안 정량분석 스타일로 인상적인 실적을 쌓아 올렸다.

셸비 데이비스(Shelby Davis)는 주로 보험회사 주식에 투자해 1940년대 후반~1990년대 초반에 걸쳐 10만 달러를 8억 달러로 늘렸다.

조엘 그린블라트는 그의 투자조합을 1985~1995년에는 연 50%, 1985~2005년에는 연 40%로 키워냈다. 그린블라트는 워런 버핏의 투자 스타일을 따라 했다고 인정한다. 최근에는 정량분석 투자에 더욱 집중하고 있다.

워런 버핏은 십중팔구 가장 뛰어난 실적을 기록한 대가다. 1950년대 초반~1957년에 주식시장을 압도적인 차이로 능가했다.[4] 1957~1968년에는 투자조합을 운용하면서 운용보수 차감 전 수익률 연 31.6%를 달성했다. 1968년에 투자조합을 정리한 후에는 과거 조합 포트폴리오 종목 하나에 모든 역량을 집중했는데, 바로 버크셔 해서웨이다. 그는 버크셔 해서웨이를 투자회사로 만들어 1968~2012년에 걸쳐 주당 순자산(Bookvalue per Share, BPS) 증가율 연 20%를 달성했다.

버핏은 이례적으로 장기간(초창기를 제외하고서도 54년)에 걸쳐 초과수익을 기록했을 뿐 아니라, 운용자산이 1,000억 달러 이상으로 폭발적으로 증가하는 동안에도 계속 초과수익을 냈다는 점이 놀랍다. 그림 2는 1957년 이후 버핏의 S&P500 지수(배당금 재투자) 대비 연간 수익률, 5년 연복리 수익률, 10년 연복리 수익률을 나타낸다. 이 그림에서 보듯이 54년 중 7년은 S&P500 지수를 밑돌았지만, 5년 연복리 수익률, 10년 연복리 수익률은 거의 모두 연 5%가 넘는 초과수익률을 기록했다. 운용자산이 폭발적으로 성장했는데도 말이다.

표 1과 그림 2의 놀라운 실적들은 초과수익이 가능하다는 사실을 분명하게 보여준다. 따라서 대가들이 어떻게 시장을 능가했는지 검토해보는 것은 의미 있는 일이다. 대가들의 접근 방식을 들여다보고 그들의 행적에서 배워 우리 투자에 적용할 수 있을 것이다.

대가들의 관행과 기법은 일반 투자자와 사뭇 다르다. 게다가 이들의 방법은 이상하리만치 놀라운 유사성을 보인다. 대가들은 같은 곳에서

그림 2. S&P500 지수 대비 버핏의 초과수익률

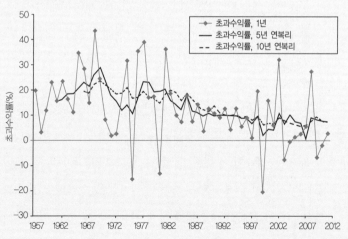

자료 : 워런 버핏의 버크셔 해서웨이 주주 서한, 투자조합 서한

저평가 종목들을 탐색하고, 같은 맥락에서 기업들을 분석하고, 매매 원칙도 똑같고, 성공 투자 요소로 꼽는 태도, 기술, 행동도 똑같다.

이 책이 다루는 내용

이 책은 정량 투자 스타일과 정량–정성(quantitative-qualitative) 투자 스타일만 집중적으로 다룬다. 이들 스타일을 가장 성공적으로 적용한 대가들의 방법을 개관하는 것이 목적이다. 이 책은 수많은 서적, 인터뷰, 기사, 주주 서한 등에서 찾은 대가들의 정보를 취합했으므로, 대가들이 쓴 책이나 대가들에 관한 다른 투자 서적들과는 다르다. 이렇게 취합한 정보를 다시 종합해 체계적으로 정리했다. 대가들의 기법을 뒷받침하는 논리를 빠짐없이 설명하려고 노력했다.

이 책에서 다루는 방법론들은 행동재무학(behavioral finance)이나 시장 효율성(market efficiency)에 관한 현대 이론과도 잘 맞아떨어질 것이다. 책을 관통하는 또 다른 주제는 시장을 능가하려면 노력과 집중, 원칙이 필요하다는 것이다. 충분한 시간과 노력을 들이면서 원칙을 고수할 때 투자에서 성공을 맛볼 수 있다.

반면 지름길만 찾으려 하면서 투자에 충분한 시간을 할애하지 못하고, 필요한 태도나 행동을 개발하지 못하는 사람들에게는 가망이 없다.

이 책은 투자에 강력한 우위를 제공하는 탄탄하고 효율적인 투자 방식을 모든 투자자에게 제공할 것이다. 투자자들은 수익률을 높여주는 대가들의 기법과 습관을 자신의 투자에 적용해볼 수 있을 것이다.

이 책의 구성

1장에서는 먼저 투자철학과 근거를 다룬다. 투자가 도대체 무엇인지, 대가들은 주식시장을 어떻게 생각하며 그런 접근 방식이 왜 경쟁우위를 제공한다고 믿는지를 설명한다. 이어서 세계적인 대가들이 적용하는 투자 프로세스를 살펴본다. 이들이 말하는 효과적인 프로세스는 세 가지 요소로 구성된다.

- 가격 오류 가능성이 평균 이상인 종목에 집중(2장)
- 기업에 대한 펀더멘털 분석(3장)
- 밸류에이션(4장)

5장에서는 사람들이 흔히 저지르는 프로세스 오류를 강조하고, 이를 수정할 방법을 보여준다.

2부는 매수, 보유, 매도를 중점적으로 다룬다. 6장과 7장에서는 개별 종목을 사고파는 대가들의 생각을 다룬다. 8장은 대가들이 호황과 불황 주기에 어떻게 대응하는지를 설명한다. 마지막으로 9장에서는 사람들이 주식을 사고팔 때 흔히 저지르는 실수를 다룬다.

3부(10장)는 위험 관리에 대한 대가들의 생각을 점검해본다. 끝으로 11장은 대가들이 투자 성공을 위해 필수적이라고 생각하는 소프트 스킬을 개략적으로 설명한다.

차례

- **개정판 추천사_윤지호** 읽고, 공부하고, 실천하면 된다 4
- **추천사_홍춘욱** 실전에 써먹을 수 있는 통찰이 가득한 책 12
- **서문** 18

1부. 투자 과정

1장. 대가들의 투자철학과 투자 스타일 37
투자철학 | 투자 스타일과 전략 | 태도와 사고방식 |
1장의 핵심 내용

2장. 스텝 1. 저평가주 찾기 67
선진시장에서 좋은 아이디어와 나쁜 아이디어 |
신흥시장에서 좋은 아이디어 | 아이디어 탐색

3장. 스텝 2. 펀더멘털 분석 137
정량분석 | 정성분석 | 경영진 평가 | 이사회 | 정보의 원천 |
3장의 핵심 내용

4장. 스텝 3. 도전! 밸류에이션 207
밸류에이션 기법 둘러보기 | 대가들이 받드는 밸류에이션 신조 |
4장의 핵심 내용

5장. 투자 과정에서 저지르는 흔한 실수와
이를 피하는 방법 251
투자 과정에서 흔히 저지르는 실수 살펴보기 |
투자 과정의 실수, 요약과 대처 방법

2부. 주식의 매수와 보유, 매도

6장. 주식의 여러 유형별 거래 방법 277
성장주기에 따른 투자 | 경기민감주 | 회생주 | 자산주 |
특수 상황에 놓인 주식 | 6장의 핵심 내용

7장. 주식을 사거나 팔 때 고려해야 할 일반 원칙들 325
매수 | 매도 | 공매도 | 7장의 핵심 내용

8장. 호황과 불황, 경기 순환점을 알려주는 지표들 349

주식시장의 경기 순환 | 주식시장의 고점과 저점을 알 수 있는 지표 |
호황과 불황의 경기 순환에 실제로 투자하기 | **8장의 핵심 내용**

9장. 주식을 사고팔 때 흔히 저지르는 실수 385

실패하는 투자자의 15가지 착각

3부. 위험 vs 수익

10장. 대가들의 위험 관리 기법 411

학계에서 보는 위험 | 위험 관리와 투자철학 |
위험 관리에서 흔한 실수 | **10장의 핵심 내용**

4부. 현명한 투자자

11장. 대가들을 지탱하는 3개의 기둥 447
첫 번째 기둥: 투자 전략과 규율 | 두 번째 기둥: 평생 공부 |
세 번째 기둥: 겸손한 태도 | 경험과 재능, 지능의 역할 |
11장의 핵심 내용

● **감수 후기**_신진오 초과수익을 얻으려면 가치투자를 하라 483

● **용어 해설** 493
● **주석** 500
● **참고문헌** 520
● **찾아보기** 528

투자
과정

PART 1

1. 대가들의 투자철학과 투자 스타일
2. 스텝 1. 저평가주 찾기
3. 스텝 2. 펀더멘털 분석
4. 스텝 3. 도전! 밸류에이션
5. 투자 과정에서 저지르는 흔한 실수와
   이를 피하는 방법

1
대가들의
투자철학과 투자 스타일

1달러 지폐를 40센트에 사는 아이디어를 설명해주면, 이 말을 즉시 알아듣는 사람도 있고 전혀 이해하지 못하는 사람도 있다. 이는 마치 면역 항체와 같다. 즉시 알아듣지 못하는 사람이라면, 몇 년에 걸쳐 설명하고 실적을 보여주어도 전혀 달라지지 않는다. 그 개념이 아무리 단순해도 도무지 이해하지 못하는 듯하다.

워런 버핏(Graham, 2003)

시장을 이기기는 쉽지 않다. 그러나 표 1(20쪽)에서 보듯이, 대가들은 장기간에 걸쳐 큰 차이로 시장을 이겼다. 이들은 거의 모두 특정 투자철학을 바탕으로 특정 투자 전략을 구사하는 사람들이다. 대가들은 건전한 투자철학을 바탕으로 명확한 투자 전략을 수립해야 경쟁우위가 유지된다고 믿는다.

이 책에서는 시종일관 한 유파를 집중적으로 분석한다. 정량분석과 정량-정성분석에 따라 투자하는 사람들이다. 1장에서는 이 투자 유파의 기본을 설명하고, 이후 장에서는 이를 근거로 이 유파의 다양한 투자 논리를 파악해보고자 한다.

1절에서는 이 유파의 기본 신조와 투자철학을 설명한다. 2절에서는 이들이 사용하는 다양한 투자 스타일을 살펴본다. 그리고 3절에서는 이들이 중시하는 태도와 사고방식에 대해 논의한다.

투자철학

투자철학이란 시장의 작동 원리와 투자자들의 실수를 바라보는 일관된 사고방식이다. 이 책에서 주목하는 투자철학에서는, 주가는 단기적으로는 예측할 수 없지만 장기적으로는 적정 주가를 중심으로 끊임없이 오르내린다고 가정한다.

대가들은 이 적정 주가를 '내재가치(intrinsic value)'라고 부르며, 장기적으로는 주가가 내재가치를 따라간다고 주장한다. 또 내재가치를 중심으로 오르내리는 폭은 매우 커질 수 있고, 이는 심리, 군집행동, 착각, 관심의 불균형, 거시경제변수의 영향 등이 원인이라고 본다.

내재가치 개념

대가들은 어느 주식에나 내재가치가 있다고 주장한다. 이 내재가치는 해당 주식에 대한 각자의 위험–보상 선호도와 요구 수익률에 따라 달라진다.

앞에서 언급했듯이, 주가는 내재가치를 중심으로 오르내린다. 그러나 장기적으로는 내재가치에 접근하므로, 주가가 내재가치보다 낮을 때 주식을 사서 주가가 내재가치 이상이 될 때 팔면 초과수익을 얻을 수 있다.(그림 3 참조)

그림 3. 대가들의 기본 전략

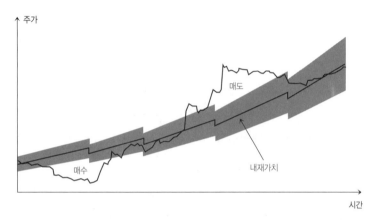

엄밀하게 말하면 진정한 내재가치란 합병, 파산 등의 이유로 주식이 상장폐지될 때까지 투자자가 얻게 되는 수익의 가치를 가리킨다. 문제는 내재가치를 산정하기가 매우 어렵다는 사실이다.●

● 내재가치를 구하는 수식은 다음과 같다.

$$FF_{true}(\alpha) = \frac{P_{fin}}{(1+\alpha)^L} + \sum_{q=1}^{L} \frac{D_q}{(1+\alpha)^q}$$

여기서 $P_{fin(최종)}$은 주식이 상장폐지될 때 투자자가 받는 대가이고, L은 주식이 상장폐지될 때까지 햇수이며, D_q는 q년도에 투자자가 받는 주당 배당금(dividend per share, DPS)을 가리킨다. 그러나 L, D_q, P_{fin}은 예측이 사실상 불가능하므로, 위 수식은 유용성이 거의 없다.
더 현실적인 내재가치 산출 모형은 현금흐름할인 모형이다. 이 모형에서는 기업이 창출하는 주주잉여현금흐름(free cash flow to equity, FCFE)을 현재가치로 할인해 내재가치를 산정한다.

$$FF_{DCF}(\alpha) = C + \sum_{q=0}^{\infty} \frac{FCFE_q}{(1+\alpha)^q}$$

$FCFE_q$는 q년도에 창출되는 주당 주주잉여현금흐름이고, C는 주당 현금(현금 + 현금성 자산)이다.

내재가치를 구하는 수식은 예측 불가능한 요소로 인해 유용성이 거의 없다. 현금흐름할인(discounted cash flow, DCF) 모형은 내재가치에 대해 명확한 논리적 근거를 제시한다. 그러나 다음 두 가지 이유로 널리 사용되지 못하고 있다. 첫째, 이 작업에는 엄청난 노력과 전문 지식이 필요해서 대다수는 엄두조차 내지 못한다. 그래서 학계에서는 어떤 개인이 산정하는 내재가치 추정치보다도 시장에서 형성되는 주가가 더 낫다고 믿는다. 즉, 개인에게는 시장에서 주가 오류를 발견해서 돈 벌 기회가 없다는 뜻이다. 둘째, 1장 도입부에 인용한 워런 버핏의 말이 시사하듯, 대다수는 투자의 개념을 제대로 이해하지 못한다. 그들은 주식시장을 카지노처럼 생각하므로, '1달러 지폐를 40센트에' 사듯이 저평가 종목을 찾으려 하지 않는다.

그러나 대가들은 내재가치 개념을 정확하게 이해한다. 이들은 시장이 효율적이라는 주장을 믿지 않으므로, 주가 오류 유발 요인들을 찾아내서 투자 기회로 활용한다.

주가를 좌우하는 요소

효율적 시장 가설론자들에 의하면, 주가에는 해당 기업에 관한 모든 공개 정보가 항상 반영되어 있다. 다시 말해서 주가는 시장에서 주식의 내재가치를 산정한 최적 추정치라고 믿는다. 이들은 어떤 개인도 내재가치를 시장보다 더 잘 추정할 수 없다고 생각한다. 시장이 비합리적이거나 비효율적이라고 믿지도 않는다. 이들은 비합리적인 사람들에 의해서 주가가 잘못되더라도 합리적인 사람들이 즉시 바로잡는다고 주장한다.

대가들은 이들의 주장을 두 가지로 반박한다. 첫째, 대다수는 내재가치에 전혀 관심을 기울이지 않는다. 사실 내재가치를 고려하면서 투자하는 사람들은 십중팔구 소수에 불과하다. 대다수는 모멘텀이나 소문에 따라 매매하고, 다른 사람들의 매매를 예측하는 등 투기를 일삼는다. 게다가 사람들마다 투자하는 목적이 다르다. 돈을 벌겠다는 목적은 같을지 몰라도, 대부분 단기간에 돈을 벌고자 하므로 주식의 장기 상승 잠재력을 무시하기 일쑤다.

둘째, 다음 절에서 다룰 예정이지만, 내재가치를 고려해서 투자하려는 사람들도 본능이나 심리의 영향을 많이 받는다. 따라서 대다수는 합리적이고 초연한 상태를 항상 유지할 수 없다. 그래서 대가들은 극소수의 합리적인 투자자들조차 불합리한 시장흐름에 항상 적절하게 대응하기가 불가능하다고 생각한다. 인간의 본성이 이러하므로 시장의 비효율성은 절대 사라질 수 없다고 대가들은 믿는다. 다음은 인지 편향(cognitive bias)이 주식시장에 미치는 영향이다.

인지 편향

현대 행동재무학에 의하면, 사람은 두 가지 체계를 이용해서 문제를 해결한다. 하나는 직관 체계(reflexive system)로서 순식간에 문제를 풀어낸다. 직관 체계는 문제에 부닥치면 대개 지름길을 선택한다. 이 체계가 찾아내는 해법은 처음에는 합리적으로 보이지만,

자세히 보면 비합리적인 경우가 많다. 그리고 어려운 질문과 마주치면 이를 쉬운 질문으로 대체하려는 경향이 있다.

나머지 하나는 추론 체계(reflective system)로서, 추론과 사고를 통해 문제를 합리적으로 풀어낸다. 추론 체계는 직관 체계가 제시하는 해법을 점검하고 통제하기도 한다.

추론 체계가 제대로 작동하지 않으면 사람들은 곤경에 빠진다. 비합리적인 요소들이 슬그머니 의사결정 과정에 끼어들기 때문이다. 이 체계는 게으름 탓에 제대로 작동하지 않을 수도 있다. 추론과 사고에는 노력이 들어가므로, 피곤한 추론 체계 대신 손쉬운 직관 체계에 유혹을 느끼기 때문이다. 그러나 부지런한 사람들도 경계를 늦출 때가 많다. 실제로 거의 모든 사람이 추론 체계가 직관 체계에 압도되는 순간을 경험한다. 특히 감정이 고조되거나 해결할 수 없는 문제에 직면할 때 이런 현상이 나타난다.

감정 고조와 난해한 문제는 주식시장의 본질 요소에 해당하므로 사람들은 매일 직관 체계가 미치는 불합리한 영향과 씨름을 벌일 수밖에 없다. 이 직관 체계 탓에 사람들은 심리적으로 수많은 오류를 범하게 되는데, 이를 '인지 편향'이라고 부른다. 시장에서 불합리한 행동을 유발하는 주요 인지 편향은 다음과 같다.[1]

과잉 반응

사람들이 호재보다 악재에 더 강하게 반응하는 경향을 가리킨다. 과잉 반응은 기대 수준이 높을 때 더 강하게 나타나며, 특히 뜻밖의 악재에 민감하다. 예를 들어 기업이 수익성이 악화한다고 경고하면 사람들은 투매에 나선다.

패턴 찾기

인간의 두뇌는 소음 속에서도 패턴을 찾도록 설계되어 있다. 예를 들어 주가 차트를 오래 주시하면 대개 패턴을 발견하지만 이런 패턴으로는 돈을 벌지 못한다. 패턴 찾기를 뒷받침하는 이론이 소수의 법칙 (law of small numbers)으로, 작은 표본에서 얻은 결과에 지나치게 중요성을 강조하는 경향을 가리킨다. 예를 들어 어떤 펀드매니저의 실적이 2년 연속 벤치마크를 상회하면, 이는 표본이 작아서 통계적으로 무의미한데도 사람들은 펀드매니저의 실력이 탁월하다고 믿는다. 패턴 찾기에서 흔히 비롯되는 투자 오류는 다음과 같다.

(1) 매우 빈약한 정보에도 반응한다.

(2) 과거 추세를 단순히 연장해 미래 실적을 추정한다.

(3) 상관관계가 없는데도 있는 것으로 착각한다.

(4) 주가 흐름을 분석해서 바닥과 천장을 찾아낼 수 있다고 생각한다.

과신과 통제 착각

사람들, 특히 남자들이 자신의 능력을 지나치게 믿는 경향을 가리킨다. 대표적인 예로, 사람들 대다수는 자신의 운전 솜씨가 평균 이상이라고 믿는다. 또한 세상이 실제보다 더 평온하고, 이해하기 쉬우며, 예측하기도 쉽다고 확신한다. 전혀 통제할 수 없는 프로세스에 대해서도 영향력을 미치거나 통제할 수 있다고 흔히 착각한다. 예를 들어 동전 던지기에 승리한 사람들은 대개 자신에게 그런 재능이 있다고 믿는다.

과신과 통제 착각은 자부심 수준과는 상관없는 듯하며, 투자처럼 자신이 잘 안다고 생각하는 복잡한 프로세스를 대할 때 강하게 나타난다. 과신과 통제 착각에서 흔히 비롯되는 투자 오류는 다음과 같다.

(1) 기술, 전문 지식, 노력 없이도 성공할 수 있다고 믿는다.

(2) 시점 선택(market timing, 주식을 저점에 사서 고점에 팔려는 시도)이 쉽다고 믿으므로 과도하게 매매한다.

(3) 실수로부터 제대로 배우지 못한다. 과신에 빠지면 실수를 실수로 인식하지 못하기 때문이다.

(4) 위험 관리가 부실해진다.

손실 회피

조사에 의하면 똑같은 금액이라도 손실에서 느끼는 고통이, 이익에서 느끼는 기쁨의 약 2~2.5배나 된다. 다시 말해서 10% 손실에서 느끼는 고통이 20~25% 이익에서 느끼는 기쁨과 맞먹는다. 이는 인간이 진화하는 과정에서 호재보다 악재에 우선적으로 반응해야 생존에 유리했기 때문일 것이다. 손실 회피에서 흔히 비롯되는 투자 오류는 다음과 같다.

(1) 손실을 실현하지 않으려고 손실 종목을 지나치게 장기간 보유한다.

(2) 고통을 피하려고 손실 종목을 투매한다.

(3) 평가 이익이 사라질까 두려워 지나치게 서둘러 이익을 실현한다.

군집행동

사람들은 복잡한 문제에 직면해 불안을 느낄 때, 군중을 따라가면 마음이 편해진다. 감정이 고조되거나 권위자가 격려하면 군집행동은 더 강해진다. 오래전에 석유회사들이 비료 사업에 진출한 것이 대표적인 사례다. 주요 석유회사들은 합당한 이유가 없는데도 앞다투어 비료회사들을 인수했고, 그 결과 재정난에 빠졌다.

군집행동에 휩쓸리는 것은 군중이 자신보다 더 많이 안다고 생각하며, 홀로 남겨질까 두려워하기 때문이다. 그래서 군중이 실제로는 무모하더라도 군중을 따라갈 때 마음이 편해진다.

투자가 복잡하고 모호한 탓에 사람들은 어찌할 바를 몰라 군집행동에 합류하는데, 특히 시장이 공포감이나 도취감에 휩싸일 때 두드러지게 나타난다. 그러나 맹목적인 군집행동은 재난을 부를 뿐이다. 군집행동에서 흔히 비롯되는 투자 오류는 다음과 같다.

(1) 약세장에서는 저점 근처에서 매도하고, 강세장에서는 고점 근처에서 매수한다.

(2) 가격에 상관없이 인기 종목을 뒤쫓는다.

(3) 가격이 매력적일 때에도 소외주는 무시한다.

정보 여과

수많은 정보를 접했을 때, 사람들은 몇몇 정보에 집중하는 경향이 있다. 그러나 흔히 가장 유용하거나 타당한 정보가 아니라 가장 두드러진 정보에 집중한다. 첫째, 최근성(recency) 편향은 가장 최근 정보에 비중을 과도하게 두는 경향을 가리킨다. 예를 들어 향후 6개월 주가를 예측할 때, 지난 몇 개월 주가보다 지난주 주가에 비중을 두 배나 둔다.[2] 둘째, 심리를 더 자극하는 정보에 더 집중한다. 예를 들어 기 댓값이 크고 1등 상금이 적은 복권보다, 기댓값이 작더라도 1등 상금 이 많은 복권을 선택한다. 셋째, 프레이밍(framing, 구성)이 더 매력적인 정보에 더 끌린다. 예를 들어 연간 365달러에 서비스를 제공하겠다는 제안보다, 매일 1달러에 서비스를 제공하겠다는 제안에 더 매력을 느 낀다. 정보 여과에서 흔히 비롯되는 투자 오류는 다음과 같다.

(1) 최근 추세를 단순하게 연장해서 예측한다.

(2) 과거 경험으로부터 충분히 배우지 못한다. 가장 인상적인 경험 만 기억하기 때문이다.

(3) 매력적인 이야기에 담긴 피상적 정보를 바탕으로 결정한다.

정박 효과(anchoring, 기준점 효과)

타당하지 않은 정보를 기준으로 삼는 경향을 가리킨다. 정박 효과는 지식이 부족한 사람에게 더 강력하게 나타난다. 놀라운 점은, 기존 기준이 타당하지 않다는 사실을 깨달은 다음에도 그 기준을 계속 사 용한다는 사실이다. 예를 들어 사람들은 첫인상을 바탕으로 낯선 사 람에 대한 견해를 형성한다. 흥정도 그런 예다. 흥정 과정에서는 한 사람이 먼저 제시한 가격을 기준으로 가격 범위가 설정된다. 정박 효 과에서 흔히 비롯되는 투자 오류는 다음과 같다.

(1) 매수 원가를 기준으로 삼아, 손실이 발생하면 계속 보유하고 이 익이 발생하면 지나치게 서둘러 팔아버린다.

(2) 과거 주가를 기준으로 삼아 주가가 싸거나 비싸다고 판단한다.

확증 편향

일관성 편향(consistency bias)이라고도 부른다. 기존 견해와 어긋나는 정보는 거부하고 일치하는 정보만 강조함으로써 기존 견해를 고수하는 경향을 가리킨다.[3] 그래서 견해가 다른 사람은 피하고, 견해가 일치하는 사람을 찾는 경향도 보인다. 확증 편향에서 흔히 비롯되는 투자 오류는 다음과 같다.

(1) 분석할 때 기존 견해를 뒷받침하는 증거만 찾으려 한다.

(2) 반대 견해에 귀를 기울이지 않으므로, 손실 종목을 계속 보유한다.

극단적인 사례가 벨기에 기업 런아웃&허스피(Lernout & Hauspie)에 투자한 이른바 맹신도들이다. 이들은 강력한 사기 증거가 나왔는데도 회사가 파산한 후조차 창업자를 계속 지지했다.

후견지명 편향

사건의 결과를 알고 나서, 자신이 처음부터 이 결과를 예측했던 것처럼 믿는 경향을 가리킨다. 후견지명 편향에 빠지면 과거 의사결정 과정을 정확하게 평가하기 어려우므로, 과거 경험에서 제대로 배우지 못한다. 실제 결과가 나쁠수록 후견지명 편향은 강해진다.[4]

예를 들어 2008~2009년 세계 금융위기 발생 후 사람들은 신용평가 기관들을 비난했다. 무능한 신용평가 기관들이 부실 금융상품에 지나치게 높은 신용등급을 부여했다고 주장한 것이다. 그러나 세계 금융위기 발생 전에는 신용평가 기관들이 무능하다고 주장한 사람이 거의 없었다.

후광 효과와 연고 편향

사람들은 친숙하거나 좋아하는 대상을 높게 평가하는 경향이 있다. 이는 인간이 진화하는 과정에서 생소한 대상을 만나면 경계해야 생존에 유리했기 때문일 것이다.

투자 관점에서 보면, 사람들은 친숙하고 공감 가는 기업을 좋아하며, 환상적인 이야기가 딸린 종목을 찾는다[이른바 이야기 오류(narrative fallacy)에 해당]. 따라서 최종 후보군에 포함되는 종목은 흔히 가까운 곳에 있는 기업, 명칭이 근사하고 친숙한 기업, 제품이 탁월한 기업, 대중매체에 자주 등장하는 기업, 투자자와 어떤 공통점이 있는 기업이 된다. 후광 효과나 연고 편향에서 흔히 비롯되는 투자 오류는 다음과 같다.

(1) 종목을 편향되게 분석한다(친숙한 것과 제대로 아는 것은 별개 문제).

(2) 한쪽으로 치우쳐 투자한다(특정 지역이나 기업의 비중이 과도해짐).

보유 효과

사람들이 자신의 소유물을 과대평가하는 경향이다. 예를 들어 주택 소유자 대부분은 자기 주택의 가치를 과대평가한다. 주식시장에서 특히 장기 투자자를 자처하는 사람들은 주식 매도를 꺼리는 모습을 보인다.

후회 회피

사람들은 누구나 후회를 두려워하는 경향이 있다. 다음과 같은 경우 실수를 더 심각하게 후회한다.

(1) 의사결정 시점에 선택 대안이 많았을 때

(2) 가만있어도 되는데 행동해서 실수를 저질렀을 때

(3) 평소 하지 않던 행동을 해서 실수를 저질렀을 때

(4) 성공 직전에 실수를 저질렀을 때

주식시장에서 사람들은 나중에 주가가 상승할까 두려워서 손실 종목을 계속 보유하고, 평가 이익이 사라질까 두려워서 지나치게 서둘러 이익을 실현한다.

심리회계

똑같은 금액이더라도 벌어들인 방법이나 지출 용도에 따라 구분해서 사용하는 경향을 말한다. 예를 들어 은퇴 자금보다는 휴일수당, 축의금, 카지노에서 딴 돈을 더 쉽게 지출한다. 그리고 소액보다는 거액에 더 유의하는 경향이 있다.[5] 심리회계에서 흔히 비롯되는 투자 오류는 다음과 같다.

(1) 거래 대금에 비해 거래 비용(매수·매도 호가 차이, 거래수수료, 세금, 운용보수)이 적다고 생각해서 과도하게 매매한다.

(2) 평가손을 일시적 현상으로 간주하면서 손실 종목을 계속 보유한다.

흥분 추구

사람들은 흥분을 추구하는 경향이 있다. 이런 경향에서 흔히 비롯되는 투자 오류는 다음과 같다.

(1) 최근 인기 공모주 등 짜릿한 종목을 뒤쫓는다.

(2) 다소 열등해도 짜릿한 전략을 선택한다.

인지 편향에서 비롯되는 비효율성

●●●

월스트리트나 주식 투기에 새로운 것은 없다. 과거에 일어났던 일들이 거듭 되풀이될 뿐이다. 이는 인간의 본성이 바뀌지 않기 때문이다. 인간이 지혜로운 선택을 하지 못하도록 가로막는 것은 항상 인간의 심리다.

제시 리버모어(Livermore, 2001)

●●●

자본시장은 과거에도 항상 비효율적이었고, 앞으로도 항상 비효율적일 것이다. 이는 적시에 제공되는 정보가 부족해서도 아니고, 분석 도구가 부족해서도 아니며, 자본이 부족해서도 아니다. 인터넷 덕분에 손끝만 움직여도 과거 어느 때보다 훨씬 많은 정보를 훨씬 빨리 사용할 수 있지만, 그렇다고 해서 시장이 효율적인 것은 아니다. 시장이 비효율적인 것은 인간의 본성 때문이다. 선천적이고 뿌리 깊으며 영속적인 본성 말이다. 투자할 때 사람들이 심리에 휘둘리는 것은 도저히 어쩔 수가 없기 때문이다.

세스 클라만(Heins, 2013)

인지 편향은 투자에서 수많은 실수와 불합리한 행동을 유발하는 원천이다. 사람들은 소수의 법칙, 최근성 편향, 후광 효과, 연고 편향 탓에 조사를 소홀히 한다. 후회 회피, 심리회계, 보유 효과, 손실 회피, 확증 편향 탓에 손실 종목에 집착하거나 이익 종목을 성급하게 팔아버린다. 그리고 정박 효과 탓에 주식의 내재가치를 보지 못한다.

이렇게 사람들이 저지르는 가격 오류들은 합리적인 투자자들의 차익거래를 통해 제거된다고 가정할 수 있다.

그러나 사람들은 인지 편향에 의해 동시에 같은 방향으로 움직일 수도 있다. 예를 들어 강세장에서 군집행동에 휩쓸려 매수세에 강하게 가담할 수 있다. 반면에 약세장에서는 과잉 반응, 손실 회피, 군집 행동에 휩쓸려 투매에 강하게 가담할 수 있다. 여기에 내재가치를 무시하는 트레이더와 투기꾼들까지 가세하면, 합리적인 투자자들이 차익거래를 통해서 가격 오류를 바로잡을 수 없는 상황이 된다.

합리적인 투자자들 역시 군집행동, 흥분 추구 탓에 감정이 고조되면 가격 오류를 바로잡기 어려워진다. 대가들은 이런 체계적인 가격 오류 탓에 시장 비효율성이 발생한다고 주장한다. 이제부터 비효율성 현상 두 가지를 논의한다.

시장순환주기

역사를 돌아보면 인간 심리에 의해 주가가 내재가치를 크게 벗어난 사례가 수없이 나타난다.[6] 개별 주가는 물론 시장 전체도 심리에 의해 크게 오르내리는데, 낙관론, 탐욕, 관심, 만족감이 증가하면 강세장을 맞이하게 되고, 비관론, 공포, 무관심, 불안감이 증가하면 약세장을 맞이하게 된다. 실제로 시장순환주기를 이끄는 인지 편향은 엄청나게 많다.(그림 4 참조)

(1) **패턴 찾기와 최근성 편향:** 사람들이 최근 추세를 연장해서 예측하는 탓에 시장의 상승세와 하락세가 더 강해진다.[7] 이렇게 똑같이 예측하는 사람들이 늘어나면 강세장 정점은 더 과열되고, 약세장 바닥은 더 냉각된다.

(2) **과신과 통제 착각:** 강세장에서 돈을 벌면 사람들은 자신이 천재라고 믿기 시작한다.[8] 강세장이 진행됨에 따라 이들은 더 많은 위험을 떠안아도 불안해하지 않는다.

그림 4. 시장순환주기에 나타나는 인지 편향과 심리

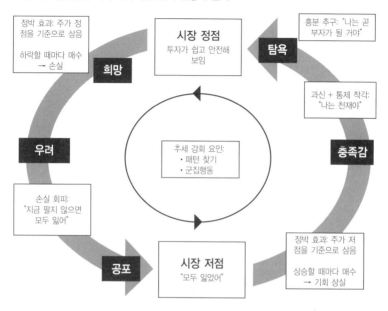

(3) **손실 회피:** 약세장에서 잇달아 투매를 불러 하락세를 더욱 가속화한다. 손실 회피에 과잉 반응까지 겹쳐 대량 매물이 쏟아져 주가가 급락하면서 시장이 약세장 저점에 접근한다.

(4) **군집행동:** 사람들이 군중을 따라가면서 시장 등락이 더 심해진다. 군집행동에 가담하는 사람들은 주가가 상승한다고 더 확신하게 되며, 새로 가담하는 사람이 증가할수록 강세장이 길어진다.

(5) **정박 효과:** 강세장과 약세장 기간을 연장한다. 강세장에서는 조정이 오더라도 주가가 하락할 때마다 사람들이 매수에 가담하므로 주가가 곧바로 상승 추세를 회복한다. 반면 약세장에서는 주가가 상

승할 때마다 사람들이 매도에 가담하므로 시장 반등이 지연된다. 한 종목의 주가 흐름이 유사 종목들(예를 들어 같은 업종에 속한 종목들)의 주가 흐름에 영향을 미친다. 이는 사람들이 유사 종목의 주가 흐름을 끊임없이 비교하기 때문이다. 따라서 개별 종목의 주가 흐름이 업종이나 시장 전체에 영향을 미칠 수 있다.

(6) **확증 편향:** 그날의 추세를 강화한다. 강세장에서는 사람들이 호재만 듣고 싶어 하며, 강세장이 이어진다고 주장하는 대가들에게만 귀를 기울인다. 이에 따라 사람들의 확신이 더 커져서 상승세가 지속된다. 약세장에서는 사람들이 악재만 바라보며, 비관론자들에게 관심을 집중한다. 이에 따라 사람들은 겁을 먹고 위험을 더 회피하게 된다.

(7) **흥분 추구:** 상승장에서는 흥분에 중독된 사람들이 갈수록 많은 자금을 주식시장에 투입한다. 따라서 강세장이 더 연장된다. 약세장에서는 흥분에 중독된 사람들이 공매도(short selling) 포지션을 늘려감에 따라 주가가 더 하락한다.

인기와 관련된 비효율성

●●●

화끈하고 참신한 아이디어에 투자해서 홈런을 때리려는 유혹에 빠져, 우리는 조심성을 잃어버린다. 화려하게 끓어오르는 공모주에 현혹되어, 플래닛할리우드(Planet Hollywood)에 PER 140과 PSR 13을 지불하고, 인터넷 검색엔진 설계 업체인 스파이글래스(Spyglass)에 선행 PER 175를 지불한다.

데이비드 드레먼(Dreman, 1998)

인기에서 비롯되는 비효율성은 가치투자자들을 먹여 살리는 양식이 된다. 벤저민 그레이엄이 제자들에게 가르친 바에 의하면, 소외주(疏外株, 흔히 저평가된 저PER주)는 수익률이 평균 이상이지만, 멋진 인기주는 피하는 편이 낫다.

그레이엄의 가르침은 수많은 연구에서 옳은 것으로 밝혀졌다.[9] 다른 놀라운 사실도 밝혀졌다. 첫째, 저PBR주 기업의 수익성이 악화하는데도 주가 상승률이 지수를 초과하는 사례가 많다. 반면에 인기주는 회사의 수익성이 여전히 좋은데도 주가 상승률은 지수에 못 미치는 사례가 많다. 둘째, 인기주는 어닝 서프라이즈(기대보다 좋은 실적)가 나와도 주가 상승률이 소외주보다 낮고, 어닝 쇼크(기대보다 나쁜 실적)가 나오면 주가 하락률이 소외주보다 높다.[10] 따라서 인기주는 소외주보다 악재에 훨씬 취약하다.

요약하면 인기주는 고평가되는 경향이 있고, 소외주는 저평가되는 경향이 있다. 이런 현상에 영향을 주는 인지 편향은 다음과 같다.

(1) 손실 회피와 과잉 반응: 소외주는 실망스러운 실적 탓에 이미 주가가 폭락한 상태다. 사람들은 손실 회피와 과잉 반응에 휩쓸려 가격 불문하고 주식을 이미 내던졌다고 볼 수 있다. 따라서 이런 주식은 저평가되었을 가능성이 높다.

(2) 패턴 찾기와 최근성 편향: 사람들은 최근 주가가 상승한 종목은 계속 상승할 것으로 기대하고, 최근 하락한 종목은 계속 하락할 것으로 기대하므로, 주가가 내재가치에서 벗어나게 된다.

- 최근 주가가 하락한 종목은 (사람들이 미래 실적도 나쁠 것으로 예상하고 있으므로) 실적이 나쁘게 나와도 주가가 크게 하락하지 않는

다. 반면에 실적이 예상보다 조금만 좋아져도 주가가 급등할 수 있다. 최근 주가가 상승한 종목은 (사람들이 미래 실적도 좋을 것으로 예상하고 있으므로) 실적이 좋게 나와도 주가가 크게 상승하지 않는다. 반면에 실적이 예상보다 조금만 나빠져도 주가가 급락할 수 있다.

- 현재 주가에는 최근 주가흐름이 장래에도 이어진다는 기대가 반영되어 있다. 따라서 최근 주가가 하락한 종목은 사람들의 관심에서 멀어져 소외되면서 저평가될 가능성이 크다. 반면에 최근 주가가 상승한 종목은 사람들의 관심을 끌어 고평가될 가능성이 크다.

(3) **군집행동**: 군집행동도 소외주는 저평가하고 인기주는 고평가하는 경향이 있다.

- 군중은 소외주에 투자하기는커녕 관심도 기울이지 않으므로 소외주가 저평가될 가능성이 크다. 반면에 군중은 인기주를 사려고 앞다투어 몰려들기 때문에 인기주가 저평가될 가능성이 희박하다.

- 보유 종목의 주가가 하락하면 군중을 따르는 사람들은 가격 불문하고 주식을 내던지므로 그 주식은 저평가되는 경향이 있다. 반면에 어떤 종목의 주가가 상승하면 군중을 따르는 사람들은 가격 불문하고 그 주식을 매수하므로 그 주식은 고평가되는 경향이 있다.

(4) **위험 평가 오류**: 사람들은 주가가 폭락한 소외주는 위험하다고 생각해 근처에도 가지 않는다. 반면에 주가가 상승한 인기주는 안전

하다고 생각하며 적극적으로 매수한다. 따라서 소외주는 위험 대비 저평가되고, 인기주는 위험 대비 고평가되는 경향이 있다.

(5) **흥분 추구:** 흥분을 추구하는 사람들은 화려한 인기주로 몰려든다. 인기주는 투기꾼과 트레이더들에 의해 고평가되는 경향이 있다.

투자 스타일과 전략

1절에서 논의한 투자철학의 기본 원칙을 이용하면 시장에 접근하는 투자 스타일을 다양하게 개발할 수 있다. 대가들이 사용하는 투자 스타일은 크게 상향식(bottom-up) 투자와 하향식(top-down) 투자로 구분할 수 있다.

상향식 투자

상향식 투자는 가치투자자들 사이에서 널리 사용되는 신뢰도 높은 투자 기법이다. 개별 기업의 펀더멘털 분석으로 시작하며, 재무제표 분석, 경쟁력 분석, 경영진 평가 등이 포함된다. 상향식 투자자들은 거시경제는 예측이 지극히 어렵다고 보기 때문에 거의 관심을 기울이지 않는다. 거시경제 분석에 비중을 두는 것은 소용없고, 심지어 위험하다고 생각한다. 그래서 상향식 투자자들은 거시경제의 흐름에 상관없이 좋은 실적을 유지하는 기업을 찾으려고 노력한다.

성공한 상향식 투자자는 많다. 선구자로는 벤저민 그레이엄과 필립 피셔를 꼽을 수 있다. 그레이엄은 주로 정량 데이터를 바탕으로 상향식 투자를 고수했다.[11] 반면에 피셔는 경영진, 기업의 경쟁력 등 정성 요소를 중시했다.[12] 워런 버핏과 조엘 그린블라트 등 많은 상향식 투자의 대가들은 그레이엄과 피셔의 투자 기법을 바탕으로 자신의 투자 기법을 개발했다.[13] 상향식 투자 안에도 다양한 세부 스타일이 존재한다. 대가들은 한 가지 스타일에 얽매이지 않고, 시장 상황에 따라 스타일을 변경하기도 한다. 또는 다양한 스타일을 결합해서 사용하기도 한다. 주요 세부 스타일을 열거하면 다음과 같다.

가치투자(value investing)

벤저민 그레이엄과 데이비드 드레먼(David Dreman) 등 가치투자자들은 주가수익배수(price earning ratio, PER), 주가순자산배수(price-to-book value, PBR) 등 여러 평가척도를 이용해서 저평가 종목을 발굴하는 데 노력을 집중한다.[14] 이들이 저PER주에 관심을 기울이는 것은 저평가된 소외주를 선호하기 때문이다.

　일부 가치투자자는 우량 저PER주만 매수해 장기간 보유한다. 또 일부 가치투자자는 우량주만 고집하지 않으며, 주가와 내재가치의 괴리 상태에 따라 주식을 매매한다.

성장투자(growth investing)

가치투자자들과는 달리 성장투자자들은 시장 평균보다 훨씬 높은 성장률이 예상되는 주식이라면 고PER주도 마다하지 않는다(예컨대 연 이익성장률 15% 초과). 성장률이 평균을 초과할 것이 예상되는 성장주에는 당연히 대가를 치러야 한다고 이들은 주장한다. 이들은 PER이 증가하더라도 주식을 서둘러 팔지 않고 장기 보유하는 경향이 있다.

성장투자 스타일 중에서 널리 사용되는 기법이 '가격이 합리적인 성장주(Growth at a Reasonable Price, GARP)'인데, 《전설로 떠나는 월가의 영웅》과 《피터 린치의 이기는 투자》를 쓴 전설적인 펀드매니저 피터 린치가 소개했다. GARP 투자자들은 성장률이 극도로 높은 주식보다는, 매출과 이익 성장률이 20~30% 수준이면서 가격이 합리적인 주식을 선호한다.

위험차익거래(risk arbitrage)

특정 이벤트가 완결될 때 예상되는 가격과 현재 시장 가격의 차이를 이용하는 투자 기법이다. 가장 흔한 위험차익거래가 합병차익거래(merger arbitrage)다. 이 기법은 어떤 회사가 다른 상장기업에 인수를 제안했을 때 적용할 수 있다. 이런 인수거래는 완결된다는 보장이 없으므로, 인수 대상 기업의 주가는 대개 인수 제안 가격보다 낮은 수준에 머문다. 합병차익거래자들은 인수거래 완결 가능성이 높은 주식을 매수해 그 가격 차이를 이익으로 확보한다.

합병차익거래가 쉬워 보일지 모르지만, 사실은 위험이 매우 크다. 인수거래가 완결되지 않을 위험 요소로는 인수 회사가 제안을 철회할 위험, 독점을 반대하는 당국이 거래를 승인하지 않을 위험, 인수 회사가 거래에 필요한 자금을 확보하지 못할 위험, 인수거래에 예상 보다 오랜 기간이 걸릴 위험 등이 있다. 따라서 합병차익거래자들은 이런 위험을 충분히 보상할 만큼 가격 차이가 큰 거래를 찾아내야 한다. 실제로 이런 분야에서는 매우 노련한 전문가들에게만 승산이 있다.

페어트레이딩(pair trading)

헤지펀드에서 흔히 사용하는 차익거래 기법으로서, 예컨대 한 업종 에서 저평가 종목 하나는 매수하고 고평가 종목 하나는 공매도하는 기법이다. 페어트레이딩 투자자는 두 종목의 가격 괴리가 축소되는 만큼 이익을 얻게 된다. 이 거래에서는 매수 포지션과 매도 포지션을 동시에 보유하므로, 업종이나 시장 위험에는 노출되지 않는다.

벌처투자(vulture investing)

곤경에 처한 기업에 집중적으로 투자하는 기법이다. 벌처투자자들은 파 산했거나 파산 직전에 몰린 기업의 채권에 주로 투자한다. 이들은 기업 의 상태와 워크아웃 프로세스(부실 징후 기업의 채권자와 채무자가 협의하 는 기업 정상화 작업)를 분석해서 저평가된 채권을 발굴하려고 노력한다.

벌처투자자들도 가치투자의 기본 원칙을 바탕으로 곤경에 처한 기 업의 저평가 채권에 투자한다. 이런 채권들이 저평가되는 것은 계속 보유할 수 없는 투자자들이 헐값에라도 매도하기 때문이다. 예컨대 일부 기관은 규정 탓에 계속 보유할 수가 없고, 일부 투자자는 자원이 부족해서 파산 절차에 참여할 수 없으며, 또 일부 투자자는 평판이 손상될까 두려워 파산 절차에 참여하기를 꺼린다.

노련한 벌처투자자들은 파산 관련법을 숙지하고 있으며, 워크아웃 프로세스에 직접 참여해서 관련된 모든 정보를 치밀하게 분석한다. 벌처투자의 수익성은 그 특수성 때문에 경기와의 상관관계가 매우 낮은 편이다.[15]

직접 개입

일부 투자자는 부실기업을 회생시키려고 지분을 획득하기도 한다. 이들은 내재가치는 충분하지만 경영이 부실한 기업을 선호한다. 즉, 경영진을 교체하거나 전략을 변경하면 개선될 여지가 많은 기업을 탐색한다. 이들은 두 가지 방법으로 목적을 달성한다.

(1) 행동주의 투자(activist investing): 경영이 부실한 기업의 지분을 직접 매수하거나 불만을 품은 주주들의 지원을 받아 이사회를 장악하는 방법이다. 이들은 위임장 대결이나 공개 비난 등으로 경영진을 축출하거나 전략 변경을 강요한다. 미국에서 유명한 행동주의 투자자로는 제프리 우벤(Jeffrey Ubben), 칼 아이칸(Carl Icahn), 빌 애크먼(Bill Ackman)을 꼽을 수 있다.

(2) 지배: 더 급진적인 기법은 (적대적·우호적) 공개매수를 통해 기업의 경영권을 인수하는 것이다.

사모투자(private equity)

사모투자자들은 기업의 지분을 사서 대개 5~10년 보유하면서, 경영에 직접 참여해 기업가치 극대화를 시도한다. 사모투자에는 두 가지 유형이 있다.[16]

(1) 벤처투자: 성장 초기 단계에 있는 유망 비상장 기업의 비지배 지분을 인수한다. 이들은 검증된 기존 시장에 출시할 신상품을 개발하는 기업에 주로 관심을 집중한다.

(2) 인수: 대규모 부채를 일으켜 (간혹 경영진 등 다른 동업자와 함께) 현금을 창출하는 안정적인 기업의 지배지분을 기존 주주들로부터 인수한다.

하향식 투자

하향식 투자자들은 예상 시나리오를 바탕으로 거시경제에서 시작해 산업, 섹터, 개별 기업들을 분석한다. 이런 기법이 타당해 보일 수도 있지만, 흔히 하향식 투자자들은 상향식 투자자들보다 더 심각한 과제에 직면한다.

첫째, 거시경제 예측에 좋은 실적을 기록한 사람이 거의 없다. 따라서 종목 선택에도 실패할 위험이 크다. 둘째, 예상 시나리오가 적중하더라도, 시나리오 수혜 종목의 주가에 이미 시장의 기대가 반영되었을 수도 있다.

태도와 사고방식

투자가 누구에게나 적합한 것은 아니다. 앞에서도 언급했듯이, 사람들 대부분은 내재가치 개념을 이해하지 못한다. 투자가 적성에 맞지 않는 사람들도 있다. 앞에서 논의한 투자철학 원칙들을 실행하기로 작정한 사람들 중에서도 제대로 실행하는 사람은 극소수에 불과하다. 진정한 투자는 노력, 전문 지식, 경험, 사고방식, 정신력이 필요한 난제에 해당한다. 이 중 어느 것이라도 부족하면 성공 가능성이 희박해진다.

첫째, 투자에 성공하려면 내재가치를 시장보다 더 잘 평가할 수 있어야 한다. 그러려면 독자적인 정보로 시장에서 우위를 차지해야 한다. 그러나 독자적인 정보는 남들에게서 얻을 수 없으므로 스스로 노력해서 획득해야 한다. 기업의 내재가치를 평가하려면 적절한 전문 지식을 갖춰야 하며, 오랜 기간의 경험이 필요하다.

둘째, 올바른 사고방식도 필요하다. 대가들은 독립적이고 인내심이 강하다. 독립적이란 일반 통념에 대해서도 질문을 던지고, 군중이 만장일치로 받아들이는 아이디어에 대해서도 비판적이라는 뜻이다. 대가들은 내재가치가 시장에서 주가에 반영되려면 시간이 걸린다는 사실을 알고 있으므로 인내심도 발휘한다. 시장이 비합리적으로 흘러가도 서두르지 않으며 냉정을 유지한다.

셋째, 대가들은 시장 심리에 휩쓸리지 않는다. 이들은 사람들이 불안해할 때에도 용기를 발휘해 군중과 반대 방향으로 나아간다. 시장 심리에 휩쓸리지 않으므로 인지 편향의 영향도 많이 받지 않는다. 요컨대 대가들은 효율적 시장 가설론자들이 언급하는 합리적인 투자자에 해당한다. 그러나 이런 사람은 드물기 때문에 시장을 효율적인 상태로 유지할 수가 없다.

1장의 핵심 내용

1장에서는 대가들이 지지하는 투자철학에 초점을 맞추었다. 이후 다루는 주제들을 이해하려면 이 투자철학을 잘 이해하고 있어야 한다.

첫째, 투자의 핵심 개념은 내재가치다. 대가들은 펀더멘털 분석으로 내재가치를 평가한 다음, 주가가 내재가치에서 크게 벗어날 때 매매해 시장지수보다 높은 수익을 얻는다. 펀더멘털 분석은 3장에서 다루고, 밸류에이션은 4장에서 다룬다.

둘째, 대가들은 사람들의 비합리적인 행동이 가격 오류를 빚어낸다는 사실을 알고 있으므로, 이를 바탕으로 가격 오류 가능성이 높은 종목들을 찾아낸다(2장). 사람들의 불합리성과 내재가치 개념을 파악하면 대가들의 매매 방식을 이해할 수 있고(6장, 7장, 8장), 사람들이 투자 과정에서 실수하는 이유도 알 수 있으며(5장), 매매에서 실수하는 이유도 알 수 있다(9장).

● ● ●

> 오늘, 내일, 다음 주, 내년 주가는 중요하지 않습니다. 중요한 것은 5년이나 10년에 걸쳐 나타나는 주가입니다.
>
> 워런 버핏(Krass, 1999)

2

스텝 1.
저평가주 찾기

사람들은 항상 "전망 밝은 곳이 어디인가?" 하고 물어보지만, 이는 잘못된 질문입니다. 바른 질문은 "전망이 가장 비참한 곳이 어디인가?"입니다.

존 템플턴(Templeton, 2008)

1장에서 논의했듯이, 대가들은 내재가치보다 훨씬 싸게 거래되는 주식을 매수한다. 그러나 일반인이 마법의 나침반도 없이 저평가 주식을 찾으려 한다면 도무지 엄두가 나지 않을 것이다.

대가들은 시장의 어느 곳에서 가격 오류가 빈번하게 발생하는지 알고 있다. 따라서 시간 낭비를 피하려고, 가격 오류 가능성이 낮은 곳 대신 높은 곳에서 저평가주를 탐색한다.

2장에서는 대가들이 매력적인 저평가주를 찾아냈던 곳을 종합적으로 개관한다. 시장은 선진시장과 신흥시장으로 구분하고, 아이디어는 좋은 아이디어, 십중팔구 나쁜 아이디어, 확실히 나쁜 아이디어로 구분해서 논의한다.

1절은 선진시장에서 대가들이 선호하는 주식 유형을 다룬다. 2절에서는 대가들 대부분이 기피하는 주식을 개관한다. 3절은 선진시장에서 매력적인 공매도 후보를 간략하게 논의한다. 4절은 대가들이 신흥시장에서 저평가 종목을 발굴하는 방식을 설명한다. 5절에서는 저평가 종목을 골라내는 현실적인 방법을 논의한다. 끝으로, 2장에서 주는 주요 교훈을 요약한다.

선진시장에서
좋은 아이디어와 나쁜 아이디어

선진시장의 매수 유망 종목

선진시장에서 대가들이 특히 관심을 기울이는 주식 유형은 다음과 같다.

- 소외주
- 반감주
- 특정 유형의 신주
- 새로운 추세에 편승하는 주식
- 실력자가 추천하는 주식
- 촉매(catalyst)가 있는 주식
- 지수에서 제외되는 주식
- 기타 기회가 있는 주식

이제부터 위 8개 유형의 주식에서 가격 오류가 발생하는 이유를 명확하게 설명한다.

소외주

대가들은 소외주를 좋아한다. 소외주는 사람들의 입에 오르내리지 않고, 대중매체의 관심도 끌지 않으며, 애널리스트들도 다루지 않는 주식이다. 그런데 유의할 사항이 하나 있다. 소외주에서 가격 오류가 발생하면 저평가될 수도 있지만 고평가될 수도 있다는 사실이다.

소외주인지 확인하려면 담당 애널리스트의 수[1]나 기관투자가들의 지분 등을 지표로 활용할 수 있다. 소외주는 다음 네 가지 유형으로 분류할 수 있다.

따분하고 인기 없는 주식

사람들은 화려한 종목을 사야 근사한 이익이 나온다고 믿으므로, 따분하고 인기 없는 주식은 거들떠보지도 않는다. 그래서 화려한 종목의 주가 흐름에만 관심을 집중하고, 따분한 종목은 무시한다. 바로 여기에서 기회가 나타난다. 기회를 제공하는 따분한 주식은 5개 유형으로 구분할 수 있다.

(1) **이미지가 나쁘거나 흐릿한 기업**: 사람들은 이미지에 문제가 있는 기업에 관심을 기울이지 않는다. 이런 기업에는 두 종류가 있다.

① **음울하거나, 역겹거나, 불쾌한 사업을 하는 회사**: 피터 린치와 존 네프(John Neff)가 제시하는 예는 다음과 같다.

• 상조회사: 장례산업은 음울한 사업이지만 수백 년간 크게 바뀌지 않았고, 신규 진입자도 드물었으며, 고객들도 요금을 깎으려

하지 않는다. 피터 린치는 저서 《전설로 떠나는 월가의 영웅》에서 자신의 역대 선호 종목 중 하나로 상조회사 서비스 코퍼레이션 인터내셔널(Service Corporation International)을 꼽았는데, 이 종목으로 1980~1990년 약 1,000% 수익을 거두었다.

- 유독 폐기물 및 쓰레기 처리회사: 역겨운 사업이지만, 피터 린치가 마젤란 펀드에 편입한 웨이스트 매니지먼트(Waste Management)는 주가가 100배나 상승했다.
- 불쾌한 원자재 사용 기업: 피터 린치에 의하면, 1985년 인바이러다인(Envirodyne)은 소시지의 껍질 같은 장(腸) 부산물을 생산하는 선도기업을 인수하고 3년 후 주가가 10배 상승했다.

② **사회적 무책임 기업:** 일부 기관투자가는 무기나 담배 등 비윤리적 상품 제조기업에 투자하지 못한다.

(2) **저성장 산업에 속한 기업:** 사람들은 사양 산업이나 저성장 산업에 속한 기업들을 기피한다. 그러나 제러미 시겔(Jeremy Siegel)의 연구에 의하면, 비인기 저성장 산업에도 상당한 잠재력이 있다. 실제로 에너지나 철도 등 사양 산업에 속한 기업들이 1957~2007년 동안 S&P500보다 훨씬 높은 실적을 기록했다.[2]

(3) **이름이 따분하고 우스꽝스러운 기업:** 피터 린치는 이름이 따분하고 우스꽝스러운 기업[예컨대 펩보이즈(Pep Boys)]을 발견하면 자세히 들여다보았다. 사람들 대부분은(특히 투자 전문가들은) 이름이 우스꽝스러운 기업을 기피했기 때문이다.

(4) **지루한 전통기업:** 필립 캐럿은 수도회사와 교량회사를 좋아했다.

(5) **기대성장률이 낮은 저가주:** 기대성장률이 낮은 기업의 주식은 저

가여도 시장에서 체계적으로 무시당한다고 존 네프는 믿는다. 다음 속성을 여럿 갖춘 기업들 중에서 위험 대비 수익률이 좋은 기업을 쉽게 발견할 수 있다.

- 향후 5년 이익성장률 추정치가 약 7%인 적정 성장주
- PER성장률배수(PEG ratio, PEG)가 시장의 절반 미만인 저가주
- 배당 실적이 좋은 주식
- 분기 이익성장률이 높은 주식

정보가 복잡하거나 거의 없는 주식

사람들은 분석하기가 어렵거나 신뢰도 높은 정보가 거의 없는 기업을 기피한다. 이런 기업은 숨겨진 자산도 간과되기 쉬워서 가격 오류가 발생하는 경향이 있다. 세스 클라만(Seth Klarman)과 존 템플턴 같은 대가들이 이런 주식을 즐겨 탐색한다.

1960년대 일본 주식은 불투명한 회계 탓에 기피 대상이 되었다. 그러나 존 템플턴 등은 이를 기회로 보고 숨겨진 자산과 부채를 파악했다. 템플턴이 저서 《존 템플턴의 가치 투자 전략(Investing the Templeton Way)》에서 설명한, 1980년대 중반 멕시코 국영전화회사(Telefonos de Mexico) 투자도 탁월한 사례다. 회사가 제시한 숫자를 믿기 어려워서 직접 멕시코 전화 숫자를 파악한 템플턴은 이 회사가 엄청나게 저평가된 사실을 발견했다.

소형주

어떤 사람들은 소형주가 성장 잠재력이 커서 대형주보다 매력적이라고 주장한다. 예를 들어 소기업들 중에는 성숙기나 쇠퇴기 제품 생산 업체가 많지 않다는 것이다. 또한 학습을 통해 효율성을 개선할 여지도 많다고 주장한다.

●●●

소형주들 중에서 저평가 종목(또는 고평가 종목)을 찾아낼 가능성이 확실히 많은 듯하다. 소형주는 숫자도 많은 데다 대개 분석도 피상적이어서 가격 오류 가능성이 높기 때문이다.

조엘 그린블라트(Greenblatt, 2006)

이런 주장이 얼핏 그럴듯하게 들릴 수도 있지만, 일각에서는 성장 잠재력에 대해 매우 회의적이다. 대기업은 소규모 사업부들이 통합된 조직으로 볼 수 있으므로, 각 사업부에도 상당한 성장 잠재력이 있다는 말이다. 따라서 비판자들은 소형주의 성장률이 대형주보다 높다고 볼 근거가 없다고 주장한다. 그러나 실제로 일부 소형주가 대형주보다 성장률이 높아도 이런 소형주는 좀처럼 눈에 띄지 않는다. 그 이유는 다음과 같다.

(1) **펀드매니저들의 무관심**: 소형주는 유동성이 부족해서 매매하기 어려운 데다 투자 제한 규정도 있어서, 펀드매니저들 상당수가 소형주에 투자하지 않는다. 수십억 달러 규모의 포트폴리오를 운용하는 펀드매니저들은 소형주에서 성과를 내도 전체 실적에 미치는 영향이 미미하므로, 소형주를 관심 대상에서 아예 제외해버린다.

(2) **애널리스트들의 무관심**: 소기업들은 흔히 그 기업 근처에 사는

사람들에게만 알려지는 정도다. 소형주는 거래 대금이 적어서 매매 수수료 수입을 기대하기 어려우므로, 애널리스트들이 담당하려 하지 않는다.[3] 템플턴은 소외된 소규모 사진회사 핼로이드(Haloid)에 남들보다 앞서서 투자했다. 이 회사는 새로운 프로세스를 개발했는데도 소외된 탓에 저평가되어 있었다. 템플턴이 1,000% 수익을 달성한 이 회사는 나중에 사명을 제록스(Xerox)로 변경했다.

(3) **정보 부족:** 흔히 소형주는 공개 정보가 대형주보다 훨씬 적다. 대개 기업들은 호재는 서둘러 공개하지만 악재는 숨기므로, 공개되지 않은 정보는 악재일 가능성이 크다. 따라서 공개 정보에만 의존하는 사람이라면 소형주 투자에 신중할 필요가 있다.

(4) **높은 위험:** 대체로 소형주는 대형주보다 더 위험하다. 특히 시장이 혼란스러울 때, 소형주 투자자는 대형주 투자자보다 더 불안감에 시달린다.

소형주는 시장에서 소외되는 탓에 가격 오류 가능성이 더 높다.[4] 그래서 대가들은 즐겨 소형주 중에서 저평가 종목을 탐색한다. 소형주를 담당하는 애널리스트가 부족하다는 점도 소형주의 매력을 더해주는 요소다.

가치투자자 폴 손킨(Paul Sonkin)은 소형주의 다른 장점을 제시한다. 소형주는 대개 비즈니스 모델이 단순하고, 사업 부문이 한두 개에 불과하며, 경영진을 만나기가 용이해서 대기업보다 분석하기가 훨씬 쉽다는 것이다. 그러나 이런 장점에도 불구하고 규모가 지나치게 작은, 예를 들어 시가총액 1,000만 달러 미만인 회사는 피하는 편이 좋다. 유동성이 매우 부족하고, 신뢰할 만한 정보를 구하기도 매우 어렵기 때문이다.

형식상의 이유로 소외당하는 주식

일부 주식은 지나치게 위험하다거나 평판을 해칠 수 있다는 이유로 소외당한다. 마틴 휘트먼(Martin Whitman)은 형식상의 이유로 소외당하는 주식을 두 종류로 구분한다.

(1) **10달러 미만 주식**: 5~10달러짜리 주식 대부분은 그동안 주가가 가파르게 하락한 주식이다. 이런 주식은 매우 위험하다고 간주되므로 애널리스트들은 분석 대상에서 제외하고, 기관투자가들은 매수하려 하지 않으며, 증권회사들도 매수를 권하지 않고, 은행과 증권사들은 주식담보대출을 제공하지 않는다. 그러나 이런 주식은 소외된 탓에 저평가되었을 가능성이 있다고 휘트먼은 말한다.

(2) **공개매수가 끝난 주식**: 공개매수가 완료된 뒤 유통되는 주식을 가리킨다. 이때 공개매수가의 50% 이하에 거래된다면 매력적인 저평가주가 될 수 있다고 휘트먼은 지적한다. 이는 공개매수 완료 후 차익거래자들이 남은 주식을 처분하는 과정에서 발생하는 현상이다. 즉, 이런 주식은 유동성이 낮고, 상장폐지 위험이 있으며, 나중에 더 낮은 가격에 강제 매수당할 수도 있고, 이후에는 공개매수를 기대하기 어렵기 때문이다. 이런 주식이 위험하긴 하지만, 다음 지침을 따르면 기회가 될 수 있다고 휘트먼은 말한다.

- **저가에만 매수**: 가격이 공개매수가보다 33% 이상 낮을 때에만 매수한다. 그러나 공개매수가가 지나치게 높았거나, 피인수 기업

이 본질적으로 부실하다면 피해야 한다.

- **인수회사의 경영진이 정직한가?**: 인수회사 경영진이 정직하지 않다면 나중에 더 낮은 가격에 강제 매수당할 수 있으므로 매수를 삼가야 한다.

반감주

반감주는 투자자들의 눈 밖에 난 주식을 가리킨다. 소외주와는 달리, 반감주는 악재와 나쁜 평판으로 사람들 사이에 널리 알려진다. 전반적인 반감에 군집행동, 최근성 편향 등 인지 편향까지 더해져서 사람들은 반감주에 과잉 반응을 보이게 된다.[5] 따라서 사는 사람은 거의 없고, 팔려는 사람만 많다. 투자 전문가들은 평판에 오점을 남길까 두렵기도 하고, 고객들에게 설명하기도 구차해서 매수를 꺼린다. 펀드매니저들은 계속해서 주식을 매도하고, 애널리스트들은 분석 대상에서 제외한다.[6] 이 과정에서 반감주는 저평가 상태에 이른다.

이런 반감주는 뜻밖에 회생해 높은 수익을 안겨주기도 하므로 회생주(turnaround stock)로 불리기도 한다. 그러나 반감주 투자는 세 가지 이유로 쉽지 않다. 첫째, 회생할 만한 주식을 찾아내기가 쉽지 않다. 잘못된 이유로 눈 밖에 난 주식을 찾아내야 하기 때문이다. 벤저민 그레이엄은 위험을 최소화하려면 실적이 입증된 대기업에 집중하라고 권한다.

둘째, 기회비용을 최소화하려면, 즉 오래 기다리지 않으려면 확실한 촉매가 있어서 조만간 회생 신호가 나올 종목을 찾아야 한다. 예를 들어 내부자가 자사 주식을 매수하면 조만간 회생할 가능성이 높아진다. 소형주는 실제로 회생이 이루어져도 이 사실이 주가에 반영되지 않을 위험이 있으므로, 벤저민 그레이엄과 데이비드 도드(David Dodd)는 대형주에만 관심을 집중하라고 권유한다.

셋째, 적절한 투자 시점을 잡기가 쉽지 않다. 시점이 너무 이르면 과도한 위험을 떠안게 되고, 너무 늦으면 큰 수익을 놓치기 때문이다. 유망 회생주는 다음과 같다.

버림받은 인기주

한때 인기 성장주였으나 시장의 높은 기대에 부응하지 못해서 버림받은 주식을 가리킨다. 이 주식에 대한 사람들의 기대가 과도한 낙관에서 과도한 비관으로 바뀌었다는 의미다.[7] 벤저민 그레이엄과 폴 손킨 등 일부 가치투자자들은 기업공개 후 몇 년이 지난 주식에 특별한 관심을 보였다. 과도하게 기대했다가 실망한 투자자들이 무자비하게 내던진 주식이기 때문이다.

〈포춘(Fortune)〉에 실린 "최악의 혐오기업(most despised)"

이 명단에 오른 주식은 상당한 초과수익을 내는 경향이 있다.[8]

일시적 위기에 처한 우량 기업

필립 피셔와 셸비 데이비스에 의하면, 극복 가능한 일시적 위기에 처한 우량 기업에서 좋은 투자 기회를 발견할 수 있다. 그런 위기에는 두 가지 유형이 있다.

(1) **운영 문제**: 예를 들어 신설 공장의 가동에 문제가 발생한다.

(2) **악재 발생**: 장기 파업, 제품 리콜, 원유 유출, 소송 등 악재에 시장이 과잉 반응한다. 예를 들어 2010년 4월 멕시코 딥워터 호라이즌(Deepwater Horizon) 석유 시추 시설에서 원유가 유출되자, 6월까지 BP(British Petroleum)의 시가총액이 50% 이상 증발했다. 그러나 2011년 1월이 되자 증발액의 60% 이상이 회복되었다.

곧 회생할 업종에 속한 기업

현재 상황은 최악이지만 회복할 근거가 있는 업종에서 매력적인 저평가 종목을 발견할 수 있다고 대가들은 믿는다. 조 비딕(Joe Vidich)에 의하면, 최적 투자 시점은 모든 사람이 매수할 이유가 없다고 생각할 때다.[9] 이런 상황에서 대가들이 접근하는 기법은 두 가지다.

(1) **위기 속의 기회**: 피터 린치와 리처드 레인워터(Richard Rainwater) 같은 대가들은 이런 업종에서 회생 가능성이 높은 최고 기업을 선별했다. 린치는 다음과 같은 방식으로 위험을 최소화하고 수익을 극대화하라고 권유한다.

- **업종의 회생 신호를 기다린다**: 업종이 회생하는 신호가 나타날 때까지 기다리는 편이 안전하다. 그러면 진공관처럼 완전히 몰락하는 업종을 피할 수 있다.
- **업종 대표주를 선택한다**: 대개 업종 대표 기업들은 허약한 경쟁사들을 밀어내고 최대 시장점유율을 차지할 수 있다. 흔히 대표 기업들은 성장률이 높고, 부채비율이 낮으며, 원가가 낮고, 비용 관리가 철저하며(경영진 연봉도 과도하지 않으며), 종업원 관리가 효

율적이고, 틈새시장도 잘 찾아낸다. 1980년대 피터 린치가 선호했던 이런 기업이 사우스웨스트 항공(Southwest Airlines)으로서, 1978~1991년에 주가가 20배 상승했다. 이 회사는 항공업종에서 원가가 가장 낮았으며, 부채도 사용하지 않았다. 비즈니스 모델이 독특했으며, 경영도 탁월했다. 경영진이 매우 유능했고, 종업원 관리가 훌륭했으며, 특유의 기업문화도 조성했다.[10]

(2) **바스켓 매수**: 짐 로저스처럼 이런 종목을 여럿 매수하는 방법이다. 그러면 개별 기업을 상세하게 분석하지 않아도 된다. 짐 로저스는 곤경에 처한 업종에서 자본적 지출이 중단된 대기업 몇 종목을 즐겨 매수한다.

특이한 위험이 있는 기업

헤지펀드의 대가 제이미 마이(Jamie Mai)는 "시장이 우발채무 규모는 대체로 잘 평가하지만 성과에 대한 확률적 평가에는 약하다"라고 말했다.[11] 즉, 시장이 우발채무의 실현 가능성을 과대평가한다는 뜻이다. 따라서 소송, 규제 등에 직면한 기업에 투자하면 평균적으로 높은 수익을 기대할 수 있다.

재정난에 처한 기업

심각한 재정난에 처해 파산이 예상되는 기업을 가리킨다. 사람들은 파산을 두려워하므로 가까이하지 않으려 한다. 이런 기업은 매우 위험하므로, 승산이 있다고 확신할 때만 투자를 고려해야 한다. 다음과 같이 불확실성은 크지만 실제 위험은 낮은 기업이 매력적인 투자 대상이다.

(1) **현금흐름이 안정적인 재정난 기업**: 모니시 파브라이(Monish Pabrai)는 부도율은 낮으면서 현금흐름이 양호한 업종에 속한 재정난 기업들을 면밀히 조사한다. 예를 들면 장례업종에 속한 재정난 기업들이다. 장례업종은 경기에 민감하지 않고 경쟁도 치열하지 않아서 부도율이 낮으며, 현금흐름이 매우 안정적이기 때문이다.

(2) **정부의 구제 가능성이 높은 재정난 기업**: 경제에 미치는 영향이 커서 정부가 구제할 수밖에 없는 기업을 가리킨다. 정부는 이런 기업에 구제금융을 제공하거나 회생을 적극 지원할 가능성이 높다. 다음은 두 가지 예다.

- **재정난 유틸리티**(utility: 가스 · 수도 · 전화 · 전기 등 공익기업)[12]: 유틸리티가 재정난에 처하는 주된 이유로는 외부 요인[1973년 석유파동으로 유가가 급등했을 때, 컨솔러데이티드 에디슨(Consolidated Edison)이 유동성 위기에 처함], 과도한 부채[엔터지(Entergy Corporation)], 사고[제너럴 퍼블릭 유틸리티(General Public Utilities)의 스리마일(Three Mile Island) 원자력발전소 사고], 무능한 경영[롱아일랜드 라이팅(Long Island Lighting)은 원자력발전소를 건립해놓고도 운영허가를 받지 못했음]이 있다. 전력회사는 가정과 기업에 전력을 공급하므로, 재정난에 처해도 당국이 어떤 방식으로든 구제할 가능성이 높다. 피터 린치는 재정난 유틸리티 주식을 배당이 중단되었을 때(또는 대폭 감소했을 때) 매수하고, 배당이 회복되었을 때 매도하라고 권유한다. 그러나 재정난 유틸리티가 모두 수익을 안겨주는 것은 아니다. 문제가 매우 심각할 때에는 회사 일부가 국유

화되어 투자자들이 영구 손실을 보게 될 수도 있다. 대표적인 최근 사례가 도쿄전력(Tokyo Electric Power Company)으로, 2011년 지진과 쓰나미로 세계 최대 규모의 원자력 재해를 입고 일부가 국유화되었다.

- 템플턴은 재해로 위기에 몰린 핵심 업종에 관심을 기울였다. 그는 9.11 테러 직후 가장 폭락한 항공주에 분산투자했다. 정부가 항공산업을 구제할 수밖에 없다고 생각했기 때문이다.[13]

특정 유형의 신주

특수 상황에서 발행되는 신주

조엘 그린블라트[14]와 세스 클라만[15] 같은 대가들은 특수 상황에서 다른 증권과 함께 발행되는 신주에 매력을 느낀다. 이런 신주는 주로 두 가지 이유로 저평가된다고 이들은 설명한다.

첫째, 대개 특수 상황 신주는 복잡하거나 매력이 없어 보여서(부채 비율이 높음) 사람들이 관심을 기울이지 않는다.

둘째, 흔히 이런 신주는 요청하지 않은 주주들에게도 분배된다. 여러 장점에도 불구하고 주주들은 신주를 매도하는 경향이 있다. 예를 들어 일부 기관투자가들은 규정 탓에 신주를 매도할 수밖에 없다. 또는 신주의 규모가 미미해 관리 부담을 축소하려고 매도하기도 한다. 아니면 생소한 신주를 보유하기가 불편해서 처분하는 사람도 있다. 특수 상황 신주에는 다섯 가지 유형이 있다.

(1) **합병증권**: 인수 기업이 피인수 기업 주식과 교환해서 지급하는

증권 패키지로서 우선주, 채권, 워런트(warrants), 전환권 등이 혼합될 수 있다. 합병증권이 저평가되는 주된 원인은 주주들 대부분이 보유하기 부담스러워서 무조건 매도하려 한다는 점이다. 조엘 그린블라트는 합병증권에 첨부된 조건을 읽어보고 가장 매력적인 증권에 선별적으로 투자하라고 추천한다.

(2) 상장폐지 예정 우선주: 차입매수(leveraged buyout) 등에 의해 상장폐지가 예상되는 합병증권의 우선주는 매우 매력적인 투자 대상이 될 수 있다. 우선주는 합병증권에서 차지하는 비중이 작아, 사람들이 헐값에 팔아버리는 과정에서 흔히 저평가되기 때문이다. 이런 우선주를 보유하면 경영진이 의욕적인 회사에 투자할 기회도 확보할 수 있다.

(3) 회생기업의 신주: 조엘 그린블라트와 앤서니 볼턴은 기업회생 절차에 따라 파산기업이 대출기관, 채권 소지자 등 채권자들에게 분배하는 증권에 주목한다. 이런 증권이 저평가되는 이유는 세 가지다. 첫째, 채권자들은 채권을 최대한 빨리 회수하고자 하므로 서둘러 증권을 매도한다. 둘째, 벌처투자자들은 더 매력적인 특수 상황 신주에 투자할 자금을 마련하려고 서둘러 증권을 매도한다. 셋째, 대개 이런 증권은 투자 전문가들의 레이더망에 포착되지 않는다. 이런 증권에서 나오는 매매수수료는 많지 않으므로, 애널리스트나 증권사는 발견하더라도 적극적으로 홍보하지 않는다. 그린블라트는 다음 조건을 갖춘 증권에 선별적으로 투자하라고 권유한다.

• 규모가 작은 기업: 이런 증권을 분석하려면 상당한 노력을 들여야 하므로, 투자 전문가들은 비용 효율을 높이려고 규모가 큰 기업

에 집중하는 경향이 있다. 따라서 규모가 작은 기업이 발행한 증권은 경쟁 강도가 상대적으로 낮다.

- **우량 기업**: 비우량 기업은 피하는 편이 좋다. 가장 좋은 투자 대상은 (강력한 브랜드, 시장 지배력, 경쟁우위 등을 갖춰) 원래 경쟁력이 뛰어나지만 과도한 부채, 수익성 낮은 사업, 제조물 책임(예컨대 석면 피해 보상) 탓에 파산하고 나서 기업회생 과정에서 문제를 모두 해결한 기업이다.

(4) **껍데기 주식**: 차입매수 등 자본 재편 과정에서 부채비율이 급등한 껍데기 주식도 매력적인 투자 대상이 될 수 있다. 기업이 현금, 채권, 우선주를 지급하고 주식을 대규모로 인수하는 과정에서 부채비율이 급등하므로, 사람들은 겁먹고 주식을 매도하게 된다.[16] 이후 기업이 자산을 매각하는 등 부채비율을 낮추고 현금흐름을 건전화하면 껍데기 주식에서 높은 수익을 얻을 수도 있다.

(5) **분사한 모회사 주식**: 그린블라트에 의하면, (규제 대상 사업 등) 복잡한 사업부를 분사(分社, spin-off)한 모회사는 인수 대상 기업으로서 매력도가 높아지므로 특별히 관심을 기울일 만하다.

분사

분사는 모회사에서 기존 기업이나 사업부를 분리해 독립회사를 신설하면서 새 주식을 분배하거나 매각하는 행위를 가리킨다. 대가들은 분사가 매우 수익성 높은 투자 대상이라고 거듭 말하므로 특별히 관심을 기울일 가치가 있다.

분석에 의하면, 분사한 자회사 주식은 처음 3년 동안 상당한 초과수익을 내는 경향이 있으며, 모회사 역시 어느 정도 초과수익을 내는 경향이 있다. 근사한 수익을 안겨준 대표적인 사례가 AT&T에서 분사한 7개 베이비 벨(Baby Bell), 즉 아메리테크(Ameritech), 벨 애틀랜틱(Bell Atlantic), 벨 사우스(Bell South), 나이넥스(Nynex), 퍼시픽 텔레시스(Pacific Telesis), 사우스웨스턴 벨(Southwestern Bell), US웨스트(US West)다. 피터 린치는 저서 《전설로 떠나는 월가의 영웅》에서, 이 7개 회사의 1983~1988년 수익률이 배당 포함 약 170%로서 시장지수의 2배였다고 밝혔다.

이렇게 분사 자회사에서 초과 실적이 나오는 것은 사람들이 실적 개선 가능성을 과소평가하기 때문일 것이다. 분사한 자회사의 실적이 개선되는 데에는 몇 가지 이유가 있다.

첫째, 흔히 경영자들의 의욕이 높아진다. 이제 이들은 상사의 간섭을 받지 않으면서 자신이 원하는 방식으로 회사를 경영할 수 있다. 둘째, 자회사 경영진은 사업에 더 집중할 수 있다. 셋째, 대개 모회사는 자회사가 성공할 수 있도록 충분한 기반을 마련해준다. 자회사가 성공해야 모회사 주주들도 그 혜택을 누릴 수 있기 때문이다.

분사 자회사가 저평가되는 또 다른 이유는 관련 서류가 복잡하다는 점이다. 분사 자회사의 재무제표는 대개 이해하기가 어렵다. 긴 시간을 들여 수백 페이지를 분석해야 하므로 단념하는 사람들이 많다. 그 결과 가격 오류 가능성이 높아진다. 그러나 분사 자회사도 각양각색이므로 다음과 같이 신중하게 선별해야 한다.[17]

(1) **내부자들의 행동 조사**: 그린블라트는 내부자들의 행동이 자회사의 매력도 평가에 유용한 정보가 될 수 있다고 말한다.

- **내부자들이 자회사 주식을 원하는가?**: 예컨대 자회사로 이직하거나, 분사 후 주식을 매수하거나, 보수의 일부로 자회사 스톡옵션을 받는가?
- **경영진이 분사를 조용히 진행하려 하는가?**: 분사에 대해 홍보하지 않는다면, 경영진이 자회사 주가를 최대한 낮추어 더 확보하고 싶기 때문일 수도 있다.
- **분사의 매력도를 낮추는가?**: 분사 규모를 축소하고 유동성을 낮추는 등 분사의 매력도를 낮추면 경영진은 (유상증자 등을 통해서) 싼 가격에 주식을 더 확보할 수 있다.

(2) **모회사 주주들에게 유리한 구조인가?**: 모회사 경영진이 주주들에게 혜택을 주려는 분사에서 매우 높은 수익을 기대할 수 있다.

- **자회사 주식을 모회사 주주들에게 분배**: 분사하면 모회사의 규모가 축소되므로, 자회사 주식을 모회사 주주들에게 분배하는 방식이라면 주주들에게 혜택을 주려는 분사로 볼 수 있다. 이때 경영진은 주가를 인위적으로 높일 이유가 없으므로, 비교적 낮은 가격에 주식을 발행해서 향후 가격이 상승할 여지를 충분히 둔다.
- **유상증자**(secondary offering): 분사 자회사 신주 인수권을 모회사 주주들에게 제공하는 방식이다. 즉, 자회사 주식을 모회사 주주들에게 판매하려는 것이다.[18] 경영진은 주주들을 만족시키고자 하므로 주가를 높일 이유가 없다. 유상증자 청약이 미달해서 남은 주식에 대해 주주들이 초과청약 특권을 행사한다면 그 유상증자는 매력적이라고 볼 수 있다. 이는 경영진이 추가적인 주식

인수에 관심이 있다는 뜻이다. 그린블라트는 저서 《주식시장의 보물찾기(You Can Be a Stock Market Genius)》에서 매력적인 유상증자의 탁월한 예를 제시했다. 1990년, 텔레커뮤니케이션즈(Tele-Communications)에서 리버티 미디어(Liberty Media)가 분사되었다. 그러나 주가가 지나치게 높은 수준인 데다 규모도 작아서 투자 전문가들은 관심을 기울이지 않았다. 하지만 CEO 존 멀론(John Malone)의 지분을 확인해보았다면 그가 리버티 미디어의 주요 주주임을 알 수 있었다. 분사 2년 만에 리버티 미디어는 약 1,000%에 이르는 수익률을 기록했다.

●●●

언제든 유상증자에 의한 분사 정보를 발견하면, 하던 일을 멈추고 조사해보아야 한다.

조엘 그린블라트(Greenblatt, 1997)

(3) 매물 압박이 예상되는 분사 자회사: 매물 압박이 예상되는 분사는 모회사가 주주들에게 주식을 분배하는 경우뿐이다. 모회사 주주들은 요청하지도 않은 주식을 받았으므로 일부는 매도를 고려하게 된다. 시가총액이 작은 경우라면, 일부 기관투자가는 규정 탓에 분배받은 주식을 매도할 수밖에 없다. 이 밖에도 분사 자회사를 분석하는 데 관심이 없거나, 회사가 생소하거나, 분배받은 물량이 지나치게 적어서 성가시다는 이유로 매도하려는 사람도 있다. 그리고 모회사의 부채를 과도하게 떠안은 분사 자회사는 유독 폐기물 취급을 당하기도 한다.

대표적인 사례가 1990년대 초 메리어트 인터내셔널(Marriot

International)을 분사한 모회사 호스트 메리어트(Host Marriot)다.[19] 부동산 위기가 닥치자 메리어트는 매력적인 사업은 메리어트 인터내셔널로 분사하고, 매각하기 어려운 호텔 부동산과 저성장 할인호텔은 부채가 많은 모회사 호스트 메리어트에 남겨두었다. 그린블라트는 세 가지 이유로 호스트 메리어트에서 엄청난 매물이 쏟아질 것으로 예상했다.

- 호스트 메리어트는 부채가 과도하고 자산도 매력이 없어서 유독성 폐기물에 해당했다.
- 호스트 메리어트는 핵심 사업이 아니고 규모도 작았다. (기관투자가들이 보유하기에 부담스러웠다.)
- 사업에 관한 정보를 거의 발표하지 않아서 기관투자가들이 불안해했다. 그러나 이 분사 계획을 수립한 사람이 호스트 메리어트의 CEO였고, 메리어트 가족이 호스트 메리어트의 지분 약 25%를 계속 보유하기로 했으며, 메리어트 인터내셔널이 호스트 메리어트에 대출을 제공하기로 했으므로, 호스트 메리어트는 높은 부채에 의한 재무 레버리지 덕분에 오히려 수익률을 극대화할 수 있었다.

이런 분사 자회사 매수의 적기는 분사 약 1년 후다. 매물 압박이 사라지고 실적 개선이 뚜렷이 나타나 시장의 관심을 끌 수 있기 때문이다.

저가 발행 기업공개
일반적으로 기업공개는 매력적인 투자 대상이 아니지만, 특성상 공모주가 저가에 발행되는 구조라면 관심을 가져볼 만하다.

(1) **국유기업을 민영화하는 기업공개:** 피터 린치에 의하면, 국유기업을 공개해 민영화할 때에는 정치적 이유로 공모주 발행 가격이 낮아질 수 있다. 정치인들은 유권자들에게 혜택을 제공하고자 하므로 공모주를 대개 저가에 발행한다. 흔히 국유기업들은 경영이 비효율적이므로, 민영화되면 효율성이 높아질 수도 있다. 대표적인 사례가 영국 정부가 제공한 일생일대의 선물이 된 브리티시 텔레콤(British Telecom) 기업공개였다. 그러나 정부가 항상 정치적 이유로 기업공개를 하는 것은 아니므로, 저평가된 종목을 신중하게 선별할 필요가 있다. 예를 들어 1980년대 일본 정부는 시장에 심각한 거품이 형성된 상태에서 여러 국유기업을 터무니없이 높은 가격에 공개했다.

(2) **공제조합의 주식회사 전환**(demutualisation): 데이비드 아인혼과 세스 클라만에 의하면, 공제조합(보험 계약자가 소유를 겸하는 보험회사 등)이 주식회사로 전환되는 기업공개에 참여하면 거금을 벌 수 있다. 이 과정에서 새 주주들은 기업공개 수익은 물론 회사까지 보유하게 된다. 즉, 새 주주들은 공모 가격에 상관없이 회사를 공짜로 얻게 된다. 이 과정에서 경영진은 공모가로 스톡옵션을 받으므로 공모가를 높일 이유가 없다. 학계의 조사에 의하면, 공제조합이 주식회사로 전환되고 나서는 실적이 개선된다.

새로운 추세나 사건에서 나타나는 기회

일부 사람들은 새로운 추세나 주요 사건들이 반드시 주가에 반영된다고 믿는다. 타당한 생각이다. 새로운 추세가 나타나거나 기술 발전이 이루어지면 사람들은 수혜주를 찾아 몰려든다. 따라서 이런 상황에서 저평가 종목을 찾기는 쉽지 않을 것이다.

그러나 대가들은 이런 상황에서도 기회를 찾아낸다. 첫째, 사람들은 수혜주를 서둘러 찾는 과정에서 여러 수혜주를 간과한다. 둘째, 흔히 사람들은 새로운 추세나 사건에 시달리는 기업을 과도하게 응징한다. 셋째, 사람들은 단기 실적에 몰두한 나머지, 추세나 사건을 제대로 보지 못할 때가 많다.

과도하게 응징당한 주식

추세로부터 불이익이 예상되는 기업들은 과도하게 응징당하는 경향이 있다. 예를 들어 신기술이 등장하면 구세대 경쟁 산업은 소외당하기 일쑤다. 물론 구세대 산업이 불이익을 당할 수 있지만, 사람들은 그 불이익을 종종 과대평가한다. 이렇게 불이익이 과대평가된 기업은 매력적인 저평가 종목이 될 수 있다.

예를 들어 1990년대 중반, 사람들은 새로 등장한 위성 TV가 케이블 TV를 완전히 몰아낼 것으로 생각했다. 이 때문에 케이블 TV 주식은 심각한 매물 압박에 시달렸다. 그러나 대가 글렌 그린버그(Glenn Greenberg)는 위성 TV에도 기술적 결함이 있어서 케이블 TV를 완전히 대체하지는 못할 것이라고 판단했다. 그는 신규 서비스와 (요금 인상 허용 등) 규제 완화에 힘입어 케이블 TV의 환경이 오히려 개선될 것으로 예측했다. 1988년 말, 그는 자산의 약 40%를 매우 낮은 가격에 케이블 TV에 투자해 탁월한 실적을 올렸다.

새 추세의 간접 수혜주

간접 수혜주 일부는 명확하게 드러나지 않아서 사람들이 인식하지 못하기도 한다. 심지어 일부 간접 수혜주는 직접 수혜주보다도 더 큰 혜택을 받아 탁월한 실적을 기록하기도 한다.

(1) **고성장 산업 공급업체**: 19세기 미국 골드러시에서 광부들은 대부분 빈털터리가 되었지만, 곡괭이와 삽을 판 사람들은 상당한 돈을 벌었다. 이 원리는 지금도 그대로 적용된다. 줄리언 로버트슨과 랠프 왜그너(Ralph Wagner) 등 대가들은 호황기나 전환기 산업의 서비스 공급업체를 주목한다. 종종 최대 수혜자가 되기 때문이다.

- 1990년대 인터넷 호황기에는 인터넷 서비스를 직접 제공하는 통신업체보다 시스코(Cisco) 등 통신장비 공급업체에 투자했을 때 실적이 더 좋았다.
- 1970년대 오일 붐 기간에는 탐사회사 등 석유산업 공급업체가 더 큰 혜택을 보았다.
- 항공 수요가 급증하던 1960년대에는 모노그램(Monogram) 등 항공기용 무취식 화장실 공급업체가 높은 수익을 거두었다.
- 피터 린치는 주식이 한창 인기일 때는 펀드에 투자하는 것보다 펀드를 판매하는 회사에 투자하는 편이 낫다고 지적한다.

(2) **혁신기업 복제회사**: 모니시 파브라이는 기존 혁신기업의 복제회사를 좋아한다. 사람들이 혁신기업에는 많은 관심을 기울이지만 복제회사에는 관심을 기울이지 않기 때문이다. 훌륭한 복제회사는 종종 혁신기업을 몰아내기도 한다. 예를 들어 마이크로소프트(Microsoft)는 IBM을 몰아냈고, 월마트(Wal-Mart)는 K마트(Kmart)를

몰아냈다.

(3) **신흥시장 비중이 큰 다국적 기업**: 신흥시장은 성장률이 높아서 매력적이지만 직접 투자하기에는 위험이 매우 크다. 이때 신흥시장 사업 비중이 큰 다국적 기업에 투자하면 훨씬 안전하게 고성장의 혜택을 누릴 수 있다. 대개 신흥시장의 고성장 섹터에서 활동하는 다국적 기업이 매력적이다. 예컨대 금융(소매은행, 보험, 자산운용), 음료 및 소비 제품(유제품, 양조, 사치품), 의약, 인프라(건설, 도급업, 인프라 보유) 등이다.

사건의 수혜주

재해가 발생하면 사람들은 무차별적으로 주식을 내던진다. 이때 사람들은 재해로부터 이득을 보는 주식마저 함께 내던진다. 예를 들어 1999년 터키에 지진이 발생했을 때, 사람들은 모든 주식을 투매했다. 이때 짐 라이트너(Jim Leitner)는 폭락한 유리 제조업체 주식을 샀다. 피해를 복구하는 과정에서 새 유리 수요가 엄청나게 증가할 것으로 보았기 때문이다.[20]

장기 추세의 수혜주

사람들은 단기 실적에 지나치게 몰두한 나머지 장기 추세를 보지 못할 때가 많다. 대표적인 예가 원자재의 장기 순환주기다. 짐 로저스는 저서 《상품시장에 투자하라(Hot Commodities)》에서, 원자재는 수요와 공급의 불균형에 의해 장기 강세장과 장기 약세장이 교체되는 기간이 약 18년이라고 설명한다.[21] 흥미롭게도 원자재와 주식은 상관관계가 마이너스여서, 원자재가 장기 강세장일 때 주식은 대개 장기 박스·약세장이고, 원자재가 장기 박스·약세장일 때 주식은 대개 장기 강세장이다. 따라서 주식이 장기 박스·약세장일 때에는 원자재 장기 강세장의 수혜주에 투자하면 높은 수익을 얻을 수 있다.

짐 로저스는 원자재 강세장 기간에 다음 주식에 투자하면 초과수익을 기대할 수 있다고 말한다.

(1) **원자재 생산 기업:** 원자재 장기 강세장에는 원자재 생산 기업이 주된 수혜자가 된다. 그러나 이런 기업도 기업 특유의 문제 때문에 주가가 하락할 수 있으므로 신중하게 선택해야 한다.

(2) **원자재가 풍부한 국가의 기업:** 원자재가 풍부한 국가의 경제와 밀접하게 연결된 기업에서 초과수익을 기대할 수 있다. 대개 이런 국가의 통화도 강세가 되므로, 외국 투자자들은 환율에서도 추가 수익을 얻을 수 있다.

미래 수익원을 확보한 기업

헤지펀드의 대가 톰 클로거스(Tom Clagus)에 의하면, 몇 년 뒤 가동되는 신규 수익원은 종종 주가에 반영되지 않는다.[22] 애널리스트의 단기 추정치에는 신규 수익원이 반영되지 않으므로 최근 통계 자료에도 나타나지 않는다. 따라서 몇 년 뒤까지 조사해 신규 수익원을 찾아내면 저평가 주식을 발굴할 수 있다.

신뢰도 높은 정보

주식 정보 대부분은 가치가 없다. 심지어 위험하기까지 하다. 그러나 예외도 있다. 출처가 신뢰할 만한 정보라면 대가들도 진지하게 받아들인다. 그래도 액면 그대로 받아들이는 법은 없어서 반드시 직접 확인해본다. 다음은 대가들이 인정하는 신뢰할 만한 출처들이다.

경쟁사가 주는 정보

기업은 경쟁자들을 계속해서 면밀하게 관찰하므로, 경쟁자의 강점, 약점, 시장 지위 등 방대한 정보를 축적한다. 그래서 대가들은 경영진에게서 경쟁자에 관한 투자 아이디어를 얻으려 한다.

(1) **경영진이 직접 주는 정보**: 피터 린치, 셸비 데이비스, 앤서니 볼턴, 필립 피셔 등은 경영진과 면담하면서 가장 인상적인 경쟁사를 알아낸다.[23] 그런 다음 그 경쟁사를 분석한다.

(2) **간접 정보**: 템플턴에 의하면, 특정 산업에서 높은 프리미엄에 기업인수가 빈번히 일어나면 그 산업에 저평가 기업이 많다는 뜻이다.

대가들이 주는 정보

대가들이 주는 (특히 여러 대가들이 공유하는) 투자 아이디어를 바탕으로 분석을 시작할 수 있다. 그러나 이런 아이디어를 적시에 얻기는 쉽지 않다.

(1) **아이디어를 공유하는 대가들**: 신뢰도 높은 정보를 적시에 제공하는 투자 정보지는 극소수에 불과하다. 한 가지 예가 The Prudent

Speculator(www.theprudentspeculator.com)이다.

(2) **아이디어 공유를 꺼리는 대가들:** 아이디어를 공유하면 운용에 지장받으므로 일부 대가들은 공유를 꺼린다. 그러나 다소 시간이 지나면 대가들의 매매 정보를 대량으로 입수할 수 있다.

- 일부 국가에서는 거액 투자자들이 정기적으로(미국은 분기마다) 보유 종목을 공개해야 한다. 구루포커스(GuruFocus, gurufocus.com)는 공개 문서를 바탕으로 대가들의 보유 종목을 추적하는 웹 서비스다.
- 대가들이 운용하는 뮤추얼펀드, 헤지펀드, 기타 투자 기관이 주주들에게 보내는 서한은 주로 인터넷에 공개된다.

내부자 정보

회사 내부자들(경영진, 주요 주주, 이사회 구성원)은 회사의 내재가치와 전망을 잘 알고 있으므로 값진 아이디어의 원천이 된다. 그러나 주식 평가에 관한 이야기는 에누리해서 들어야 한다. 또한 주요 비공개 정보는 이용이 금지되어 있으므로, 내부자에게서 직접 얻은 독점 정보를 이용해서는 안 된다. 그래서 대가들은 내부자들의 행동을 보고 저평가 여부를 판단한다.

(1) **내부자 매수:** 대가들은 내부자들의 주식 매수가 저평가를 알려주는 지표라고 생각한다. 내부자 거래에 관한 정보는 규정(예컨대 미국은 증권거래위원회 양식 144, 양식 4), 경제신문 〈월스트리트 저널(The Wall Street Journal)〉, 상업 서비스 블룸버그(Bloomberg)를 통해 입수할 수 있다. 연구에 의하면, 내부자 매수는 (적어도 6개월 이상) 장기

적으로 초과 실적을 알려주는 신뢰할 만한 지표가 될 수 있다.[24] 래코니쇼크(Josef Lakonishok)에 의하면, 내부자 매수 강도를 평가하는 가장 신뢰도 높은 지표는 순매수비율(Net Purchase Ratio, NPR)로서, 다음과 같이 정의된다.

$$\text{순매수비율} = \frac{\text{내부자 매수}_{6개월} - \text{내부자 매도}_{6개월}}{\text{내부자 매수}_{6개월} + \text{내부자 매도}_{6개월}}$$

여기서 '내부자 매수6개월'은 최근 6개월 동안 내부자가 매수한 주식의 수량을 가리키고, '내부자 매도6개월'은 최근 6개월 동안 내부자가 매도한 주식의 수량을 가리킨다. 그러나 내부자 매수의 신뢰도가 모두 같은 것은 아니다. 예를 들어 대기업보다는 소기업에서 나타나는 내부자 매수가 훨씬 더 강력한 저평가 신호다.[25] 또한 PER이 낮을 때 강력한 저평가 신호가 된다. 신뢰도 높은 내부자 매수의 특징은 다음과 같다.

- **적극적인 내부자 매수**: 내부자 매수 규모가 크고 매수 기간이 지속될수록 더 신뢰도 높은 저평가 지표가 된다. 특정 내부자의 매수 강도를 평가하려면 매수 규모를 그의 전체 보유량이나, 보유 재산이나, 연간 보수로 나누어 보면 된다.
- **CEO나 CFO의 매수**: 대개 회사의 내부 사정을 가장 잘 아는 사람이 CEO와 CFO이므로, 이들의 매수는 다른 내부자들의 매수보다 더 신뢰도 높은 저평가 신호가 된다. CEO보다도 CFO의 매수가 더 강력한 저평가 신호다. 그러나 주요 주주 같은 내부자들의 매수는 신뢰도가 낮은 듯하다.

- **다수 내부자의 매수:** 매수하는 내부자가 많을수록 더 신뢰도 높은 신호가 된다. 래코니쇼크가 연구한 바에 의하면, 소기업에서 대규모로 매수하는 내부자가 3명 이상이라면 강력한 매수 신호가 된다.
- **예상 밖의 내부자 매수:** 앤서니 볼턴은 저서 《투자의 전설 앤서니 볼턴(Against the Tide)》에서, 예상 밖의 내부자 매수(예컨대 주가가 대폭 상승한 후 내부자의 매수)가 매우 중요하다고 언급했다.

(2) **자사주 매입:** 기업들은 자사 주식이 저평가되었다고 판단될 때 자사주를 매입해 주주가치 창출을 시도하기도 한다. 자사주 매입에는 회사 자금이 사용되므로, 내부자 매수만큼 신뢰도 높은 저평가 지표는 아니다. 게다가 경영진은 주주가치 창출 이외의 목적으로 자사주를 매입할 수도 있다. 예를 들어 임직원의 스톡옵션에서 나오는 매물을 받아주려고 자사주를 매입하기도 한다. 그래서 워런 버핏이 1970년대에는 자사주 매입이 저평가를 알려주는 신뢰할 만한 지표였지만 1999년에는 그렇지 않다고 불평했다. 투자자들 역시 자사주 매입의 목적이 타당한지 확인해볼 필요가 있다.

- **배당 증가:** 배당 증가는 회사가 장래를 낙관한다는 자신감을 보여준다. 대폭적인 배당 증가는 회사가 저평가되었다는 정보가 될 수도 있다.

촉매가 있는 주식

주가가 내재가치보다 훨씬 낮은 주식을 발견하더라도, 주가와 내재가치의 괴리가 언제 해소될지는 불확실하다. 물론 그 괴리가 더 빨리 해소될수록 투자수익률이 상승한다. 그래서 그린블라트는 촉매가 없는 주식을 평가할 때 더 높은 할인율을 적용해야 한다고 주장한다.[26] 그러나 사람들이 알고 있는 촉매는 이미 주가에 반영되어 있다고 보아야 한다. 그래서 대가들은 촉매에 큰 관심을 기울이지 않는다.

그러나 이른바 가치촉매(value catalyst)가 있는 종목은 초과수익 가능성이 더 높다. 가치촉매란 예컨대 회사의 미래 현금흐름 증가처럼, 회사의 가치를 높여줄 수 있지만 일시적으로 주가에 반영되지 않는 촉매를 가리킨다. 가치촉매에는 두 가지가 있다.

내부 촉매

회사 내부에서 진행되는 유리한 변화로서 다음과 같다.

(1) **경영진 교체**: 경영진 교체는 우려 사항이 될 수도 있지만 가치 창출의 계기가 될 수도 있다.[27] 투자자는 새 경영진이 가치를 창출할 수 있을지 판단해야 한다. 마리오 가벨리(Mario Gabelli)는 자이언트 푸드(Giant Foods)의 창업자가 사망하자 이 회사의 주식을 샀다. 새 경영진이 이익 증대에 노력을 집중할 수도 있고, 회사가 매각될 수도 있다고 보았기 때문이다.

(2) **전략 변경**: 전략 변경 역시 우려 사항이 될 수도 있고 가치 창출의 계기가 될 수도 있다. 투자자는 새 전략이 잘 실행될지 판단해야 한다.

(3) **효율성 개선**: 자기자본이익률(return on equity, ROE)이 개선되면서 대규모로 주주가치가 창출될 수도 있다. ROE가 낮고 부채비율이

높은 기업의 효율성이 개선될 때 더 큰 투자수익을 기대할 수 있다.

(4) **적자 사업부 제거**: 그린블라트는 대규모 적자 사업부 제거야말로 강력한 가치촉매가 될 수 있다고 말한다. 이를 계기로 흑자 사업을 개발할 수 있고, 경영진이 흑자 핵심 사업에 노력을 집중할 수 있기 때문이다. (대부분 경영진은 회사의 규모가 축소되기를 바라지 않으므로) 사업부 제거는 대개 주주를 위한 경영진의 결단이라고 볼 수 있다. 위험을 최소화하면서 수익을 극대화하기 위해서 그린블라트는 다음과 같은 기업에 관심을 집중하라고 권한다.

- 저평가되어 주가 하락 위험이 작거나, 숨은 자산이 많은 기업
- 적자 사업부 제거 후에도 건전한 핵심 사업을 보유하는 기업
- 경영진이 가치 창출에 의욕적인 기업
- 사람들의 관심권에서 벗어난 기업(예컨대 시가총액이 작은 기업)

외부 촉매

회사 외부에서 진행되는 촉매도 가치를 창출할 수 있다.

(1) **주주행동주의자**(shareholder activist): 주주행동주의자들은 위임장 대결, 이사회 진출, 주주결의안, 대중매체 동원, 주주제안 등으로 (경영진 교체, 전략 변경 등) 촉매 사건을 일으킬 수 있다. 행동주의자들의 표적이 되는 주식은 상당한 초과수익을 내는 경향이 있다. 왜냐하면 주주행동주의자들이 변화를 유발해서 상당한 가치를 창출할 수 있고, 행동주의자들은 일반 투자자들보다 훨씬 철저하게 분석해서 종목을 선택하기 때문이다. 행동주의자들은 회사의 지분을 5% 이상 확보해야 변화를 요구할 수 있다. 칼 아이칸, 빌 애크먼, 대니얼 러브

(Danial Loeb), 배리 로젠스타인(Barry Rosenstein) 등 주주행동주의 대가들의 매매는 주목할 만한 가치가 있다.

(2) **인수합병:** 일부 업종에서는 많은 프리미엄이 붙은 가격에 인수합병이 활발하게 이루어진다. 이런 업종에서 저평가 기업을 발견할 가능성이 크다.

(3) **정치 · 경제 사건:** 주요 정치 · 경제 사건도 가치촉매가 될 수 있다. 1939년, 템플턴은 미국이 제2차 세계대전에 참전할 것으로 예상했다. 그러면 제조 및 운송회사들이 전쟁을 강력하게 지원하게 되므로, 매우 비효율적인 기업들도 번창할 거라고 생각했다. 그는 주가가 1달러 미만인 소외된 제조 및 운송회사 주식들을 다양하게 사들였다. 이렇게 템플턴은 분산투자를 통해 위험을 낮게 유지하면서, 미국의 참전을 통해 막대한 수익을 거두었다.

지수에서 제외되는 주식

앞에서 논의했듯이, 일부 주식은 규정, 무지, 불안감 탓에 대량 매물로 출회될 수 있으며, 이 과정에서 저평가 종목이 된다.[28]

주가지수에서 제외되는 종목도 대량 매물에 시달릴 수 있다. 주가지수를 벤치마크로 삼는 펀드나 주가지수를 추적하는 인덱스펀드는 이런 종목의 비중을 줄이거나 없애야만 하므로 대량으로 매도하게 된다.

세스 클라만에 의하면, 지수에서 제외되는 종목은 대개 이 사실이 공개되기 전부터 수익률이 시장지수를 밑돈다. 대표적인 예가 울워스(Woolworth)다. 울워스는 S&P500 지수에서 제외될 때 2일 만에 주가가 50% 하락했으나, 3개월도 지나기 전에 주가가 바닥에서 3배 넘게 뛰어올랐다.

기타 기회

막 합병을 발표한 주식
데이비드 스웬슨(David Swensen)은 막 합병을 발표한 종목에 차익거래 기회가 있다고 말했다. 합병이 완료되기 전에 주식을 매도하는 주주가 많으므로, 합병 발표 직후 매수해서 합병 완료 시점까지 계속 보유하면 차익을 얻을 수 있다는 뜻이다.

위험 대비 보상이 큰 주식
앤서니 볼턴과 모니시 파브라이가 좋아하는 주식으로서, 일이 잘 풀렸을 때 상승 잠재력이 크지만, 일이 잘못되더라도 하락 위험은 제한적인 종목을 가리킨다. 말하자면 공짜 콜옵션에 가까운 종목이다. 앤서니 볼턴은 저서 《투자의 전설 앤서니 볼턴》에서 석유 탐사 기업을 예로 들었는데, 현금흐름이 안정적인 기존 유정은 물론 잠재력 큰 시굴정(試掘井)을 다수 보유한 기업이었다.

위대한 기업
시장이 이익, 이익률, ROE 등 정량 데이터는 매우 효율적으로 평가하지만 기업문화, 경영진, 이사회, 인사 정책, 브랜드 등 정성 데이터는 제대로 평가하지 못할 때가 많다. 일부 연구에 의하면, 〈포춘〉의 '가장 일하기 좋은 100대 기업(100 Best Companies to Work for)', 브랜드가 강한 기업, 고품질 기업(예컨대 이익과 영업현금흐름의 차이가 작은 기업)에 투자하면 초과수익을 얻을 수 있다.

분사 모회사

부실한 사업부를 분사한 모회사는 기관투자가들의 관심을 다시 끌 수 있으므로 초과수익을 안겨줄 수 있다. 그 예가 그린블라트가 투자한 아메리칸 익스프레스(American Express)다. 1994년 아메리칸 익스프레스는 이익 변동성이 높은 투자은행 리먼 브라더스(Lehman Brothers)를 분사하기로 결정했다. 사람들은 관심을 보이지 않았지만, 그린블라트는 분사 후 아메리칸 익스프레스의 수익성이 높아질 것으로 예상하고 매수했다. 분사 1년 후, 아메리칸 익스프레스의 주가는 약 40% 상승했다.

선진시장의 매수 유의 종목

표 2는 대가들이 매력을 느끼는 매수 유망 종목과, 대가들이 기피하는 매수 유의 종목을 요약해서 정리한 자료다. 이어서 다양한 매수 유의 종목에 대해 논의하기로 한다.

표 2. 선진시장 매수 유망 종목과 매수 유의 종목	
매수 유망 종목	**매수 유의 종목**
소외주: 따분하고 인기 없는 주식, 정보가 복잡하거나 거의 없는 주식, 소형주, 형식상의 이유로 소외당하는 주식	**인기주:** 이름이 멋진 주식, 가시성 높은 주식, 블루칩
반감주: 버림받은 인기주, 〈포춘〉에 실린 "최악의 혐오기업", 일시적 위기에 처한 우량 기업, 곧 회생할 업종에 속한 기업, 특이한 위험이 있는 기업, 재정난에 처한 기업	**호감주:** 대중매체가 떠받드는 주식, 기관과 애널리스트의 관심 종목, 지인들이 추천하는 종목, 인기 업종에 속한 종목
특정 유형의 신주: 특수 상황에서 발행되는 신주, 분사, 저가 발행 기업공개	신주 공모 대부분
새로운 추세나 사건에서 나타나는 기회: 과도하게 응징당한 주식, 새 추세의 간접 수혜주, 사건의 수혜주, 장기 추세의 수혜주, 미래 수익원을 확보한 기업	**새로운 추세나 사건에서 나타나는 위험:** 새로운 추세에서 직접 혜택을 얻더라도 지나치게 고평가된 기업, 새로운 추세가 불리하게 작용해 위험에 처하는 기업
신뢰도 높은 매수 정보: 경쟁사가 주는 정보, 대가들이 주는 정보, 내부자 정보	**신뢰도 높은 매도 정보:** 경쟁사가 주는 정보, 대가들이 주는 정보, 내부자 정보
지수에서 제외되는 주식	**지수에 편입되는 주식**
촉매가 있는 주식: 내부 촉매, 외부 촉매	**투기 종목:** 파산한 기업, 실적이 없는 기업, 정보가 부족한 기업
기타 기회: 막 합병을 발표한 주식, 위험 대비 보상이 큰 주식, 위대한 기업, 분사 모회사	

인기주

사람들의 관심을 끌어모으는 인기주는 고평가될 가능성이 높다. 특히 유명 인기주는 기관들의 매물 공세에 매우 취약하다.

그래서 대가들은 누구나 아는 유명 인기주를 기피한다. 인기주인

지 확인하려면 담당 애널리스트의 수나 기관투자가들의 지분 등을 지표로 활용할 수 있다.[29]

(1) **이름이 멋진 주식**: 대개 회사 이름이 멋지거나, 매력적인 산업에 속해 있거나, 사람들의 상상력을 자극하는 기업이 인기를 끌어모은다.

(2) **가시성 높은 주식**: 투자 위험을 줄이려는 사람들은 흔히 안정적인 산업에 속한 기업, 공개 정보가 풍부한 기업, 애널리스트들이 만장일치로 추천하는 기업 등을 선택한다. 그러나 데이비드 드레먼은 저서 《데이비드 드레먼의 역발상 투자(Contrarian Investment Strategies)》에서 이런 가시성이 환상에 불과하다고 지적한다. 즉, 사람들은 가시성이 높아서 안전하다는 착각에 빠져 지나치게 높은 가격을 지불하기 쉽다.

(3) **블루칩(Blue Chips)**: 사람들은 블루칩에 지나친 관심을 기울여 과매수하는 경향이 있으므로 주가가 고평가되기 쉽다.[30] 게다가 블루칩은 규모가 큰 탓에 대개 성장률도 낮다. 그래서 템플턴은 일본에 투자할 때, 토픽스(東京 증권거래소 주가지수, Tokyo stock Price IndeX, TOPIX)에 포함된 블루칩은 거의 사지 않았다.[31]

호감주

사람들은 흔히 짜릿한 이야기가 있는 주식에 끌린다. 여기에 군집행동, 최근성 편향, 흥분 추구 등 여러 인지 편향도 영향을 미치므로, 사람들은 앞다투어 호감주에 몰려드는 과정에서 이성을 상실하게 된

다. 그 결과 호감주의 미래를 지나치게 낙관해 터무니없이 높은 가격을 치르게 된다.[32)]

그림 5는 호감주인 신발 제조업체 크록스(Crocs)의 예다. 새로운 유형의 신발을 출시한 크록스의 매출이 2006~2007년 맹렬하게 증가하자, 흥분한 투자자들이 몰려들어 2006년 3월~2007년 9월 동안 주가가 거의 6배가 되었다. 2007년 여름에는 PER이 약 45에 이르렀다.

이 무렵 일각에서는 주가가 지나치게 높다고 경고했다. 비즈니스 모델이 매우 취약해서 그렇게 높은 주가를 감당하기 어렵다는 지적이었다. 유행과 취향에 지나치게 의존했고, 특허가 있긴 해도 경쟁자들이 쉽게 모방할 수 있어서 해자(垓子)를 확보하지 못했다.

그림 5를 보면 2008년 상반기에 매출과 이익 성장률이 대폭 둔화

그림 5. 호감주 크록스의 주가 흐름

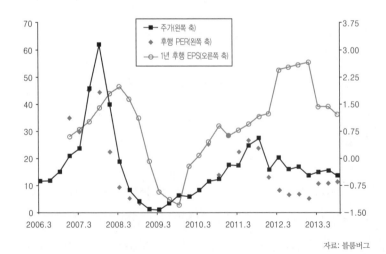

자료: 블룸버그

했다. 세계 금융위기가 본격적으로 시작되기 전인 2008년 여름, 이 주식은 이미 85%나 하락했다. 이후 금융위기가 심화하자 주가 하락세가 가속되었고, 2008년 12월에는 고점 대비 하락률이 약 98%에 이르렀다. 2010~2013년에는 매출과 이익이 다소 회복되긴 했으나, 이후 영업이익률은 전성기의 절반 수준에도 미치지 못했다.

대가들은 인기 업종에 속한 호감주, 실적이 부진한 호감주, 펀더멘털이 취약한 (예컨대 단일 제품에 의존하는) 호감주를 피하라고 경고한다. 유의해야 할 호감주는 다음과 같은 특징을 보인다.

대중매체가 떠받드는 주식

(1) 대중매체에 수시로 찬양의 글이 올라오는 기업

(2) '가장 훌륭한 기업 명단'에 오르는 주식: 〈포춘〉의 '가장 훌륭한 기업' 명단에 오른 주식은 '미국 최악의 혐오기업' 명단에 오른 주식보다 이듬해 수익률이 현저히 낮아지는 경향이 있다.[33] 이는 미국 이외의 나라에서도 나타나는 현상으로 보인다. 그림 6은 벨기에 벨-20(Bel-20) 지수의 수익률과, 1999~2007년 '올해의 기업 상'이나 '올해의 경영자 상' 후보에 오른 13개 상장회사 주식의 수익률을 비교한 자료다. 13개 상장회사 주식의 수익률이 첫해에는 지수보다 약 20% 낮았고, 4년 후에도 약 30% 낮았다. 게다가 BPS마저 대부분 정체하거나 하락하는 모습을 보였다.

(3) 애널리스트들이 이구동성으로 추천하는 종목: 이익이 이례적으로 증가한다고 예측하면서 애널리스트들이 모두 강력 매수 의견을 제시하는 종목은 십중팔구 주가에 이미 과도한 기대가 반영되어 있다.[34]

그림 6. 포상의 저주

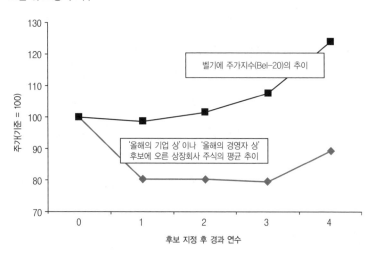

기관과 애널리스트의 관심 종목

대가들은 전문가들이 활발하게 매매하는 종목을 경계한다. 짐 로저
스는 기관투자가의 지분이 약 80%에 이르면 과열 종목으로 간주한
다. 로버트 윌슨(Robert Wilson)은 정교한 조사보고서가 나오기 시작
하면 매도하기 좋은 시점이라고 말했다.[35]

●●●
기관투자가들이 대량으로 보유하면서 계속 추적하는 종목들의 주가가 흔히 가장 터
무니없었습니다.

워런 버핏, 버크셔 해서웨이 주주 서한, 1985년

지인들이 보유하거나 추천하는 종목

인기 업종에 속한 종목

(1) **고연봉 졸업생이 몰려드는 업종:** 짐 로저스는 MBA 출신 고연봉 전문직이 몰려드는 업종을 경계하라고 말한다. 이런 업종에 속한 기업들은 과도한 비용 부담과 경쟁 격화로 장차 수익성이 악화하기 쉽다.

(2) **고성장 업종:** 대가들은 고성장에 대해 미리 높은 가격을 지불하면 위험하다고 경고한다. 고성장이 반드시 높은 투자수익률로 연결되는 것은 아니다.[36] 여기에는 여러 이유가 있다.

- 고성장 업종에는 수많은 경쟁자가 몰려들어 치열한 경쟁을 벌이게 된다. 심지어 생존 기업의 수익성마저 영구적으로 손상될 수 있다.
- 성장이 둔화하면 고성장에 가려졌던 심각한 문제가 드러나기도 한다.
- 고성장 업종은 토대가 본질적으로 불안정하다. 그래서 기업은 끊임없이 전략을 수정하면서 변화에 적응해야 하므로 위험이 크고, 투자자는 기업의 장기 경제성을 평가하기가 지극히 어렵다.
- 고성장이 일시적 현상에 불과할 수도 있다. 짐 로저스가 경계하는 고성장 업종은 재고가 적고, 매출채권이 적으며, ROE가 높고 (20% 이상), 자본적 지출이 급증하는(연 40~50%) 업종이다.

신주 공모 대부분

대가들은 공모주 대부분의 수익률이 시장지수를 크게 밑돌았다고 경고한다.[37] 규모가 작은 기업, 특히 매출이 5,000만 달러 미만인 초소형주(microcap)의 공모주 실적이 매우 나쁘다.

그리고 매력적인 공모주는 주로 기관투자가들에게 우선 배분되고, 매력이 없는 공모주만 일반 청약자들에게 배분된다는 점도 유념해야 한다. 공모주의 실적이 부진한 주된 이유는 다음과 같다.

(1) **고평가**: 공모가를 높일수록 기업주에게 유리하므로, 대부분 공모주는 고평가된다고 보아야 한다.[38] 기업공개를 주도하는 경영진과 증권회사는 여러 수단을 동원해서 주가를 띄울 수 있다.

- **과대선전**: 흥미로운 이야기 제시, 과도하게 낙관적인 현금흐름 예측, (이익은 앞당겨 실현하고, 비용 지출은 연기하는 등) 기업공개 전 이익 관리 등.
- **기업공개 시점 선택**: 공모가를 최대한 높일 수 있는 시점을 선택한다. 기업공개가 줄을 잇는 강세장이 투자자에게는 가장 위험한 시기다.

(2) **경험 부족**: 대부분 경험이 부족한 신생 기업이며, 이익을 내본 적이 없는 기업도 많다. 따라서 실적이 기대에 못 미치기 쉽다.

●●●

발행시장은 지배주주와 기업들이 주도하는데, 이들은 공모 시점을 선택할 수 있습니다. 당연한 일이지만 이들은 싼 가격에 팔 생각이 없습니다. 이들이 적정 가격의 절반 가격에 파는 일은 드뭅니다. 사실 이들은 시장이 과열되었다고 생각할 때에만 주식을 처분하려고 합니다.

워런 버핏(Cunningham, 2001-A)

새로운 추세나 사건에서 나타나는 위험

새로운 추세에서 직접 혜택을 얻는 기업이더라도 지나치게 고평가된 기업은 위험하다. 새로운 추세가 불리하게 작용해 위험에 처하는 기업도 있다. 예컨대 여성들이 화장을 줄이기 시작하면 고가 화장품 제조업체는 위험에 처할 수 있다.

신뢰도 높은 매도 정보

다음과 같은 현상은 적신호로 간주하고 매수를 유보하거나 매도를 고려해야 한다.

(1) **경쟁사가 주는 정보**: 필립 피셔는 경쟁사 경영자들에게 인정받지 못하는 기업들은 조사 대상에서 제외했다.

(2) **대가들이 주는 정보**: 대가들이 매도하거나 부정적 의견을 제시하는 기업은 경계해야 한다. 특히 다음과 같은 경우 더 유의한다.

- 여러 대가들이 비관론을 공유하는 기업
- 대가가 공매도하거나 공매도 잔고가 높은 기업: 공매도는 일반 매도나 비관론보다 훨씬 강력한 메시지다. 사람들이 공매도할 때에는 매수할 때보다 훨씬 깊이 분석하기 때문이다.[39]

(3) **내부자 정보**: 다음과 같은 내부자들의 행동은 악재를 알려주는 신호가 될 수 있다.

- **내부자의 매도**: 내부자의 매수는 대부분 호재로 볼 수 있지만, 내부자의 매도는 원인이 다양해서 단순히 악재로 보기 어려울 때

도 많다. 예컨대 주택 구입이나 분산투자 목적으로 자사 주식을 매도할 수도 있다. (그러나 윗선의 압박에 의해 매도를 자제할 수도 있다.)[40]

그러나 비교적 규모가 작은 기업에서 내부자 매도가 대규모로 발생하거나, CEO나 CFO가 매도한다면 강력한 적신호로 보아야 한다. 앤서니 볼턴은 뜻밖의 내부자 매도(예컨대 주가 폭락 뒤의 내부자 매도)를 심각한 문제를 알려주는 강력한 신호로 본다.

- **파생상품 거래:** 어스워스 다모다란(Aswath Damodaran)은 저서 《Investment Fables(투자 우화)》에서, 주가가 급등한 후나 실적 발표 전에 내부자들이 파생상품으로 헤지(hedge)한 종목은 주가가 하락하는 경향이 있다고 설명했다.
- **유상증자:** 신주 공모 이후 추가로 발행되는 유상증자는 발행가가 지나치게 높은 경향이 있으므로 경계해야 한다. 그러나 내부자들도 유상증자에 대거 참여한다면 발행가가 과도하지 않을 수도 있다.

지수에 편입되는 주식

지수에 편입되는 종목이 흔히 고평가되는 이유는 두 가지다. 첫째, 주로 일정 기간 초과수익을 기록한 종목들이 지수에 편입된다.[41] 따라서 이들은 대개 최근 인기를 얻어 주가가 상승한 종목들이다.

둘째, 지수에 새로 편입되는 종목은 지수를 추종하는 펀드들이 반드시 매수해야만 하므로 주가가 더 상승한다. 제러미 시겔은 저서

《투자의 미래(The Future for Investors)》에서, S&P500에 새로 편입된 종목들의 수익률이 지수에 못 미쳤다고 지적했다. 그는 1957년 최초 S&P500 종목들의 수익률이 이후 2005년까지 50년 동안 S&P500 지수의 수익률을 초과했다고 밝혔다.

투기 종목

앞에서도 언급했지만 진정한 투자는 노력, 전문 지식, 경험, 사고방식, 정신력이 필요한 난제에 해당한다. 이 중 하나라도 부족하면 성공 가능성이 희박해지며 투기가 된다. 대가들은 투기가 더 멍청한 바보를 찾는 위험한 게임이라고 생각하므로, 다음과 같은 투기주를 회피한다.

(1) **파산한 기업:** 그린블라트는 파산한 기업의 주식을 경계하라고 말한다. 당분간 주식이 터무니없는 가격에 거래되기도 하지만, 회생해 가치를 회복하는 기업은 드물기 때문이다.

(2) **실적이 없는 기업:** 피터 린치와 마틴 휘트먼은 이익을 낸 적이 없는 기업을 피하라고 말한다. 이런 기업은 자체적으로 자금을 조달하기 어렵고 장래 성과를 예측하기도 지극히 어려우므로 사모투자 전문가들에게 맡겨두는 편이 좋다.

(3) **정보가 부족한 기업:** 피터 린치와 마틴 휘트먼은 신뢰할 만한 정보가 부족한 회사에는 투자하지 말라고 조언한다. 이런 기업의 경영자는 호재는 공개하고 악재는 숨기는 경향이 있기 때문이다.

- 장외거래 종목
- 재무보고서를 이해하기 어려운 기업

기타 위험

앞에서는 합병이 발표되면 합병이 완료되기 전에 주식을 매도하는 주주가 많으므로, 합병 발표 직후 매수해서 합병 완료 시점까지 계속 보유하면 차익을 얻을 수 있다고 설명했다. 그러나 실제로는 대개 합병 발표 직후 전문가들이 신속하게 개입해 차익거래를 실행한다. 따라서 그린블라트와 마틴 휘트먼은 일반인이 이런 합병차익거래를 활용하기는 어렵다고 말한다.[42] 특히 피인수 기업의 규모가 클 때는 전문가들 사이에서도 경쟁이 치열하므로, 일반인은 피하는 편이 낫다.

선진시장의 공매도 유망 종목

대가들이 매수를 기피하는 일부 시장에서는 공매도가 유망할 수도 있다. 공매도는 주가 하락이 예상되는 종목을 빌려서 매도하고 나서, 주가가 하락한 다음 시장에서 그 주식을 매수해 갚음으로써 차익을 얻는 거래다.

공매도는 최대 수익률은 100%로 한정되어 있으나 최대 손실률은 이론상 무한대이므로 매우 위험한 거래다. 따라서 노련한 공매도자들은 종목을 매우 신중하게 선정한다. 이제부터 공매도 대가들의 거래 아이디어와 조언을 살펴보기로 한다.

공매도 유망 종목의 특성

공매도의 대가들은 성공 가능성을 극대화하기 위해 다음과 같은 특성을 탐색한다.

펀더멘털이 취약한 기업
대가들은 시장이 펀더멘털에 관한 악재에 민감하다는 사실을 이용한다.

(1) **경영진 문제:** 경영진에게 다음 네 가지 문제가 있다면 이상적인 공매도 종목이 된다.

- **부정직한 경영진:** 항상 악재를 숨기거나 왜곡하려는 기만적인 경영진. 부정직한 경영진은 회계를 조작하기 쉬우므로 갑자기 악재가 발생할 가능성이 크다. 특히 은행이나 보험 같은 금융서비스 업종은 부실대출이나 보험영업 실적 조작으로 이익을 늘리기 쉬우므로 공매도에 더 유망하다. 창의적·공격적 회계, 복잡하고 난해한 재무보고서, 핵심 사업의 실적 부진을 숨기려는 인수합병 등도 문제의 가능성을 높여주는 신호다.
- **탐욕스러운 경영진:** 주주보다 자신의 이익을 앞세워 불법행위를 저지르는 경영진. 회사의 위임장 등을 통해 경영진이 탐욕스러운지 판단할 수 있다. 예컨대 '경영진이 구체적인 성과가 없는데도 과도한 급여나 보너스를 받는가? 고용계약에 의해 거액의 퇴직수당(golden parachute)을 보장받는가? 경영진에게 유리한 불공정 계약을 일삼는가?' 등을 살펴본다.

- **낭비**: 특히 호황기에 '경영진이 과도한 지출을 일삼는가? 경영진이 과도한 비금전적 혜택(업무용 제트기, 호화판 사택 등)을 누리거나, 본사 건물을 화려하게 신축하는가?' 등을 본다.
- **유명무실한 이사회**: 이사들이 CEO를 맹종한다. 이사회가 CEO의 거수기 노릇을 하는 회사인가?

(2) **부실한 재무 구조**

- **부실한 재무상태표**: 자산이 과대평가되었고 유동성이 낮은가? 재무상태표가 부실한 기업은 자금을 조달하기 어렵다.
- **저조한 ROE**: ROE가 낮아서 자체 사업으로는 필요 자금을 충분히 조달하기 어려운가? 이런 기업은 외부에 자본 공급을 의존하게 된다.
- **부족한 현금흐름**: 충분한 현금흐름을 창출하지 못하면 유동성 위기에 처할 수 있다. 여기에 현금 수요까지 계속 급증하면 유망한 공매도 종목이 된다.

(3) **비현실적인 비즈니스 모델**: 막대한 재고가 쌓이면서 현금이 빠른 속도로 소진되는 기업도 유망한 공매도 대상. 예를 들면 1994년 완구 제조업체 해피니스 익스프레스(Happiness Express)는 성수기인 크리스마스가 지난 뒤에도 막대한 재고를 끌어안은 상태에서 수백만 달러를 지출하고 있었다.[43]

(4) **성장 중단**: 시장이 포화 상태에 도달해 성장이 멈춘 기업. 그런데도 경영진이 무리해서 성장을 추구하면서 전혀 새로운 사업을 서둘러 시작하거나 신흥시장 등으로 진출하면 유망한 공매도 대상이 된다. 성장 중단의 요인은 두 가지다.

- **인기 고점 도달**: 유행 상품의 인기가 정점에 도달하고 나서 하락
  세로 돌아서는 상황
- **유통망 재고 포화**: 예컨대 모든 유통망에 이미 상품이 충분히 공
  급된 상태여서 매출 성장률이 급감하는 상황

(5) **취약한 산업**: 줄리언 로버트슨은 사람들의 예상과는 달리 쇠퇴
하는 산업을 꼽는다. 조 비딕은 자본적 지출이 연기된 산업에 공급하
는 기업들을 꼽는다. 예를 들어 2007~2008년 광업 및 천연자원 기업
들이 자본적 지출을 연기했을 때, 그는 이들의 납품업체에서 유망한
공매도 기회를 포착했다.

유망 공매도 종목의 특성

(1) **지나치게 높은 주가**: 짐 차노스(Jim Chanos) 등은 주가가 낮아도
펀더멘털만 매우 취약하면 공매도를 시도하지만, 펀더멘털이 취약하
면서 주가까지 지나치게 높으면 더 유망하다. 예를 들어 1990년대 말
복제약품 주식은 고성장주로 인식되어 PER 30~40에 거래되었다.
그러나 실제로 복제약품은 괜찮은 영업 조직이 없는 상태에서 제품
을 생산했기 때문에 치열한 경쟁에 시달렸다.

(2) **유동물량이 풍부한 종목**: 예를 들어 유동물량이 5억 달러 이상이
어서 빌리기 쉬운 종목은 환매수청산(buy-in) 위험이 작아서 공매도에
유망하다.[44] 유동물량이 많으면 기존 투자자들이 물량을 매집해 공매
도자들이 환매수청산을 하도록 압박하기가 어렵다.

(3) **전문가들에게 인기 높은 종목**: 기관투자가들의 지분이 높고 담당
애널리스트도 많은 종목. 이런 종목은 고평가되기 쉬우며 악재에 취

약하다. 악재가 출현하면 담당 애널리스트들이 줄지어 추천 등급을 낮추고, 기관투자가들은 앞다투어 매물을 내놓기 때문이다. 따라서 공매도에 유리한 종목이 된다.

(4) **적정 공매도 비율**(short interest ratio): 공매도 비율이 5~10%인 종목.[45] 이런 종목은 노련한 공매도자가 이미 하락을 기대하고 있다는 뜻이므로 심리적 안정감도 얻을 수 있다.

주가 하락 촉매

주가가 장기간 하락하지 않고 버티면 공매도자가 포지션을 유지하기 어려워지므로, 승산을 높이려면 주가 하락 촉매가 있는 종목을 선택하는 편이 좋다.

(1) **내부자 매도**: 위기에 처한 기업에서는 대개 경영진이 주가 붕괴 직전에 빠져나오려고 한다. 따라서 내부자들의 매도는 주가 하락의 촉매가 될 수 있다. 특히 내부자들의 매도가 뜻밖의 시점(예컨대 경영진이 호재를 발표한 직후나, 보호예수 기간이 끝나기 전)에 일어난다면 더 강력한 주가 하락 신호가 된다. 예를 들어 1988년 메드스톤 (Medstone)의 창업자 겸 사장은 공모주의 보호예수 기간이 6개월이었는데도, 3개월 후 주식을 매도하기 시작했다. 당시 이 주식은 유망한 공매도 대상이었다.[46]

(2) **핵심 인물의 사임**: 이사회 의장, CEO, CFO, 영업본부장 등 핵심 인물의 사임도 주가 하락의 촉매가 될 수 있다. 핵심 인물이 떠날 때 공식적으로는 '건강 문제'나 '개인적 사유' 등을 내세우더라도 대개 회사 내부의 혼란 때문이다. 앞의 메드스톤 사례에서, 사장이 주

식을 매도하기 시작한 무렵에 이사회 의장이 사임했는데 이는 두 번째 적신호였다.[47)]

(3) **감사(監査) 교체:** 감사 교체도 문제를 알려주는 강력한 신호가 된다.

(4) **늑장 보고:** 재무보고서 제출이 지연된다면 경영진이 주요 정보를 숨기려는 의도일 수 있다.

(5) **경영진의 격렬한 부인:** 회사에 관해 나쁜 이야기가 떠돌 때 경영진이 근거 없는 소문이라고 격렬하게 부인한다면 이것도 회사의 문제를 알려주는 신호가 될 수 있다.

공매도 유의 종목

그림 7은 대가들이 선호하는 공매도 유망 종목과, 신중을 기해야 하

그림 7. 공매도 유망 종목

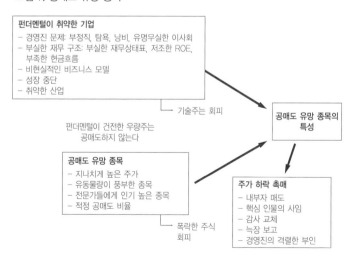

는 유의 종목을 보여준다.

(1) **고평가된 우량 기업**: 줄리언 로버트슨, 조 페쉬바크(Joe Feshbach), 짐 차노스는 터무니없이 고평가되었더라도 우량주를 공매도하면 위험하다고 경고한다. 첫째, 재무 상태가 건전하고 경영진이 유능하면 성장 자금을 자체 조달할 수 있으므로 좀처럼 재정난에 처하지 않기 때문이다. 둘째, 매우 심각한 문제에 휩싸이지 않는 한 주가가 더 상승할 수도 있기 때문이다.

(2) **기술주**: 기술주는 평가하기가 지극히 어렵기 때문에 대가들은 좀처럼 공매도하지 않는다. 기술 분야에서는 재고자산과 매출채권의 변화가 심하고, 내부자 거래가 빈번하며, ROE가 급등락하고, 극적으로 성장하는 사례도 있으며, 기술주 애널리스트들은 신뢰도가 낮다. 짐 차노스는 1990년대에 아메리카 온라인(America Online)을 공매도했다가 큰 손실을 보았다. 당시 그는 아메리카 온라인에 대한 사람들의 성장 전망이 과도하다고 판단해 1996년 8달러에 공매도했으나, 2년 뒤 80달러에 환매수했다.

(3) **폭락한 주식**: 이미 폭락한 주식이라면 공매도로 이익을 얻기가 어렵다. 회사의 문제가 이미 널리 알려졌고 애널리스트들마저 분석을 중단했으므로 더 하락할 여지가 많지 않기 때문이다.

신흥시장에서 좋은 아이디어

1절에서는 선진시장(서유럽, 북미, 일본, 호주)에서 좋은 아이디어와 나쁜 아이디어를 다루었다. 이런 아이디어 다수는 신흥시장에도 적용할 수 있겠으나, 환경이 다른 만큼 유의할 사항들이 있다.

우선 신흥시장은 위험이 많다. 예를 들면 투명성 부족, 유동성 부족, 증권 거래 제한, 정치 및 경제의 불안정성,[48] 재산 몰수와 국유화 등 정치적 간섭, 부패, 주주들의 권리 무시, 주식시장 미발달, 관리감독 부실 등이다.

신흥시장은 펀더멘털보다는 소문이나 심리에 더 좌우되는 경향이 있다. 또한 외국인 투자 자금의 대규모 유출입에 따라 시장이 크게 오르내리기도 한다. 시간대가 다른 신흥시장에서는 선진국 투자자들이 자는 동안 중요한 뉴스가 발생하기도 한다.

대개 신흥시장이 선진시장보다 성장률이 높지만, 그렇다고 해서 주식의 수익률도 높은 것은 아니다. GDP 성장률과 주식 수익률 사이의 상관관계는 그다지 명확하지 않다. 오히려 고성장이 치열한 경쟁을 유발하며, 이 과정에서 수많은 기업이 사라지는 경향이 있다. 따라서 신흥시장 투자에는 두 가지 문제가 발생한다.

- 신흥시장 주식에는 이미 고성장이 충분히 반영되어 있을 수도 있다.[49]
- 신흥시장 성장의 실제 수혜주 상당수는 아직 상장되지 않았을 수도 있다.

따라서 신흥시장은 선진시장과는 다른 접근법이 필요하다. 이제부터 대가들이 신흥시장에서 성장주를 발굴하는 방법을 설명하고, 역발상 투자 기회를 논의하며, 기타 투자 기회를 간략하게 제시하겠다.

신흥시장의 성장주

대가들은 성장 전망이 밝으면서 주가가 저평가된 신흥시장에서 고성장 수혜주를 탐색한다. 다음은 주로 존 템플턴, 짐 로저스, 데이비드 스웬슨, 마크 라이트보운(Mark Lightbown)의 아이디어를 바탕으로 정리한 3단계 탐색 방법이다.

매력적인 신흥국

대가들은 안정적이고 경제 전망이 밝으면서 투자에 친화적인 신흥국 중에서도 다음 특성을 갖춘 국가를 선호한다.

경제 개혁과 정치 개혁을 추구
(1) **경쟁력 육성 강조**: 주로 장기 경쟁력 육성을 통해 개혁을 추구

한다. 단지 석유 등 천연자원 개발에서 얻은 소득을 재분배하는 방식이 아니라, 다음과 같이 장기 경쟁력을 육성하는 개혁에 주력한다.

- **교육 개혁**: 교육에 대대적으로 투자해 장기 경쟁력을 육성한다. 예컨대 한국과 일본은 천연자원이 부족하지만 탁월한 교육 덕분에 크게 번창했다.
- **고부가 제품 수출**: 저부가 동질재(commodities) 대신 고부가 산업재를 개발하고 생산해서 수출한다. 경제가 발전하고 임금이 상승하면 동질재 분야에서는 경쟁력을 유지할 수 없기 때문이다. 고부가 산업재 생산에 성공한 대표적인 나라가 중국이다. 처음에는 단추 등 단순 제품을 생산했으나, 이후 운동화, 의류 등을 거쳐 최근에는 자동차 등 첨단 제품을 생산하고 있다.

(2) **가시적 성과**: 개혁을 통해 몇 년 내에 국민의 생활수준이 향상하는 등 가시적 성과가 나와야 한다. 그렇지 않으면 지지 세력이 약화해 개혁이 중단될 수 있다.

(3) **강력한 개혁 주도자**: 개혁 주도자는 국가적으로 강력한 지지를 받아야 한다.

- 개혁 주도자는 국회에서 충분한 지지를 확보해야 한다.
- 개혁 주도자는 집권당 출신으로서 개혁 의지가 강한 사람이 바람직하다. 예를 들어 보리스 옐친(Boris Yeltsin)과 고르바초프(Mikhail Gorbachev)는 공산당 출신이었지만, 공산주의 때문에 소련이 파탄 났다고 주장했다.

높은 저축률

대가들은 저축률이 높아서 무역수지 흑자를 유지하면서 부채 수준이 낮은 (부채가 GDP의 25% 미만인) 신흥국을 선호한다. 저축률이 높은 국가에는 세 가지 장점이 있다. 첫째, 외국의 지원에 의존하지 않고서도 성장에 필요한 자금을 조달할 수 있다. 둘째, 경제 발전에 필요한 인프라(도로, 공항, 대중교통, 발전소 등)를 구축할 수 있다. 셋째, 외국인 투자자들의 환위험이 감소한다. 한국, 중국, 일본이 높은 저축률로 발전을 이룬 대표적 사례다.

간섭하지 않는 정부

대가들은 정부가 함부로 기업 경영에 간섭하는 국가를 경계한다. 그래서 데이비드 헤로(David Herro)는 (흔히 주주의 이익보다 국가의 이익을 앞세우는) 중국 본토 기업과, (정부가 함부로 업무 규칙을 변경하는) 러시아 기업을 기피한다. 대가들은 다음과 같은 정부 정책을 선호한다.

(1) **공기업 민영화:** 공기업이 민영화되면 생산성이 향상되고 경쟁이 증가해 전반적으로 경제의 효율성이 개선된다.

반면에 국유화나 수용은 투자를 저해해 경제의 효율성을 떨어뜨린다. 예를 들어 스페인 석유회사 렙솔(Repsol)이 아르헨티나에서 셰일가스 개발 사업에 대규모로 투자한 후, 2012년 아르헨티나 정부는 렙솔의 아르헨티나 자회사를 강탈했다. 이후 아르헨티나는 최근까지도 셰일가스 개발 파트너를 찾을 수가 없었다.

(2) **규제 철폐:** 가격(예컨대 제품 가격), 지분 획득(예컨대 외국인의 지분 보유 상한선), 급여(예컨대 연공서열 기준 급여), 개발(예컨대 공장 설립 지

역 제한) 등에 관한 규제를 철폐하는가?

(3) **낮은 세율**: 세율을 낮춰 기업들이 이익을 재투자하도록 유도하는가?

인구구조 및 지형적 특성

분쟁이나 내전 위험을 줄이려면 다음 요소도 고려해야 한다.

(1) **민족의 동질성**: 일반적으로 문화, 언어 등에서 동질성이 높을수록 분쟁이나 내전 위험이 낮다. 예를 들어 중국은 동질성이 높은 국가에 속한다.

(2) **가족 규모**: 예컨대 가족당 평균 자녀가 5명 이상이어서 빈곤이 만연하면 테러, 내전, 혁명 위험이 더 높아진다.

(3) **지형적 동질성**: 지형적 동질성이 높을수록 전체 국토를 균형적으로 개발하기가 쉽다.

양호한 인프라

도로, 공항, 항구, 발전소 등 인프라가 양호할수록 매력적이다.

투자 친화적 환경

(1) **자본의 흐름을 촉진하는 시스템**: 유동성이 풍부한 증권시장, 외환시장, 효율적인 은행 시스템이 있는가?[50]

(2) **투자자를 존중하는 문화**: 정치 지도자와 재계 지도자들이 투자자들을 동업자로 대우하면서 수익을 공유하는 문화인가? 이런 관점에서 경계할 요소는 다음과 같다. 첫째, 주주들의 의결권 행사에 제약

이 있는가? (예컨대 외국인은 무의결권 주식만 매수할 수 있는가?) 둘째, 경영진이 과도한 보상을 받으면서 기업의 부를 유출하는가? 셋째, 경영진이 정보를 공정하고 투명하게 공개하려 하지 않는가? 대가들이 경계하는 대표적 사례가 아시아의 가족 지배 기업들이다. 이들은 주주들보다는 가족의 이익을 앞세운다(가족과 주주들 사이에 이해관계가 일치하지 않는다). 이들은 정보 공개를 꺼리므로, 내부자 거래나 이해충돌을 파악하기가 어렵다.

매력적인 주식시장

GDP 성장률이 높다고 해서 주식의 수익률도 높은 것은 아니다. 예를 들어 1990년대 중국의 GDP 성장률은 세계 최고 수준이었지만, 주식의 수익률은 세계 최저 수준이었다. 주된 이유는 고성장에 대한 기대감이 주가에 이미 반영되어 있었다는 점이다.

따라서 투자자는 매력적인 신흥국 중에서 주가도 매력적인 시장을 찾아야 한다. 신흥시장은 선진시장보다 위험이 큰 만큼 주가가 더 낮아야 마땅하다.

짐 로저스가 추가로 고려하는 요소는 다음과 같다. 투자에 대한 제약이 적은가? 연기금의 주식 투자를 허용하는가? 외국인 투자자들도 정보를 쉽게 습득할 수 있는가?

매력적인 성장주

신흥시장에서 비교적 낮은 위험으로 높은 수익을 얻으려면 분산투자를 하거나, 인덱스펀드나 ETF(Exchage Traded Fund)에 투자하면 된다. 위험을 무릅쓰고 더 높은 수익을 얻으려면 신흥국의 유망 산업이나 유망 종목을 선정하면 된다. 다음은 대가들이 매력을 느끼는 성장 산업과 종목들이다.

신흥국의 매력적인 산업

(1) **금융업**: 다음은 규제 완화와 중산층 증가에 따라 성장이 기대되는 섹터들이다.

- **소매금융**: 저축률 상승, 주택담보대출 수요 증가, 기업들의 자금 수요에 힘입어 신흥국에서 고속 성장하는 전형적인 섹터다. 마르코 디미트리예비치(Marko Dimitrijevic)에 의하면, 신흥국에서 금리가 하락하면 소비자 대출과 주택담보대출 수요가 폭증해 소매금융이 엄청난 혜택을 본다.[51]

- **연기금 운용**: 신흥국 경제가 성장함에 따라 은퇴에 대비해 적립하는 금액이 갈수록 증가한다.

- **보험**: 생명보험, 손해보험, 의료보험 등 온갖 보험에 대한 수요가 빠르게 증가한다. 신흥국 보험사들은 환위험을 피하려고 자국 주식시장에 투자하므로, 이런 보험사 주식을 보유하면 신흥국 주식시장에 간접적으로 투자하는 셈이 된다. 존 템플턴이 신흥국 보험사를 좋아하는 이유이기도 하다.

(2) **음료 등 소비자 제품**: 신흥국은 경제 발전 초기에 식습관이 바뀌면서 우유, 요구르트, 맥주, 청량음료 등의 소비가 급증한다. 따라서 청량음료, 포장, 양조, 낙농업 섹터를 조사해볼 필요가 있다. 경제 발전 후기에는 소비자 가전, 자동차 등 고급 소비자 제품 수요가 폭발적으로 증가한다.

(3) **미디어회사**: 존 버뱅크(John Burbank)는 미디어회사가 신흥국에서 고속 성장하는 전형적인 기업이라고 지적한다.

(4) **제약회사**: 유명 제약회사 주식도 유망한 투자 대상이다.

(5) **인프라**: 인프라 사용이 급증함에 따라 인프라 프로젝트도 다수 진행된다.

- **인프라 구축회사**: 신규 인프라 구축에 직접 참여하는 건설회사 등
- **인프라 구축회사에 대한 공급업체**: 시멘트와 벽돌 등 원자재나 콘크리트 믹서 등 장비를 공급하는 업체. 외국 기업에 대해 경쟁우위를 확보한 강력한 현지 기업이 유망하다. 현지 채석장이 대표적인 예다. 채석장 석재는 운송비가 핵심 원가이므로, 현지 채석장은 외국 채석장에 대해 강력한 경쟁우위를 확보한다.
- **인프라 보유 기업**: 현지 공항, 유료 도로, 유료 교량 등 주요 인프라를 보유한 기업도 유망하다.

대가들이 신흥국에서 기피하는 섹터는 철강업 등 고정비 부담이 큰 경기 순환 사업, 산출물의 가격을 통제하지 못하는 사업(양계업, 농업), 정부가 적자 기업을 지원해주는 섹터, 경쟁이 극심한 섹터(직물, 신발 제조 등)다.

매력적인 종목

고성장 신흥국 기업들은 국내외 기업들과 극심한 경쟁을 벌이는 과정에서 실적 부진에 시달리거나 파산하기도 한다.[52] 마크 라이트보운 등 신흥국 투자의 대가들이 주목하는 요소는 다음과 같다.

(1) **높은 ROE**: 높은 ROE는 경쟁우위로 작용하며, 뜻밖의 악재가 발생했을 때 충격을 완화해준다.

(2) **효율적인 자본배분**: 회사가 자본을 수익성 낮은 곳에 배분하도록 정부가 강요하는가? 반관반민(半官半民) 에너지 기업 페트로브라스(Petrobras)는 브라질 정부의 강요 때문에 가솔린을 국제 시세보다 낮은 가격에 판매할 수밖에 없었다. 페트로브라스 주주들이 브라질 소비자들에게 사실상 보조금을 지급한 셈이다.

(3) **시장 지배력**: 시장 지배력을 확보한 기업은 예컨대 신제품을 출시해도 다른 기업보다 훨씬 쉽게 시장점유율을 높일 수 있다.

(4) **고성장 중견기업**: 성장 잠재력이 큰 중견기업이 가장 매력적이다.

(5) **노련한 기업**: 운이 아니라 실력으로 꾸준히 좋은 실적을 내는 노련한 기업을 찾아낸다.

신흥시장의 역발상 투자

신흥시장은 대부분 유동성이 부족한 데다 현지 투자자들이 흔히 공포와 희망에 휩쓸리는 탓에 변동성이 극심하므로, 역발상 투자로도 높은 수익을 기대할 수 있다. 역발상 투자자들은 소외된 신흥시장 중에서도 주가가 폭락한 시장에 주목한다. 이들은 신흥시장의 장기 성장 전망에는 관심이 없으므로, 극단적인 저평가 현상이 해소되면 시장에서 철수한다. 다음은 신흥국 역발상 투자 사례들이다.

- 1990년대 초 브라질은 정치적·경제적 혼란 탓에 투자자들에게 소외당해 주가가 지극히 낮았다. 1990년대 초~2000년대 초 브라질의 인플레이션은 높고 GDP는 낮았지만, 주식 수익률은 세계 최고 수준이었다.
- 초인플레이션 때문에 모두가 짐바브웨를 외면할 때, 거시 투자자 짐 라이트너는 짐바브웨 주식을 샀다. 내전 때문에 사람들이 스리랑카를 기피할 때, 그는 스리랑카 농장 주식에 투자했다. 파키스탄 대통령이 암살된 뒤에도 그는 파키스탄에서 싼 가격에 주식을 사들였다.
- 존 템플턴은 1997~1998년 아시아 외환위기 기간에 뮤추얼펀드를 통해서 폭락한 한국 주식에 투자했다.

신흥시장의 공매도

헤지펀드 매니저 마틴 테일러(Martin Taylor)는 신흥시장 공매도의 주요 위험이 기업인수라고 지적한다.[53] 이때 펀더멘털이 최악인 기업이 주로 인수 대상이 된다. 우량 기업 인수는 국수주의적 반발을 불러올 수 있으므로, 신흥국에 거점을 확보하려는 다국적 기업들은 주로 부실기업을 인수한다. 그래서 마틴 테일러는 공매도 대상으로 기업인수 대상이 되기 어려운 부실기업을 선택한다. 예를 들어 현지국 연기금이 대주주인 공기업은 인력을 감축하기 어려우므로, 다국적 기업이 인수하려 하지 않는다.

신흥시장 투자의 대안

그림 8은 지금까지 논의한 내용을 정리한 자료다. 각종 제약 탓에 직접 투자하기가 어렵다면, 신흥시장 사업 비중이 큰 다국적 기업에 투자하는 방법도 있다. 신흥시장 투자 비중이 큰 펀드를 보유하는 것도

그림 8. 신흥국 투자

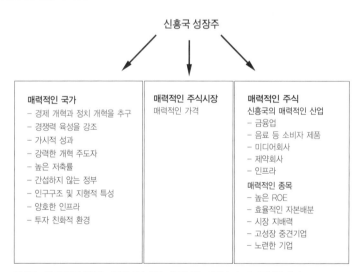

공매도 : 펀더멘털이 최악인 기업이 주로 외국 기업의 인수 대상이 되므로 유의해야 한다.
역발상 투자 : 소외된 국가를 주목한다.

대안이다.

　접근하기 어렵다는 사실은 신흥시장의 장점이기도 하다. 투자하겠다고 아무나 신흥시장에 몰려들지 않기 때문이다. 따라서 심층적으로 분석해서 투자하는 사람은 많은 보상을 기대할 수 있다. 예를 들어 세스 클라만과 존 템플턴 같은 대가들은 불투명한 회계 등의 문제로 사람들이 외면하는 신흥시장에서 기회를 찾아냈다. 1960년대 일본 기업의 재무제표에는 자회사의 실적이 포함되지 않았는데, 템플턴은 이 사실을 일찍 파악해 막대한 가치를 창출할 수 있었다.

아이디어 탐색

2장에서는 끝으로 대가들이 투자 아이디어 탐색에 사용하는 기법들을 살펴보기로 한다. 여기서는 선진시장에서 사용하는 기법을 다루지만, 이는 신흥시장에도 거의 그대로 적용된다. 그림 9는 대가들이 사용하는 주요 정보의 원천과 투자 아이디어의 유형을 보여준다. 각 출처에 대해서도 논의한다.

독서

독서야말로 투자 아이디어를 찾아내는 최고의 원천이다. 대가들은 거의 모두 독서광이다. 이들은 신문, 업계 간행물, 증권회사의 분석보고서, 책, 사업보고서 등을 읽는다. [워런 버핏은 매일 신문 7종을 읽고, 마이클 프라이스(Michael Price)는 매일 3종을 읽는다.]

찰리 멍거에 의하면, 투자는 매우 광범위한 분야를 다루므로 수많은 책, 신문, 논문을 섭렵할 수밖에 없다.

지극히 옳은 말이다. 독서를 통해서 기업과 투자 세계의 현황을 파악하고, 새로운 투자 아이디어도 조기에 발견할 수 있다. 업계 간행물을 이용하면 특수 상황, 회생, 소외 기업, 촉매, 새로운 추세, 신흥국 등의 기회를 조기에 발견할 수 있다. 또한 업계 간행물에 실린 경영진, 기업 전략, 인사 정책 등의 정보는 투자 아이디어 평가에 매우 유용하다.

그림 9. 투자 아이디어의 원천

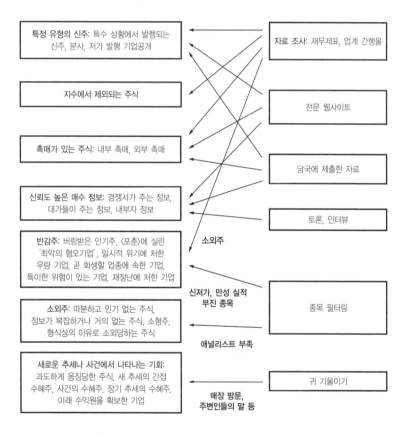

당국에 제출한 자료

흔히 기업과 대형 투자자들은 특정 활동에 대해 규제 당국에 보고서를 제출한다. 대개 이런 보고서는 일반 투자자들에게도 공개된다. 예컨대 미국에서 분사 등 특수 상황 거래는 증권거래위원회(SEC)에 보고해야 한다. 내부자들의 주식 매매나 대형 투자자들의 거래도 정기적으로 보고해야 한다.[54] 이런 보고서도 투자 아이디어 탐색에 이용할 수 있다.

종목 필터링

다음은 저평가 종목 탐색에 널리 사용되는 두 가지 방법이다.

(1) **종목 필터링 소프트웨어**: 특정 기준에 따라 종목을 필터링해주는 유·무료 소프트웨어들이 있다. 그러나 데이터나 논리에 오류가 존재할 수 있으므로, 이런 소프트웨어가 제시하는 종목을 액면 그대로 믿어서는 절대 안 된다. 반드시 추가 분석이 필요하다.

- **가치 기준**: 시장에서 소외된 저평가 주식을 탐색한다. 예를 들어 고배당주, 저PER주, 저PBR주, 저PCR주를 탐색한다. 예컨대 그린블라트의 마법 공식에서는 PER이 낮으면서 투하자본이익률(Return on invested capital, ROIC)이 높은 비금융주를 탐색한다.

- **주가흐름 기준**: 최근 실적이 부진했던 종목을 주목한다. 이런 종목은 투자자들에게 실망과 좌절을 안겨주어 저평가되었을 공산이

크다. 게다가 기관투자가들이 대량으로 매도했을 가능성도 있다. 모니시 파브라이는 52주 신저가 종목에 관심을 기울인다. 월터 슐로스는 급락을 거쳐 52주 신저가를 기록한 종목에 특별히 흥미를 느낀다. 브루스 그린월드(Bruce Greenwald)는 2년 이상 연속해서 지수를 밑돈 종목에 특히 관심을 둔다. 장기간 계속 실적이 부진할 때 매물 압박을 더 받는다고 믿기 때문이다.

(2) **종목 리스트 탐색**: 업계 간행물에 실린 목록에서 소외 종목을 탐색하는 방법이다. 예를 들어 경제신문이나 잡지에 실린 52주 신저가 종목 리스트, 소외주 리스트, '가장 일하기 좋은 기업' 리스트 등이 있다.

전문 서비스

규제 당국에 제출된 복잡하고 무미건조한 보고서를 읽으려면 시간과 노력이 많이 들어간다. 소프트웨어나 간행물의 종목 리스트를 이용할 때에도 상당한 추가 분석이 필요하다. 시간과 노력을 들이기 어려운 사람들에게 흥미로운 투자 아이디어를 제공하는 전문 서비스가 있다.

(1) **마법 공식 투자**(Magic Formula Investing): 그린블라트의 PER 및 ROIC 기준 상위 미국 주식들을 제시한다. 다른 펀더멘털 변수를 기준으로 점수와 순위를 제시하는 서비스도 있다(Profitcents, www.profitcents.co.uk). 이런 펀더멘털 순위가 바닥권인 종목 중에서 저평가주를 찾아낼 수도 있다.

(2) **가치주 리스트를 제시하는 서비스**: 미국의 밸류라인 서베이

(Value Line Survey)

(3) 기관투자가들의 보유 종목을 추적하는 웹사이트: 비커스 스탁 리서치(Vickers Stock Research, www.vickers-stock.com)

(4) 내부자들의 거래를 전문적으로 추적하는 서비스: 폼포오라클(Form4Oracle, www.form4oracle.com)

(5) 대가들의 주식 거래를 추적하는 웹사이트: 구루포커스(GuruFocus, www.gurufocus.com)

(6) 특수 상황에 초점을 둔 웹사이트: 스핀오프 프로필(Spinoff Profiles, www.spinoffprofiles.com), 젬파인더(Gemfinder, www.gemfinder.com)

토론, 인터뷰

대가들이 작성한 주주 서한, 대가들의 인터뷰나 토론, 대가들의 거래 현황 등에서도 흥미로운 투자 아이디어를 얻을 수 있다.

대가들이 투자 아이디어와 배경 정보를 공유하는 웹사이트도 있다. 모니시 파브라이는 밸류 인베스터 클럽(The Value Investors Club), 아웃스탠딩 인베스터 다이제스트(Outstanding Investor Digest, www.oid.com), 밸류 인베스터 인사이트(Value Investor Insight, www.valueinvestorinsight.com)에 제시된 아이디어를 주기적으로 확인한다. 케빈 데일리(Kevin Daly)는 밸류 인베스터 클럽, 월스트리트 트랜스크립트(Wall Street Transcript), 섬제로(SumZero)를 매일 읽는다. 일부 웹사이트는 회원 전용이다.

귀 기울이기

피터 린치와 존 네프 등은 항상 주위에 관심을 기울이라고 권한다. 소매점이나 쇼핑몰을 둘러볼 때, 주변에서 환상적인 신제품에 관한 이야기를 할 때, 대중매체에서 재난을 논할 때 귀를 기울이라고 말한다.[55]

가족, 친지, 기타 주변인들에게 관심을 기울이면, 주로 증권회사 분석보고서나 이론에 의존하는 전문가들보다 훨씬 먼저 유망 아이디어를 접할 수 있다. 마크 라이트보운과 짐 로저스는 외국 신문 구독과 여행을 통해 신흥국에서 투자 아이디어를 탐색해보라고 권한다.

3

스텝 2.
펀더멘털 분석

지금까지 우리가 성공할 수 있었던 것은 2m 높이 장애물 대신 30cm 높이 장애물만 골라서 넘었기 때문입니다.

워런 버핏, 버크셔 해서웨이 주주 서한, 1989년

펀더멘털 분석은 투자의 토대에 해당한다. 주가흐름이 단기적으로는 기업의 실적과 무관할 수 있어도, 장기적으로는 기업의 실적에 전적으로 좌우된다. 기업의 내재가치를 제대로 평가하려면 펀더멘털 분석이 반드시 필요하다.

충실한 펀더멘털 분석이 이루어지려면 올바른 마음자세(예컨대 깊이 분석하려는 의지, 비판적 사고, 객관성, 독립성)와 접근 방식[예컨대 '능력 범위(circle of competence)' 안에 있는 기업에 집중]이 필요하다.[1]

펀더멘털 분석을 지탱하는 세 기둥은 정량분석, 정성분석, 경영 분석이다. 일부 전문가들은 정량분석(기업의 재무제표를 조사해서 경쟁사들과 비교 분석)만으로도 필요한 정보를 모두 얻을 수 있다고 믿지만, 대가들은 경영 분석과 정성분석에도 그 이상의 관심을 기울인다.

3장에서는 기업 정보 해석에 초점을 둔다. 펀더멘털 분석을 다루는 책은 수없이 많으므로, 여기서는 주로 대가들이 관심을 기울이는 펀더멘털 분석에 집중한다. 이 장 끝에서는 정보의 출처를 제시하고, 펀더멘털 분석의 실제적 측면을 논의한다.

정량분석

정량분석을 심도 있게 다루는 훌륭한 문헌은 많다.[2] 그러나 여기서는 대가들이 가장 중시하는 정량분석을 다루고자 한다.

그런데 회계 규정은 나라마다 다르므로, 정량 데이터 분석 방식도 나라마다 달라질 수 있다는 점에 유의하기 바란다. 이런 문제를 피하려고 월터 슐로스 등 일부 대가들은 외국 주식에 투자를 삼가기도 한다. 워런 버핏도 오랜 기간 망설이고 나서야 외국 주식에 투자하기 시작했다.

한 나라 안에서도 기업에 따라 사용하는 회계 기법이 달라질 수 있다. (예컨대 감가상각 기법이 매우 다를 수 있다.) 따라서 정량분석이 단순히 숫자를 읽는 수준에 그쳐서는 안 된다.

손익계산서 분석

수익성 분석에는 이익, 이익률, ROIC, 경기에 대한 수익성 민감도 분석 등이 포함된다. 대가들에 의하면, 가장 매력적인 장기 투자 후

보군은 다음과 같다.[3]

(1) **견실한 실적**: 대가들은 이익을 내본 적이 없는 투기적 기업에는 투자하지 않는다. 벤저민 그레이엄은 5~10년 이상 계속 이익을 낸 안정적인 기업을 찾는다.

(2) **지속적 배당 실적**: 배당은 매우 강력한 신호가 되므로, 기업들은 배당을 누락하지 않으려고 심혈을 기울인다. 따라서 과거 배당 실적은 경영진의 능력과 사업의 안정성을 알려주는 매우 중요한 지표다. 그러므로 주당 배당금이 장기간 꾸준히 증가했는지, 일시적으로 감소하거나 누락된 적은 없는지 살펴볼 필요가 있다.

(3) **높은 이익률**: 탁월한 기업들은 총이익률, 영업이익률, 순이익률이 늘 경쟁사나 업계 평균보다 높다.[4] 이익률이 평균보다 높다면 전략, 영업, 제품 등의 측면에서 경쟁우위가 있다는 뜻이다. 높은 이익률은 경기 침체기에 안전판이 되기도 한다. 매출이 감소하면 이익률이 낮은 기업의 실적이 훨씬 큰 폭으로 하락하기 때문이다.[5]

(4) **높은 ROIC**: ROIC가 높은 기업도 경쟁력이 강한 기업으로서 대개 우수한 자본배분 능력을 보유하고 있다. 공매도의 대가 짐 차노스는 ROE보다 조작하기 어려운 ROIC를 주로 이용한다. ROE는 부채를 늘려서 높일 수도 있으므로, ROIC나 ROA가 더 나은 지표다.

현재나 과거 수익성도 중요하지만, 미래 수익성은 더 중요하다. 이익률 등이 경쟁사 대비 지속적으로 하락한다면 이는 경쟁력 하락을 보여주는 경고가 될 수 있다.

●●●

오로지 (ROE가 높은) 우량 기업만을 (저PER의) 헐값에 지속적으로 사들인다면, 미친 미스터 마켓(Mr. Market)이 마구 내다버리는 우량 기업들을 체계적으로 사들이는 셈이다.

조엘 그린블라트(Greenblatt, 2006)

재무상태표 분석

기업의 재무건전성을 보여주는 재무상태표는 특히 채권 투자자들에게 중요하지만 주식 투자자들도 간과할 수 없는 중요한 재무제표다. 흔히 가치투자자들은 주식의 상승 잠재력보다도 하락 위험을 먼저 생각하므로, 대개 손익계산서보다 재무상태표를 먼저 확인한다. 감당하기 어려울 정도로 부채를 사용하다가 곤경에 빠진 기업은 수없이 많다. 앤서니 볼턴과 피터 린치 등 대가들은 투자에 크게 실패했던 기업들이 하나같이 재무상태표가 부실한 기업이었다고 말한다.

　재무상태표를 분석할 때에는 먼저 기업의 유동성, 즉 단기채무 상환 능력을 조사해야 한다. 전통적인 유동성 척도로는 유동비율, 운전자본, 이자보상배율(영업이익/이자비용) 등이 있다. 아울러 해당 기업의 유동성을 동일 업종 경쟁사들과 비교해보아야 한다. 이 밖에 대가들이 주목하는 유동성 문제는 단기 부채와 변동금리 부채다. 단기 부채는 자주 갱신해야 하므로 위험하고, 변동금리 부채는 금리가 상승하면 유동성 문제를 야기할 수 있으므로 위험하다.

　재무상태표에서는 기업의 장기 지불 능력도 살펴보아야 한다. 이

때 기업의 재무 레버리지(부채비율)를 조사하고 업종 평균과 비교해보아야 한다. 적정 부채비율은 업종에 따라 다르지만, 흔히 대가들은 자기자본의 절반을 초과하는 기업은 좋아하지 않는다. 부채비율을 높이면 ROE를 높일 수도 있지만, 단지 실적을 높이려고 부채비율을 높일 필요는 절대 없다. 워런 버핏에 의하면, 슈퍼스타 기업들은 대부분 이자 지급 능력이 뛰어난데도 부채를 거의 사용하지 않는다.[6] 이 밖에도 다양한 이유로 마틴 휘트먼, 피터 린치, 워런 버핏, 알렉스 로퍼스(Alex Roepers) 등 대가들은 부채가 과도한 기업들을 지극히 꺼린다.[7] 부채비율이 높은 기업에는 다음과 같은 문제가 있다.

(1) **고위험**: 부채비율이 높으면 원리금 지급 등 고정비 부담이 증가하므로, 매출이 감소하거나 경기가 침체하는 등 여건이 악화되면 심각한 위험에 직면할 수 있다.

(2) **자금 조달 문제**: 일반적으로 부채비율이 높을수록 자금 조달 비용이 상승한다. 실적 부진, 경기침체 등 내외 여건이 어려우면 이런 기업은 자금 조달이 더 어려워진다. 이런 때에는 주가도 매우 낮아져서 주식을 발행하기도 매우 어렵다.

(3) **회사 운영의 제약**: 부채비율이 높은 기업은 먼저 부채 상환에 주력해야 하므로 신규 프로젝트 등을 펼칠 여력이 없다. 은행 등 채권자들이 회사의 전략을 간섭할 수도 있다.

현금흐름 분석

현금흐름 분석도 필요하다. 과거 몇 년 동안 영업현금흐름과 잉여현금흐름의 추이에 특별히 관심을 기울여야 하며, 경쟁사들과 비교해 보아야 한다. 또한 현금흐름을 당기순이익과 대조해 회사가 사용한 회계 기법을 파악하고 조작 여부도 확인해야 한다.

기타 경고 신호

●●●

재무제표를 세 번 읽어보아도 이해할 수 없다면, 이는 회사의 의도다.

짐 차노스(Weiss, 2012)

재무제표 분석에는 다음 사항이 중요하다.

(1) **주석 확인**: 주석을 자세히 조사해 부채 급증이나 미적립 연금채무(unfunded pension) 등이 있는지 확인해야 한다.

(2) **실적 조작**: 흔히 기업들은 실적을 보기 좋게 관리한다.[8] 분식회계에 넘어가지 않으려면 기업이 제시한 숫자를 적절하게 조정해야 한다. 특히 다음과 같은 사항은 적신호에 해당하므로 유의해야 한다.

- **독립성이 부족한 감사**: 예를 들어 감사회사가 컨설팅까지 제공한다면 유의해야 한다.
- **지나치게 좋은 실적**: 예컨대 매출 및 이익성장률이 믿기 어려울

정도로 좋아도 유의해야 한다.

- **재무상태표 항목과 성장률의 모순**: 예를 들면 매출이 급증하는데 도 매출채권은 증가하지 않는 현상, 재고자산은 급증하는데도 매출원가는 증가하지 않는 현상, 공장 및 설비는 급증하는데도 누적감가상각비는 증가하지 않는 현상 등이다.
- **과대평가된 자산**: 예컨대 일부 자산이 시가로 평가되지 않는 현상.
- **실적 조작 전력**: 경영진이 과거에도 실적을 조작한 사례가 있는 가?
- **복잡하고 난해한 회계**: 전문가도 파악하기 어려울 정도로 재무제 표가 복잡하고 난해한 기업은 유의해야 한다. 이런 경우라면 워 런 버핏도 기피한다.

(3) **신용위험 평가**: 재무상태표, 손익계산서, 현금흐름표를 정밀하 게 분석하면 기업의 재무건전성을 파악할 수 있다. 앤서니 볼턴 등 대가들은 다음 사항도 항상 확인한다.

- **감사의 경고**: 매우 드물지만 감사가 사업의 지속성에 대해 경고 한다면 매우 위험한 신호다.
- **알트만 Z 점수(Altman Z-score)나 H 점수(H-score)**: Z 점수가 1 미 만이거나 H 점수가 25 미만인 기업은 피하는 편이 좋다. 모건 스 탠리(Morgan Stanley)의 연구에 의하면, Z 점수가 1 미만인 기업 의 주식은 1991~2008년 수익률이 지수보다 연 5.7% 낮았다.
- **채권시장의 평가**: 해당 기업의 신용부도스왑(credit default swap) 스프레드(spread)나 채권 가격을 살펴본다.

정성분석

전통적으로 기업 분석 서적들은 정성분석에 큰 비중을 두지 않는다. 아마도 정량분석이 기업 분석의 기초라고 믿기 때문일 것이다. 물론 정량분석만으로도 크게 성공한 투자자들이 많이 있다.[9]

그러나 장기 투자에는 철저한 정성분석과 경영 분석이 필수적이라고 말하는 대가들이 많다. 특히 워런 버핏은 정성분석이 중요하다고 주장한다. 초기에는 버핏도 순수 정량분석 기법을 사용했다. 그러나 몇 번 실패를 경험하고 나서 순수 정량분석의 한계를 인식했고, 찰리 멍거와 필립 피셔의 영향을 받아 투자 방식을 개선했다.

조사 방식에 정성분석도 포함해 인상적인 실적을 낸 대가들은 버핏 외에도 수없이 많다. 다음은 정성분석이 필요하다고 주장하는 근거들이다.

첫째, 최근 정량 데이터를 입수하기가 쉬워짐에 따라 정량 데이터의 가치가 감소했다. 개인들도 마우스 클릭만으로 인터넷에서 방대한 데이터를 입수할 수 있다. 블룸버그 등 전문 서비스를 이용하면 사업보고서를 보지 않고서도 온갖 데이터를 구할 수 있다.[10]

둘째, 정성분석은 경쟁우위가 될 수 있다. 정성분석에 필요한 시간과 능력을 갖춘 사람은 많지 않으므로, 정성분석과 정량분석을 결합해서 사용하면 일반인보다 우위에 설 수 있다.

다음에는 대가들이 주목하는 주요 정성분석 요소들을 살펴보기로 한다. 여기에는 산업 요소, 비즈니스 모델, 경쟁력, 주도력, 성장 잠재력이 포함된다. 경영 분석은 다음 절에서 다룬다.

●●●

재무상태표를 보고 그 회사의 미래를 알 수 있다면, 오늘날 세계 최고의 부자들은 수학자와 회계사일 것이다.

피터 린치(Lynch, 1993)

산업

투자의 성패는 산업 선택에 크게 좌우된다. 대가들이 말하는 산업의 매력도 결정 요소는 다음과 같다.

(1) **진입장벽**: 대가들은 진입장벽을 중시한다. 진입장벽은 기업의 경쟁력을 보호해주는 해자와 같다. 진입장벽이 높으면 새로운 기업이 들어오기 어려우므로 기존 기업들이 혜택을 누리게 된다. 진입장벽의 요소들은 다음과 같다.[11]

- **규모의 경제**: 규모가 클수록 원가 우위를 누리게 된다면, 신규 진입 기업은 규모를 키우지 못하면 불리한 처지에 놓인다.
- **자본력**: 사업에 막대한 자본이 소요되며 그 손실 위험까지 크다면 신규 진입이 어려워진다. 예를 들어 제약 산업에는 흔히 막대한 연구개발(R&D) 예산이 필요하므로, 신규로 진입하려면 막대

한 자본이 필요하다.

- **제품 차별화**: 제품 차별화가 성공에 필수적이라면, 신규 진입 기업은 예컨대 광고 등에 막대한 투자를 해야 한다.

- **유통채널**: 기존 업체들이 유통채널을 모두 장악하고 있다면, 신규 진입 기업은 제품을 고객에게 전달하기 어려워진다. 예를 들어 기존 업체들의 청량음료가 슈퍼마켓 진열대를 가득 채우고 있다면, 신규 진입 기업은 공간을 확보하기가 어렵다.

- **기타 원가 우위**: 독점 지식, 특허, 입지, 원자재 확보 면에서 신규 진입 기업은 기존 업체보다 매우 불리할 수 있다.

- **정부 규제**: 정부가 신규 진입을 제한할 수 있다. 유틸리티나 통신 산업 등은 정부의 진입 규제가 일반적이다.

(2) **경쟁 강도**: 산업 내의 경쟁 강도 역시 기업의 성패를 좌우하는 요소다.

- **제품 차별화 기회**: 예컨대 제품이 동질재여서 차별화 기회가 없다면 치열한 가격 경쟁을 피하기 어렵다. 그러나 제품 차별화가 가능하다면 창의적인 전략으로 경쟁력을 유지할 수 있다.

- **산업의 인기**: 인기 높은 산업은 경쟁이 치열하므로 안전성이 부족하다. 따분하고, 인기 없으며, 불쾌하고, 성장하지 않는 산업이 더 안전하다.

- **규모와 자원**: 산업 내 기업들의 규모가 비슷하고, 보유 자원도 비슷하며, 사업 목적이 다양하고 비합리적이면 경쟁이 매우 치열해진다.

- **퇴출장벽**: 적자 기업들이 퇴출장벽 탓에 사업을 접기 어려우면

치열한 가격 경쟁을 벌여 다른 기업들까지 곤경에 빠뜨린다. 퇴출장벽의 근원으로는 값비싼 전문 자산, 높은 고정비, 다른 사업부와 맺은 전략적 관계, 산업에 대한 감정적 몰입 등이 있다.

(3) **대체재**: 산업의 매력도를 좌우하는 두 가지 요소는 진입장벽과 산업 내의 경쟁 강도다. 그러나 마이클 포터(Michael Porter)의 경쟁 모형에 의하면, 산업에 영향을 미치는 세 가지 요소는 구매자, 공급자, 대체재다.[12] 구매자와 공급자에 대해서는 나중에 논의하기로 한다. 대체재는 기능이 비슷한 제품이므로, 고객이 현재 사용 중인 제품을 대신할 위험이 있다. 예컨대 고객은 설탕 대신 과당을 사용할 수도 있고, 장거리 여행을 버스 대신 항공기로 할 수도 있다. 따라서 대체재가 산업에 미치는 영향도 분석할 필요가 있다.

(4) **필요 자본**: 워런 버핏, 데이비드 아인혼, 돈 약트만(Don Yacktman)은 비교적 적은 유형 자산으로 많은 이익을 내는 산업을 선호한다. 이런 산업에 속한 기업들은 창출한 현금흐름을 사업에 대규모로 재투자할 필요가 없다. 이런 산업으로는 컴퓨터 소프트웨어(마이크로소프트), 제약, 브랜드가 강력한 소비재(코카콜라), 서비스(컨설팅) 등이 있다. 이런 소자본 산업은 상대적으로 확장이 용이하고, 수익성이 높으며, 인플레이션의 영향도 덜 받는다는 장점이 있다.

(5) **변화 속도**: 워런 버핏과 피터 린치 등 대가들은 기술이나 생명공학처럼 변화가 빠르고 제품 수명주기 예측이 어려운 산업을 기피한다.[13] 이런 산업에서는 단 한 번의 실수만으로도 경쟁우위를 순식간에 상실할 수 있다. 반면에 안정성이 높은 산업에서는 실수를 저지르는 기업조차 경쟁우위를 좀처럼 상실하지 않는다. 대표적인 예가 장

레서비스 산업이다. 장례업은 오랜 기간 큰 변화가 없었고 경쟁도 제
한적이어서 수익성을 예측하기가 쉽다.[14]

●●●

끊임없이 커다란 변화에 직면하는 기업은 커다란 실수를 저지를 가능성도 큽니다.
게다가 기업의 경제 환경이 계속해서 거칠게 변화한다면, 그런 환경에서는 요새처럼
견고한 독점력을 구축하기가 어렵습니다. 독점력이야말로 높은 수익률을 유지하는
열쇠인데도 말이지요.

워런 버핏, 버크셔 해서웨이 주주 서한, 1987년

비즈니스 모델

비즈니스 모델은 기업의 수익 창출 방식을 설명하는 모형으로서 사
업의 성패를 가르는 토대가 된다. 따라서 비즈니스 모델의 강약점 등
을 파악해 확신이 설 때에만 투자해야 한다. 그렇지 않으면 기업이
일시적인 난관에 직면했을 때에도 주식을 계속 보유하기가 어렵다.
다음은 대가들이 비즈니스 모델을 선정할 때 유의하는 요소들이다.

(1) 기피하는 유형
- **복잡한 비즈니스 모델**: 앤서니 볼턴, 워런 버핏, 피터 린치 등은
  비즈니스 모델이 복잡한 기업은 피한다. 피터 린치는 크레용을
  써서 3분 이내에 비즈니스 모델을 설명할 수 있는 기업에만 투자
  한다.
- **1회성 사업**: 유행 상품처럼 1회 판매로 끝나는 제품 생산 기업은

장기 투자 대상으로 적합하지 않다. 강력한 비즈니스 모델은 수요가 안정적이어서 반복 매출이 발생하는 사업이다. 예컨대 엘리베이터나 가스 터빈은 판매 이후에도 유지보수 계약을 통해 대규모 반복 매출이 발생한다. 면도기나 전동칫솔 제조기업은 면도날이나 칫솔 헤드의 매출액순이익률(ROS)이 높으므로, 처음에는 적자를 감수하고 판매하기도 한다.

(2) **과거 실적:** 비즈니스 모델은 호황기는 물론 불황기에도 작동해야 하므로, 대가들은 장기간에 걸쳐 이익을 낸 기업인지 조사한다. 비즈니스 모델이 입증된 우량 기업의 주식조차 내재가치 밑으로 거래될 때가 많으므로, 실적이 부족한 신생 기업에 투자하는 것은 무의미하다고 대가들은 말한다.[15] 과거 실적을 평가할 때 대가들이 주목하는 요소는 다음과 같다.

- **수익성:** 피터 린치, 워런 버핏, 필립 피셔 등은 이익을 내본 적이 없는 기업에는 투자하지 않는다. 가까운 장래에 변화의 조짐도 없으면서 막대한 자금을 소비하는 적자 기업은 더 위험하다. 대표적인 예가 한 번도 신약을 출시하지 못한 채 막대한 자금을 소비하는 바이오 기업이다.

- **시장점유율 추이:** 지난 몇 년 동안 시장점유율이 지속적으로 상승했다면 비즈니스 모델이 강력하다는 뜻이다.[16] 그러나 그동안 현금흐름이 증가했는지도 조사해, 시장점유율 상승이 지나친 가격 인하의 결과가 아닌지 확인해야 한다.

- **확장성 및 반복성:** 일반인들은 성장 잠재력이 높아 보이는 기업에 서둘러 투자하지만, 대가들은 기다렸다가 비즈니스 모델의

확장성을 확인하고 나서야 투자한다. 그러면 초기 주가 상승분을 놓칠 수 있지만, 수익 대부분은 기업의 안정적 성장 국면에서 나온다고 대가들은 말한다. 예를 들어 피터 린치는 새 레스토랑 체인점이 다른 지역에서도 성공하는 모습을 확인한 다음에야 투자한다.

●●●

썰물이 되어야 누가 벌거벗고 수영하는지 드러나는 법입니다.

워런 버핏, 버크셔 해서웨이 주주 서한, 1992년

경쟁력

경쟁력은 기업의 성패를 좌우하는 핵심 요소다. 앞에서 논의했듯이, 경쟁력 중 일부는 그 기업이 속한 산업의 영향을 받는다. 여기서는 첫째, 기업의 경쟁우위를 평가하는 틀을 제시한다. 둘째, 기업의 경쟁력을 떠받치는 주요 기둥을 살펴본다. 셋째, 경쟁우위의 지속성에 대해 논의한다.

고객, 공급업체, 내부 경쟁자에 대한 교섭력

기업의 경쟁력은 마이클 포터의 5대 요소 분석을 통해서 파악할 수 있다.[17] 앞에서 산업의 경쟁력에 관해 논의한 일부 요소, 즉 진입장벽, 경쟁 강도, 대체재는 개별 기업의 경쟁력에도 그대로 적용된다.

예컨대 독특한 제품과 진입장벽을 확보한 일부 기업은 신규 진입 기업에 대해 경쟁우위를 유지한다. 기업의 성패를 좌우하는 마이클 포터의 3대 요소는 다음과 같다.

(1) **고객에 대한 교섭력**: 기업의 성패는 고객(소비자, 유통업자, 소매상, 기업고객 등)이 좌우한다. 그 기업과 거래할 것인지를 고객이 결정하기 때문이다. 주요 요소는 다음과 같다.

① **기업의 제품**: 제품이 매력적일수록 고객에 대한 교섭력이 강해진다.

- 제품의 필요성: 경제 여건과 무관하게 구매 열기가 뜨거운 제품이 이상적이다. 예컨대 기저귀, 비누, 약품은 형편이 어려워도 사람들이 구입하지만, 자동차 등 고가품은 대개 형편이 나아질 때까지 구입을 연기한다. 코카콜라는 찾는 고객이 많아서 소매상 진열대에 항상 채워두어야 하는 상품이다.

- 가격: 제품의 품질이 비슷하다면 가격이 낮을수록 더 매력적이다.

- 제품 차별화: 확실히 차별화되는 제품이 강력하다. 예컨대 스타벅스(Starbucks)는 새로운 매장 개념과 고품질 커피를 도입해, 동질재였던 커피를 차별화했다. 차별화된 제품을 보유하면 충성 고객을 확보할 수 있고, 가격을 인상하기 용이하며, 유통업자에 대해서도 강한 교섭력을 행사할 수 있다. 반면에 동질재로는 강한 교섭력을 행사할 수 없다.[18] 동질재 사업의 대표적인 예가 원자재 생산업체들(광업회사, 철강회사 등)이다. 이코노미석 이용자 대부분이 저가를 찾는다는 점에서, 항공사도 동질재 사업으로 볼 수 있다.

② **서비스:** 탁월한 서비스도 제품 차별화 요소가 될 수 있다. 우수한 기업들은 고객을 우선하고, 고객의 요구에 귀 기울이며, 끊임없이 서비스를 개선한다.

③ **전환비용:** 전환비용(switching cost)도 교섭력의 핵심 요소다. 예컨대 마이크로소프트의 소프트웨어들은 전환비용이 엄청나게 높아서 마이크로소프트는 교섭력이 막강하다. 기존 소프트웨어를 전환하면 사용법을 새로 익혀야 할 뿐만 아니라, 기존 자료의 호환성 문제도 발생하기 때문이다.

④ **고객의 수:** 매출이 수많은 고객들로부터 골고루 발생할수록 고객에 대한 교섭력이 강해진다. 반면에 매출이 소수의 고객에게 집중되면 교섭력이 약해진다. 고객을 하나라도 잃으면 매출이 대폭 감소하기 때문이다. 자동차 제조업체에 부품을 공급하는 회사가 그런 예다. 자동차 제조업체가 공장 가동을 중단하면 대개 부품 공급회사 역시 공장 가동을 중단하게 된다.

⑤ **특별 혜택:** 주요 고객이 원하는 혜택을 제공하면 교섭력이 강해진다. 예컨대 항공 서비스를 자주 이용하는 기업 임직원들은 요금이 다소 비싸더라도 풍족한 마일리지 혜택을 더 원할 수도 있다.

(2) **공급업체에 대한 교섭력:** 교섭력이 중요한데도 흔히 간과되는 요소가 공급업체(사내 근로자 포함)와의 관계다. 공급업체의 가격 인상이 용이할수록 기업의 교섭력은 약화된다.

• **공급업체들 사이의 경쟁:** 공급업체들 사이의 경쟁이 치열할수록 기업의 교섭력은 강화된다. 예컨대 노동시장에 구직자(공급업체)

가 많아지면 기업은 임금 인상 압박을 덜 받는다.

- **공급업체의 매출 의존도:** 기업에 대한 공급업체의 매출 의존도가 높을수록 기업의 교섭력이 강해진다. 예컨대 월마트와 거래하는 공급업체들은 매출 의존도가 매우 높으므로 월마트의 교섭력이 막강하다.

- **공급업체 전환 용이성:** 공급업체를 전환하기 어려울수록 기업의 교섭력이 약해진다. 예컨대 노조가 강력하면 기업은 노동자를 교체하기 어려우며, 결국 노조의 요구에 굴복하게 된다.

- **공급받는 제품의 중요성:** 공급업체에서 조달하는 부품이 중요할수록 기업의 교섭력이 약해진다.

(3) **내부 경쟁자에 대한 교섭력:** 산업 내 경쟁사들에 대한 교섭력도 기업의 경쟁력을 좌우하는 요소다. 워런 버핏과 존 템플턴 등 대가들은 경쟁사들의 전략, 재무 상태, 시장점유율도 파악해야 한다고 강조한다.

- **시장 선도기업:** 필립 캐럿, 필립 피셔, 줄리언 로버트슨 등 대가들은 시장을 지배하는 업계 선도기업을 선호한다. 대개 시장 선도기업들은 규모의 경제를 누리고, 고객과의 유대가 강하며, 공급업체에 대한 교섭력도 강해 수익성이 뛰어나므로 소규모 경쟁사들을 억누를 수 있다.

리글리(Wrigley), 켈로그(Kellogg), 하인츠(Heinz), 킴벌리 클라크(Kimberly-Clark), 코카콜라(Coca-Cola)가 대표적인 예다. 이들의 제품은 인기가 매우 높아서 가장 우선적으로 소매점 진열대를 차지한다. 이들의 제품은 시장점유율이 높아서 생산과 광고 등에서도 엄청난 규모의 경제를 누리며, 가격을 인상하기도 상대적으로 용이하다.

- **복점**: 글렌 그린버그는 복점(複占, duopoly: 두 기업에 의한 독점)이 매력적이라고 말한다. 대개 시장을 지배하는 두 회사 사이의 경쟁은 치열하지 않고, 독점이 아니므로 정부의 간섭도 강하지 않기 때문이다.

경쟁력을 떠받치는 기둥

이어서 기업의 경쟁력을 떠받치는 다른 핵심 요소들도 간단히 논의한다.[19]

문화

여기서 문화는 임직원들의 행동에 영향을 미치는 기업의 가치, 규범, 태도, 믿음을 가리킨다. 기업의 문화가 강력하면 임직원이 단합해 공통의 목표를 추구하게 된다. 상사의 지시가 없어도 사람들은 자신이 할 일을 찾아서 하고, 강한 소속감을 느끼면서 의욕적으로 일하게 된다. 문화의 중요성은 흔히 간과되지만, 성공한 경영자들 다수는 기업문화가 큰 역할을 했다고 말한다.

예컨대 파산 직전까지 몰린 철강회사 뉴코(Nucor)를 회생시켜 우량 기업으로 만들어낸 케네스 아이버슨(Kenneth Iverson)은 성공 요인의 80%가 기업문화였다고 말했다. 1990년대 IBM을 회생시킨 거스너(Lou Gerstner)도 저서 《코끼리를 춤추게 하라(Who Says

Elephants Can't Dance?)》에서, 기업문화가 중요한 역할을 했다고 밝혔다. 스타벅스 CEO 하워드 슐츠(Howard Schultz)도 저서 《스타벅스 (Pour Your Heart Into It)》에서, 1990년대 회사의 성공에 기업문화가 결정적인 역할을 담당했다고 설명했다.

기업문화가 그토록 큰 힘을 발휘하는 이유는 무엇일까? 건전한 기업문화는 회사 전체에 열정을 불어넣으며, 임직원 모두가 바람직한 가치, 규범, 태도를 유지하게 해주기 때문이다. 예컨대 건전한 문화를 갖춘 기업은 직원들을 회사의 가장 중요한 자산으로 간주하므로, 역경에 처하더라도 직원들을 대량 해고하지 않는다. 이런 기업의 경영자들은 직원들의 롤 모델이 되어 건전한 기업문화를 확산하는 역할을 담당한다. 위대한 기업에 흔히 나타나는 건전한 기업문화 요소는 다음과 같다.

(1) **탁월성 추구**: 생산, 디자인, R&D, 운영 등 모든 분야에서 탁월성을 추구한다.

(2) **진정성 추구**: 회사 전반적으로 신뢰감이 조성된다. 약속이 잘 이행되며, 지위에 상관없이 서로를 믿고 존중할 수 있다. 서로 숨길 일도 없으며, 부당한 보상을 기대하지도 않는다.

(3) **이해관계자 존중**: 임직원, 주주, 소비자, 공급업체, 기타 이해관계자와 긴밀한 유대를 형성한다. 이해관계자들은 회사에 호감을 갖게 된다. 회사로부터 존중받는 소비자는 회사가 실수를 저질러도 쉽게 용인한다. 회사로부터 공정하게 대우받는 공급업체는 회사가 재정난에 빠지면 가격이나 매출채권에 대해 편의를 제공하기도 한다.

●●●

대개 기업들은 자신의 행동에 걸맞은 주주들을 얻게 됩니다. 단기 실적과 단기 주가 등락을 집중적으로 생각하고 소통하는 기업들은 이런 요소에 집중하는 주주들을 끌어모으게 됩니다. 그리고 투자자들에게 냉소적인 기업들은 결국 투자자들로부터 냉소를 받기가 매우 쉽습니다.

워런 버핏, 버크셔 해서웨이 주주 서한, 1985년

(4) **원활한 의사소통**: 기업문화가 건전하면 의사소통이 원활하고, 더 혁신적이 되며, 문제가 더 쉽게 해결되고, 임직원의 참여도도 높아진다. 월마트의 창업자 샘 월튼(Samuel Walton)은 저서 《샘 월튼 불황 없는 소비를 창조하라(Made in America)》에서, 기업 전반에 걸친 원활한 의사소통이 성공의 핵심 요소였다고 밝혔다. 월튼은 회사의 실적을 공개해 직원들의 참여의식을 높였다. 그는 금요일마다 판촉 회의를 열고 토요일 아침마다 점포장 회의를 열어 정보와 아이디어를 공유했다. 그는 상품 배달 트럭 운전사들과도 긴밀한 관계를 유지하면서 직원들의 사기나 태도 문제를 조기에 탐지했다.

(5) **혁신 추구**: 직원들이 현실에 안주하지 않으므로, 방심하다 새로운 기업의 도전이나 추세 변화를 놓치는 일이 없다. 끊임없는 혁신과 개선을 통해 변화하는 세계에서도 경쟁력을 유지한다.

(6) **행동 지향**: 실패를 용인하고 행동을 존중하는 회사에서는 아이디어가 신속하게 검증되고, 의사결정이 빠르게 이루어지며, 문제는 신속하게 대처하고, 제품 출시가 지체되지 않으며, 직원들이 실용적인 지식과 경험을 풍부하게 얻는다. 그러나 대부분 기업에서는 사람들이 행동보다 구실을 앞세우고, 행동보다 문서 작업을 더 높이 평가하며, 흔히 연구소와 위원회가 실행을 가로막는다. 행동 지향에는 위

험 감수와 실패 용인이 필수적이다.

(7) **신뢰**: 신뢰가 부족하면 사람들은 두려움을 느낀다. 소속감이 부족하므로 충성도가 감소한다. 서로 의심하므로 협력하기 어렵다. 새로운 시도를 꺼리므로 혁신도 이루어지지 않는다. 신뢰를 중시하는 기업은 권한을 과감하게 하부 위양한다. 상부의 통제를 대신해서 동료 집단이 압력을 가하므로, 업무가 더 정직하게 진행된다.

(8) **편안한 분위기**: 편안한 분위기는 스트레스를 줄여주고, 직원들 사이의 관계를 개선하며, 의사소통을 원활하게 해준다. 파티 개최, 평상복 근무, 경영진에 대한 비금전적 혜택 배제 등이 직원들의 사기를 높여준다. 예컨대 사우스웨스트 항공 허브 켈러허(Herb Kelleher)는 승무원들에게 업무에 재미를 더하라고 권장했다. 그래서 승무원이 좌석 위 선반 속에 숨어 있다가, 승객이 선반을 열 때 튀어나오기도 했다.[20]

(9) **단순성 추구**: 운영, 절차, 업무 기법, 회계 등을 단순하게 처리한다. 절차를 단순화하면 관료주의를 방지할 수 있다. 단순한 언어를 사용하면 직원들이 쉽게 이해할 수 있다. 운영과 전략을 단순화하면 경쟁우위를 확보할 수 있다. 대부분 기업은 복잡해야 경쟁우위가 확보된다고 믿지만 착각에 불과하다.

(10) **주인의식**: 주인의식은 소속감과 책임감을 부여해 직원들의 성취동기를 높여준다. 직원들이 세부 업무에 관심을 기울이고, 주주들을 존중하며, 비용을 의식하게 된다. 렌터카를 세차하는 사람은 없다. 주인의식은 종업원 지주 제도, 성과 보상 제도, 개방적 의사소통, 권한 위양 등으로 조성할 수 있다. 스타벅스는 소매업계에서 가장 먼저

종업원 지주 제도를 도입한 바 있다.

●●●

탁월한 실패는 보상하고, 어중간한 성공은 처벌하라.

톰 피터스(Peters, 1994)

●●●

제기랄, 그렇게 합시다.

리처드 브랜슨(Branson, 1998)

인적자원관리

2장에서 언급했지만, '가장 일하기 좋은 기업' 리스트에 오른 주식은 초과수익을 내는 경향이 있다. 사람들은 흔히 인적자원관리의 중요성을 과소평가하지만, 대가들은 인적자원관리가 실적에 큰 영향을 미친다고 생각한다. 기업들은 직원들이야말로 '가장 소중한 자산'이라고 말하면서도 인적자원관리에 비참하게 실패하는 사례가 많다.[21] 대가들은 인적자원관리 중 다음 요소에 주목한다.

(1) **이직률과 노조 가입률:** 대개 이직률과 노조 가입률이 낮을수록 직원들의 만족도가 높다. 입사 지원자가 많은 것도 긍정적 신호다. 예컨대 케네스 아이버슨이 경영하던 시절 뉴코 직원들의 만족도가 높았다. 당시 뉴코에는 노조 가입자가 거의 없었고, 심지어 직원들이 회사에 대한 충성심으로 노조 대표들을 괴롭히기까지 했다.

(2) **인적자원관리의 요소**
  • **직원 존중:** 예컨대 벨기에의 유명 식품 소매회사 꼴뤼(Colruyt)에서는 모든 신입직원이 말단 육체노동으로 시작하게 한다. 이들은 승진하더라도 말단 직원들을 존중하게 된다.

- **경쟁을 촉진하는 공정한 보상 제도**: 경쟁을 촉진하면서 공정하게 보상하되, 평균 이상을 지급한다.
- **직원에 대한 지원**: 직원들에게 필요한 자원과 훈련을 제공하고, 직원들의 목소리에 귀를 기울인다.
- **외주 직원에 대한 지원**: 외주 직원들에 대해서도 의료보험, 가족과의 시간, 고용보장을 제공한다. 예컨대 모토로라(Motorola) 창업자 폴 갤빈(Paul Galvin)은 형편이 어려운 직원들에게 자녀 대학 수업료를 지원했다. 1930년대 대공황기에 스타 퍼니처(Star Furniture)는 임직원의 급여를 삭감하는 대신, 직원을 해고하지 않았다. [22)]
- **불만과 문제에 신속하게 대처**
- **종업원 지주 제도나 스톡옵션으로 주인의식을 부여해 참여도 제고**
- **효과적인 채용·해고 절차**: 예컨대 집중 심사를 통해 기업문화에 적합한 인재를 채용한다. 인종, 성, 종교, 학력, 성격 등이 다양한 인재를 채용해 혁신을 촉진한다.

조직, 구조, 절차

조직, 구조, 절차도 기업의 경쟁력을 떠받치는 중요한 기둥이다.

(1) **규정 및 절차**: 탁월한 기업들은 공식 시스템과 편안한 분위기 사이에서 균형을 유지한다. 관료주의에는 강하게 맞서 싸우지만, 회사 규모가 성장하면 규정과 절차를 도입해 체계적으로 관리한다. 그래도 절차는 최대한 단순화하고, 서류 작업도 최소화한다. 회의 횟수와 시간도 제한하며, 개인에게 많은 재량권을 부여한다.

(2) **경영 구조**: 탁월한 기업들은 관리계층은 줄이고 통솔 범위는 확대해, 즉 상사가 관리하는 부하의 수를 확대해 날씬한 관리 구조를 유지한다. 아울러 본부 직원의 수도 최소화한다. 날씬한 관리 구조에는 장점이 많다. 관리계층이 감소하므로 의사소통이 지연되거나 왜곡되는 일이 감소한다. 관리 투명성이 높아지며, 책임성도 높아지고, 관리 비용은 절감된다. 업무의 실행 속도도 빨라진다. 날씬한 관리 구조가 유지되려면 권한의 하부 위임이 필요하다.

(3) **사업부**: 최적 조직 구조는 사업의 유형, 전략, 문화, 발전 단계에 따라 달라진다. 그렇더라도 조직의 규모가 작으면 직원들이 긴밀하게 협력할 수 있고 관리하기도 용이하다.[23] 조직 규모가 커지면 회계와 부동산 등 일부 기능은 집중화하되, 다른 기능은 개별 사업부로 분권화하는 편이 대체로 낫다.

마케팅

마케팅에는 기업이 제품을 고객에게 전달하는 과정에서 발생하는 온갖 활동을 말한다. 예컨대 시장 선택, 고객의 필요와 기대 파악, 제품 설계, 고객 획득 활동(광고 및 판촉) 등이 포함된다. 효과적인 마케팅을 통해 제품 차별화와 매출 증대가 가능하다.[24]

그림 10은 다양한 마케팅 구성 요소들과 상호 관련성을 나타낸다. 마케팅의 중심은 기업이 선택한 고객이 되어야 한다. 고객은 제품이나 서비스에 대해 기본적인 유용성, 정확성, 일관성, 품질, 가용성 등을 기대한다. 기업이 조언을 해주거나 동반자라는 인식을 심어주는 등 제품이나 서비스가 고객의 기대 수준을 뛰어넘으면 고객은 감동한다.

고객의 필요와 기대를 파악하려면 고객에게 다가가려는 기업문화가 필요하다. 인적자원관리에서는 고객을 우선하는 사람들을 집중적으로 채용하고, 우선 직원들을 만족시켜 고객들을 잘 섬기도록 유도하며, 적절한 훈련을 통해 고객 서비스를 개선해야 한다. R&D 부서들은 마케팅 부서와 긴밀하게 협력해 고객들이 원하는 제품 개발에 노력을 집중해야 한다.

이 모든 노력이 결합되면 기업은 고객의 기대를 뛰어넘는 제품·서비스를 제공하게 된다. 이런 탁월한 제품의 광고·판촉에 입소문이 보

그림 10. 마케팅 구성 요소

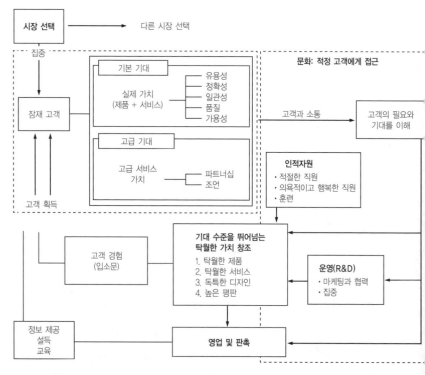

태지면 기업은 신규 고객을 획득하고 기존 고객도 유지하게 된다. 다음은 대가들이 특별히 관심을 기울이는 마케팅의 세부 요소들이다.

(1) **탁월한 고객 서비스**: 우수한 기업들은 다음과 같이 탁월한 서비스를 제공하려고 노력한다.

- **정확도**: 예컨대 정확한 청구서.
- **일관성**: 어느 지역에서나 신뢰도 높은 서비스 제공. 예컨대 모든 지역의 레스토랑 매장에서 똑같은 수준의 고객 서비스 제공.
- **가용성**: 고객이 원할 때 언제든 이용 가능한 서비스. 예컨대 무료 주차장, 편리한 이용 시간, 전화 문의에 즉시 응대 등.
- **고객 응대**: 고객이 주문한 내역 고지, 문제가 발생하면 회사가 책임 감수, 예상 밖의 서비스 제공 등. 예컨대 버크셔 해서웨이 자회사 조던스 퍼니처(Jordan's Furniture)의 엘리엇(Eliot)과 배리(Barry)는 비가 오면 고객에게 우산을 제공했다.[25]

(2) **일관성**: 맥도날드(McDonalds)의 빅맥은 세계 어디에서나 똑같은 맛이다. P&G(Procter & Gamble)는 주로 변함없는 품질 덕분에 성공을 거두고 있다.

(3) **고객과 긴밀한 접촉**: 우수한 기업들은 고객의 소리에 귀를 기울이되, 블랙 컨슈머(부당 이득을 얻으려고 악성 민원을 제기하는 소비자)의 요구는 거절한다. 대표적인 예가 루 거스너가 회생을 주도하던 IBM의 힘찬 포옹 작전(Operation Bear Hug)이었다. IBM의 임원 50명은 각자 주요 고객사를 5곳 이상 직접 방문해 이야기를 듣고서, 고객 서비스 개선 방안을 루 거스너에게 직접 보고했다.[26]

(4) **적정 고객에게 집중**: 우수한 기업들은 적정 시장을 선택해서 적정 고객에게 정밀하게 노력을 집중한다. 따라서 선택한 시장에 속하지 않는 고객의 요구는 무시한다. 예컨대 모든 고객을 동등하게 대우하는 은행이라면, 특별 서비스를 요구하는 부유층 고객은 거절한다.

(5) **브랜드 관리**: 우수한 기업들은 브랜드 가치를 희석할 만한 일은 절대 하지 않는다. 즉, 사업 확장, 매장 선정, 사업 파트너 선정 등이 브랜드에 미치는 영향에 비상한 관심을 기울인다. 예컨대 스타벅스 CEO 하워드 슐츠는 브랜드 가치에 악영향을 미칠 부주의한 사업자와는 어떤 일이 있어도 파트너 관계를 맺지 않았다.

(6) **제품 디자인과 광고**: 우수한 기업들은 독특한 제품을 창의적인 방식으로 출시한다. 예컨대 로지텍(Logitech)은 웹캠과 컴퓨터 마우스 등 전자 장비의 기능과 스타일에 집중해 성공을 거두었다. 페인트 생산업체 더치 보이(Dutch Boy)는 개폐와 주입이 편리한 페인트 통을 개발해 성공을 거두었다.[27]

(7) **판매 조직**: 우수한 기업들은 판매원들도 유능하다. 회사는 판매원들에게 탁월한 훈련을 제공한다.

연구개발(R&D)

흔히 기업에서 R&D는 생존을 좌우하는 핵심 기능이다. 끊임없이 변화하는 환경 속에서 기업이 경쟁력을 유지하려면 계속 신제품을 개발해야 하고 특허도 확보해야 한다.[28] R&D가 탁월하면 기업의 경쟁력도 강화된다. 다음은 R&D에서 주목할 요소들이다.

(1) **R&D 지출 규모**: R&D 투자액과 주식 수익률 사이에는 강한 상

관관계가 있는 듯하다.[29]

(2) R&D 효과 요소들: R&D 투자액 외에도 다양한 요소들이 R&D 효과에 영향을 미친다.

- **R&D 투자의 일관성:** 우수한 기업들은 호황기는 물론 불황기에도 R&D에 일관되게 투자한다.
- **야심 찬 R&D:** 우수한 기업들은 현상 유지 수준에 안주하지 않고, 기존 제품라인을 벗어나는 창의적인 신제품과 신기술을 추구하는 프로젝트에 도전한다. 야심 찬 R&D는 경쟁력 강화는 물론 유능한 연구 인력 확보에도 필수적이다.
- **타 부서와 소통:** 생산성 높은 R&D 부서는 판매, 마케팅, 제조 등 타 부서들과 긴밀한 소통을 유지한다.
- **팀 역학:** 팀원들 사이의 역학 관계도 R&D 효과에 중요한 영향을 미친다.

혁신

혁신은 R&D와 밀접한 관계가 있다. 경영의 대가 피터 드러커(Peter Drucker)가 저서 《기업가 정신(Innovation and Entrepreneurship)》에서 밝힌 바에 의하면, 혁신적 기업들은 인구, 뜻밖의 성공과 실패, 시장 구조의 변화, 새로운 지식 등을 끊임없이 조사하면서 새로운 기회를 적극적으로 탐색한다. 따라서 혁신은 흔히 사람들이 생각하는 신기술보다 훨씬 광범위한 개념이다. 실제로 수익을 가져다주는 혁신은 신기술과는 관계가 거의 없다.[30]

진지한 혁신가들의 전형적인 특성은 다음과 같다.

(1) **기회에 집중**: 수많은 기업들이 친숙한 과거에 안주하려고 한다. 그러나 혁신가들은 과거 방식에 얽매이지 않고 새로운 기회를 찾아내서 이용한다.

(2) **다양성 추구**: 혁신가들은 이단아, 괴짜, 국적과 배경이 다양한 사람들 등을 원한다. 비슷한 사람들이 모이면 생각과 선입견이 비슷해지고, 세상을 보는 관점도 좁아지기 때문이다. 반면에 다양성은 혁신적 사고를 자극한다. 혁신적 사고는 독특한 관점과 독창적 사고에서 비롯된다.

(3) **혁신에 초점**: 혁신가들은 혁신이 회사를 발전시킨다는 인식을 사람들에게 심어준다. IBM은 5년에 걸쳐 회사의 시스템을 개혁하는 펠로우(Fellow) 시스템을 도입해 혁신 기업으로서 명성을 얻고자 했다.[31]

(4) **성과 보상 제도**: 혁신 프로젝트에 대해 기존 사업과는 다른 지표로 성과를 평가해 보상하는 제도를 도입한다. 회사에 비주류 조직을 구성해 투사, 이단아, 열성분자가 기존 틀에서 벗어난 시도를 하도록 허용하기도 한다. 예컨대 맥도날드의 아침 메뉴와 GE의 항공기 엔진 등이 그런 시도의 결과물이다.[32]

(5) **행동 지향**: 설계 프로세스 초기에 최대한 많은 시제품을 제작한다.

(6) **소통 중시**: 고객, 공급업체, 직원 등 각계각층 사람들과의 소통을 강조한다. 한 공장 컨베이어 벨트에서 엔지니어는 정교한 자동화 시스템으로 빈 상자를 제거하려 했으나, 일선 노동자는 송풍기로 빈 상자를 제거하는 훨씬 싸고 쉬운 방식을 제시했다.

(7) **경쟁사 모니터링**: 월마트 창업자 샘 월튼은 수시로 경쟁사 매장

을 방문해 이들이 잘하는 방식을 보고 배웠다.

운영

회계, 정보 시스템, 운송 및 유통, 생산 등 운영 시스템에서도 지속적 경쟁우위를 확보할 수 있다. 운영 시스템 개발과 개선에는 오랜 기간 이 소요되기 때문이다.

운영 시스템이 강력하면 경영진이 교체되더라도 업무가 순조롭게 진행된다. 예컨대 운영 시스템이 탁월한 토요타(Toyota)는 경영진이 교체되었을 때에도 실적에 영향이 거의 없었던 것으로 보인다.

우수한 기업들은 운영 시스템에 항상 모범 관행을 적용하면서 끊임 없이 개선하려고 노력한다. 대가들이 주목하는 요소는 다음과 같다.

(1) **유행하는 신기술 경계**: 다른 기업들이 유행하는 신기술을 서둘러 채택하더라도, 우수한 기업들은 자신의 전략에 잘 맞으면서 효율성을 대폭 높여주는 신기술만을 선별적으로 채택한다.

(2) **기존 관행 무시**: 우수한 기업들은 통념을 무시한다. 예컨대 사우스웨스트 항공은 다른 항공사들이 당연시하던 기존 관행을 무시했다. 값비싼 대도시 거점 공항을 이용하지 않았고, 단일 기종을 사용해 훈련비용을 절감하면서 항공기 제작사에 대한 교섭력을 강화했다. 최초로 전자항공권을 도입했고, 좌석을 배정하지 않는 오픈 시팅 (open seating) 방식도 도입했다.[33]

경쟁력 기둥들의 상호 관계

그림 11에서 보듯이 경쟁력을 떠받치는 기둥들은 상호 작용하면서 기능을 수행한다. 예컨대 마케팅은 아이디어를 실현하려면 운영 관리에 속한 R&D에 의존해야 한다. 인적자원관리는 각 기능에 적절한 인재를 공급해야 한다. 사업부 등 조직의 구성 방식은 운영과 마케팅의 실적에 커다란 영향을 미친다. 문화는 가치, 규범, 태도, 믿음을 통해 모든 기능에 영향을 준다.

따라서 기업이 전략과 사업 계획을 실행하려면 각 기능도 우수해야 하지만, 기능들 사이의 상호 작용도 중요하다. 예컨대 R&D는 마케팅과

그림 11. 경쟁력 기둥들의 상호 관계

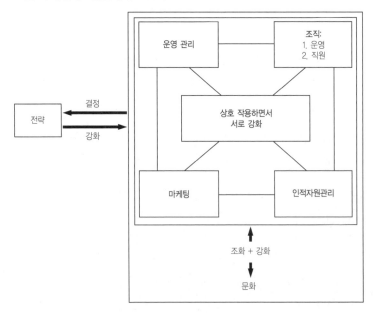

긴밀하게 협력할 때 고객들이 원하는 제품을 개발하기가 쉬워진다.

또한 인적자원관리는 유능한 엔지니어와 연구원들을 채용해야 R&D의 생산성이 높아진다. 건전한 기업문화는 조직과 운영의 원활한 가동을 지원한다. 예컨대 책임성과 자율성을 강조하는 기업문화라면 관리계층이 작고 효과적인 조직 구조를 수립하기가 용이하다.

경쟁력의 지속성

앞에서 보았듯이, 기업의 경쟁력은 주로 포터의 5대 요소, 그리고 인적자원관리, 혁신, 마케팅, 운영 등 기업의 핵심 기능에 좌우된다. 이런 경쟁력의 지속성을 평가하는 요소는 다음과 같다.

(1) **업계 내 지위**: 난공불락의 독점력을 보유한 시장 지배자일 때 지속성이 강해진다.[34] 독점력을 평가하려면 포터의 5대 요소를 분석하고서 "이 회사가 사라지면 세상 사람들이 아쉬워할까?"라는 질문을 던지면 된다.

(2) **경쟁력 기둥들의 속성**

· **모방하기 어려운 기둥**: 독특한 문화나 진정한 인적자원관리는 다른 기둥(예컨대 제조 공정 자동화)보다 모방하기 어렵다.

· **감지하기 어려운 기둥**: 경쟁사의 눈에 잘 띄지 않는 요소로서, 예컨대 경영자들이 흔히 무시하는 진정성을 말한다. 모든 기둥에 걸쳐 자그마한 경쟁력 요소들을 보유했을 때에도 경쟁사가 감지해서 모방하기 어렵다.

(3) **경쟁력 개선 의지:** 우수한 기업들은 현실에 안주하지 않고 끊임없이 경쟁력 개선에 노력한다.

운명 결정력

대가들은 운명 결정력이 부족한 기업들은 회피한다. 운명 결정력을 위협하는 요소들은 다음과 같다.

(1) **정부의 개입 위험:** 정부의 개입이나 규제 가능성이 큰 산업(유틸리티, 은행, 광산 등)은 상대적으로 매력도가 낮다. 정치가 불안정한 신흥국에서는 더 많은 위험을 감수해야 한다.

(2) **정부의 지원에 의존:** 정부 지원에 대한 의존도가 높은 기업은 지원이 삭감되면 생존하기 어려워질 수 있다. 유럽 재생에너지 기업들은 2010~2013년 유럽 재정위기 기간에 정부의 지원이 삭감되자 곤경에 처했다.

(3) **R&D에 의존:** 바이오 등 불확실한 R&D에 지나치게 의존하는 기업은 R&D가 실패할 경우 생존이 어려워질 수 있다.

(4) **유행에 의존:** 최신 유행에 편승해야 성과가 나오는 기업은 유행을 놓칠 위험이 있다.

(5) **주요 결정에 의존:** 워런 버핏은 생사가 걸린 중대한 결정을 자주 내려야 하는 기업을 피한다. 예컨대 보잉(Boeing)은 막대한 자금이 투입되는 신형 항공기 개발을 주기적으로 결정해야 한다.

(6) **과도한 레버리지:** 레버리지가 높아질수록 운명 결정력은 감소한

다고 볼 수 있다. 재무 레버리지뿐 아니라 영업 레버리지, 즉 고정비 비중이 커서 손익분기점이 높아지는 위험도 악영향을 미친다. 영업 레버리지가 높으면 경기가 침체해서 매출이 감소할 때 큰 타격을 입는다. 산업·지역 레버리지는 특정 산업이나 지역에 대한 의존도를 가리킨다. 어떤 레버리지든지 호경기에는 유리하게 작용하지만, 불경기에는 악영향을 미친다. 데이비드 헤로는 레버리지가 둘 이상인 기업은 꺼린다.

(7) 날씨에 의존: 날씨에 지나치게 의존하는 기업도 피하는 편이 낫다. 워런 버핏은 수익성이 날씨에 크게 좌우되는 농장 관련 기업을 피한다.

(8) 거시 변수에 의존: 다음 거시 변수에 지나치게 의존해도 운명 결정력이 감소한다.

- 경기: 경기에 지나치게 민감한 기업은 (경기 순환기마다 최고 이익이 증가하는 대기업이 아니라면) 장기 투자에 적합하지 않다.
- 원자재 가격: 광산업, 탐사업 등 원자재 가격에 지나치게 의존하는 기업은 가격 하락 시 타격을 받는다.
- 금리와 환율: 변동금리 부채가 많은 기업이나, 자산과 부채의 표시 통화가 다른 기업은 금리나 환율이 변동할 때 타격을 받을 수 있다.
- 인플레이션: 경쟁력이 약해서 가격을 인상하기 어려운 기업이나 장기 고정 가격 계약을 하는 기업들은 인플레이션이 급등할 때 타격을 받을 수 있다. 그러나 부동산 기업, 광고회사, 쇼핑센터, 브랜드가 강한 회사 등은 가격 상승·인상을 통해 인플레이션에 대처할 수 있다.

성장

매출이 감소하는 회사는 주가가 싸 보이더라도 피하는 편이 좋다. 저평가 상태에서 좀처럼 벗어나지 못하는 이른바 가치 함정(value trap)일 가능성이 높기 때문이다.

장기적으로 주가를 견인하는 양대 축은 이익과 PER 배수 확대다. 이익이 성장하려면 매출이 성장하고 이익률이 확대되어야 한다. 이익률이 확대되지 못하면, 이익은 매출이 성장하는 만큼만 성장한다. 여기서는 성장에 관해 고려할 사항들을 다룬다.

성장 단계

사람들은 신기술 등 매력적인 유망 산업이나 대박이 기대되는 선구적 기업들 중에서 성장주를 찾으려 하나, 이런 방식에는 심각한 결함이 있다. 첫째, 신기술 회사나 선구적 기업들은 치열한 경쟁 과정에서 파산하는 사례가 많다. 예컨대 1990년대 말의 무수한 인터넷 기업들 중 지금까지 생존한 기업은 극소수에 불과하다.

둘째, 높은 매출 성장이 높은 이익 성장으로 이어진다는 보장이 없다. 지난 60년 동안 실적이 부진했던 자동차회사들과 항공사들이 대표적인 사례다. 인기 성장 산업의 주된 문제점은 치열한 경쟁 탓에 수익성이 흔히 평균에도 못 미친다는 사실이다. 대가들은 선구적 기업이나 신생 기업에는 거의 투자하지 않는다.[35]

대가들은 매출 성장 대신 이익 성장과 현금흐름 성장 추세를 주목한다. 피터 린치는 재무 구조가 건전하고, 과거 실적이 우수하며, 비즈니스 모델에 확장성이 있는 기업 중 고속 성장 단계에 진입한 기업을 선호한다. 더 보수적인 대가들은 경쟁력이 강하고 산업 내에서 확장 여지가 많은 안정적인 기업을 선호한다.

과거 성장성 평가

대가들은 적어도 과거 경기 순환주기 1회 전체 기간의 매출 성장률과 이익성장률을 살펴보고 나서 다음 요소들을 평가한다.

(1) **과거 평균 성장률**: 기업의 과거 성장률은 산업의 평균 수준(예컨대 연 7%)보다 높아야 매력적이다. 존 네프 등은 과거 성장률이 지나치게 높은 (예컨대 20% 초과) 기업은 피한다. 이런 성장률은 지속되기 어려우며, 흔히 주식이 고평가되기 때문이다. 템플턴은 의도적으로 성장률이 매우 높은 (예컨대 이익성장률 20% 초과) 기업을 찾지만, 주가가 적정해 보일 때만 투자한다.

(2) **성장률의 일관성**: 지난 몇 년간 매출 성장률과 이익성장률이 일관성을 유지해야 바람직하다. 경기침체기의 매출 및 이익 추세를 조사해 경기 민감도도 파악해야 한다.

(3) **성장의 질**: 판매 수량 증가나 가격 인상에 의한 매출 성장이 가장 양질의 성장이다. 기업인수에 의한 매출 성장은 평가 절하해야 한다.

(4) **매출 성장과 수익성**: 매출 성장은 수익성이 수반될 때에만 의미가 있다. 매출이 성장하더라도 이익이 감소한다면 경영이 취약하다는 신호로 보아야 한다.

성장 관리

소기업들은 성장 과정에서 수많은 위험과 도전 과제에 직면한다. 따라서 고성장 소기업들의 성장 과정을 주의 깊게 추적할 필요가 있다.[36] 다음은 소기업들이 흔히 저지르는 실수들이다.

(1) **경영권을 고수하는 창업자**: 흔히 소기업 창업자들은 회사를 친자식처럼 생각하면서 경영권을 놓지 않으려 한다. 그러나 이들은 기업 성장에 필요한 전문 지식과 역량이 부족하므로 전문 경영진에게 자리를 양보하는 편이 바람직하다.

(2) **시스템 도입 지연**: 소기업 창업자들은 시스템 도입을 지연하는 경향이 있다. 관료주의에 대한 두려움 때문일 수도 있고, 지금까지 시스템 없이 성공했다는 자부심 때문일 수도 있다. 그러나 기업이 성장함에 따라 사업 계획, 성과관리 시스템 등 기본적인 시스템을 구축할 필요가 있다. 시스템이 부족하면 다음과 같은 문제가 빈발할 수 있다.

- **자원관리 부실**: 재고자산과 매출채권 관리가 부실해지고, 제품 생산이 지연되며, 늘 사무실 공간, 장비, 인력 부족에 시달린다.
- **갑작스러운 수익성 악화**: 회사의 수익성이 악화되어도 그 원인을 파악하지 못한다. 특히 회계, 기획 등 운영 시스템이 부실할 때 이런 문제가 발생한다.
- **인력 문제의 악순환**: 직원들의 과로가 반복되어 사기가 저하되고, 결근과 이직이 증가한다.

(3) **부실한 인적자원관리**: 성장하는 소기업들이 인적자원관리에서 흔히 저지르는 실수들이다.

- **고용 기피**: 성장하는 소기업은 경영, 운영, 회계, 법률 분야의 노련한 전문가들을 사전에 확보해두어야 한다. 그래야 고성장 소기업들이 흔히 직면하는 위험과 도전 과제들에 효과적으로 대처할 수 있다.
- **경영진 훈련 부족**: 경영진에 대한 훈련이 부족할 때 나타나는 증상은 잦고 비효율적인 회의, 부하 직원 관리 소홀, 계획에 대한 후속 조치 부족, 경영진의 손수 실무 담당 등이다.
- **모호한 조직 구조**: 조직 구조가 모호하면 관리계층이 많아지고 책임 소재가 불명확해진다. 그러면 업무 중복, 책임 소재에 대한 분쟁, 의사결정 지연, 업무 누락 등이 발생한다.
- **성과관리 부재**: 성과관리를 하지 않으면 성과 우수자는 보상을 받지 못하고, 성과 불량자는 불이익을 받지 않는다. 흔히 이런 기업은 매출이 성장해도 이익은 성장하지 않는다.

성장 예측

성장을 예측할 때에는 흔히 과거 실적을 연장하는 방식이 사용되지만, 여기에는 문제가 있다. 첫째, 평균회귀의 원리에 의해 장기적으로는 기업들의 성장세가 산업 평균 수준으로 수렴한다. 제러미 그랜섬(Jeremy Grantham)의 연구에 의하면, 재무 실적은 약 7년이면 평균으로 회귀한다. [37]

둘째, 흔히 투자자들은 과거 성장세를 연장해서 미래 실적을 추정하므로, 이런 성장은 이미 주가에 반영되었다고 보는 편이 타당하다.

따라서 대가들은 이례적으로 높은 성장세는 둔화할 것으로 예상하고, 평균에 못 미치는 성장세는 회복될 것으로 기대한다.

기본적으로 성장 예측은 정량분석과 정성분석을 바탕으로 이루어져야 한다. 여기서는 매출과 이익 예측에 중요한 애널리스트 추정치와 성장 포화 문제를 살펴보기로 한다.

애널리스트 추정치

애널리스트 추정치는 적당히 가감할 필요가 있지만, 바르게 사용하면 유용할 수 있다.[38] 데이비드 드레먼은 애널리스트의 추정치가 낙관적이라는 점을 고려해, 애널리스트가 이익 감소를 예상하는 기업은 피한다. 이런 기업은 흔히 애널리스트의 추정치보다도 이익이 더 가파르게 감소하기 때문이다.

성장 포화

모든 고성장 기업은 언젠가 성장이 끝나 포화 상태에 이른다. 성장 둔화가 시작될 무렵 이런 인기 종목을 고가에 매입하면 매우 위험하다. 성장세가 끝났다고 시장이 인식하는 순간, 주가가 폭락하기 때문이다. 기업의 성장이 포화 상태에 이르면 다른 문제들도 발생하면서 주가가 더 하락할 수 있다.[39]

(1) 성장이 중단되면 그동안 성장세에 가려졌던 엉성한 전략이 노출된다.

(2) 기업이 매출 둔화를 예상하지 못했다면 설비 과잉 문제에 직면할 수 있다.

그림 12. 성장과 포화

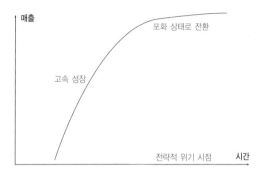

(3) 노련해진 고객들이 기업에 더 까다로운 조건을 요구한다.
(4) 기업의 전망이 어두워짐에 따라 우수 직원들이 이직한다.

해당 기업의 재무제표를 조사하면 성장이 포화 상태에 이르렀는지 파악할 수 있다. 제품의 인기가 정점을 기록하고 하락세로 접어들었을 때도 성장 포화를 예상할 수 있다. 유통채널에 제품 재고가 가득 차 있다면 매출 성장률은 고객의 소비 속도를 초과할 수 없다.

성장이 포화 상태에 이르면 다급해진 경영진은 신흥국 등 해외시장 진출이나 무관한 분야로 사업 확장을 검토하기도 한다.

적신호 감지

산업, 기업의 비즈니스 모델, 경쟁력, 운명 결정력, 성장 문제 등을 철저히 조사한 다음에는 기업에 중대한 위험이 있는지 확인해야 한다. 시장이 과잉 반응한다면 위험은 기회가 될 수도 있지만, 그 위험이 치명적이라면 피하는 편이 좋다.

(1) **주석에 숨겨진 위험**: 소송, 환경 파괴나 규정 침해에 대한 법적 책임 등이 있는지 재무제표의 주석을 살펴보아야 한다.

(2) **사업의 복잡도**: 대가들은 비즈니스 모델은 물론 사업이나 산업도 단순한 쪽을 선호한다. '스페인의 워런 버핏'으로 불리는 프란시스코 가르시아 파라메스(Francisco García Paramés)는 은행과 보험사가 블랙박스와 같다고 생각해 회피한다. 피터 린치는 저서 《전설로 떠나는 월가의 영웅》에서, '어떤 멍청이라도 경영할 수 있는 회사'를 좋아한다고 밝혔다. 조만간 어떤 멍청이가 이 회사를 경영하게 된다고 보았기 때문이다. 복잡한 기업을 경영하려면 천재가 필요하다는 뜻이다.

(3) **고객 위험**

- **극소수 고객에 의존**: 피터 린치는 매출이 극소수 고객에게 집중된 기업을 피한다. 기업은 고객에 대한 교섭력이 약해지며, 고객을 상실하면 막대한 매출 손실이 발생하기 때문이다.
- **신용도 낮은 고객**: 거래 고객의 신용도가 낮으면 부실채권 발생 위험이 증가한다.

(4) **회사의 미심쩍은 행태**

- **뜻밖의 내부자 매도**: 내부자들의 매도가 뜻밖의 시점에 발생할 때 특히 유의해야 한다. (예컨대 경영진이 호재를 발표한 직후나, 보호예수 기간이 끝나기 전에 매도.)
- **핵심 인물의 사임**: 이사회 의장, CEO, CFO, 영업본부장 등 핵심

인물의 사임도 ('개인적 사유' 등을 내세우더라도) 적신호다.

- **감사 교체**: 감사 교체는 흔히 재무제표에 대해 경영진과 감사 사이에 이견이 있을 때 발생하므로, 회계 조작을 알려주는 강력한 신호가 된다.
- **늑장 보고**: 재무보고서 제출이 지연된다면 경영진이 주요 정보를 숨기려는 의도일 수 있다.

●●●

바보도 경영할 수 있는 회사에 투자해야 합니다. 언젠가 바보가 경영하게 될 테니까요.

워런 버핏(Bolton, 2009)

경영진 평가

경영진이 회사의 성패에 미치는 영향은 과대평가되는 경향이 있다. 경력이 탁월한 경영자도 회사의 문제를 해결하지 못하는 사례가 많다.

> ●●●
> 실력으로 명성 높은 경영진이 부실하기로 악명 높은 기업을 경영하면 거의 예외 없이 기업의 악명만 남습니다.
>
> 워런 버핏, 버크셔 해서웨이 주주 서한, 1985년

경영자의 기여도를 평가하기는 쉽지 않다. 대중매체의 갈채를 받는 경영자 중에는 우연히 좋은 시점에 좋은 기업을 맡은 사람도 있고, 주변 사람들의 덕을 본 사람도 있다.

기업의 본질적인 경제성이 나쁘면 탁월한 경영자도 어쩔 수 없다고 대가들은 믿으므로, 경제성이 나쁜 기업은 피한다.

그러나 경제성이 탁월한 기업이더라도 경영진이 부도덕하면 대가들은 절대 투자하지 않는다. 워런 버핏은 1979년 주주 서한에서 이렇게 말했다. "대개 기업들은 자신의 행동에 걸맞은 주주들을 얻게 됩니다. 단기 실적과 단기 주가 등락을 집중적으로 생각하고 소통하는

기업들은, 이런 요소에 집중하는 주주들을 끌어모으게 됩니다. 그리고 투자자들에게 냉소적인 기업들은 결국 투자자들로부터 냉소를 받기가 매우 쉽습니다."

대가, 경영의 구루, 성공한 경영자들이 칭송하는 경영자들의 특성에는 놀라운 공통점이 있다.[40] 이제부터 탁월한 경영자들의 주요 특성을 살펴보기로 한다.

경영진의 인품

경영진의 인품은 지극히 중요하다. 사고방식, 난제에 대처하는 방식, 기업의 목표 설정, 업무 우선순위 결정 등을 좌우하기 때문이다. 대가들이 주목하는 인품 요소는 진정성, 겸손(그리고 의욕), 조심성, 독립성 등이다.

진정성

진정성은 정직함, 약속 준수, 원칙 고수, 높은 윤리적 기준 등을 뜻한다. 워런 버핏, 앤서니 볼턴, 줄리언 로버트슨은 경영진의 인품 요소 중 진정성을 가장 중시한다. 거의 전적으로 정량분석에 몰두했던 월터 슐로스조차 평판 나쁜 경영자들 탓에 고생하고 나서 경영진의 진정성을 중시하게 되었다. 가격이 싸더라도 경영진의 진정성이 의심스러운 기업에는 가치 함정의 위험이 있다.

대가들이 주목하는 경영자의 진정성 요소는 다음과 같다.

(1) **정직한 말**: 진정성 있는 경영자는 정직하고 개방적이다. 여건이 어려울 때도 회사의 경영 상태를 공개하고 정직하게 설명한다. 사업 보고서에서 주주 서한의 설명과 나머지 부분의 내용이 일치하지 않거나, 주석에 언급된 주요 사항이 자세히 논의되지 않는다면 위험 신호로 보아야 한다.

(2) **명확하고 공정한 재무제표**: 재무제표를 쉽게 이해할 수 있어야 한다. 회계 처리가 보수적이고, 숫자를 조작하지 않으며, 오해의 소지가 있는 척도는 사용하지 않는다. 부적절한 정보(형식적인 실적이나 이상하게 조정한 이익)를 지나치게 강조하거나, 일회성 손실이 계속 나타나거나, 실적을 정정하거나, 이익이 지나치게 안정적이라면 유의해야 한다.

(3) **절제된 전망**: 회사의 전망을 지나치게 낙관하지 않는다. 미래는 불확실한 법이기 때문이다.

(4) **책임성**: 문제가 발생했을 때 변명을 늘어놓거나 희생양을 찾지

않고 잘못을 인정한다. 기여한 사람에게는 아낌없이 칭찬한다.

(5) 일관성: 정직하지 않거나 원칙을 위반한 사람들은 가차 없이 제거한다. 회사의 이익에 반해 일부에게 특혜(임원에 대한 저리 대출 등)를 제공하면 유의해야 한다.

겸손하되 의욕적

훌륭한 경영자는 겸손해서 자신의 성과를 뽐내지 않고 다른 사람들의 공으로 돌린다. 그러면서도 의욕적이며 단호하다.

(1) 자신의 한계를 인정

- **실수를 인정**: 겸손한 경영자는 자신의 실수를 인정하지만, 오만한 경영자는 잘못을 드러내는 온갖 증거가 나와도 자신의 결정을 고수한다.
- **학습 의욕**: 겸손한 경영자는 호기심이 많아서 새로운 것을 배우려 하지만, 오만한 경영자는 자신이 이미 모두 알고 있다고 믿는다.
- **경청**: 겸손한 경영자는 다양한 의견과 건전한 비판을 수용하지만, 오만한 경영자는 남들의 의견을 무시한다.
- **의견·반론 요청**: 겸손한 경영자는 결정을 내릴 때 의견·반론을 요청하지만, 오만한 경영자는 근거 자료나 정보가 부족한 상태에서도 중요한 결정을 성급하게 내린다.
- **직언하는 인재**: 오만한 경영자는 주변에 예스맨만 두지만, 겸손한 경영자는 직언하는 인재들을 두루 중용해 자신의 약점을 보완한다.

(2) 자신보다 회사의 이익을 우선

• **생각 바꾸기**: 겸손한 경영자는 합리적 근거가 있으면 순순히 생각을 바꾸지만, 오만한 경영자는 명확한 증거가 나와도 자신의 생각을 고수한다.

• **'나'보다 '우리'**: 주주들과 소통할 때 겸손한 경영자는 '나는'이라는 표현 대신 '우리는'이라는 표현을 주로 사용한다.

• **과다 노출 회피**: 겸손한 경영자는 대중매체 접촉을 삼간다. 자신의 사진으로 사업보고서를 도배하지 않으며, '올해의 경영자 상' 수상자로 선정되면 불편하게 생각한다.

• **회사의 영속성 추구**: 오만한 경영자는 자신이 없으면 회사가 돌아가지 못하게 만들고자 하지만, 겸손한 경영자는 자신이 떠나도 회사가 번성하게 하고자 한다.

• **직원 존중**: 겸손한 경영자는 지위에 상관없이 모든 직원을 존중한다. 사우스웨스트 항공 CEO였던 허브 켈러허는 주차 담당자, 청소부, 객실 승무원, 이사회 구성원, 대법원 판사 등 누구에게나 똑같이 관심과 공감을 보였다.[41]

(3) **과대선전 자제**: 겸손한 경영자는 비현실적인 예측이나 약속 대신 실적으로 말한다.

(4) **성과를 집단 노력의 결과로 인식**

• **적정 보상**: 겸손한 경영자는 과도한 보상을 받지 않으며, 성과가 집단 노력의 결과라고 받아들인다.[42] 필립 피셔에 의하면, 서열 1위자의 급여가 2위자나 3위자보다 훨씬 많다면 적신호로 보아야 한다. 직원 최고 급여와 최저 급여의 차이가 클수록 재무 실

적이 나쁜 경향이 있다.[43)]

- **비금전적 혜택 사양:** 겸손한 경영자는 특별 주차 공간, 아파트, 자가용 제트기, 임원 휴게실과 레스토랑 등 비금전적 혜택을 받지 않는다. 모든 직원의 기여를 똑같이 존중한다는 뜻이다.

조심성

성공은 방심을 낳는다. 사람들은 성공 공식이 바뀌지 않는다고 믿기 때문이다. 그러나 우수한 경영자는 절대 방심하지 않으며, 현재 시장을 지배하고 있더라도 이를 당연한 현상으로 간주하지 않으므로 항상 경계를 늦추지 않는다.

버크셔 해서웨이 자회사인 시즈캔디(See's Candies)의 CEO 척 허긴스(Chuck Huggins)는 말했다. "세상에 완벽이란 존재하지 않아서 항상 개선의 여지가 있으므로, 우리는 지금도 모든 방법을 동원해봅니다."[44)]

●●●

현재 상황이 꽤 만족스럽더라도 훨씬 더 개선하려는, 독창적이고 의욕적인 사람의 수를 최대한 늘려야 한다. 세상의 변화 속도가 갈수록 빨라진다는 사실을 경영진은 분명히 인식하고 적절히 대응해야 한다.

필립 피셔(Fisher, 1996)

독립성

사람들이 군중을 따라갈 때 마음이 편해지듯이, 경영자도 경쟁사들을 모방할 때 마음이 편해진다. 그러나 워런 버핏은 업계의 불합리한 행태를 맹목적으로 모방하고 따르는 현상을 '제도적 관행'이라고 불렀다. 너도나도 터무니없이 높은 가격에 기업을 인수하는 행태가 그런 예다. 독립적인 경영자는 제도적 관행에 빠지지 않고 독자적으로 생각하므로, 최신 유행이더라도 경쟁사들의 행태를 함부로 모방하지 않는다.

경험과 기량

대가들은 경영자의 경험, 자본배분 방식, 전략적 통찰력 등도 살펴본다.

경험과 실적

대가들은 비슷한 기업에서 실적을 입증한 경영자를 선호하며, 실적에 오점을 남긴 경영자는 회피한다.

템플턴과 프레더릭 코브릭(Frederick Kobrick)은 과거 불경기에 경영자가 문제에 대처한 방식을 조사한다. 워런 버핏은 몇 년 전 사업보고서에서 경영자가 제시한 전략을 이후 어떻게 전개했는지에 주목한다.

자본배분

자본배분이란 장기적으로 주주가치를 극대화하는 업무에 자본을 배정하는 경영 행위를 가리킨다. 자본배분 능력이 뛰어난 경영자는 드물다. 대부분 경영자는 운영 능력이 뛰어나서 승진한 사람들로서, 자본배분 훈련을 받은 사람은 많지 않다. 대가들은 자본배분에 대해 다음 사항을 주목한다.

(1) **비용 관리:** 우수한 경영자는 비용에 매우 민감하므로 모든 비용을 철저하게 감시한다. 낭비, 허식, 간접관리비, 남아도는 직원 등을 혐오한다.[45] 반면에 급여, 노련한 직원 채용, 광고, R&D 등 중요한 일에는 비용을 아끼지 않는다. 경영자의 말이 아니라 실적이 중요하다.

●●●

우리 경험을 돌아보면, 대개 운영비용이 높은 회사의 경영자는 진기한 방식을 찾아내서 비용을 더 높이고, 운영비용이 낮은 회사의 경영자는 경쟁사들보다 원가가 훨씬 낮은데도 계속해서 원가 절감 기법을 더 찾아냅니다.

워런 버핏, 버크셔 해서웨이 주주 서한, 1978년

(2) **기회에 자본을 배분:** 시간, 자금, 인적자원 등을 유망 기회에 집중적으로 배분한다.

(3) **장기적 관점:** 조급한 트레이더와 투기꾼들의 압박에는 굴복하지 않고, 장기 주주들에게 유리한 일은 고통스럽더라도 감수한다. 예컨대 침체기에 당기순이익을 늘리려고 R&D 비용을 줄이지 않는다.

(4) **부채를 경계**: 과도한 부채는 역효과를 낳을 수 있으므로 피한다.

●●●

경영자들이 막대한 부채를 의식해서 과거 어느 때보다도 노력을 집중할 것이라고 말했습니다. 이는 운전대에 칼이 솟아 있으면 운전자가 더 조심해서 차를 몰 수밖에 없는 이치라고 했습니다. 물론 그렇게 칼이 솟아 있다면 운전자는 극도로 조심할 것입니다. 그러나 차가 살짝 파인 곳이나 살짝 결빙된 곳만 지나치더라도 치명적인 사고가 일어날 수 있습니다. 하지만 기업이 가는 길에는 움푹 파인 구덩이가 널려 있습니다. 모든 구덩이를 피해야 하는 계획이라면 그 계획은 재난을 부르는 계획입니다.

워런 버핏, 버크셔 해서웨이 주주 서한, 1990년

(5) **기업인수 자제**: 대부분 기업인수는 가치를 창출하지 못하므로 자제한다. 흔히 가격이 지나치게 비싸고, 시너지 효과가 고평가되며, 통합 과정에서 복잡한 문제가 발생하기 때문이다. 잇달아 인수에 성공한 시스코는 예외에 속한다.[46] 기업인수에는 다음을 유의해야 한다.

- **적정 가격**: 우수한 경영자는 내주는 만큼 가치를 받을 때에만 기업을 인수한다. 비상장 기업 인수를 선호하며, 치열한 인수 경쟁으로 가격이 급등하면 인수를 포기한다.

- **전략적 관점에서 인수**: 단지 덩치를 키우려고 기존 사업과 무관한 기업을 인수하지 않는다. 기존 사업에서 경쟁력 강화나 전문 기술 습득에 유용할 때 기업인수를 검토한다.[47] 시스코는 인수 조건을 추가했다. 공동 연구와 통합 절차를 촉진하려고 인접 지역에 있는 기업을 인수 대상으로 삼았다.

- **시너지 기대감**: 우수한 경영자는 시너지 효과를 과도하게 기대하지 않는다. 오히려 고객 이탈, 직원 이직, 사기 저하 등 역효과

를 우려한다. 시스코는 기업을 인수할 때 핵심 인재의 이탈을 막으려고, 항상 사전에 계획을 세워 신속하게 통합 절차를 진행했다.

- **기업문화 중시**: 기업문화가 잘 맞지 않으면 합병이 실패하기 쉽다. 시스코는 기업문화가 잘 맞는 기업만을 인수 대상으로 고려했다.
- **규모가 더 작은 기업**: 피인수 기업의 규모가 인수 기업보다 작아야 통합 과정에서 발생하는 위험(주도권 다툼 등)이 감소한다. 시스코는 규모가 훨씬 작은 기업만을 인수 대상으로 고려했다.

●●●

열심히 노력해서 기존 사업의 문제를 해결할 것인가, 아니면 화려한 기업을 인수하고 나서 케이블 TV에 출연해 장래성이 밝다고 자랑할 것인가? 선택할 수 있다면 후자를 선택하는 경영자가 너무도 많습니다. 그동안 IBM이 이룬 성과 대부분은 함부로 기업을 인수하지 않은 덕분입니다.

루 거스너(Gerstner, 2003)

(6) **자본 축소**: 주주들에게 유리하다면 자본 축소도 꺼리지 않는다. 일반적으로 경영자들은 회사의 규모를 키우려 하지만, 우수한 경영자는 가치를 창출하는 자사주 매입이나 분사를 서슴지 않는다. 현금을 재투자하기 어려울 때에는 배당을 늘리기도 한다.

(7) **선별적 이익 유보**

- 우수한 경영자는 주가가 내재가치보다 훨씬 낮을 때에만 자사주를 매입한다. 단지 주가를 높이려고 고가에 자사주를 매입하는 것은 소중한 주주의 재산을 낭비하는 행위다.
- 높은 재투자수익률이 기대되면 이익을 유보한다. 그래서 워런

버핏은 버크셔 해서웨이에서 배당을 한 번도 지급하지 않았다.

(8) **건전한 재무 상태 유지**: 장기적인 안목으로 비용을 낮추고, 불필요한 위험(과도한 차입, 무분별한 기업인수 등)을 떠안지 않으므로 재무 상태가 건전해 불황기에도 큰 피해를 입지 않는다.

전략적 사고

전략은 기업이 경쟁력을 유지·강화하는 방식을 말한다. 우수한 경영자는 차별화된 전략으로 경제적 해자를 확대하면서 핵심 경쟁력을 강화한다.[48]

전략적 사고가 우수한 경영자는 핵심 사업과 무관한 분야로 함부로 사업을 확장하지 않는다. 피터 린치는 사업다각화를 사업다악화(事業多惡化, diworseification)로 표현했다. 질레트(Gillette)는 전자시계 제조업체를 인수했으나 곧바로 상각할 수밖에 없었다. 사업다각화는 다양한 문제를 유발한다.

(1) **자원 분산**: 경영진이 비핵심 사업에 시간과 자금을 투입하면 핵심 사업이 약화된다. 코카콜라는 시럽 판매 등 비핵심 분야로 사업을 확대했다가 고전했다. 이후 경영을 맡은 로베르토 고이주에타(Roberto Goizueta)는 시럽 판매 등 비핵심 사업에서 철수해 핵심 사업을 강화했다.

(2) **고객 이탈**: 펩시(PepsiCo)가 피자헛(Pizza Hut)을 인수하자 다른 피자 체인점 고객들이 이탈했다. GM이 렌터카회사 내셔널(National)을 인수하자 허츠(Hertz), 에이비스(Avis), 알라모(Alamo) 등 경쟁 렌

터카회사들에 자동차를 팔기가 어려워졌다.[49)]

(3) **기업 이미지 약화**: 사업다각화는 기업의 이미지를 흐려 경쟁력을 약화할 수 있다.

(4) **불리한 경쟁**: 사업다각화 과정에서 기업은 경쟁력이 취약한 분야로 진출하게 된다. 몇 년 전 벨기에 부동산 회사 아테너(Atenor)는 사모투자로 사업다각화를 시도했으나, 몇 년 동안 강력한 경쟁사들에 시달리다가 사업을 포기하고 핵심 사업에 집중하기로 결정했다.

●●●

기업이 뛰어난 실적을 내지 못하는 가장 흔한 원인은 집중력 부족이다. 기반 사업에서 고전할 때, 기업들은 흔히 요행을 바라면서 새로운 산업에 진출한다. 경영자들은 기반 사업을 회생시키고 강화하는 고된 싸움을 원치 않으므로, 너무도 쉽게 기반 사업을 포기해버린다.

루 거스너(Gerstner, 2003)

가치 제고

경영자의 세 번째 주요 역할은 회사의 가치를 지키고 높이는 일이다. 우수한 경영자는 기업문화 관리에 큰 공을 들인다. 그는 기업의 가치와 규범을 확산하는 롤 모델이 되어, 회사의 목표와 성장 단계에 적합한 기업문화를 추구한다.

그는 혁신을 촉진하며, 자율적인 조직과 성과보수 등을 도입해 창의적 인재가 새로운 방식을 시도하도록 지원한다. 그는 모든 계층의 직원들과 수시로 접촉하면서 가치관, 비전, 전략 등을 끊임없이 명확하게 소통한다. 항상 문호를 개방하고 모든 직원으로부터 문제점과 제안을 경청한다. 월마트 창업자 샘 월튼은 비서를 거치지 않고 모든 전화를 직접 받았다.

경영자의 도덕적 책임감

대가들은 회사에 대해 도덕적으로 책임지는 경영자를 원하므로 다음 사항들을 점검한다.

(1) **회사의 자생력:** 훌륭한 경영자는 자신이 없어도 회사가 계속 번 영하길 바란다. 따라서 각 사업부의 자율성을 높이고, 경영자 교육 프로그램을 도입하며, 일찌감치 후계자들을 철저하게 준비한다.

(2) **높은 지분율:** 경영자의 지분율이 높을수록 주주와 이해관계가 더 일치한다. 주주들을 위한 가치 창출에 더 집중하게 되고, 과도한 위험을 떠안지 않도록 더 신중을 기하게 된다.

(3) **장기 재직:** 몇 년마다 교체되는 CEO보다 장기 재직하는 CEO 가 더 신뢰받는다. 이런 CEO는 대개 충성스럽고 경험이 풍부한 내부 직원들을 중용한다.

(4) **인재 중용:** 훌륭한 경영자는 인재를 중용하며, 자신보다 우수한 사람을 발견하면 자리를 양보하기까지 한다.

(5) **장기적 사고:** 훌륭한 경영자는 장기적으로 큰 이익이 되면 단기 손실도 감수한다. 단기 관점의 애널리스트나 트레이더는 멀리하고, 장기 주주들을 배려한다.[50] 따라서 대중매체와의 잦은 접촉을 삼가

면서 본연의 업무에 주력한다.

(6) 공정한 보상: 훌륭한 경영자는 회사의 장기 실적을 기준으로 공정한 보상을 제공한다. 주주들의 이익에 반해 내부자들에게 특혜(거액의 퇴직수당, 저리 대출 등)를 제공한다면 적신호로 보아야 한다.

●●●

진정한 지도자는 자신이 떠난 뒤에도 조직이 발전하도록 만전을 기한다.

빌 조지(George, 2003)

열정

●●●

자리를 맡길 사람에 대해서 내가 항상 자신에게 던지는 첫 질문은 '그는 돈을 사랑하는가, 아니면 사업을 사랑하는가?'입니다.

워런 버핏(Miles, 2002)

사람들이 흔히 간과하는 요소가 경영자의 열정이다. 훌륭한 경영자는 자신의 회사와 일을 사랑하며 제품에 긍지를 느낀다. 그리고 열정과 현실적 낙관주의로 난제에 대처한다.[51] 역경에 직면해도 더 열심히 일하며, 사업 관련 모든 분야에 관심을 기울이고, 직원들에게 동기를 부여한다.

대가들은 주로 경영자의 근무 시간으로 열정을 평가한다. 셸비 데이비스와 피터 린치는 특히 주말과 공휴일에도 근무하는 경영자의 열정을 높이 평가한다. 경영자가 자신의 회사와 일에 대해 말하는 방식에도 열정이 드러난다.

이사회

이사회의 역할은 주주의 이익을 보호하는 것이며, 일부 국가에서는 종업원 등 이해관계자들의 이익도 보호한다. 이사회는 최고경영자 선정, 이사회 구성원 추천, 임원 보상, 기업인수 등 전략 검토, 내부 감시 및 통제를 책임진다.

그러나 이런 책임을 제대로 수행하는 이사회는 많지 않다. 대부분 이사회 구성원들은 경험과 역량이 부족하고, 필요한 시점에 목소리를 내지 못하며, 실적이 부진한 경영자를 교체하지 못하고, 경영자에게 과도한 보상을 제공한다. 대가들은 기업 분석의 마지막 단계에서 이사회를 조사한다. 경영자가 부정직하다면 이사회의 역할은 제한적이지만, 경영자가 훌륭하다면 이사회도 검토할 가치가 있다.

●●●

이사가 되는 사람은 사업을 잘 알고, 직무에 관심이 있으며, 주주 지향적이어야 합니다. 그러나 단지 명성이 높다거나 이사회의 다양성을 높여준다는 이유만으로 이사로 선정되는 사례가 너무도 많습니다. 이런 관행은 잘못입니다. 이사 선정 과정에서 실수를 저지르면 되돌리기가 매우 어려우므로, 그 여파는 매우 심각합니다. 얼빠진 이사조차 쫓겨나는 일이 없습니다.

워런 버핏, 버크셔 해서웨이 주주 서한, 1993년

(1) **이사들의 배경**: 훌륭한 이사회가 되려면 각 이사는 사업을 잘 알고, 경험과 지식이 풍부하며, 전문 지식(법률, 감사, 재무 등)을 보유해야 한다. 앤서니 볼턴은 적어도 경기 순환주기 한 사이클에 걸쳐 재직한 이사를 선호한다.

(2) **이사의 독립성**: 이사는 실적이 부진한 경영자를 비판하고, 공정한 보상을 주장하며, 부실한 의사결정에 이의를 제기할 수 있어야 한다. 일각에서는 독립성을 확보하려면 사외이사가 필요하다고 말하지만, 워런 버핏은 경험과 지식이 풍부한 사내이사도 필요하다고 말하면서, 이사의 독립성은 과거 이사회와 경영자의 관계에서 잘 드러난다고 믿는다. 다음은 이사의 독립성을 나타내는 지표들이다.

- **이사회의 규모**: 버핏은 이사회는 약 7명 수준으로 소규모가 되어야 한다고 말한다. 인원이 지나치게 많으면, 사람들이 단지 보수를 바라고 이사가 되었다고 볼 수도 있다.
- **경영자 보상**: 보상이 지나치게 많거나 보상 기준이 부적절하다면 경영자가 이사회를 지배한다는 신호다.
- **이사 급여**: 버핏에 의하면, 이사 급여가 이사의 연간 소득에서 차지하는 비중이 크면, 그는 소득원을 지키려고 경영자에게 순종할 위험이 있다.
- **가족 관계**: 이사가 경영자의 가족이라면 철저하게 조사할 필요가 있다.
- **이사회 의장과 CEO**: 앤서니 볼턴은 CEO가 이사회 의장을 겸임하는 것을 원치 않는다. CEO가 이사회를 주도하기 때문이다.
- **의사결정 방식**: 독립적인 이사회는 만장일치 방식으로 결정하지

않으며, CEO가 이사회에 참석하는 것을 원치 않는다. 퀘이커 오츠(Quaker Oats)는 만장일치 서면 동의를 할 때마다 이사들에게 각각 1,000달러를 지급했다.[52]

(3) **이사의 지분:** 지분이 많은 이사는 회사에 대해 주인의식을 가지므로 주주들과 이해관계가 일치하게 된다.

(4) **이사의 헌신도:** 이사는 맡은 역할에 충분한 시간을 투입할 수 있어야 한다. 참여하는 이사회가 3개를 초과하거나 이사회 참석률이 낮다면 적신호로 보아야 한다. 이사회의 헌신도는 연간 이사회 개최 횟수로 평가할 수 있다.[53]

정보의 원천

기업, 산업, 경영진, 이사회를 분석하려면 정보를 입수해야 하며, 여기에는 경험, 네트워크, 주요 정보를 구분해내는 요령 등이 필요하다. 투자자 대부분은 재무제표를 훑어보는 수준으로 조사를 마무리하므로, 심도 있게 분석하면 남들보다 앞서 나갈 수 있다. 대가들이 정보를 입수하는 원천은 두 가지로서, 공개 정보와 소문이다.

공개 정보

투자자들은 다음에서 기업과 핵심 인물들(경영자, 영업사원, 엔지니어 등)에 대한 정보를 얻을 수 있다.

(1) **회사가 작성한 공식 서류:** 상장회사는 규정에 따라 규제 당국에 보고서와 서류를 제출해야 한다. 이런 서류는 경영진과 홍보 부서의 손을 거치면서 목적과 의도가 가미된 것이므로 비판적 태도로 읽을 필요가 있다.

과거 몇 년의 공식 서류를 읽어보면 경영진의 업무 우선순위 설정

능력, 약속 이행도, 예측의 정확도 등을 파악할 수 있다.[54] 서류가 모호하고 복잡하거나, 비현실적이거나, 서류 사이에 일관성이 부족하다면 적신호로 보아야 한다. 다음은 대가들이 주목하는 서류들이다.

- **분기·연례 보고서**: 회사의 사업, 경영진, 전략, 비즈니스 모델을 알려주는 가장 중요한 공개 정보다. 보고서는 두 가지 형태로서, 규제 당국에 제출하는 공식 자료(미국은 SEC에 제출하는 10-K, 10-Q 등)와, 회사의 웹사이트를 통해 제공하는 비공식 자료가 있다.

  사람들은 무미건조한 공식 자료보다 비공식 자료를 선호하지만, 노련한 투자자들은 공식 자료를 선호한다. 엄격한 규정 탓에 비공식 자료에는 없는 핵심 정보가 들어 있기도 하기 때문이다.

- **위임장 권유 신고서**(proxy statement): 사람들 대부분은 위임장 권유 신고서를 읽지 않지만, 대가들은 여기에서 경영진의 자기거래, 과도한 보수, 스톡옵션 등을 찾아낸다.

- **투자설명서**: 기업의 비즈니스 모델을 파악할 수 있고, 특히 '투자 고려 사항'의 투자 위험 부분을 자세히 살펴볼 필요가 있다.

(2) **증권사 보고서**: 워런 버핏은 증권사 보고서를 무시하지만 마이클 프라이스, 케빈 데일리, 존 템플턴 등 대가들은 기업, 산업, 경영진의 배경 정보 입수에 유용하다고 생각한다. 케빈 데일리는 특히 애널리스트의 최초 보고서(initiation report)가 매우 유용하다고 믿는다.[55] 템플턴은 증권사 보고서의 정보는 이미 주가에 반영되어 있으므로 증권사의 매수·매도 추천은 무시하라고 말한다.

(3) **기업의 웹사이트**: 대개 기업에 관한 상세한 정보가 들어 있으며, 실적 발표(earnings call)도 확인할 수 있다.

(4) **상업 서비스**: 톰슨 로이터(Thomson Reuters) 등 일부 상업 서비스에서는 실적 발표, 증권사 보고서 등 다양한 자료를 제공한다. 밸류 라인 서베이(Value Line Survey) 등은 기업의 주요 정보를 요약한 분석 보고서를 발간한다.

소문

소문(scuttlebutt)은 필립 피셔가 만들어낸 용어로서 경영진, 직원, 고객, 경쟁자, 공급업체 접촉과 매장 방문 등을 통해 수집한 정보를 말한다. 여기에는 기업이 공개를 꺼리는 민감한 정보가 포함된다. 예컨대 조직의 관료성, R&D에 대한 실제 관심도, 직원에 대한 배려, 기업문화의 건전성 등이다.

소문도 잘 활용하면 남들보다 앞서 나갈 수 있으므로, 공매도 투자자와 알렉스 로퍼스, 프란시스코 가르시아 파라메스, 줄리언 로버트슨 등 대가들이 자주 사용한다.[56] 필립 피셔에 의하면, 소문 조사는 기업 분석의 마지막 단계에 해야 한다. 기업을 잘 알아야 소문을 쉽게 해석할 수 있기 때문이다. 이제부터 소문의 원천, 소문을 조사하는 방법, 색다른 조사 방법을 살펴보기로 한다.

소문의 원천

개인적 경험

(1) **기업 방문**: 기업을 방문하면 다양한 정보를 접할 수 있다. 방문 객을 맞이하는 태도, 직원들의 만족도, CEO 사무실의 위치뿐 아니 라 회사에 대한 직원들의 자부심, 주차장 관리 현황, 본사 주변의 정 원 관리 상태 등도 파악할 수 있다.

(2) **제품 경험**: 대가들은 회사의 제품을 직접 사용하면서 그 가치를 확인한다.

관계자 접촉

(1) **직원**: 직원을 접촉하면 근무 분위기, 기업문화, 경영진의 사생 활, 다가오는 위험 등을 알 수 있다. 일부 직원은 경영진 못지않게 회 사의 내막을 잘 알고 있으며, 대개 경영진보다 더 솔직하게 정보를 제공해준다.

(2) **경쟁사**: 대개 어느 기업이나 경쟁사의 동태를 잘 파악하고 있다. 판매 담당자를 만나보면 경쟁사 제품의 강약점을 알려주며, 경쟁사의 시 장점유율이 상승하거나 하락한 이유까지 설명해주기도 한다. 경쟁사에 서 고객이 이탈한 이유까지도 파악할 수 있다.

(3) **채권자**: 자금을 대출해준 기관에서 그 기업의 신용도를 파악할 수 있다. 그러나 일부 국가에서는 기관 신용정보를 이용한 주식 매매 가 불법이므로 유의해야 한다.

(4) **고객**: 고객은 그 기업 제품을 좋아하거나 싫어하는 이유를 설명

해줄 수 있다.

(5) **공급업체**: 공급업체는 기업의 신뢰도와 교섭력을 알려줄 수 있다. 주요 공급업체의 재무 상태도 유용한 정보가 될 수 있다.

제3자

회사나 경영진을 아는 제3자도 도움이 될 수 있다. 예컨대 CEO의 친지, 지역 주민, 과거 동료, 기자 등도 유용한 정보를 제공해줄 수 있다.

(1) **투자 전문가**: 그 기업을 담당하는 애널리스트, 대규모 지분을 보유한 기관투자가도 그 기업을 잘 알 수 있다.

(2) **산업 전문가**: 산업 전문가도 기업에 대한 전문 지식을 보유하고 있으며, 산업 박람회에 가면 경쟁사 제품들과 비교해볼 수도 있다.

소문 조사 요령

(1) **대화**: 기업의 핵심 인물, 직원, 고객 등과 대화하는 방법이다.[57] 이때 얻은 정보를 함부로 유출하면 정보 제공자에게 피해가 발생할 수 있으므로 유의해야 한다. 서로 이익이 되는 정보를 공유하면 대화가 더 원활해진다.[58]

- **대면 접촉**: 일부 대가는 경영자 대면 접촉을 좋아한다. 척 애크리 (Chuck Akre)는 경영자에게 성과를 어떻게 측정하는지 물어본 다. 대부분 CEO들은 설득력이 뛰어나므로, 이들의 주장을 액면 그대로 받아들이지 않도록 유의할 필요가 있다.

- **전화 대화**: 일부는 대면 접촉보다 전화를 통해 더 많은 정보를 제공하기도 한다.

(2) **주주총회**: 주주총회에 참석하면 CEO나 CFO의 업무 지식 등을 파악할 수 있다.

(3) **기업의 웹사이트**: 웹사이트가 고객 친화적인지, 입사 지원이 용이한지, 원하는 정보를 쉽게 찾을 수 있는지 등을 알 수 있다. 제품 사용자 그룹 웹사이트에서도 유용한 정보를 입수할 수 있다.

색다른 조사 방법

이제부터 대가들은 거의 언급하지 않는 색다른 조사 방법들을 살펴본다.[59] 이때 내부자 거래로 오인당하지 않도록 변호사의 조언을 받는 등 유의해야 한다.

관찰

(1) 창고 앞에서 재고나 원자재 입출고 현황 등을 관찰한다.

(2) 공장의 가동 현황을 관찰한다.[60] 연장근무, 교대근무가 도입되고 자정까지 주차장이 가득하면 호재다. 기업의 보고가 의심스러울 때 숫자를 확인하는 용도로 사용할 수도 있다. 맨델만(Avner Mandelman)은 저서 《The Sleuth Investor(탐정 투자자)》에서, 한 투자자가 석재회사인 브램블(Bramble)을 조사한 사례를 소개한다. 그는 2주 동안 공장에서 나오는 트럭의 수를 바탕으로 포장용 석재를 계산해, 회사가 발표한 매출이 허위임을 확인했다.

(3) 본사나 투자은행에 출입하는 사람들을 조사하면 주요 거래를 남들보다 먼저 파악할 수 있다. 이때 주요 브로커 등을 알아야 하며, 출입자 사진도 찍어서 분석해야 한다.

제3자 조사

제3자의 협조를 얻는 방법이다. 예컨대 어떤 기업이 새 계약을 체결할 때마다 샴페인 파티를 연다면, 샴페인 공급업체의 협조를 얻어 새 계약에 관한 정보를 입수한다.

대가들은 어떤 종목에서 흥미로운 요소를 발견하면 본격적으로 펀더멘털 분석을 실행하고 철저하게 평가한다. 3장에서 제시한 펀더멘털 분석의 틀이 유용한 도구가 될 수 있다. 원칙적으로 분석은 최대한 단순하게 유지하는 편이 좋으므로, 투자자 대부분에게는 이 틀이 충분할 것이다. 끝으로, 지금까지 설명한 주제들을 그림으로 정리하고 점검 목록을 제시한다.

펀더멘털 분석 요약
그림 13은 펀더멘털 분석의 4대 요소를 정리한 자료다.

투자 체크 리스트
항공과 의료 분야에서는 사고 위험을 방지하려고 업무 개시 전에 체크 리스트를 사용한다. 여기에서 아이디어를 얻어 모니시 파브라이는 투자에도 이를 이용한다. 투자 체크 리스트는 두 부분으로 구성된다.

(1) 공통 체크 리스트: 모든 투자에 대해 던져야 하는 질문으로서, 앞에서 논의한 펀더멘털 분석, 대가들의 조언, 과거에 자신이 저질렀던 실수 등이 바탕이 된다. 예를 들면 다음과 같다.

- 이 회사는 견고한 해자를 보유하고 있는가?
- 이 종목이 저평가되었다면 그 근거는?
- 이 종목에 대해 가장 강력한 비관론은? 앤서니 볼턴은 즐겨 주식중개인의 반론을 듣고 나서, 그의 주장을 이해하려고 노력한다.
- 경쟁사에 패배할 수 있는 약점은 무엇인가?
- 이 종목에 대해 가장 강력한 낙관론은?
- 경영진에 관한 논란이 있는가?

그림 13. 펀더멘털 분석의 4대 요소

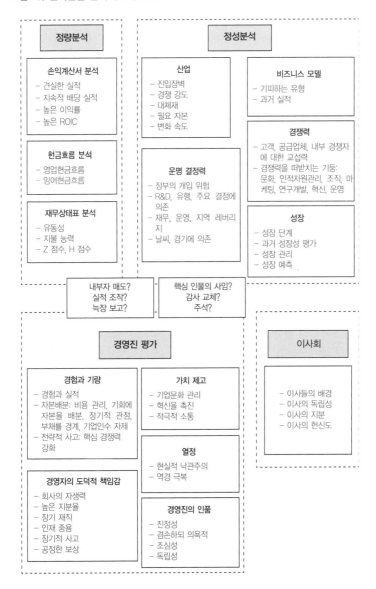

정량분석

손익계산서 분석
- 건실한 실적
- 지속적 배당 실적
- 높은 이익률
- 높은 ROIC

현금흐름 분석
- 영업현금흐름
- 잉여현금흐름

재무상태표 분석
- 유동성
- 지불 능력
- Z 점수, H 점수

정성분석

산업
- 진입장벽
- 경쟁 강도
- 대체재
- 필요 자본
- 변화 속도

비즈니스 모델
- 기피하는 유형
- 과거 실적

경쟁력
- 고객, 공급업체, 내부 경쟁자에 대한 교섭력
- 경쟁력을 떠받치는 기둥: 문화, 인적자원관리, 조직, 마케팅, 연구개발, 혁신, 운영

운명 결정력
- 정부의 개입 위험
- R&D, 유행, 주요 결정에 의존
- 재무, 운영, 지역 레버리지
- 날씨, 경기에 의존

성장
- 성장 단계
- 과거 성장성 평가
- 성장 관리
- 성장 예측

내부자 매도?
실적 조작?
늑장 보고?

핵심 인물의 사임?
감사 교체?
주석?

경영진 평가

경험과 기량
- 경험과 실적
- 자본배분: 비용 관리, 기회에 자본을 배분, 장기적 관점, 부채를 경계, 기업인수 자제
- 전략적 사고: 핵심 경쟁력 강화

경영자의 도덕적 책임감
- 회사의 자생력
- 높은 지분율
- 장기 재직
- 인재 중용
- 장기적 사고
- 공정한 보상

가치 제고
- 기업문화 관리
- 혁신을 촉진
- 적극적 소통

열정
- 현실적 낙관주의
- 역경 극복

경영진의 인품
- 진정성
- 겸손하되 의욕적
- 조심성
- 독립성

이사회
- 이사들의 배경
- 이사의 독립성
- 이사의 지분
- 이사의 헌신도

- 기업과 경영진을 평가하기에 충분한 장기 실적이 있는가? 그 실적은 만족스러운가?
- 이 회사를 제대로 이해하는가? 지나치게 복잡하지 않아서 내 능력 범위 안에 들어오는 회사인가?
- 대출기관과 채권 투자자들은 이 회사의 신용도를 어떻게 평가하는가?
- 모멘텀은 긍정적인가, 부정적인가? 예컨대 앤서니 볼턴은 애널리스트들의 기대감이 개선되는 중인지 악화되는 중인지를 항상 확인한다.

(2) 추가 점검 목록: 이 밖의 몇몇 성패 요소도 면밀하게 모니터링할 필요가 있다.

●●●

나는 어떤 종목을 이해하려고 절대 무리하지 않는다. 그 종목이 지나치게 복잡하거나 이해하기 어렵다면 건너뛰고 이해하기 쉬운 다른 종목을 찾아본다.

조엘 그린블라트(Greenblatt, 1997)

4
스텝 3.
도전! 밸류에이션

내가 경영대학원을 운영한다면 단 2개 과목만 개설하겠다. 당연
히 첫 번째 과목에서는 기업의 가치를 평가하는 방법을 가르칠
것이고, 두 번째 과목에서는 주식시장을 바라보는 관점과 변동성
을 다루는 방법을 가르칠 것이다.

워런 버핏

펀더멘털 분석에서 가장 어려운 일이 밸류에이션(valuation, 가치평가)이다. 다시 말해 주식의 내재가치를 계산하는 일이다. 이는 초보 투자자에게는 무척 어려운 작업으로 느껴지겠지만 언젠가는 넘어야 할 산이다. 밸류에이션은 엄밀한 과학이라기보다는 기법에 가깝다. 수많은 예측과 예상이 필요하고 정량적일 뿐만 아니라 정성적인 고려도 해야 한다. 물론 내재가치는 미래의 현금흐름에 달려 있는 게 사실이며, 우리가 3장에서 다룬 것처럼 철저한 펀더멘털 분석에 근거해야 한다.

이번 장에서는 먼저 가장 일반적인 밸류에이션 기법들을 살펴볼 것이다. 이어서 투자 과정에서 대가들이 어떻게 밸류에이션을 올바르게 사용해야 하는지 조언한 내용을 요약해서 설명하겠다.

밸류에이션 기법
둘러보기

내재가치를 평가할 수 있는 밸류에이션 기법은 많다. 수학적으로 엄밀한 현금흐름할인(DCF) 모형부터 대체가치법(replacement value) 및 간단한 주가배수(multiples)를 이용한 방법까지 다양하다. 이번 절에서는 내재가치를 평가하는 가장 인기 있는 기법들을 살펴보려고 한다. 독자들이 기초적인 회계 지식은 있다고 간주했다.[1]

DCF를 활용한 밸류에이션

DCF 모형에서 내재가치는 다음의 수식으로 표현할 수 있다.

$$\widehat{IV} = C + \sum_{q=0}^{+\infty} \frac{\widehat{f_c f_q}}{(1+\alpha)^q}$$

여기서 IV, f꜀f_q, C, α는 각각 내재가치의 추정치, 현재 시점에서 q년 동안 발생하는 주당 잉여현금흐름의 추정치, 주당 현금(현금 및 현금성 자산의 합), 해당 주식이 갖고 있는 위험을 감안했을 때 투자자가 기대하는 수익률을 의미한다. DCF는 다음과 같은 가정을 전제로 한다.

- 모든 부채는 무기한 연장된다. 따라서 기업은 채권자에게 이자만 지급한다.
- 모든 잉여현금흐름은 발생 즉시 주주들에게 배당으로 지급되거나 기업에 재투자되는데 이때 수익률은 α다.
- 현금 C는 기업에 재투자되고 수익률은 α다.

순전히 실용적인 측면에서만 DCF에 대해 언급하자면 다음과 같다.[2] DCF가 이론적으로 가장 매력적인 모형 중 하나임은 틀림없으나 활용하는 데는 한계가 있다. 첫째, DCF는 미래의 현금흐름 추정치가 매우 믿을 만한 경우에만 사용해야 한다. 보험사나 경기에 민감한 기업처럼 미래의 현금흐름을 추정하기 힘든 경우에는 적합하지 않다. 둘째, DCF는 무기한의 현금흐름을 가정해야 한다. 통상 기업의 내재가치는 4~5년 이내의 현금흐름이 아니라 5년 이상의 기간 동안 추정되는 현금흐름에 기초해 계산한다. 문제는 매우 안정적인 현금흐름을 보이는 기업조차 수년 후의 현금흐름을 추정하기가 매우 어렵다는 사실이다. 경험 많고 객관적인 애널리스트라도 그 정도로 대담하게 추정하기는 힘들다.

이런 문제는 기업 진화 속도가 빨라진 최근 몇십 년 동안 더욱 심해진 것 같다.[3] DCF로 계산된 내재가치는 실무에서는 어느 정도 에누리해서 사용해야 한다. 유틸리티 기업이나 유료 도로 통행료 징수 회사, 제약회사처럼 매우 안정적이며 현금흐름을 추정 가능한 기업에만 신뢰할 수 있는 기법이 아닐까 생각된다.[4]

DCF는 이런 단점 때문에 대가들 사이에서 별로 인기가 없다. 매우 추정하기 쉬운 기업의 경우에만 가끔씩 사용할 뿐이다. 그때도 다음 사항에 주의를 기울인다.

(1) **성장 시나리오들 작성**: 비현실적인 추정치에 놀라지 않기 위해 여러 개의 성장 시나리오를 만들어 내재가치를 검증해본다. 내재가치의 범위를 계산하고 각 시나리오에서 예상되는 확률과 결합하면 주식의 진정한 내재가치를 더 명확하게 알 수 있다. 또한 현재의 주가에 상응하는 성장률을 판단하고 시나리오가 현실적인지 아닌지 알아보기에도 좋다.

(2) **안전 마진 적용**: 벤저민 그레이엄과 워런 버핏, 존 템플턴 같은 대가들은 보수적으로 계산한 내재가치보다 주가가 현저히 낮을(약 30%) 때만 매수한다. 이렇게 확보한 안전 마진은 미래 현금흐름을 잘못 추정한 실수로부터 투자자를 보호해준다.

(3) **단순한 것이 좋다**: 미래 잉여현금흐름에 기초해서 내재가치를 계산하기 때문에 현금흐름을 추정하기 위해 사용하는 매개변수를 제한하는 게 좋다. 매개변수마다 불확실성이 있으므로 매개변수의 종류가 많아질수록 오차가 증폭될 수 있다. 마찬가지로 너무 먼 미래까지 잉여현금흐름을 세밀하게 추정하는 것은 상식적이지 않으며 과도한 자신감의 표현일 수 있다. 현재 시점에서 먼 미래의 현금흐름을 추정할 때는 단순하게 가정하는 게 낫다. 이를테면 현금흐름이 일정하다든지 GDP 성장률과 같게 늘어난다고 가정하는 식이다. DCF를 사용한다면 워런 버핏과 찰리 멍거의 충고를 명심하는 게 좋다. "정확하게 틀리는 것보다는 대충이라도 맞는 편이 낫다."

주가배수를 이용한 밸류에이션

주가배수는 주식이 비싼지 싼지를 판단하는, 단순하면서도 인기가 높은 도구다. 투자 세계에서 많이 사용되는 주가배수는 흔히 주가나 재무제표의 어떤 값을 재무제표의 다른 값과 비교한다. 하지만 회계 수치들을 있는 그대로 사용해서 주가배수를 계산하면 안 된다. 일관되면서도 의미 있는 주가배수를 얻기 위해 적절하게 수정할 필요가 종종 있다. 지금부터 가장 인기 있는 주가배수를 살펴보겠다.

수익, 현금흐름 배수

주가수익배수(PER)
PER과 그의 역수인 이익수익률(Earnings Yield, E/P, 예상 당기순이익을 시가총액으로 나눈 비율)은 의심할 여지 없이 가장 인기 있는 주가배수다. 존 네프, 존 템플턴 같은 대가들이 널리 사용하기도 한다. 계산이 단순명료해서 인기를 끄는 것 같다. 하지만 많은 사람들이 PER을 계산하거나 사용할 때 잘못을 저지른다. 올바르게 계산하고 사용, 해석하는 방법을 설명하겠다. PER의 일반적인 정의는 다음과 같다.

$$PER = \frac{주가}{정상\ 이익\ /\ 발행\ 주식\ 수}$$

(1) **정상 이익**(normalized earning)은 순이익이나 영업이익을 정상화한 값이다. 후행 PER(trailing PER)은 과거 X개월의 이익을 사용하고, 선행 PER(forward PER)은 미래 X개월의 이익을 추정해 계산한다. 대

개 12개월 동안의 이익을 사용하는데 후행 PER은 현재를 기준으로 과거 12개월의 이익을, 선행 PER은 미래 12개월의 이익을 추정해 사용한다. 정상화는 다음의 조작을 분별력 있게 수행하는 과정을 뜻한다.

- 이익은 가급적 반복해서 발생하는 것이어야 한다. 그렇지 않으면 기업의 진성한 수익 창출 능력을 왜곡할 수 있다. 일시적인 이윤 폭의 증가처럼 일회성 항목과 지속성이 없다고 판단되는 이익은 제거해야 한다. 예를 들어 회계에서 비용 처리된 연구개발비는 장기적으로 보면 결실을 맺을 것이므로 자본으로 간주할 수 있다.
- PER을 계산할 때 전환사채를 발행 주식 수에 포함하면 전환사채에서 발생한 이자비용은 이익에 다시 포함해야 한다. 전환이 행사되면 사라질 비용이기 때문이다.
- 다른 기업들과 비교할 수 있는 주가배수를 구하려면, 비교하려는 모든 기업의 이익을 동일선상에 놓아야 한다. 이를테면 동일한 감가상각법과 재고자산평가법을 적용하는 식이다.
- 벤저민 그레이엄과 존 템플턴은 X개월의 이익을 구할 때 12개월 이상을 선호했다. 4~5년, 즉 48~60개월을 X로 사용했다. 이렇게 하면 경기 순환이나 회계 관행, 특별이익 등이 초래하는 왜곡을 줄일 수 있기 때문이다.

(2) **발행 주식 수는 유통 주식 수를 말한다.** 기업이 전환사채나 옵션, 워런트(warrants) 등을 갖고 있다면 이들 중 보통주로 전환 가능한 것은 주식 수에 포함해야 한다. 전환이 행사되었을 때 주식 가치가 희

석될 것을 반영해 계산한 PER을 희석 PER(diluted PER)이라고 부른다. **적정 PER 판단 요소**는 다음과 같다.

(1) **전망**: 적정 PER은 기업의 전망을 반영한다. 전망이 좋은지 나쁜지에 따라 적정 PER도 높아지거나 낮아진다. 기업의 전망을 판가름하는 중요한 요소는 다음과 같다.

① **추정되는 영업이익 혹은 현금흐름 성장률**: 다른 조건이 동일하다면 기대성장률이 높은 기업일수록 PER이 더 높다. 추정되는 이익성장률과 PER을 통합하는 두 가지 방법은 다음과 같다.

• 피터 린치와 존 템플턴은 주식의 적정 PER을 계산하기 위해 PER성장률배수(PEG ratio, PEG)를 사용했다.[5] PEG는 후행 PER과 향후 5년간의 연평균 기대성장률을 비교한다.

$$PEG = \frac{후행\ PER}{향후\ 5년간\ 연평균\ 기대성장률}$$

경험적으로 PEG가 1보다 작으면 주가가 싸고, 1이면 적정, 1보다 크면 주가가 비싸다고 판단한다. 물론 PEG가 1보다 작은 기업이 시장수익률을 초과하는 경우도 있지만 이런 경험법칙을 개별 주식에 적용하는 건 지나치게 위험하고 단순한 발상이다.[6] 주식의 적정 PER에 영향을 끼치는 다른 요소들을 모두 간과했기 때문이다.

사실 ROE가 높은 기업은 더 많은 이익을 창출하기 때문에 당연히 PEG가 높다. 이익성장률이 낮은 기업 역시 PEG가 높은데 이 경우는 분모의 크기가 매우 작기 때문이다. 같은 논리로 위험한 주식은 PEG가 낮아야 한다. 향후 5년간 연평균 기대성장률도 있는 그대로 사용해서는 안 된다는 걸 대가들은 알고 있기 때문에, PEG는 적정 PER을 확인하는 여러 개의 확인 장치 중 하나일 뿐이라고 생각한다.

- PER의 분모에 1년 후의 이익 추정치를 넣는 대신 몇 년 후의 이익 추정치를 대입할 수 있다. 존 템플턴은 다음의 공식에 맞는 주식을 즐겨 매수했다.

주가/(5년 후 EPS) < 5

② **기업의 위험 및 불확실성**: 다른 조건이 동일하다면 실적이 들쭉날쭉하고 부채비율이 높은 기업, 위험이 많은 개발도상국에서 사업 비중이 높은 기업 등의 PER은 꾸준하고 안정적인 이익을 내는 기업보다 상대적으로 낮아야 한다.

(2) **시장 PER을 고려한 적정 PER**: 주식시장 전체의 PER이 낮을 때는 개별 주식의 PER도 낮아야 한다.

PER을 이용하는 방법은 다음과 같다. 연구에 따르면 모든 주식을 망라한 '주식의 전체집합' 중 PER 하위 10분위수의 투자수익률이 상위 10분위수의 투자수익률보다 높았다.[7] 그렇다고 해서 저PER 주식이 모두 매력적이라는 의미는 아니다. PER을 대하는 대가들의 사고방식은 다음과 같다.

(1) **주가와 실적의 괴리를 살핀다**: 저평가된 주식은 높은 투자수익을 안겨줄 가능성이 크므로, 추정한 적정 PER보다 현저하게 낮은 PER을 보이는 주식만 매수해야 한다.

(2) **선행 PER보다 후행 PER에 더 의미를 둔다**: 후행 PER은 이미 달

성한 실적을 반영한 반면 선행 PER은 추정치다. 추정치는 크게 벗어날 수 있는 법이다.

(3) PER은 한계가 있다: PER이 모든 유형의 주식에 맞는 건 아니다. 예를 들어 적자 기업, 경기에 민감해서 이익이 PER보다는 경기의 영향을 더 많이 받는 기업, 회계가 불투명한 기업 등에는 PER을 사용하지 말아야 한다.

주가현금흐름배수(Price-to-cash flow ratio, PCR)

PCR은 영업현금흐름(operating cash flow)을 사용하거나(P/OCF), 잉여현금흐름(free cash flow)을 사용한다(P/FCF). 가장 일반적인 수식은 다음과 같다.

$$P/FCF = \frac{주가}{현상유지\ 현금흐름/주식\ 수} = \frac{주가}{(잉여현금흐름+성장용\ 자본적\ 지출)/주식\ 수}$$

(1) **현상유지 현금흐름**은 기업을 현상유지하기 위한 모든 지출을 제하고 남은 현금흐름이지만, 향후 성장을 위해 유보해놓은 성장용 자본적 지출은 아직 지출되지 않은 잉여현금흐름을 뜻한다.[8] 다른 말로 하면 잉여현금흐름에 성장용 자본적 지출을 더한 수치다. 성장용 자본적 지출을 더하는 것은 성장을 목적으로 다량의 현금을 재투자하는 기업들에 PCR이 불리하게 작용하지 않게 하려는 것이다. 초고속 성장을 하는 기업은 잉여현금흐름 대신 최근 실적을 가중해 사용함으로써 초고속 성장의 영향을 반영할 수 있다. 이런 경우 지난 두 분기의 현상유지 현금흐름을 2배 해서 분모로 사용하면 된다.

(2) PER 계산과 마찬가지로 주식 수는 유통 주식 수이거나 희석 주식

수를 사용한다.

 PCR은 성숙 기업에서 계산하기 쉽기 때문에 이들 기업에 사용하기가 제일 좋다. 신생 기업은 성장용 자본적 지출을 예측하기가 어려워 PCR를 계산하고 해석하기가 쉽지 않을 수 있다. 데이비드 드레먼은 비현금성 지출이 많거나 경기에 민감한 기업을 분석할 때 PCR이 PER보다 유용하다고 말한다.[9]

주가매출액배수(Price-to-sales ratio, PSR)

PSR의 정의는 다음과 같다.

$$PSR = \frac{\text{시가총액}}{\text{과거 12개월 매출액}}$$

 이익이 미미하거나 아예 없는 기업, 또는 이익이 기업의 진정한 수익 창출 능력을 제대로 반영하지 못하는 경우(기업이 회생 중이거나, 경기에 민감한 기업이 최근 심각한 경기침체의 직격탄을 맞은 경우 등)를 분석할 때 애널리스트들은 PSR을 사용한다. 하지만 꼭 이런 경우에만 국한할 필요는 없다. 사실 PSR이야말로 주식시장에서 헐값으로 떨어진 주식을 찾아내는 데 제일 유용한 밸류에이션 척도다.[10]

 PSR의 강점은 PER이나 PCR에 비해 훨씬 안정적이라는 점이다. PSR은 이윤 폭이나 자본적 지출의 변동에 영향을 받지 않는다. 또한 이익을 조작하더라도 크게 바뀌지 않는다.

 한 가지 단점은 다른 가치 척도들과는 달리 기업의 자본 구조를 반영하지 못한다는 점이다. 부채비율이 상이한 기업들도 PSR은 비슷할 수 있다. 이런 이유로 일부 애널리스트는 PSR보다 매출액 대비 기업가치(Enterprise Value/Sales, EV/S)를 선호한다. 더욱이 아직 이익을 내지 못한 기업에 PSR을 적용하는 것은 매우 위험할 수도 있는데, 이익을 내보기도 전에 보유한 현금을 모두 소진할 수 있기 때문이다.

EV 배수

앞서 설명한 비율과 매우 유사하면서 주가 대신 기업가치(Enterprise Value, EV = 시가총액 + 부채 − 현금)를 이익이나 매출액, 현금흐름과 비교하는 평가 척도들이 있다. 이런 척도는 특히 인수 대상을 물색하는 기업들 사이에서 인기가 높다. EV에 부채를 반영하는 보수적인 특성 때문에, 수식의 분자에 EV가 들어간 평가척도는 장−마리 이베이야르(Jean-Marie Eveillard), 조엘 그린블라트, 척 로이스(Chuck Royce) 같은 대가들 사이에서도 인기가 좋다.

이자 및 법인세 차감 전 이익 대비 기업가치(EV/EBIT)

EV와 이자 및 법인세 차감 전 이익(Earnings before Interest and Taxes, EBIT)의 비교는 조엘 그린블라트가 자신의 저서 《주식시장을 이기는 작은 책(The Little Book That Beats The Market)》에서 다뤄 유명해졌다. 다음과 같은 수식으로 나타낼 수 있다.

$$\text{수정 EV/EBIT} = \frac{\text{시가총액} + (\text{부채\&유사 부채} - \text{여유 현금\&현금성 자산} - \text{투자 회사})_{\text{소수지분}}}{\text{EBIT} + (\text{유사 부채 관련 이자 비용}) + (\text{지배지분에 비례한 수정 이익})}$$

EV란 기업을 인수하는 측이 모든 부채를 상환하고 기업이 보유한 투자 회사의 소수 지분을 처분한다고 가정할 때 실제 지불해야 하는 금액을 뜻한다. 물론 기존 주주들이 경영권을 내놓는 대가로 요구하는 프리미엄은 제외한 경우다. 기업의 시가총액에 부채 및 부채와 마찬가지인 항목(회계장부에 기록하지 않은 운용리스 등)은 더하고, 여유 현금(기업 인수자가 무상 취득한다)과 투자 회사의 소수 지분(기업 인수자가 원하면 주식시장에 팔 수 있다)은 제외한다.[11]

기업이 자회사를 둔 경우 부채(유사 부채 포함) 및 현금(현금성 자신 포함), 투자 회사의 소수 지분 계산에 전체가 아니라 지분으로 사용해야 하기 때문에 '소수 지분'이라고 표현했다.

분모에 들어가는 이익은 모든 부채가 청산되어 이자비용이 없어지고 기업인수에 모든 현금이 사용되어 이자수입이 없어진 후 기업 인수자가 얻게 될 세전이익을 사용한다. 이것이 바로 EBIT에 운용리스에 들어가는 이자비용을 다시 더하고(운용리스가 없어지면 더는 지불하지 않아도 되는 비용이기 때문이다) 지배지분 비율에 해당하도록 수정된 이익(연결 영업이익이 아니라 지배지분의 비율에 따라 그에 상응하는 이익만 계산한다)을 더한 것이다.

성장률 g와 ROIC, 가중평균자본비용(Weighted Average Cost of Capital, WACC)이 일정하다고 가정하면 EV/EBIT의 적정 수치는 다음과 같이 나타낼 수 있다.[12]

$$\left(\frac{EV}{EBIT}\right)_{fair} = \frac{1-T}{ROIC} \times \frac{ROIC-g}{WACC-g}$$

여기서 T는 세율이다.

이 수식을 보면 EV/EBIT는 성장의 수익성이 상당할 경우에만 증

가한다는 사실을 알 수 있다. 즉, ROIC가 WACC보다 클 경우를 말한다.[13]

이자, 법인세, 감가상각비 차감 전 이익 대비 기업가치(EV/EBITDA)

EV/EBIT와 유사한데 분모에 유무형 자산의 감가상각비를 포함한다. 즉, 'EBITDA = EBIT + 유무형 자산의 감가상각비(Depreciation and Amortization)'이므로, 분모가 유무형 자산의 감가상각비만큼 더 커진다. 이렇게 함으로써 서로 다른 감가상각법을 채택한 기업들을 동일한 조건에서 비교할 수 있다. 하지만 감가상각비가 높은 기업들은 EV/EBITDA가 대체로 낮은 것이 일반적이므로 주의할 필요가 있다.

잉여현금흐름 대비 기업가치(EV/FCF)

현 수준의 잉여현금흐름으로 인수 자금을 몇 년 만에 회수할 수 있는지 알려주는 척도다. 이 척도의 역수를 구하면 자금회수율(capitalization rate)을 얻을 수 있다. 수식은 다음과 같다.

$$자금회수율 = \frac{EBITDA-capex}{EV}$$

매출액 대비 기업가치(EV/sales)

기업의 자본 구조를 반영하므로 PER보다 낫다고 평가되는 척도다. 앞서 말했듯이 PER은 기업의 채무 상태가 드러나지 않는 것이 큰 단점이다.

PER과 마찬가지로 위에서 살펴본 비율을 성장률과 결합해 수정된

PEG를 얻을 수 있다. 2가지 예를 들면 다음과 같다.

$$PEG_{EBIT} = \frac{EV/EBIT}{기대성장률_{EBIT}}$$

$$PEG_{FCF} = \frac{EV/FCF}{기대성장률_{FCF}}$$

PER에 근거한 PEG와 마찬가지로 적정 PEG의 구성 요소를 결정하는 확실한 규칙은 없다. 적정 주가는 ROIC와 성장률 g에 의해 결정된다.

재무상태표 항목에 근거한 척도들

재무상태표의 항목과 기업의 시가총액을 비교함으로써 주식이 비싼지 싼지를 판단하는 인기 있는 척도 3개는 다음과 같다.

- 주가순자산배수(price-to-book value, PBR)
- 주가청산가치배수(price-to-liquidation value)
- 주가대체가치배수(price-to-replacement value)

순자산(자기자본 또는 장부가치, book value)은 간단하지만 청산가치나 대체가치를 계산하는 일은 매우 복잡할 수 있다.

PBR의 정의
많은 사람들이 PBR을 자기자본(common equity = 납입 자본금 – 자사

주 + 잉여금) 대비 시가총액 배수로 정의하지만, PBR을 포괄적으로
정의하려면 분모와 분자를 몇 가지 수정해야 한다.

$$PBR = \frac{\text{시가총액} + \text{주가} \times \text{전환권 수량}}{\text{자기자본} + RS + OA + \alpha \times E_{preferred} + \beta \times DT + \varepsilon \times Exp - \delta \times GW}$$

(1) 전환권은 권리 소유자의 요구에 따라 기업이 신주를 발행하는
방식으로 주식으로 전환되는 권리를 말한다. 전환권을 분자에 포함
함으로써, 전환권이 주식으로 전환된다고 가정할 때의 시가총액을
제대로 반영할 수 있다. 분모 역시 수정 작업이 필요한데 아래 OA 항
목을 참조하기 바란다.

(2) RS는 매입 자사주(repurchased stock)를 말한다. 최근에 매입한
자사주는 보통주에 더하는 게 좋다. 그러지 않으면 자사주가 순자산
을 감소시켜 인위적으로 PBR을 올리는 효과가 생기기 때문이다. 내
재가치보다 낮은 가격에 주식을 매입한 경우라면 이런 수정 작업이
더욱 중요한데, 왜냐하면 자사주 매입을 통해 내재가치를 높이려는
기업에 불리하게 작용하기 때문이다. 물론 매입 자사주를 소각한다
면 시가총액도 덩달아 줄어들기 때문에 수정 작업을 빼도 된다.

(3) OA는 전환권 때문에 발생하는 순자산 수정분이며, 다음과 같
이 계산한다.

$$OA = \text{전환권 수량} \times \text{평균 행사 가격}$$

권리 소유자가 전환권을 행사해 주식으로 전환할 때 기업에 납입
하는 금액이다.

(4) $\alpha \times E_{preferred}$는 보통주로 전환될 가능성이 높아 부채보다는 주식

의 성격이 강한 우선주(E$_{preferred}$)와 그 비율 $\alpha(\leq 1)$를 곱한 값이다.

(5) $\beta \times DT$는 가까운 미래에 납부하게 될 가능성이 낮아 자본의 성격이 강한 이연법인세(deferred tax)와 그 비율 $\beta(\leq 1)$를 곱한 값이다.

(6) $\varepsilon \times Exp$는 미래에 편익을 제공할 가능성이 많아 자본의 성격이 강한 (세후) 비용(expense)과 그 비율 $\varepsilon(\leq 1)$을 곱한 값이다. 대표적인 예로 연구개발비를 들 수 있다. 엄격하게 말하면 Exp는 당해 연도를 포함한 이전 연도 동안에 감가상각된 자본화 비용이어야 한다.

(7) GW는 영업권(goodwill)을 말하며, δ는 유형(tangible) 장부가치만 볼 것인지, 아니면 전체 장부가치를 볼 것인지에 따라 0 또는 1 중 하나다.

주식의 적정 PBR

자산 총계에서 부채 총계를 뺀 순자산이 곧 적정 기업가치라고 주장하는 사람들도 있다. 하지만 이는 두 가지 이유에서 잘못된 생각이다. 첫째, 순자산은 회계 수치일 뿐, 순자산의 시가평가액과는 현격한 차이가 있을 수 있다. 둘째, 투자자는 순자산보다는 계속기업 가치(going-concern value, 기업을 청산가치가 아니라 계속해서 이익을 창출할 수 있는 주체로 보는 개념-역자 주)에 더 집중해야 한다. 물론 우리가 앞서 살펴본 대로 적정 기업가치는 순자산을 활용해 미래에 창출할 수 있는 현금흐름의 현재가치이긴 하지만, 현금흐름은 기업이 순자산을 어떻게 활용하느냐에 달려 있다.

적정 PBR은 일정한 성장률 g와 ROE, 자기자본비용 C$_{eq}$(cost of equity, 자본금을 투자하는 투자자들이 기업의 위험 정도를 감안해 기대하는 수익률)를 이용해 나타낼 수 있다.

$$적정\ PBR = \frac{ROE - g}{C_{eq} - g}$$

수식에서 보듯이 기대성장률 g가 상승해 분모가 작아지거나, 기업의 효율성이 좋아져 ROE가 상승한 결과 분자가 커지면 적정 PBR이 상승함을 알 수 있다. 반대로 기업의 위험이 커지면, 즉 C_{eq}가 커지면 적정 PBR은 하락한다.

달리 말하면 기업의 내재가치는 기업의 장부상 순자산에 의해서만 구성되지 않고 무형의 경제적 영업권과 부의 영업권(badwill 혹은 negative goodwill)도 포함한다. 예를 들어 브랜드 파워나 경쟁력에 의한 진입장벽 등의 결과로 기업의 이익이 개선되거나 악화되는 경우를 말한다. 따라서 연구개발비가 크거나 위험이 낮은 기업의 PBR은 1보다 크기 마련이다. 실적이 저조하거나 위험이 높은 기업의 PBR이 1이라면 고평가되었다고 판단할 수 있다.

PBR을 어떻게 활용할 것인가

PBR은 가치투자자들 사이에 인기가 높은 척도다. 벤저민 그레이엄은 이 척도의 열렬한 지지자였다. 저PBR주가 고PBR주를 능가한다는 증거도 있다. 특히 시장 상황이 좋지 않을 때 더욱 그렇다.[14] 그렇다고 저PBR주를 무턱대고 사도 괜찮다는 말은 아니다. 다른 가치척도에도 똑같이 적용 가능한 조언은 다음과 같다.

(1) 투자자가 추정한 적정 PBR과 시장 PBR 사이에 불일치(저평가)가 있을 때만 주식을 사야 한다.

(2) PBR에도 한계는 있다. 보유한 자산이 많은 기업에 유용하다. 은행과 보험사 같은 금융기업, 부동산 기업, 투자지주회사 등이 보유한 유형자산은 유동성이 좋아 쉽게 현금화할 수 있다. 자본집약적인 사업에 속한 기업들에 적용해도 유용한 편이다. 지속적으로 새로운 자산이 유입되기 때문에 장부상의 자산가치가 실제 시가평가액과 거의 유사하다. 반면 PBR은 자본집약적이지 않거나 경제적 영업권을 대량으로 보유한 기업에는 유용하지 않다.

청산가치

청산가치란 기업의 모든 자산을 팔고 부채를 상환한 이후 기대할 수 있는 가치를 말한다. 쇠퇴의 길을 걷는 기업이나 파산 가능성이 높은 기업에 해당되는 개념이다. 계속기업의 자산가치는 더 높기 때문에 향후 수년밖에 존속하지 못할 기업에 적용해서는 안 된다. 그뿐만 아니라 형편이 좋지 않은 기업에 비해 계속기업은 청산가치에 제대로 반영되지 않는 경제적 영업권을 갖고 있다.

위에서 지적한 이유로 계속기업의 가치를 판단할 때는 대체가치(replacement value)를 살피는 게 낫다. 먼저 벤저민 그레이엄이 수십 년 전에 제시한 청산가치의 원형을 설명한 후 현대적인 형태의 청산가치를 이어서 설명하겠다.

그레이엄의 순현자산가치(Net-Nets)

벤저민 그레이엄은 매우 보수적으로 청산가치를 정의했는데 이를 순현자산가치(Net Current Asset Value, NCAV) 또는 간단하게 넷넷(Net-

Nets)이라고 불렀다.

NCAV = 현금 및 현금 등가물 + 재고 + 외상매출금 - 부채총액 - 우선주

NCAV는 무형자산이나 고정자산, 기타 자산(miscellaneous)의 가치를 전혀 인정하지 않는다. 그레이엄은 이들의 자산가치를 중요하게 여길 필요가 없다고 생각했다. 게다가 이들 자산을 반영하지 않으면 혹시라도 일부 재고가 팔기 어렵거나 매출채권 중 일부가 회수되지 않더라도 상쇄할 수 있는 여지가 생긴다.

NCAV가 이미 상당히 보수적인 개념인 데도 불구하고, 그레이엄은 그보다 더 엄격한 기준을 적용해서 시가총액이 대략 NCAV의 3분의 2보다 적은 기업들을 찾았다. 다시 말해 NCAV 대비 적어도 30% 이상 할인된 기업을 찾았다. 게다가 가치 함정에 빠지는 걸 피하기 위해 그레이엄은 (이토록 보수적인 기준에 맞는 기업들에서조차) 만족할 수 있는 수익 실적과 적절한 수준의 수익 전망이 있어야 한다고 생각했다.

수정된 순자산으로서의 청산가치

NCAV는 지나치게 보수적이라는 게 일반적인 시각이다. 자산을 청산할 때 받을 수 있는 가치를 너무 낮춰 본다는 이유다. 따라서 현대적인 청산가치법은 우선 유형의 순자산에서 출발해서, 자산과 부채의 장부상 가치와 실제 청산가치 사이의 간극을 되도록 줄이려고 한다. 이를 위해 세 가지 수정 작업을 한다.[15]

(1) **회계 원칙 때문에 해야 할 수정:** 특정한 자산에 비현실적인 가치를 부여하는 회계 원칙을 상쇄하기 위해 다음의 조치를 취해야 할지도 모른다.

- **재고 수정**: 기업이 후입선출법을 사용하면 기장된 재고에 후입선출충당금(LIFO reserve)만큼 더해야 현실적인 수치를 얻을 수 있다.

- **시가 평가**: 토지나 채권처럼 오래된 자산의 경우, 장부에 기록된 취득 원가가 현재 시가와 현저하게 다를 수 있으므로 시가로 평가해야 한다. 자산을 취득한 이후 물가 상승이 상당했다면 시가 평가가 매우 중요해질 수 있다. 장부에 기록된 부채의 가치 역시 다시 평가해야 한다. 기업을 인수하려는 측은 제일 먼저 부채의 현재가치를 보려 할 것이기 때문이다.

- **비현실적인 감가상각 수정**: 감가상각법과 자산에 따라 다르겠지만 회계상 감가상각과 경제적 감가상각은 크게 동떨어질 수 있다. 따라서 감가상각된 자산이 실제의 경제적 가치에 근접하도록 적절하게 수정해야 한다. 예컨대 가속상각법은 자산의 장부가치를 지나치게 낮게 평가해 실제보다 낮을 수 있다.

- **숨겨졌거나 재무제표상에 나타나지 않은 거래 수정**: 보수적인 가치평가에서는 영업권 같은 무형자산에 가치를 부여하지 않지만, 어떤 경우엔 숨겨졌거나 재무제표상에 나타나지 않은 자산을 청산가치에 포함해야 할 때가 있다. 브랜드 가치나 연구개발비 등이 그런 예다.

(2) **시장 상황이나 매각 압력을 반영한 수정**: 경기 순환 같은 시장 상황이나 기업인수 희망자들 간의 경쟁이 심하거나 없는 경우, 자산을 청산할 때 매각 압력의 강도 등이 자산의 청산 가격에 영향을 크게 미칠 수 있는 요소들이다. 따라서 회계 원칙 때문에 해야 할 수정이

끝나고 나면 자산이 청산될 때의 상황을 감안해 자산의 경제적 가치에 다음의 수정 조치를 하는 게 좋다.

- **매출 압박이 있는 상황에 맞춘 수정:** 대규모 부채 상환이 임박한 사유 등으로 매출 압박이 클 때 기업이 자산 매각을 통해 확보할 수 있는 현금은 시간을 두고 원매자를 찾을 때보다 훨씬 낮을 수 있다.
- **업계 상황에 맞춘 수정:** 매각하려는 자산이 시장에서 어떤 수급 상태인지에 따라 가격이 달라진다. 어려움에 처한 기업이 여럿이어서 동시에 자산을 처분하고자 한다면 자산 가격이 하방 압력을 받기 쉽다.
- **원매자의 관심과 경쟁에 맞춘 수정:** 원매자들의 관심도는 경기 순환과 자산의 활용도에 달려 있다. 특수한 용도에만 쓰이는 자산이라면 할인 폭이 상당히 클 수 있고, 경기 상황이 매우 안 좋은 때라면 자산의 가치는 고철에 지나지 않을 수도 있다. 반면 범용 제품의 재고라면 장부가치에 근접할 수 있다.

(3) **보수적인 태도에 따른 수정:** 현금화하기 어려운 자산은 과감하게 할인하는 게 좋다. 예컨대 파산한 회사의 매출채권은 온전히 받기 힘들다. 기업이 매출채권 회수에 전념할 거라고 가정할 경우에도 회수율을 85% 이상으로 보기 힘들다.

대체가치

위에서 설명했다시피 계속기업의 진정한 가치에 비해 청산가치를 사용하면 심각하게 낮게 평가된다. 계속해서 존재할 기업의 가치를 평가하는 데는 대체가치가 더 낫다. 대체가치는 누군가 해당 기업과 똑같은 회사를 복제하려면 부담해야 할 금액이라고 할 수 있다. 대체가치가 청산가치보다는 낮지만 나름의 한계는 여전히 있다.

대체가치는 안정적인 적정 기업가치를 예측할 뿐이다. 고속으로 성장하거나 독특한 경쟁우위를 지닌 기업은 대체하기가 사실상 힘들기 때문에 대체가치를 사용할 수 없다. 이런 기업의 영업권을 제대로 반영할 수 없다.

또 다른 문제는 해당 기업과 기업이 속한 산업을 잘 모르는 투자자가 대체가치를 계산하기가 어렵다는 점이다. 따라서 밸류에이션에서 큰 실수를 저지르지 않으려면 투자자는 자신이 경쟁력 있는 분야에 집중하는 게 좋고, 특정한 자산의 밸류에이션은 전문 감정인이나 해당 산업의 전문가에게 조언을 구하는 것이 낫다. 요컨대 대체가치는 3개 항목의 계산식으로 나타낼 수 있다.

대체가치 = 자산 복제비용 + 초과자산 − 부채

지금부터 각 항목을 계산하는 데 도움이 될 내용을 설명하겠다.[16]

자산 복제비용

해당 기업에 비견할 만한 경쟁력을 얻으려면 경쟁자는 유사한 자산을 취득해야 하는데, 이때 부담해야 할 금액이 곧 자산 복제비용이다. 유형자산의 장부가치에서 시작해 새롭게 진입하는 데 따른 비용을 감안해야 한다.

자산 복제비용 = 유형자산 + 수정재고자산 + 수정외상매출금
+ 복제생산설비 + 수정이연법인세 + 무형자산

(1) **수정재고자산**: 신규 업체가 필요한 재고를 확보하기 위해 투자해야 할 금액에 가깝도록 장부에 기록된 재고자산을 수정한 것이다. 전형적인 수정 내용은 다음과 같다.

- **회계 원칙에 따른 수정**: 재고자산 평가법이 달라 진정한 가치를 제대로 반영하지 못한다면 수정해야 한다. 예를 들어 후입선출법에서는 후입선출충당금을 더해야 보다 현실적인 선입선출법의 재고를 감안할 수 있다.

- **오랫동안 팔리지 않은 완제품**: 기업의 재고자산회전율이 경쟁사에 비해 현저히 낮다면, 즉 장부가치만큼 제값을 받기 어려운 완제품이 많다면 재고자산의 가치를 낮춰야 한다.

- **공급의 유리함·불리함**: 해당 기업이 원재료 공급업체와 돈독한 관계를 유지하거나 지리적으로 유리한 위치에 있어 상대적으로 좋은 가격에 원재료를 구매할 수 있다면, 신규 업체는 그만큼 유리한 가격에 원재료를 구매하지 못할 것이라고 보는 게 타당하다. 이런 경우 원재료의 가치를 높여서 수정 기록해야 한다.

(2) **수정외상매출금**: 장부에 기록된 외상매출금을 수정한 것이다. 신규 업체는 경험도 많고 더 나은 시스템을 가졌을 기존 업체에 비해 외상매출금이 더 많이 발생할 가능성이 높다. 따라서 대손충당금을 다시 더하는 식으로 외상매출금을 높여 대체가치를 계산하는 게 좋다.

(3) **복제생산설비**: 신규 업체가 비슷한 경쟁력을 갖추려면 생산설비(토지 및 건물, 기계장치)를 새로 짓거나 취득해야 한다. 이때 들어가는 비용을 감안해서 수정해야 한다. 하지만 기존 업체가 땅값이 비싼 곳에 사무실이 있어, 땅값이 싼 곳에 사무실을 짓는 것보다 비용이 더

발생하는 등의 경우가 있을 수 있다. 이런 경우처럼 복제비용이 초과될 때는 자산 복제비용에 포함하지 말고 초과자산 항목에 넣어야 한다.(아래 초과자산 설명 참조) 다음 사항도 유의한다.

- **토지 및 건물**: 재무제표상의 감가상각된 가치에 중대한 수정이 필요할 수 있다. 물가 상승은 물론이고 회계상 감가상각과 경제적 가치 사이에 커다란 괴리가 있을 수 있음을 유념해야 한다.

- **기계장치**: 내용연수에 걸쳐 감가상각되므로, 회계적으로 감가상각된 장부가치를 수정하는 것이 큰 의미가 없을 수 있다. 하지만 신규 업체가 더 좋은 기계장치를 더 싼 가격에 획득할 수 있다면 가치를 낮춰야 할 경우가 생길 수도 있다.

(4) **수정이연법인세**: 이연법인세자산은 현재가치로 전환해야 한다. 이연법인세자산이 언제 실현될지 모르는 상태에서 이용할 수 있는 경험법칙은 다음과 같다.

이연법인세자산의 현재가치 = (이연법인세자산) / (1 + 기업의 할인율)

(5) **무형자산**: 신규 업체가 할 일은 많다. 브랜드를 만들고 명성을 쌓아야 하며, 기업문화를 만들고 R&D를 해야 한다. 고객과 소통하고, 경쟁우위도 확보하고, 각종 면허와 특허 등도 내야 한다. 모두 투자가 필요한 일들이다. 따라서 어느 정도의 무형자산을 대체가치에 포함할 필요가 있다.[17] 그러려면 해당 산업 분야의 전문 지식이 어느 정도 있어야 한다. 성장 기업이나 남다른 경제적 해자가 있는 기업은 전문가도 굉장히 계산하기가 힘든데, 이런 기업들에 대체가치를 사용하면 안 되는 이유이기도 하다. 안정적인 기업에는 다음의 간단한 경험법칙을 적용할 수 있다.

무형자산 = λ×(판매비 및 일반관리비) + 연구개발비자본화 + (정부 면허)

- λ × (판매비 및 일반관리비): 신규 업체가 유사한 경쟁력을 갖기 위해 지불해야 할, 연구개발비를 제외한 모든 비용을 의미한다. 일반적으로 기업이 1~3년 동안 지출하는 판매비 및 일반관리비로 봐도 큰 무리가 없다. (1<λ<3)

- **연구개발비자본화:** 연구개발 활동을 나타내는 자산항목이다. 연구개발이 중요한 산업 분야에서는 신규 업체는 연구개발비에 해당하는 금액을 투자해야 한다고 간주할 수 있고, 이를 자본화하고 이를테면 5년에 걸쳐 감가상각할 수 있다. 이 경우, 만약 정액법을 사용한다면 신규 업체의 연구개발비는 당해 연도 연구개발비에 직전 연도의 80%와 그 이전 해의 60%를 더하는 식으로 구할 수 있다.

- **정부 면허:** 특정 지역에서 사업행위를 해도 된다는 면허를 말한다. 방송 송출 면허나 통신업자 면허 등을 예로 들 수 있다. 민간 시장에서 얼마에 거래되었는지 조사해서 이들 면허의 가치를 추정할 수 있다.

초과자산

대체가치는 신규 업체가 유사한 경쟁력을 확보하기 위해 새로 짓거나 획득해야 하는 자산가치를 의미한다. 물론 해당 기업의 자산가치가 경쟁력에 도움이 되지 않는데도 높을 수 있다. 이런 문제를 해결하려고 특정 자산의 엄격한 복제비용 초과분을 반영할 항목이 추가된다. 전형적인 예가 여유 자금이다. 여유 자금은 기업 활동에 꼭 필

요하지는 않다. 특정 유형고정자산의 초과분, 투자목적 보유 주식의
평가익 등이 전형적인 예다.

부채

끝으로, 복제회사가 똑같은 금액의 부채를 조달할 수 있다고 가정할
경우, 부채만큼을 자산 복제비용과 초과자산에서 빼줘야 한다. 많은
경우 부채의 시가(계산하기 쉬울 때)나 장부가치를 사용하면 되지만,
필요하면 다음의 수정 사항을 적용해야 한다.

- 이연법인세자산을 현재가치로 전환한다면 이연법인세부채도 현
  재가치로 전환해야 한다.

  이연법인세부채의 현재가치 = 이연법인세부채 / (1+ 기업의 할인율)

- 주주들에게 분담시키기 전에 해소해야 할 부외거래 약정(운용리
  스나 특정한 청구)이 있다면 부분적으로 부채에 포함해야 한다.

- 보수적인 기준에 부합하지 않을 경우 충당금을 늘릴 수 있다.

기타 밸류에이션 척도

앞서 얘기했듯이 DCF는 불확실한 매개변수에 민감하기 때문에 대가
들 사이에서는 별로 인기가 없다. 노련한 투자자들은 흔히 이익이나
현금흐름, 재무상태표상의 항목을 이용한 주가배수를 선호한다. 하
지만 주가배수도 늘 해석하기 쉬운 건 아니다. 주가배수가 적합한지
또는 적정한지는 기업이 속해 있는 산업과 기업 고유의 영역, 성장
야망, 전략 등과 밀접하게 관련되어 있다.

지금부터 살펴보겠지만 대가들은 다른 밸류에이션 척도들도 다양하게 활용한다. 처음에 소개할 두 가지 방법, 즉 딜(deal)에 근거한 밸류에이션과 가치합산(sum of the parts) 모형은 DCF나 주가배수를 대체할 수 있는 간단명료한 방법들이다. 나머지 두 가지인 EPV와 성장가치는 앞서 논의한 청산가치법과 대체가치법의 연장선상에 있다.

딜에 근거한 가치

기업을 잘 아는 기업인수 전문가라면 얼마를 주고 해당 기업을 인수하려고 할지 판단해 가치를 측정하려는 기법이다. 전설적인 존 템플턴, 마이클 프라이스, 빌 나이그렌(Bill Nygren), 마리오 가벨리 등 이 기법을 실제로 활용한 사람들은 과거의 기업인수 및 합병 자료와 관련된 광범위한 기록과 데이터베이스를 갖고 있다.[18] 이들 자료를 들여다보면 과거의 많은 기업인수자들이 비슷한 기업을 인수하려고 얼마나 지불할 용의가 있었는지를 알 수 있다. 또한 특정 사업 분야의 기업인수를 저울질할 때 어떤 주가배수가 가장 많이 활용되었는지 알 수 있어, 가장 적합한 주가배수가 무엇인지도 알 수 있다. 예를 들어 빌 나이그렌은 자동차 부품업계에는 PSR이 가장 적합했음을 알아냈다. 또한 케이블 TV 사업자의 경우는 주가가입자배수(주가/가입자)와 PCR이 가장 중요하다는 것도 알게 되었다.

이 기법을 실제로 사용할 때는 먼저 가상의 기업인수자가 지불할 용의가 있는 가치를 계산한 후, 그 값을 할인해 최종적으로 의미 있는 가치에 도달한다. 이유는 이렇다. 기업을 인수하는 측은 경쟁자의 입찰을 따돌리기 위해, 또는 기업을 인수한 후 부가가치를 창출할 수 있다고 믿기 때문에, 매물 기업을 따로 떼어냈을 때보다 더 많은 금액을 주고 산다. 부가가치를 창출하는 방법에는 무능한 경영진 교체나 전략 수정, 비생산적인 자산 매각, 새로운 시너지 창조 등이 있다. 할인된 가치에 주식을 사면 나중에 기업인수자가 나설 경우 인수자가 지불할 가능성이 큰 프리미엄을 챙길 수 있다는 의미도 있다.

딜에 근거한 가치를 사용하는 투자자는 두 가지에 주의해야 한다. 첫째, 해당 기업과 사업 영역이나 지리적인 시장, 효율성 등의 측면에서 유사한 기업을 찾기가 쉽지 않을 수 있다. 그런 경우에는 해당 기업을 사업 부문별로 쪼개서 각 부문과 사업 영역이 어느 정도 유사한 기업을 찾아 기업인수에 근거한 가치를 계산하는 게 제일 좋다. 둘째, 기업인수 열풍이 부는 시대에 성사된 인수 가격은 기업의 진정한 가치를 과대평가할 수 있다. 기업인수가 과열되어 있을 때는 경쟁도 심하고 인수자가 너무 낙관적으로 생각하는 경향이 있어 적정한 수준을 넘어서는 금액을 지불하는 경우가 있다. 따라서 기업인수 및 합병의 활황기에 거래된 기업인수 금액은 평상시에 거래된 금액보다 더 많이 할인해서 가치를 평가해야 한다.

가치합산 모형

기업의 사업 부문 가치를 따로 계산한 후 전체를 합산하는 방법이다. 각 사업 부문을 떼어내 적절한 가치평가 척도로(앞서 다룬 DCF, 딜에 근거한 방법, 주가배수법을 사용하거나 유사한 기업이 기업인수 시장에서 얼마에 거래되는지 알아보는 방법 등) 독립적인 가치를 계산해내는 건 만만치 않은 일이다. 가치합산 모형이 가장 적합한 것은 거대기업집단이나 지주회사처럼 비중 있으면서도 성격이 전혀 다른 사업 부문으로 나뉘진 경우다.

그레이엄-도드(Graham-and-Dodd) 접근 방식

벤저민 그레이엄과 데이비드 도드가 도입한 방법은 어떤 기업을 3단계로 가치 평가한다.[19] 첫째, 경쟁우위가 거의 없는 기업은 순자산가치(Net Asset Value, NAV)가 곧 적정 기업가치라고 간주한다. 심각하게 쇠퇴한 기업이라면 청산가치에 해당하고, 계속기업이라면 대체가치에 해당한다. 그레이엄-도드류 투자자들은 매우 보수적이어서, 경쟁우위가 있는 기업만이 순자산가치를 능가하는 기업가치를 가질 수 있다고 생각한다.

대체로 프랜차이즈(franchise)가 있는 기업은 기업가치를 수익창출능력가치(Earnings Power Value, EPV)라고 하며, 순자산가치를 능가하는 부분을 프랜차이즈 가치(Franchise value, EPV – NAV)라고 부른다. 프랜차이즈 내에서 크게 성장할 것 같은 기업에는 더 큰 가치를 부여할 수 있는데, 성장의 가치를 반영할 수 있기 때문이다. 즉, EPV에 성장 프리미엄을 얹어 최대성장가치(full growth value)를 구할 수 있다.

수익창출능력가치(Earnings Power Value, EPV)

그레이엄-도드 접근 방식에서는 그렇지 않다고 증명되기 전까지는 거의 모든 기업이 경쟁우위가 없다고 보수적으로 가정한다. 결과적으로 거의 모든 기업의 적정 가치는 NAV, 즉 청산가치나 대체가치다. 믿을 수 있고 지속 가능한 경쟁우위가 있을 때만 NAV를 능가하는 가치를 인정한다.

지속 가능하고 확실한 프랜차이즈가 있는 기업의 경우, 안정적인 이익과 현금흐름을 무기한으로 창출한다는 게 핵심 가정이다. 하지만 수입 창출이 성장하지는 않는다고 가정함으로써 보수적인 입장을 유지한다. 물론 상당한 수입이 지속적으로 성장한다는 충분한 근거가 있으면 제대로 된 성장가치 평가를 실시한다.(아래 참조) EPV 계산은 기업의 지속적이며 배분 가능한 수입을 예측해 할인율 R로 현재가치를 구한다.

$$EPV = \sum_{i=1}^{+\infty} \frac{\text{수정 이익}}{(1+R)^i} + (\text{여유 자금} - \text{부채}) = \frac{\text{수정 이익}}{R} + (\text{여유 자금} - \text{부채})$$

(1) 수정 이익: 기업 소유자가 기업 운영에 차질을 주지 않으면서 매년 뽑아갈 수 있는 현금이다. 기업에 여유 자금과 부채가 전혀 없다면 다음과 같이 쓸 수 있다.

수정 이익 = $(1-T) \times EBIT_{수정} + (D\&A - CAPEX_{현상유지}) + RDSGA_{성장}$

① $EBIT_{수정}$: 지속 불가능하거나 일시적인 항목을 수정한 EBIT의 평활값(smoothed value)이다.

$EBIT_{수정} = EBIT_{평활} - (\text{반복되는 일회성 비용을 감안한 공제})$

위의 수식에 나타나듯 전형적인 EBIT 수정 사항은 아래와 같다.

- 경기 순환주기 효과 수정하기: EBIT는 경기 순환의 주기적인 효과에 영향을 받기 때문에, 더 의미 있는 수치를 얻으려면 과거 연도의 EBIT를 평활(smoothing)해야 한다. 과거 2년 동안의

EBIT 평균 이윤 폭을 구한 후 당기 매출액에 곱해 계산한다.

$$\text{EBIT}_{\text{평활}} = \text{매출액} \times (\text{EBIT 평균 이윤 폭}) = \text{매출액} \times \frac{\sum_{i=0}^{4} \text{EBIT}_{-i}}{\sum_{i=0}^{4} \text{매출액}_{-i}}$$

EBIT_{-i}와 매출액$_{-i}$는 각각 i년 이전의 EBIT와 매출액이다.

· 반복되는 '일회성' 비용 공제: 어떤 기업은 EBIT를 계산할 때 '예외적이다' 또는 '일회성이다'라는 이유로 특정 비용을 제외한다. 이런 비용들은 수년간 남아 있을 뿐 아니라 반복되기 때문에 EBIT에서 빼줘야 한다. 따라서 이런 비용의 평균값을 과거 수년간의 EBIT에서 비례적으로 빼야 한다. 예를 들어 C_{-i}가 i년 전의, 소위 '예외적인' 비용이라면 다음 비용을 $\text{EBIT}_{\text{평활}}$에서 빼야 올바른 $\text{EBIT}_{\text{수정}}$을 계산할 수 있다.

$$(\text{반복되는 일회성 비용의 분담금}) = \text{EBIT} \times \frac{\sum_{i=0}^{4} C_{-i}}{\sum_{i=0}^{4} \text{EBIT}_{-i}}$$

② T는 지난 몇 년 동안의 평균 실효세율(average effective tax rate)이며, '(납부한 세금 + 이연법인세) ÷ 세전이익'으로 계산한다.

③ (D&A − CAPEX$_{\text{현상유지}}$): D&A는 감가상각 및 감모상각을 말하며 기업의 성장을 위한 투자도 포함된다. 수정 이익을 올바로 계산하려면 기업이 현상유지를 위해 꼭 해야 하는 투자는 빼야 한다 (성장을 위한 투자는 무시한다). 하지만 D&A가 연간 투자비용을 제대로 반영한 회계수치가 아니기 때문에, 기업의 현상유지를 위한 자본적 지출(CAPEX$_{\text{현상유지}}$)을 빼고 D&A를 다시 더하는 게 낫다. 다만 수식을 보기 좋게 하기 위해 순서를 'D&A − CAPEX$_{\text{현상유지}}$'로 바꿔 썼다.

$$\text{CAPEX}_{\text{현상유지}} = (\text{전체 자본적 지출}) - (\text{당기 매출액 증가분}) \times \frac{\sum\limits_{i=0}^{4} \text{유형고정자산}_{-i}}{\sum\limits_{i=0}^{4} \text{매출액}_{-i}}$$

여기서 유형고정자산$_{-i}$는 i 년 이전의 (감가상각비를 제한) 유형고정자산을, 매출액$_{-i}$는 i 년 이전의 매출액을 말한다. 많은 기업들에서 매출액과 유형고정자산(감가상각비를 제한) 사이에 비교적 안정적인 관계가 관찰되기 때문에, 전체 자본적 지출에서 빼는 금액은 곧 성장을 위한 자본적 지출이라고 할 수 있다. 위의 수식은 이런 사실에 근거하고 있다.

④ RDSGA$_{\text{성장}}$: 거의 모든 기업에서 연구개발비(R&D)와 판매비 및 일반관리비(SG&A)의 일정 부분은 기업의 성장을 위해 쓰인다. 우리가 관심을 두는 것은 오직 기업을 운영하기 위해 필요한 지출이므로, 기업의 성장을 위한 연구개발비와 판매비 및 일반관리비는 다시 더한다. RDSGA$_{\text{성장}}$ 액수를 알 수 없는 경우에는 경험법칙에 따라 다음의 수식을 사용한다.

$$\text{RDSGA}_{\text{성장}} = (\text{매출액 증가분}) \times \frac{\sum\limits_{i=0}^{4} \text{RDSGA}_{\text{자본화}, -i}}{\sum\limits_{i=0}^{4} \text{매출액}_{-i}}$$

여기서 $\sum \text{RDSGA}_{\text{자본화}, -i}$는 i 년 이전의 자산항목으로서 수년에 걸쳐 연구개발비와 판매비 및 일반관리비를 자본화(감가상각도 적용)해 취득한 것이다. 매출액$_{-i}$는 i 년 이전의 매출액이다. 위의 수식을 성립하기 위해, 매출액을 일으키기 위해 필요한 RDSGA$_{\text{자본화}}$ 금액과 매출액 사이에 비례관계가 있다고 가정한다. 따라서 RDSGA$_{\text{성장}}$은 기업의 성장에 필요한 연구개발비 및 판매비 및 일반관리비가 된다.

(2) **할인율 R:** R에는 기업의 위험 정도가 반영되어야 하며, 경쟁 관계에 있는 다른 투자(이를테면 채권)의 추정수익률도 R에 영향을 준다. 일반적인 주식이라면 장기 주식시장 투자수익률(미국의 경우 9%)을 사용할 수 있다. 신용등급이 높은 기업이라면 경험법칙에 따라 'R = 1.25 × (미국 국채 10년물의 수익률)'로 정할 수 있다.

(3) **여유 자금 – 부채:** EPV 공식의 첫 번째 항이 가정하는 내용은 모든 기업의 자본은 자기자본이고, 부채가 전혀 없어 이자비용도 없고, 여유 자금이 없어 이자소득도 전혀 없다는 것이다. EPV의 최종 수치를 계산하려면 기업의 부채는 빼고 여유 자금은 더해야 한다.[20]

경제적 해자를 갖춘 프랜차이즈 기업만이 NAV를 능가하는 EPV를 가질 수 있음을 설명하기 위해 위의 EPV 공식을 다음과 같이 다시 써보자.

$$\text{EPV} = \frac{\text{NAV}_{op} \times \text{RONAV}_{op}}{R} + (\text{여유 자금} - \text{부채}) \leftrightarrow \text{NAV} = \text{NAV}_{op} + (\text{여유 자금} - \text{부채})$$

여기서 NAV_{op}는 기업 운영에 사용되는 NAV, 즉 'NAV_{op} = NAV – (여유 자금 – 부채)'이다. RONAV_{op}는 기업이 NAV_{op}를 이용해 기업 활동을 한 결과로 얻어지는 수익률을 말한다.

이 수식을 통해 EPV가 NAV보다 커지는 때는 $\text{RONAV}_{op} > R$인 경우뿐이란 걸 알 수 있다. 다르게 말하자면 기업이 자산을 이용해 자본조달비용을 능가하는 수익률을 달성해야 프랜차이즈 가치(EPV - NAV)를 창출할 수 있다는 얘기다. 경제용어를 사용해 말한다면 지속적인 경쟁우위 덕에 기업 운영에 사용된 자산이 초과수익을 달성해야 NAV보다 높은 EPV를 달성할 수 있다는 소리다.

최대성장가치

그레이엄-도드류 투자자들은 웬만해서는 성장에 가치를 부여하려고 하지 않는다. 평균을 능가하는 성장 전망은 실현되는 경우가 거의 없기 때문에 별로 미더워하지 않는다. 따라서 강력한 프랜차이즈가 없는 기업의 성장에는 가치를 부여하지 않는다. 이미 상당한 성장을 보여준 프랜차이즈에도 제값을(최댓값을) 다 주려고 하지 않는다. 경험 법칙에 의한 최대성장가치 계산 방법은 다음과 같다.

$$최대성장가치 = NAV \times \frac{ROIC - g}{R - g}$$

여기서 ROIC는 투하자본수익률, g는 보수적으로 추정한 수익성장률이다.

프랜차이즈가 강하고(즉, ROIC가 상대적으로 높다) 성장 전망이 좋은(즉, g가 R에 가깝다) 기업이라면 최대성장가치가 EPV보다 높을 것이다. 그런 경우 위의 수식을 아래와 같이 다시 쓸 수 있다.

$$최대성장가치 = NAV + (프랜차이즈 \ 가치) + (성장 \ 프리미엄)$$

대가들이 받드는
밸류에이션 신조

앞의 절들을 살펴보면서 기업 밸류에이션이 엄밀한 과학이 아니라는 걸 알게 되었을 것이다. 대가들은 밸류에이션이 어렵다는 걸 잘 알고 기업의 가치를 평가하는 과정에 많은 실수를 범할 것도 알고 있다. 실수를 줄이고 실수의 피해를 최소화하기 위해 대가들이 지키려고 애쓰는 신조를 살펴보겠다.

보수주의

밸류에이션이 갖는 필연적인 불확실성 때문에 대가들은 항상 보수적인 입장을 취한다. 다음의 원칙에 충실하려고 한다.

(1) 상당한 수준의 안전 마진을 확보한다. 실제로 주식을 매수할 때는 보수적으로 평가한 내재가치에서 적어도 25~30% 할인된 가격이라야 주식을 매수한다.

(2) 존 템플턴은 지속 가능하다는 뚜렷한 근거가 없다면 수익성 호전 같은 갑작스러운 실적 향상은 제거하고 평가할 것을 추천한다.[21]

보수적인 투자자들은 평균으로의 회귀가 얼마나 강력한 힘인지 잘 안다. 따라서 현재의 뛰어난 실적보다는 과거의 실적에 비중을 더 두는 편이다.

(3) 그레이엄-도드류 투자자들은 성장을 회의적으로 보는 시각을 옹호한다. 기업을 평가할 때 손익계산서보다는 재무상태표에 훨씬 더 많은 의미를 부여한다.

단순함

대가들은 밸류에이션을 할 때 '간단한 게 좋다' 원칙(KISS principle, Keep It Simple Stupid)을 고수한다. DCF는 매개변수의 불확실성 때문에 잘 사용하지 않는다. 너무 위험한 기업의 밸류에이션도 피한다. 예컨대 부채비율이 너무 높은 기업은 멀리하는데, 작은 실수 하나에도 예측이 크게 달라질 수 있기 때문이다.

대가들은 상대적으로 안정적인 기업에 집중하며 각 기업에 가장 적합한 밸류에이션 기법을 찾으려고 한다. 간단한 주가배수나 3~5개 매개변수를 갖는 간단한 모형을 자주 이용한다. 워런 버핏의 최측근인 찰리 멍거는, 주식의 상대적인 밸류에이션에는 정교함(6~12개 매개변수)보다는 일관성이 훨씬 더 중요하다고 강조한다. 왜냐하면 일관성 때문에 부정확성이 증폭될 수 있기 때문이다.

삼각측량법

지금까지 살펴본 모든 밸류에이션 기법은 저마다의 한계와 불확실성을 갖고 있다. 이런 점을 고려할 때 단 하나의 기법에만 의존해서 주식의 내재가치를 평가하는 것은 현명하지 못하다. 존 템플턴 같은 대가는 그래서 '삼각측량법'을 추천한다. 즉, 적절한 밸류에이션 기법 몇 개를 선택해서(예를 들어 DCF, PER, PBR) 주식의 내재가치를 다각도로 판단하는 것이다. 진정 좋은 기회라면 모든 척도, 혹은 대부분의 척도로 평가했을 때 두드러져 보일 것이다.

상대적 밸류에이션

대가들이 밸류에이션 결과를 판단할 때 특히 주의를 기울이는 상대적 비교 대상은 다음과 같다.

(1) **경쟁 업체**: 밸류에이션 결과를 경쟁 업체와 비교해서 차이가 있다면 이유가 무엇인지 찾아볼 수 있다. 하지만 아무리 경쟁 업체라고 해도 종종 부분적으로만 비교할 수 있을 뿐, 사업 구성, 전략 등이 달라 맞바로 비교하기 힘든 경우도 많다.

(2) **동일한 척도로 평가한 과거 밸류에이션 결과**: 대가들은 때로는 과거의 수치가 기록한 범위와 현재의 밸류에이션 수치를 비교하기도 한다. 주로 주가배수의 경우가 그렇다.[22] 앤서니 볼턴에 따르면, 최소 10년 이상이면서 경기 순환주기 전체를 포함하는 밸류에이션 결

과를 비교해야 한다. 기업 환경이 달라지면서 밸류에이션 값이 어떻게 변해왔는지를 알 수 있기 때문에 중요한 지적이다. 반면 과거에 비해 기업이 너무나 많이 바뀌었다면 과거의 밸류에이션 값과 비교하는 건 무의미하다. 이런 이유로, 과거 밸류에이션 결과와 비교하기에 가장 적합한 경우는 다음과 같다.

- **경기민감주**(cyclicals): 경기 순환주기의 유사한 국면에서 과거 밸류에이션 값과 비교할 수 있다.
- **성숙 기업**: 이런 주식은 주가가 횡보하거나, 과거의 PER보다 높다면 좀 더 납득이 가는 수준의 PER이 될 때까지 주가가 하락하는 경우가 많다.[23]
- **성장주**: T. 로 프라이스(T. Rowe Price)는 PER이 지난번 경기순환 때 기록했던 최저 PER 대비 약 30% 상승한 성장 주식들 중에서 저평가 주식을 찾으려고 했다.[24]

(3) **시장**: 상대적인 분석을 할 때 조심해야 할 점은 비교 대상으로 삼은 주가배수들이 비정상적으로 높거나 낮을 수 있다는 사실이다. 특별한 시장 상황(이를테면 호황과 불황 주기)이었거나, 특정 섹터 전체가 특정 시점에 유리하거나 불리한 상황이었을 가능성이 있기 때문이다.

'싸게 사는' 것보다 우량주를 사는 게 우선

투자자들이 흔히 저지르는 실수 중 하나는 우량주를 너무 비싸게 사는 것이다. 뛰어난 기업은 시장도 잘 알고 있다. 《투자 우화》를 저술한 어스워스 다모다란은 책에 소개된 한 연구를 통해, 시장이 어떤 기업의 좋은 지배구조나 사업의 질은 주가에 굉장히 잘 반영한다고 밝혔다. 따라서 우량주를 너무 비싸게 사면 수익률이 저조해질 수 있다.

비우량주를 '싸게' 사는 것도 해롭기는 마찬가지다. 워런 버핏과 존 템플턴 같은 대가는 우량주를 괜찮은 가격에 사는 것이, 비우량주를 싸게 사는 것보다 훨씬 낫다는 신념을 갖고 있다.

(1) 때로는 시장이 우량 기업의 잠재력을 과소평가하는 경우도 있다. 시장이 수용할 수 있는 주가배수에도 한계가 있다. 다시 말해 시장은 예외적으로 뛰어난 실적을 주가에 잘 반영하지 못할 수 있다. [1990년대 마이크로소프트나 델(Dell)처럼 연 40~50% 이익성장률이 지속되는 경우]

이를 뒷받침하는 다른 예로 다음의 사실을 알아낸 포괄적인 연구 결과를 들 수 있다. 지난 50년간 미국에서 가장 높은 수익률을 기록한 주식들은 PER이 20~50인 주식들이었다. 다시 말해 주가가 본격적인 고공행진을 펼치기 전에 이미 통상적인 시장의 기준으로 볼 때 비싼 주식들이었다.[25]

(2) 시장은 우량 기업의 위험과 불확실성을 종종 과장하거나, 비우량 기업의 위험과 불확실성을 흔히 과소평가한다. 다시 말해 우량 기업은 계속해서 시장을 긍정적으로 놀라게 하는 반면, 비우량 기업은 전망과 같거나 미달하는 실적을 발표하는 경향이 있다.

회의주의

주식시장에는 똑똑한 사람들이 많고, 그 결과 시장의 효율성은 높다. 따라서 특정 밸류에이션 척도에서 싸 보이는 주식은 십중팔구 그럴 만한 이유가 있다. 같은 논리로 전망이 매우 밝은 주식은 상대적으로 높은 주가배수에 거래될 가능성이 크다. 다르게 표현하면 주가는 가장 믿을 만한 내재가치 추정치와 대체로 일치하기 마련이다.

이를 잘 아는 대가들이기에, 저평가주를 발견했다 싶을 때도 여전히 회의적인 시각을 고수한다. 이와 관련한 몇 가지 조언은 다음과 같다.

(1) 투자자는 저평가주를 찾았다고 생각될 때마다 자신의 투자 논리에 약점이 없는지 재확인해야 한다. 이런 습관을 통해 첫 번째 밸류에이션 과정에서 혹시 놓친 게 없었는지를 알아볼 수 있다. 예컨대 회계 방식은 옳았는지(특히 외국 주식의 경우), 보다 현실적인 정상 이익을 구하기 위해 추가로 수정해야 할 사항이 있는지 등을 살필 수 있다.

(2) 《The Aggressive Conservative Investor(공격적인 보수 투자자)》의 저자인 마틴 휘트먼은 책에서, 어떤 주식이 진정 저평가되었다고 해도 투자자가 반드시 돈을 번다는 보장은 없다고 했다. 이 사실을 직시해야 한다. 어떤 주식은 아주 오랫동안 과소평가된 채로 있을 수 있다. 아니면 아예 헐값에 상장폐지되거나 다른 기업에 인수되어, 참을성 있게 오랫동안 주식을 보유한 장기 투자자는 별로 얻는 게 없을 수도 있다.

(3) 수많은 대가들의 한결같은 조언은 자신이 경쟁력 있는 분야에 집중하라는 것이다. 다른 사람들보다 해당 분야를 더 잘 알기 때문에 저평가주를 잘 찾을 수 있고 그만큼 성공 가능성도 커진다. 어쨌든 밸류에이션을 제대로 하려면 자신이 해당 산업이나 기업을 충분히 잘 알고 있는지 자문해야 한다. 잘 모르는 분야는 피해야 한다.

이번 장에서 설명한 다양한 밸류에이션 방법을 그림 14에 정리해놓았다. 그림에서 볼 수 있듯, 밸류에이션은 6가지 원칙을 따른다. 우선 밸류에이션 모형은 단순해야 한다. DCF에서는 매개변수를 제한하고, 가급적 DCF의 사용을 자제한다. 단순한 주가배수들이 종종 DCF보다 낫다.

또 다른 중요한 원칙은 보수주의다. 기업을 평가할 때 항상 안전 마진을 둠으로써 실수에 대비한다. 보수적인 투자자는 재무상태표의 항목을 이용한 주가배수를 선호한다. 손익계산서나 현금흐름 자료를 이용한 주가배수를 사용할 때는 수치가 정상화되고 후행인지 확인해야 한다. 보수적인 투자자는 성장과 경쟁우위를 그다지 미더워하지 않기 때문에, 이런 입장을 바꿀 만큼 확실한 것이 아니면 밸류에이션에 반영하지 않는다.

기업의 적정 주가를 파악하려면 경쟁 업체나 과거의 수치와 비교해보는 것이 좋다. 실수를 줄이는 데는 삼각측량법이 유용하다. 괜찮은 가격에 살 수 있는 우량주를 찾아야 하며, 시장은 어리석지 않으므로 항상 밸류에이션을 확인하고 또 확인해야 한다.

끝으로, 앞서 2장에서 살펴본 외부의 신호를 이용해 투자자가 가진 밸류에이션의 근거를 확인하는 게 좋다. 신호가 없다고 해서 문제가 되지는 않지만, 만약 신호가 다시 한번 확인해준다면 그만큼 투자자의 논리는 단단해질 것이다. 예를 들어 다양한 내부자들이 주식을 매수한다든지, 자사주를 대규모로 매입한다면 투자자는 자신의 투자 논리를 더 확신하게 된다.

그림 14. 밸류에이션 도구와 기본 원칙들

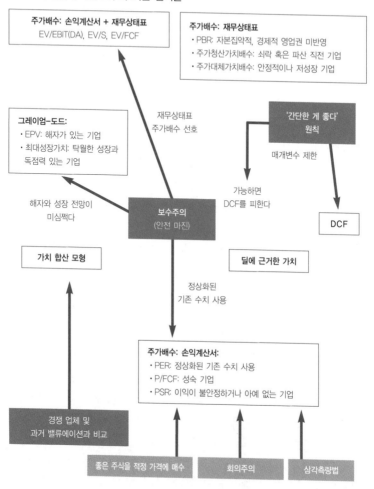

5

투자 과정에서 저지르는
흔한 실수와
이를 피하는 방법

큰돈을 쉽게 버는 일처럼 이성을 마비시키는 것도 없습니다. 그런 짜릿한 경험을 한번 겪고 나면 평소에는 분별 있던 사람도 무도회에 온 신데렐라처럼 굴기 시작합니다. 무도회에 너무 오래 머물면 결국 남는 건 호박과 생쥐뿐이라는 걸 신데렐라도 잘 알듯이, 미래의 현금 창출력에 비해 지나치게 높은 주가배수를 형성한 기업에 투자하는 것이 투기라는 것을 이들도 잘 알고 있습니다. 그러면서도 화려한 무도회의 한 순간도 놓치고 싶어 하지 않습니다. 아슬아슬함을 즐기는 이 사람들은 자정 직전에 무도회를 떠날 수 있다고 생각합니다. 그런데 문제가 하나 있습니다. 무도회장의 시계에는 시곗바늘이 없다는 것입니다.

워런 버핏, 버크셔 해서웨이 주주 서한, 2000년

앞선 2~4장에서 우리는 건전한 투자 과정의 세 가지 요소를 살펴봤다. 잠재적으로 흥미로울 주식을 걸러내는 일과 펀더멘털 분석, 밸류에이션이다. 간단해 보일지 몰라도 투자자들은 각 과정에서 흔히 실수를 저지른다. 잘못된 곳에서 저평가주를 찾는 실수, 펀더멘털 분석을 하더라도 피상적이거나 편향되게 하는 실수, 밸류에이션을 대강대강 하는 실수 등이다. 하지만 무엇보다도 투자자들의 가장 큰 실수는 앞뒤가 안 맞고 효과도 없으며 모순되는 잘못된 투자 과정으로 시장에 접근하는 일이다. 이 장에서는 투자자들이 흔히 저지르는 실수를 살펴볼 것이다. 앞부분에서는 먼저 투자 과정에서 흔히 저지르는 실수들을 요약하고, 뒷부분에서는 그런 실수를 피하는 방법을 다룰 것이다.

투자 과정에서 흔히 저지르는 실수 살펴보기

앞뒤가 맞지 않는 투자

투자 과정에서 가장 흔한 실수는 아마도 내세울 만한 투자 과정 자체가 없는 일일 것이다. 많은 사람들이 전혀 모르는 주식을 단지 정보를 한마디 들었다거나 언론에서 대서특필했다는 이유만으로 매수한다. 또 다른 문제는 투자철학이 무엇을 의미하는지를(우리가 1장에서 살펴봤듯이) 제대로 이해하는 투자자가 거의 없다는 사실이다.

모두가 주식은 싸게 사서 비쌀 때 팔아야 한다는 입에 발린 말을 하는데, '싸다'와 '비싸다'가 진정 무엇을 의미하는지 전혀 모르고 있다. 그 결과 사람들은 투자와는 전혀 무관한 접근 방식으로 시장에 뛰어든다.[1] 사람들은 종종 지나친 자신감이나(이를테면 자신이 많은 정보를 얻을 수 있기 때문에 시장보다 우위에 있다고 믿는다), 시장을 꿰뚫고 있다는 착각(투자가 쉽고 익숙하게 느껴지기 때문에)에 빠져 주식에 손을 댄다. 투자를 게임이라고 생각하는 사람들에게 일어날 수 있는 최악의 경우는 연속해서 돈을 따는 일이다. 일시적인 성공은 투자자의 투자 과정이나 전략이 장기적으로는 전혀 유리하게 작용하지 않음에도 불구하고, 투자자 자신이 잘하고 있다는 확신을 줄 수 있다. 그렇게 계속하다 보면 결국은 재앙을 맞게 된다.

아래에서 설명하듯이, 앞뒤가 맞지 않는 투자의 가장 중요한 두 가지 예는 트레이딩이나 투기를 투자로 착각하는 일이다.

●●●

당신이 보유하는 주식이 어떤 주식이고 왜 보유하는지를 알아야 한다. "이 녀석은 오르게 되어 있어!"라는 말은 안 통한다.

피터 린치(www.youtube.com/watch?v=pnCLIdCJfQ)

투자와 트레이딩을 혼동하다

투자자와 트레이더는 전혀 다른 투자철학을 갖고 있다. 투자자는 주가가 내재가치를 벗어날 때 주식을 사거나 판다. 반면 트레이더는 주가 움직임에 따라 사고판다. 투자와 트레이딩의 요소를 결합해서 성공한 사람들이 여럿 있기도 하지만, 실제로는 내재가치 개념을 무시하기 때문에 이들 모두 사실상 트레이더라고 봐야 한다.[2]

투자 과정에 트레이딩 개념을 도입하면 문제가 생기기 시작한다. 순수한 의미의 가치투자자는 다음의 행태를 받아들이기 힘들다.

(1) 매수 포지션에 손실 제한 주문(stop-loss order) 사용하기: 손실 제한 주문이란 주가가 미리 정해놓은 가격 아래로 떨어지면 자동으로 팔게끔 걸어놓는 매도 주문을 말한다. 트레이더는 자신이 가진 트레이딩 근거가 주가의 움직임으로 부정되면 포지션에서 빠져나오려 하기 때문에 손실 제한 주문을 사용하는 게 말이 된다. 하지만 투자자

는 손실 제한 주문이 투자철학과 상충한다. 워런 버핏은 손실 제한 주문을 마치 '100만 달러를 주고 산 집을 부동산업자에게 맡겨놓고, 만약 80만 달러에 사겠다는 사람이 나선다면 팔라고 하는 식'이라고 했다. 주식의 내재가치에 변동이 없다면, 주가가 하락하면 매력이 떨어지는 게 아니라 더 증가한다는 게 투자의 철학이다. 따라서 투자자의 눈에 주가 하락은 주식을 매수할 수 있는 잠재적 기회지, 주식을 팔아야 할 이유가 아니다.

(2) **피라미드 쌓기**: 트레이더는 주가가 올라가면 종종 주식을 추가로 매수한다. 즉, 피라미드처럼 쌓아 올린다. 이는 모멘텀 트레이딩 철학에 부합하는 것인데 주가의 상승세가 계속해서 이어질 가능성이 크다고 보는 것이다. 투자자는 피라미드 쌓기에 수긍하기 힘들다. 투자자는 주가의 움직임을 보고 주식을 사고파는 게 아니다. 기업의 펀더멘털을 분석한다. 주가가 올라도 여전히 주식이 상당한 수준으로 저평가되었다고 판단될 때만 추가적인 주식 매수가 정당화된다는 게 투자자의 생각이다.

투자가 아닌 투기

투자자라면 투자와 투기를 구분해야 한다. 투기는 예감이나 소문, 희망, 부질없는 기대에 근거해 주식을 사고파는 걸 말한다. 투기꾼은 내재가치 개념에 관심이 없다. 투기꾼의 유일한 목표는 매입가보다 높은 가격으로 부주의한 매수자에게 팔아넘기는 일이다.

투기꾼은 '더 바보 이론(bigger fool theory)'을 신봉하기 때문에, 주식을 바보 같은 가격(즉, 적정 주가보다 비싸게)에 사더라도 나중에 더 어리석은 바보가 더 높은 가격에 살 것이라고 예상되면 괜찮다고 생각한다. 따라서 투기꾼은 나중에 누군가 더 높은 가격에 자신이 소유한 주식을 살 이유만 보이면 펀더멘털이 약한 주식을 거리낌 없이 살 수 있다.

언제 성사될지도 모르는 기업인수를 예상하고 주식을 사거나, 경영진이 뭔가 특별한 행동을 취할 거라는 믿음에 주식을 매수하는 행위가 투기적인 주식 거래의 좋은 예다. 또 다른 예는 시장에 거품이 있는데도 비싼 주식을 사들이는 행위다.

투기가 단기에 보상받을 수도 있지만 장기에 걸쳐 성공하는 경우는 거의 없다. 사람들이 투기를 진지하게 받아들이기 시작하면 매우 위험해진다. 가장 쉬워 보일 때가 가장 치명적일 때다.

이번 장의 앞머리에서 인용했듯이, 워런 버핏에 의하면 투기의 가장 큰 문제는 시장이 과열되었을 때 열기가 언제 식을지 알기가 대단히 어렵다는 점이다. 투기꾼 대부분은 거품이 터지고 시장이 급격하게 하락할 때 덥석 문다. 거품이 없을 때도 투기가 위험한 건 마찬가지인데 건전한 철학이나 스타일에 근거하지 않았기 때문이다. 워런 버핏은 사실상 원하지도 않는 주식을 순전히 다른 사람에게 되팔려는 생각으로 사서 돈을 벌 만큼 똑똑한 사람은 이 세상에 없다고 확신한다.

이제는 표 3에 잘 나타나 있듯이, 투자와 투기는 전혀 다른 것이며, 투기꾼은 자신이 투자자라고 스스로를 속이면 안 된다는 것이 분명해졌길 바란다.

	진정한 투자자	투기꾼
표 3. 투자자 대 투기꾼		
전략	가치 > 가격일 때 매수 가치 < 가격일 때 매도	'더 바보 이론' 신봉
태도	장기에 적절하고 현실적인 수익률 추구 ; 인내심	단기에 경이로운 수익률 추구 ; 불안, 초조 ; 하루하루 가격 변동에 부가 좌우된다고 생각
상승장에서의 처신	신중하다 ; 선별 매수 ; 전반적으로 매도 우위, 현금 쌓기	지금이야말로 투기할 때 ; 뒤처진 투자자를 비웃는다. "거품이 꺼지기 전에 빠져나오겠다."
하락장에서의 처신	우량주 계속 보유 ; 하락장이 바닥을 찍을 때 매수	방심하다가 허를 찔려 돈을 몽땅 잃는다 ; 저점 근처에서 공황 상태에 빠짐
투자 과정	심사하고 펀더멘털 분석과 밸류에이션	예감 + 소문 + 희망 + 시류에 편승

잘못된 곳에서 저평가주를 찾다

대가들은 투자 아이디어가 떠오르면 2장에서 설명한 대로 체계적으로 철저한 검토를 거친다. 초과수익을 안겨주지 못할 게 자명한 주식에 시간을 허비하지 않는다. 반면 대개의 투자자는 체계 없이 잠재적인 저평가주를 찾아 헤맨다. 우연히 알게 된 주식을 분석하는 게 일반적이다.

앞서 1, 2장에서 살펴봤듯이 많은 투자자들이 잘못된 주식에 매력을 느낀다. 소위 '핫한 주식'인데, 군집행동이나 이미 알고 있는 것으로만 추정하려는 경향 때문이다. 이보다는 덜 알려졌지만 자신이 잘 알고 있다고 생각하거나 다른 사람들의 생각에 동조해서 저지르는 실수들도 위험하긴 마찬가지다.(1장 참조) 사람들은 자신의 집과 가까운 곳에 본사가 있거나 뛰어난 제품을 보유한 기업, 혹은 자신이 잘 안다고 생각하는 사업 분야의 기업 주식을 종종 편하게 생각한다.

펀더멘털 분석에서 저지르는 실수

독립성 부족

실사를 독립적으로 수행하는 일은 시간이 많이 걸리고 노력도 해야하는, 적절한 경험과 전문성을 요하는 작업이다. 독립성을 유지하려면 남들의 의견 뒤에 숨지 않는 용기도 필요하다. 이런 이유로 많은 투자자들이 전문가를 따라 하고, 경제 전문 언론에서 우연히 들은 최신 조언을 그대로 받아들이고, 가족과 친구가 전해준 팁에서 힌트를 얻는다. 힘든 일을 남에게 시키는 것만큼 쉬운 것도 없다. 하지만 지금부터 보게 되듯이 그렇게 해서 성공하기는 대단히 어렵다.

전문가의 말을 따르는 실수

투자의 세계에서 애널리스트나 투자 전문가, 경제학자 등으로부터 편향되지 않은 귀중한 정보를 얻기란 매우 힘들다. 수많은 연구를 통해 이들 전문가 집단의 실적이 형편없다는 사실이 입증되었다. 애널리스트는 특히 시장의 수익 전망 예측을 잘 틀리고, 투자 전문가들은 자산

분배에 그다지 소질이 있어 보이지 않는다.[3] 투자 소식지를 받아봐서 시장을 능가한 사람은 거의 찾아보기 힘들고 경제 전망은 신뢰하기 어렵다. 그림 15는 1970년 이후 경제 애널리스트들의 향후 1년 전망과 그해 1년 동안의 실제 GDP 성장을 나란히 보여준다. 그림에서 볼 수 있듯이 경제학자들은 경기침체기나 활황기를 사후에나 인식한다.

그림 15. 애널리스트 전망 대 GDP

전문가의 실적이 이토록 형편없는 데는 여러 이유가 있다. 첫째, 경제 전체나 개별 기업의 매출액과 이익을 예측하는 일은 대단히 어렵다. 예측의 경우 전문적인 지식이 많다는 사람들도 그렇지 못한 사람들보다 겨우 조금 나을 뿐이다.[4] 사실, 아는 것이 정말 많고 지능도 가장 높은 사람들의 예측이 오히려 보통 사람의 예측보다 더 부정확하다. 이는 자존심이 상식을 지배하기 때문일 수 있다. 똑똑한 사람일수록 자신의 생각을 바꾸거나 실수를 인정하지 않는 경향이 있다. 게다가 똑똑한 사람들은 자신의 능력을 너무 믿는 나머지, 예측 모형을 지나치게 복잡하게 만드는 경향이 있다.

전문가의 실적이 형편없는 두 번째 이유는 투자 세계의 많은 정보가 편향되어 있다는 점이다. 증권사에 소속된 애널리스트나 투자은행의 투자 전문가들은 자기 회사에 돈을 벌어줘야 한다. 투자자들이 포트폴리오 내의 주식을 자주 바꿔줘야 자기 회사에 수수료를 벌어줄 수 있다. 따라서 이들이 전하는 얘기는 대개 순수한 자신의 소견이기보다는 상품 권유에 가깝다.

엎친 데 덮친 격으로, 귀중하고 편향되지 않은 정보를 전문가에게 들었다 해도 투자자는 혜택을 보기 어렵다. 따라 하기 어렵기 때문이다. 주식시장에 정보가 공개된 후 정보에 따라 움직여도 십중팔구 이미 주가에 반영되었을 가능성이 크다. 투자 소식지 같은 비제도권 투자 서비스에서도 마찬가지다. 소식지의 구독자는 소식지에서 추천하는 대로 주식을 거래할 수 없는데, 시간 차가 있거나 현금이 부족하기 때문일 수 있다.

끝으로, 큰 성공을 거둔 대가들의 추천 방법도 역시 따라 하기 어렵다. 꽤 괜찮은 수익을 낼 수도 있지만 대가들을 모방해서 수익을 내기가 어려운 3가지 이유가 있다. 첫째, 대가들은 모방자와 경쟁하지 않으려고 자신만의 투자법으로 신중하게 투자한다. 따라서 대가들의 움직임이 공공연하게 알려지기 전까지 수주일 혹은 수개월을 기다려야 할지도 모른다. 둘째, 대가의 투자가 대중에게 알려지면 모방자들이 행동을 취하기 때문에 잠재적인 초과수익이 빠르게 소멸할 수 있다. 셋째, 대가들이 투자한 종목 하나만 달랑 따라 하다 보면 주식의 비중이나 수량, 종목 등에서 대가들의 포트폴리오와는 상당히 다른 포트폴리오를 갖기 십상이다. 달리 말해서 대가의 포트폴리오와 이를 따라 하는 사람의 포트폴리오가 거두는 수익률이 상당히 다를 수 있다는 얘기다.

●●●

애널리스트의 예측을 믿어도 될 만큼 뻔한 산업은 없다. 예측을 믿었다간 문제에 봉착하기 십상이다.

데이비드 드레먼(Dreman, 1998)

경제 전문 언론이라는 나쁜 조언자

경제 전문 언론의 본질은 투자라는 복잡한 주제와 관련한 귀중한 정보를 제공하는 게 아니다. 경제 전문 언론은 시청률과 구독률을 끌어올려야 하는 사업에 종사하고 있다. 따라서 신문이든 방송국이든, 경제 전문 언론은 선정적인 뉴스를 만들어낼 수 있고 자신의 의견을 거침없이 쏟아내고 언론과 체질이 잘 맞는 사람을 자꾸 등장시키려고 한다. 또한 언론은 절대적으로 단기에 집중하는데, 대부분의 독자나 시청자 역시 단기에 집중하기 때문에 그렇다. 장기에 관심 있는 진정한 투자자가 관심을 보일 만한 뉴스는 아주 드물다.

경제 전문 언론은 많은 독자와 시청자가 그렇듯이 돈을 지키는 것보다는 돈을 버는 데 집중한다. 따라서 경제 전문 언론이 방어적인 접근을 추천하는 일은 거의 없다. 시장에 투기적인 거품이 가득하거나 강세장의 막판처럼 방어적 접근이 가장 타당한 선택일 때조차, 언론은 방어하라고 추천하는 일이 거의 없다.

친구와 친지들이 알려주는 팁에서 힌트를 얻다
친구나 가족, 또는 내부자가 알려주는 팁은 귀에 솔깃하다. 하지만 그건 부자가 되는 길이 아니다. 2장에서 대가들이 가족이나 친구, 이웃, 친지들로부터 팁을 얻지 않는다고 했다. 많은 대가들이 초창기에는 각종 팁에 귀를 기울였다고 실토한다. 하지만 거의 예외 없이 나쁜 경험들을 했고, 팁을 따르지 말아야겠다는 교훈을 얻었다고 이야기한다. 이는 당연하다. 스스로도 잘 생각하는 대가들이 투자처럼 복잡한 분야에 관해 친구나 친지로부터 도대체 무슨 도움 되는 얘기를 들을 수 있겠는가?

●●●

자만심에 크게 영향받은 의욕 때문에 소위 '확실한 정보'의 피해자가 된다. 반면, 이렇게 좋은 정보를 나 말고도 1,000명이 넘는 사람들이 들었을 것이라는 겸손한 마음을 갖는다면 틀림없이 보상받을 것이다. 다른 사람의 조언을 구해 들어 큰돈을 번 사람은 없다.

데이비드 캐럿(Krass, 1999)

편향된 분석

기업을 철저하게 분석하는 일은 어렵다. 객관적으로 분석하는 일은 더욱 어렵다. 기업을 분석할 때 인지 편향이 끼어들면 투자자는 종종 실수를 범한다.(1장 참조) 그 결과 실사를 엉성하게 하거나, 자신의 투자 아이디어를 지지하는 근거만 찾고 부정하는 사실은 외면한다.

대가들도 다음에 열거하는 인지 편향의 희생자였다는 사실을, 실사를 할 때 누구도 이런 인지 편향에서 자유로울 수 없다는 경종으로 받아들여야 한다.

(1) **생각 없는 추정**: 많은 사람들이 과거 추세가 미래에도 계속되리라 생각한다. 이에 성장이 계속된다고 단순하게 생각하고 실적을 예측한다. 하지만 기업의 이익과 매출은 그렇게 쉽게 예측 가능하지 않다. 그뿐만 아니라 아무 생각이 없는 단순한 추정은 기업의 성장과 주가에 큰 영향을 미치는 거대한 흐름을 놓치게 한다.

(2) **아전인수 편향**: 사람들은 결정하는 데 필요한 정보를 선별한다. 정보가 최근의 것일수록, 감정에 더 호소할수록, 더 흥미롭게 전해질수록 비중을 둔다. 그 결과 불완전하고 입증되지 못한 정보와 허술한 실사도 편하게 받아들인다. 예를 들어 카리스마 넘치는 CEO의 멋진 프레젠테이션을 들으면 회사가 훌륭해 보이는 식이다.

(3) **동조 및 연고 편향**: 어떤 이유에서건 기업이 마음에 들면 사람들은 자신의 긍정적인 의견을 뒷받침해줄 근거를 찾으려고 한다. 반대로 자신의 의견과 배치되는 근거는 무시한다. 더 큰 문제는 사전에 기업이 훌륭하다는 판단을 내리고 철저한 실사를 아예 건너뛰는 태도다. 예를 들어 자신이 좋아하는 제품을 만드는 기업, 집에서 가까운 곳에 주력 사업장이 있는 기업, 멋지거나 익숙한 이름을 가진 기업, 아니면 심지어 우연의 일치로 자신과 관련 있어 보이는 기업(이를테면 자신의 이름과 약자가 같은 기업)에 긍정적으로 편향된다.[5] 《월스트리트 전설들의 10억짜리 투자 교훈(The Billion Dollar Mistake)》에서 저자 스티븐 바이스(Stephen Weiss)는 동조 편향의 무서운 힘을 잘

보여준다. 경험 많고 노련한 투자자인 커크 커코리언(Kirk Kerkorian)
은 GM이 파산하기 직전에 투자했다가 큰 손실을 봤다. 어렸을 때부
터 자동차광이었던 커코리언이었기에 GM에 투자할 때 제대로 판단
하지 못했고, 그 결과 최악의 시점에 투자를 감행했다.

(4) **친숙 편향**(숙지 착각): 사람들은 어떤 이유에서건 기업을 잘 안다
고 생각하면 철저한 분석을 건너뛴다. 많은 사람들이 자기 회사를 잘
알고 있다는 생각으로 주식을 산다. 하지만 직원이라고 해도 남보다
회사의 재무 정보를 더 잘 알지는 못하는 것이 사실이다. 스티븐 바
이스는 대가도 저지르는 숙지 착각의 좋은 예를 보여준다.[6] 세계 최
고의 사모투자자인 데이비드 본더먼(David Bonderman)은 워싱턴 뮤
추얼(Washington Mutual, WM)이 파산하기 직전인 2008년에 투자했
다가 무일푼이 되었다. 본더먼은 몇 해 전 WM 이사회의 일원이었기
때문에(자신의 사모투자를 이끌 때와 달리) WM에 대한 분석을 전혀 하
지 않았다. 이사회 일원이었으니 WM을 잘 안다고 판단하는 실수를
범했다. 본더먼이 이사회에 있을 때와 완전히 달라졌다는 사실을 생
각하지 못한 것이다.

확률과 우연에 대한 무지

확률과 우연은 직관에 어긋나기 때문에 이해하기 어렵다. 연구에 따
르면, 통계 전문가조차 특정한 통계 문제에 봉착하면 잘못된 방향으
로 인도하는 직관을 뿌리치기 어려워한다. 사람들이 실사 과정에서
다음과 같은 실수를 범하는 건 충분히 이해할 수 있는 일이다.

(1) **대표성 편향**: 투자자는 종종 통계적으로 무의미한 소수의 사례에서 결론을 도출한다. 이를 인지 편향에서는 대표성 편향이라고 한다. 예를 들어 하나의 매장에서 매출이 안 좋다고 해서 유통업체 전체의 매출이 나쁘다는 결론을 도출하면 안 된다.

(2) **인과관계 혼동**: 인과관계를 헷갈리는 투자자들이 있다. 상관관계와 인과관계를 혼동한다. 또는 원인과 결과 관계를 거꾸로 이해한다. 예를 들어 경기와 여성의 평균 치마 길이 사이에 상관관계가 있을 수는 있으나, 그렇다고 해서 여성의 평균 치마 길이로 경기나 기업의 이익을 예측하려 한다면 터무니없는 일일 것이다.

(3) **평균값 이용**: 어떤 사람들은 평균값으로 미래를 예측하려 한다. 과거 약세장의 평균 지속 기간을 계산해서, 새로 시작된 약세장이 언제 끝날지 예측하려는 태도를 예로 들 수 있겠다. 저점을 통과한 이후 경제와 기업 이익이 어느 정도 세기로 반등할 것인지를 알아내려고, 과거에 있었던 경기침체 후 평균 반등 수준을 알아보려는 태도도 마찬가지다.

잘못 짚은 요인에 집중하기

많은 투자자들이 실사에 별 영향을 미치지 않는 요인에 지나치게 주의를 기울인다. 흔한 예는 다음과 같다.

(1) **경제 시나리오에 집중하기**(상향식 투자자의 경우): 많은 상향식 투자자들이 주식을 분석할 때 경제 전망을 도입한다. 앞서 논의했듯이 경제를 예측하기란 대단히 어렵다. 경제 전망을 중요하게 생각하는

투자자는 자신이 하향식 투자자인지, 상향식 투자자인지 곰곰이 생각해볼 일이다. 일반적으로 상향식 투자자는 경제 전망에 크게 신경 쓰지 않는다. 대신 개별 기업 분석에 집중하며 경기와 무관하게 주목받을 가치를 찾아내려고 한다.

(2) **근시안적인 시각**: 진정한 투자자는 분석을 할 때 장기에 집중하고 단기 요인은 고려하지 않는다. 진정한 투자자는 기업의 다음 분기 실적에 일희일비하지 않는다. 대신 향후 몇 년간의 기업 성장과 번영에 집중한다.

●●●

찰리 멍거와 나는 시장 단기 전망이 여전히 독약이라고 생각합니다. 독약은 아이들과, 주식시장에서 아이처럼 변하는 어른들의 손이 닿지 않는 안전한 곳에 보관해야 합니다.

워런 버핏, 버크셔 해서웨이 주주 서한, 1992년

밸류에이션 실수

밸류에이션 과정에 주가를 고려하다

일부 투자자는 주식의 가치가 아닌 주가를 다른 주식이나 과거 주가와 비교함으로써 투자 매력이 있는지를 알 수 있다고 믿는다. 흔한 실수는 다음과 같다.

(1) **현재 주가를 주식의 가치 척도로 삼다**: 미숙한 투자자들 사이에

끈질기게 퍼져 있는 믿음이 있다. 아주 낮은 가격(이를테면 주당 3달러)의 주식은 싸고, 높은 가격(이를테면 주당 400달러)의 주식은 비싸다는 믿음이다. 가격이 낮은 주식으로 손해 볼 일은 없는 반면 가격이 높은 주식은 위험하다고 생각한다. 이런 사람들이 바로 주식 분할 후 주식을 사들여 주가를 끌어올린다. 터무니없는 생각이다.[7] 주가와 가치를 혼동하는 것은 심각한 오류다. 4장에서 살펴봤듯이 주식의 내재가치는 미래의 현금흐름이 결정한다. 주가는 무관하다. 투자자는 가격을 지불하고 가치를 얻는다.

(2) **과거 주가를 주식의 가치 척도로 삼다:** 현재 주가를 과거 주가와 비교하는 실수도 흔한 일이다. 어떤 이유에서건 사람들은 과거 5년 혹은 10년의 주가를 살핀 후 주식을 매수한다. 역사적인 관점에서 봤을 때 주가가 높으면 주식이 비싸다고 하고, 주가가 낮으면 주식이 곧 올라갈 거라고 생각한다. 마찬가지 논리로, 주가가 한동안 일정한 가격대에서 등락을 거듭해왔다면 사람들은 그 가격대를 적정 주가로 생각한다. 따라서 주가가 가격대의 하한선에 다다르면 매력적인 매수 대상이라고 생각하고, 가격대의 상한선에 다가가면 주가가 비싸졌다고 생각한다. 이렇게 과거 주가를 기준점으로 삼는 방식은 크게 두 가지 문제점을 갖고 있다. 하나는 시장이 과거에 주가를 옳게 책정했다고 전제하는 점이고, 다른 하나는 과거 주가를 기준으로 삼음으로써 지난 몇 달 혹은 몇 년간 회사에 일어났을 수도 있는 변화를 무시하는 점이다. 불과 몇 년 사이에 기업에서 일어나는 일로 인해 기업의 내재가치가 크게 바뀔 수도 있는데 너무나 많은 사람들이 이 사실을 과소평가하고 있다는 게 필립 피셔의 생각이다.[8]

(3) 매수 단가를 가치의 기준으로 삼다: 주식 매수 단가를 주식의 가치와 혼동하는 것도 흔한 실수다. 많은 사람들은 주식을 매수한 후에 적정 주가도 하락할 수 있다는 사실을 부정한다. 그 결과 매수 단가 이하로 팔기를 주저한다.

(4) 주가의 변동을 내재가치의 요소로 보다: 투자자들이 적정 주가를 책정할 때 가격의 움직임에 영향을 받는다. 예를 들어 주가가 갑자기, 기존에 싸다고 생각했던 가격 아래로 떨어지면 많은 투자자들이 다시 생각하게 된다. 주가가 떨어졌다는 단순한 변화에 애초의 투자 근거가 흔들린다. 매도 압박을 받다 보면 '주식 매도자는 아는데 매수자는 모르는 무엇인가가 있는 게 아닐까?' 하는 생각이 들기 마련이다. 건전한 의심은 권장할 만하지만 가격 변동 때문에 확신이 흔들리는 건 좋지 않다. 노련한 투자자는 시장 움직임에 흔들리지 않는다. 그럼에도 불구하고 대가들조차 가격 변동 때문에 고심하는 경우가 있다. 예를 들어 존 템플턴은 약세장에서 주식 매수를 미루는 우를 범하지 않기 위해, 시장 상황이 좋을 때 자신이 판단하기에 낮은 가격에 주식을 매수하는 주문을 미리 냈다.

●●●

주식시장을 대하는 애널리스트의 바른 자세는 아내를 대하는 남편의 자세와 같다. 아내가 하는 말에 너무 신경 써서도 안 되지만, 그렇다고 해서 완전히 무시해서도 안 된다.

벤저민 그레이엄(Lowe, 1999)

위에서 언급한 모든 실수는 많은 투자자들이 밸류에이션 과정에서 지름길만 찾으려 하고 인지 편향에서 자유롭지 못하기 때문에 일어난다. 가치 대신 주가를 사용하는 건 솔깃하지만 말이 되지 않는 행태다. 현재의 현금성 자산과 미래의 현금흐름에 근거한 적정 주가가 내재가치다. 주가란 내재가치에 대한 시장의 의견일 뿐이다.

투자자는 주가에 신경을 쓰지 말라는 게 가장 큰 교훈이다. 과거의 주가를 보지 말고 주식을 분석해보는 것도 좋은 방법이다. 그리고 순전히 주가의 움직임 때문에 앞서 내린 결론을 바꾸지 말라고 충고하고 싶다.

가격과 품질의 상관관계에 주의를 기울이지 않는다

밸류에이션과 관련한 두 번째 실수는 주식의 정성적 분석을 등한시하고 주가배수에만 매달려 주식을 사고파는 행위다. 대표적인 실수 두 가지는 다음과 같다.

(1) "쌀 때 사자"류의 헛소리: 주가배수가 땅에 떨어졌다고 주식이 저평가된 건 아니다. 주가배수가 낮은 많은 기업들은 그럴 만한 이유가 있기 때문에 낮은 것이지, 장기 투자의 대상이 아니다. 싼 게 비지떡이다.

(2) "우량 기업에 비싼 주가란 없다" 논리: 우량 기업의 실적과 주가 사이에 일관성이 있다는 믿음으로 우량 기업 주식을 '묻지 마' 식으로 사는 사람들이 있다. 주식에 장기 투자하는 사람들에게 우량 기업을 사라고 조언하는 것은 맞는 말이지만, "주가가 얼마일 때?"를 자문하지 않으면 심각한 손실을 볼 수 있다. 중견에서 대기업 사이에 놓인 기업이 수십 년 동안 연평균 15%를 상회하는 성장률로 내재

가치를 키우는 경우는 매우 드물다. 이 얘기는 주식의 매수 단가가 투자수익률을 결정하는 매우 중요한 요소라는 경각심을 일깨워준다. 따라서 주식에 장기 투자해서 연복리 15%를 상회하는 투자수익률을 기록하고 싶은 투자자라면, 우량 기업의 주식을 내재가치에 비해 현저히 낮은 가격에 사는 것 외에는 방법이 없다는 점을 명심해야 한다.

●●●

우리의 목표는 우량주를 적절한 가격에 사는 것이지, 그저 그런 기업의 주식을 저렴하게 사는 게 아니다.

워런 버핏(Cunningham, 2001-A)

●●●

알아야 확신이 생긴다. 이익이 성장하지만 주가는 상승하지 못하는 주식을 보유하려면 확신이 있어야 한다. 자신이 보유한 주식을 잘 모르고 공포와 무지 탓에 감정적으로 주식을 팔아버리는 투자자들과 달리, 성공적인 투자자들이 주가가 떨어질 때 주식을 더 살 수 있는 것도 확신이 있기 때문이다.

프레더릭 코브릭(Kobrick, 2006)

투자 과정의 실수,
요약과 대처 방법

표 4는 위에서 살펴본 대표적인 투자 과정의 실수를 요약하고, 이에 대처하거나 아예 회피하는 방법을 정리한 것이다.

첫 번째 실수는 앞뒤가 맞지 않는 전략이다. 많은 투자자들이 초보

표 4. 투자 과정의 실수와 대처 방법		
투자 과정에서 저지르는 흔한 실수		실수를 피하는 방법
앞뒤가 맞지 않는 전략 (투자와 트레이딩 혼동, 체계 없는 저평가주 사냥)		강력한 투자철학, 규율과 일관성 있는 실행
펀더멘털 분석에서 저지르는 실수	독립성 부족	노력해서 자기만의 생각 도출, 자신의 길을 가는 탄탄한 정신력
	편향된 분석(생각 없는 추정, 아전인수 편향, 동조 및 연고 편향, 숙지 착각)	약세장 가능성에 유념, 자신이 편향된 주식 매각, 철저한 실사, 무의식적인 편향 여부 검사
	대표성 편향, 인과관계 혼동, 평균을 맹신	가능한 한 많은 정보를 모으고 상식을 이용해 판단
	경제 시나리오에 집중, 근시안적인 시각	기본에 충실하고 장기적인 안목으로 봄
밸류에이션 실수	가치가 아닌 가격을 봄	주가에 신경 끄기
	가격과 품질의 상관관계 등한시	펀더멘털 분석을 할 때 주식의 정성적 측면에 집중

적인 투자 지식밖에 없다. 저평가주가 어디에 있는지를 모르기 때문에 능동적으로 찾지 않는다. 투자와 맞지 않는 트레이딩 및 투기적인 요소를 도입하기도 한다. 이런 실수에 대처하는 가장 좋은 방법은 당연히 강력하고 분명한 투자철학이다. 투자철학에 잘 맞는 전략도 중요하다. 그러고 나서 전략을 시장 상황과 무관하게 일관되게 실행해야 한다. 규율 있게 전략을 실행하는 일은 대단히 어렵다. 힘든 시기를 겪으면 전략과 철학을 내팽개치기 십상이다. 그리고 나중에(몇 년이 지난 후) 원래대로 할 걸 그랬다며 후회한다.

펀더멘털 분석에서 저지르는 실수 중 독립성 부족이 아마도 가장 흔하면서 고치기 힘든 실수일 것이다. 자기만의 생각을 갖고, 나름의 투자 논리를 세우고, 스스로 결정하고, 주식시장을 지배하는 생각에 반하는 길을 걸어갈 용기가 없다면, 시장을 능가하기란 사실상 불가능에 가깝다. 대가들은 독립성을 유지하려고 언론에 보도되는 소문과 소음을 피한다. 심지어 물리적으로 멀어지려고도 한다.[9] 내부자의 정보나 팁은 대가들의 관심거리가 아니다. 애널리스트의 추천도 무시한다. 다른 대가나 대중으로부터 힌트를 얻는 게 아니다. 독립성의 핵심은 외부의 연구에 기대지 않고 스스로 노력해서 얻은 자기만의 독창적인 생각과, 시장과 반대로 움직일 수 있는 강한 정신력이다.[10]

펀더멘털 분석에서 저지르는 또 다른 실수는 편향이다. 생각 없이 추정하거나, 아전인수 격으로 해석하거나, 친숙하면 잘 안다고 착각해서 저지르는 실수다. 이런 실수를 피하는 하나의 방법으로, 자신의 투자가 고전을 면치 못하는 경우를 생각해볼 수 있다. 대가들은 자신의 논리가 틀렸다는 걸 검증하는, 수많은 반대 의견을 찾아 반박할 수 있는지 알아보려고 한다.

또 다른 방법은 더 이상 객관적인 판단을 내리지 못하는 주식은 파는 것이다. 전설적인 거시경제 투자자인 마이클 스타인하트(Michael Steinhardt)는 각종 편향에 빠지지 않으려고 수시로 자신의 모든 매수 포지션을 팔거나 모든 공매도 포지션을 청산하곤 했다. 이렇게 함으로써 선입견에 얽매이지 않고 새롭게 시작할 수 있었다.

편향에 맞서는 세 번째 방법은 철저한 실사다. 어떤 주식을 모든 측면에서 검토해보면 객관적이면서 독창적인 투자 의견을 기대할 수 있다. 그리고 무의식적으로 자신을 지배하는 편향이 있는지 검사해보는 게 좋다. 예컨대 보유한 특정 주식과 다른 주식 사이에 유사성이 있는지, 특정 주식에 과거 자신의 개인적인 경험이 관련되었는지, 어떤 이유에서건 특정 기업을 친숙하게 느끼고 있는지 등을 살펴볼 필요가 있다.

펀더멘털 분석에서 저지르는 실수는 또 있다. 대표성 편향과 최근성 편향 등의 이유로 확률과 인과관계, 우연을 잘못 이해하는 실수다. 파편적인 지식 때문에 저지르는 실수를 피하고 더 신뢰할 만한 의견을 가지려면 가능한 한 많은 사실을 수집하고 상식을 이용해 판단을 내려야 한다.

마지막으로, 밸류에이션과 관련된 실수를 피하려면 주가 변동에 지나치게 신경을 쓰면 안 된다. 단기 주가 움직임을 외면하면 패턴을 찾아내려는 유혹을 피할 수 있고, 과거의 주가를 기준점으로 삼는 실수를 피할 수 있다.

주식의
매수와
보유, 매도

PART 2

6. 주식의 여러 유형별 거래 방법
7. 주식을 사거나 팔 때 고려해야 할 일반 원칙들
8. 호황과 불황, 경기 순환점을 알려주는 지표들
9. 주식을 사고팔 때 흔히 저지르는 실수

6

주식의 여러 유형별 거래 방법

안 좋은 회사는 계속해서 안 좋고, 싸구려 주식은 더 싸지기 마련이다. 이걸 깨닫는다면 장세가 바뀔 때 투자할 준비가 된 것이다.

찰스 커크, 커크 보고서(The Kirk Report)

시장에는 다양한 주식들이 있으며 각기 다른 방식으로 접근해야 한다. 돈을 벌고자 하는 투자자라면 이들 종목을 분류할 줄 알고 각각의 특성과 거래 방법을 알아야 한다. 빠짐없이 다 다룰 수는 없겠지만 이번 장에서는 투자자라면 반드시 알아야 할 부류의 종목을 다음과 같이 나눠서 살펴보겠다.

- 성장주기 단계별 주식들: 신생 기업과 고속 성장 기업, 성숙 기업의 주식
- 경기민감주
- 회생주
- 자산주
- 특수 상황 주식

각 주식별 위험 요소를 설명하고, 이런 주식을 어떻게 매매할 것인지에 대한 대가들의 조언을 정리하겠다.

성장주기에 따른 투자

기업이나 산업의 진화를 설명하는 인기 있는 경영학 이론으로 상품 생명주기론 또는 기업의 성장주기론이 있다.[1](그림 16) 이 이론에 따르면 신생 기업의 매출은 천천히 늘어나게 되는데, 이는 잠재 고객들이 설립한 지 얼마 되지 않고 규모도 작은 기업과 선뜻 거래하려고

그림 16. 기업의 성장주기

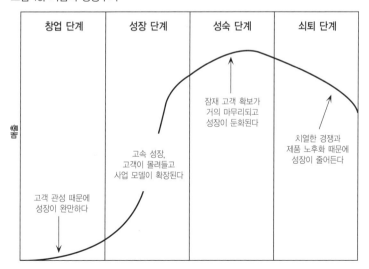

| 창업 단계 | 성장 단계 | 성숙 단계 | 쇠퇴 단계 |

잠재 고객 확보가
거의 마무리되고
성장이 둔화된다

치열한 경쟁과
제품 노후화 때문에
성장이 줄어든다

고속 성장,
고객이 몰려들고
사업 모델이 확장된다

고객 관성 때문에
성장이 완만하다

하지 않기 때문이다.

기업이 창업기를 버텨낸 이후 초창기 고객의 관성적인 구매가 약화되는 반면 사업이 지리적으로나 다양한 고객들로 확장될 수 있다면 매출은 빠른 속도로 늘어날 수 있다. 이때가 기업의 성장기다. 시간이 지나면 기업의 고객층은 포화되고 성숙기에 접어든다. 이 지점에 이르면 기업의 고객층은 시장에 넓게 퍼져 있기 때문에 사업 확장이 급격히 둔화된다. 경쟁이 치열해지거나 기업의 제품이 노후화되면 매출은 줄어들고 기업은 쇠퇴기에 빠질 수 있다.

기업의 성장주기론은 간단명료해서 매력적이긴 하지만 너무 단순하다. 모든 기업들이 성장주기의 각 단계를 일일이 겪는 것은 아니다. 어떤 회사는 고속 성장도 경험하지 못한 채 쇠퇴기로 접어든다. 신생 기업 중에는 곧바로 성숙기로 돌입해서 저속 성장 기업이 되는 경우도 있다. 고속 성장기로 바로 진입하는 기업들도 있고, 경기에 크게 영향받는 기업들처럼 고속 성장과 격심한 매출의 변동성을 함께 경험하는 경우도 있다. 그리고 혁신을 통해 쇠퇴기를 아예 겪지 않는 회사들도 있다.

그럼에도 불구하고 성장주기는 각기 다른 단계에 있는 기업의 주식을 설명하는 유용한 도구다. 그뿐만 아니라 주식시장이 각 단계에 속한 주식들을 어떻게 보고 있는지 알려주기도 한다. 지금부터 성장주기에 따른 다섯 종류의 주식을 살펴보려고 한다. 신생 기업은 아직 초창기에 머물러 있는 기업이다. 앞으로 살펴보겠지만 신생 기업은 고속 성장기에 있는 기업들이나 성숙 기업(안정기업과 저속 성장 기업혹은 성숙한 경기민감주) 등과는 매우 다른 특징을 보여준다.

신생 기업

신생 기업은 실적이 10년 미만인 기업이다. 개중에는 아직 비즈니스 모델을 확립하지 못한 기업들도 있다. 탄탄한 사업 계획을 세우고 야심 찬 매출 신장을 예상하는 기업들도 있다. 완전히 새로운 분야에서 성장하는 기업도 있고, 기존의 성숙산업에서 자리를 잡아보려는 기업도 있다. 신생 기업은 규모가 작은 데다 새롭기까지 해서 뭔가 신비스러운 분위기를 갖고 있다. 언젠가는 거대 기업이 될 것이라는 투자자의 희망으로 먹고사는 기업들이 많다.

2장에서 살펴봤듯이 대가들은 평범한 시장 참여자보다는 현실적인 눈으로 신생 기업을 바라본다. 대가들에게는 우선 신생 기업의 경영진이나 전략, 비즈니스 모델을 평가할 만한 충분한 실적이 없다는 점이 문제다. 신생 기업에 투자하면 위험이 따른다는 것과 직결된 문제다.

전에 없던 도전을 직면해야 할 신생 기업의 경영진은 경험이 없는 경우가 많다. 자신들보다 훨씬 더 경험이 많고 자금도 풍부한 경쟁자들과 직접 부딪쳐야 한다. 적절한 전략을 세우고 성장의 고통을 감내해야 한다. 이를테면 인사관리와 같은 시스템을 구축해야 하며, 소비자들이 익숙한 제품을 버리고 자신들의 제품을 사도록 설득해야 한다. 생산과 관련된 문제도 해결해야 하는 등 끝이 없다.

신생 기업이 종종 실패하는 이유를 보자. 충분한 고객을 확보하지 못하거나 감당할 수 없는 성공(이를테면 체계적인 조직과 숙련된 인력, 전문적인 회계 능력 등이 뒷받침되지 않는 고속 성장과 같은)에 희생되거나,

더 똑똑하고 자금력도 풍부한 후발 경쟁자들에 추월당해서 실패하는 경우가 많다. 햄버거와 운동화, 컴퓨터 운영 체제 분야의 선도자들을 마지막 경우의 예로 들 수 있는데 각각 맥도날드와 나이키(Nike), 마이크로소프트에 굴복했다.

신생 기업에 투자하지 말라는 충고는 되풀이할 만한 가치가 있다. 신생 기업에 투자하는 일은 일반 투자자가 아닌 전문적인 사모펀드 투자자들에게 적합하다.[2] 새로운 벤처회사에 돈을 투자하기 전에 짚고 넘어가야 할 것이 또 있다. 유망한 벤처회사라면 사모펀드를 통해 자금을 조달할 수 있을 텐데, 주식시장을 통해 자금을 조달해야만 하는 벤처회사에 뭣하러 투자한단 말인가? 주식시장에 상장된 벤처회사들은 사모펀드 투자자들이 외면한 2류 회사들이라고 생각해도 무방할 것 같다.

고속 성장 기업

고속 성장 기업은 신생 기업 단계를 성공적으로 마친 회사들이다. 비즈니스 모델의 수익성이 검증되었고 이제 다른 고객층이나 지역으로 사업을 확장해나갈 수 있는 단계다.(이를테면 타 지역으로 확장할 준비가 된 요식업체) 이들은 초창기 고객의 관성을 넘어 새로운 고객층을 빠르게 확보했으며 수익을 내기 시작했다. 신생 기업도 빠르게 성장할 순 있지만, 고속 성장 기업이 이익과 현금흐름의 성장도 경험하는 반면, 신생 기업은 이익과 현금흐름은 적자면서 매출만 성장하는 경우가 대부분이다.

고속 성장 기업은 성장투자자가 가장 좋아하는 대상이다. 이런 주
식은 몇 년 동안 10~100배의 수익을 기대할 수 있다. 미국의 성공적
인 성장 기업들이 10~20년에 걸쳐 이룩한 성공적인 투자수익을 정
리한 표 5가 이를 요약해서 보여주고 있다.

표 5. 대단히 성공적인 성장 기업들의 연복리 수익률 및 총수익률

	기준일 이전 10년 기간	연복리 수익률	총수익률
델	1999/12/23	101%	1,093배
시스코	2000/8/31	99%	964배
월마트	1987/8/21	56%	87배
마이크로소프트	1999/3/30	56%	87배
홈디포	1995/12/14	45%	42배
스타벅스	2004/12/29	36%	22배
사우스웨스트 항공	2000/11/21	34%	19배
	기준일 이전 20년 기간	연복리 수익률	총수익률
월마트	1994/9/22	39%	764배
시스코	2010/3/30	34%	323배
델	2009/9/15	33%	303배
마이크로소프트	2006/1/17	30%	199배
홈디포	2005/7/22	30%	180배
스타벅스	2012/5/2	25%	86배
사우스웨스트 항공	2000/2/8	23%	64배
맥도날드	1999/12/8	21%	46배

자료: 야후 파이낸스

위의 표에서 보듯이 델과 시스코 같은 기술회사들은 기술주 거품
(tech bubble)이 절정에 달했던 2000년 초반까지의 10년 동안에
1,000배 남짓한 주가 상승을 경험했다. (직후에 거품이 터지면서 상당 부
분은 사라졌다.) 20년에 걸쳐 주가를 연 30~40%씩 높인 월마트와 홈
디포(Home Depot) 같은 유통업체도 눈에 띈다. 하지만 표에서 가장

놀라운 성장 기업은 단연 사우스웨스트 항공이다. 이 회사는 20년에 걸쳐 매년 23%에 가까운 주가 상승률을 기록했는데, 그것도 가장 경쟁이 심하고 수익성이 낮을뿐더러 경기의 영향을 강하게 받는 산업 분야에서 이룩한 성취라 더욱 놀랍다.

표 5를 바라보는 사람이라면 꿈을 꿀 수도 있겠지만 대가라면 현실적으로 생각해야 한다. 고속 성장 기업에 투자하는 일은 고난과 도전으로 점철된 수수께끼를 푸는 과정이다. 역사상 가장 위대한 성장투자자인 피터 린치조차 자신이 투자했던 성장주 5개 중 4개는 실패했다고 하지 않았던가.[3] 성장투자에서 성공하려면 두 가지에 집중해야 한다. 첫째, 고속 성장 기업의 주식은 사고파는 때를 잘 알아야 한다. 둘째, 고속 성장 기업을 매우 신중하게 선별해야 한다.

고속 성장 기업 주식을 사고팔 적기

고속 성장 주식은 매수 후 보유하기에 이상적이지만 주의해야 할 점이 있다. 아래의 설명과 그림 17에서 보듯이 사고팔기의 때를 맞히지 못하면 비싼 대가를 치를 수도 있다.

(1) A단계에서 회사는 신생 기업에서 고속 성장기로 접어든다. 비즈니스 모델에 대한 불확실성이 사라졌다는 이유로 투자자들이 안심하게 되어 이때를 전후해서 주가가 상승할 수 있다. 주가배수가 적정한지, 회사가 정말 고속 성장기로 접어들었는지 등이 얼마큼 분명하게 드러나는가에 따라 성장투자자들은 초기 매수를 시작하거나 좀 더 관망할 수 있다.

그림 17. 고속 성장 기업 및 기초적인 매수, 보유, 매도 원칙

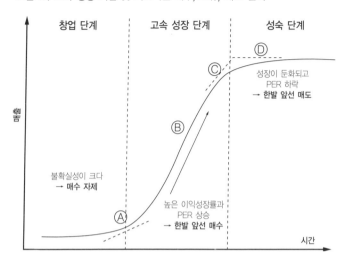

(2) B단계에서 회사는 급속하게 성장하며 비즈니스 모델이 제대로 작동함을 입증한다. 앞으로도 견실하게 성장하리라는 시장의 기대감에 주가는 올라가고 주가배수는 대체로 상승한다. 이때가 성장투자자들에게 가장 달콤한 때인데, 회사의 이익 성장과 주가배수의 상승이 결합해서 막대한 투자수익을 안겨줄 수 있기 때문이다. 주가배수가 이미 상승했음에도 불구하고 전형적인 성장투자자는 이때 뛰어든다. 왜냐하면 사업을 둘러싼 불확실성과 의구심은 사라진 반면, 주가는 여전히 상승 여력을 갖고 있기 때문이다. 성공적인 성장투자자들은 C단계까지 종종 수년에 걸쳐 주식을 보유하려고 한다.

(3) C단계에 이른 회사는 너무 확장해서 이제는 더 이상 과거처럼 고속 성장하기 어렵다. 처음에는 시장도 회사의 성장 여력이 한계에 다다랐다는 점을 깨닫지 못한다. 역설적이게도 이 지점에서도 투자

자와 전문가들은 늘 성장을 기대하고 애널리스트는 만장일치로 매수 의견을 낸다. 주식의 인기는 여전하고 매우 높은 수준의 주가배수에 거래된다. 기관투자가들의 참여도 절정에 이른다. 해당 주식을 다루는 애널리스트의 숫자도 최고치를 기록한다. 굉장히 위험한 순간이다. 왜냐하면 회사의 이익과 매출이 곧 급격히 꺾일 것이기 때문이다. 더욱이 그동안의 고속 성장에 가려 있던 기업 경영상의 어설픈 모습들이 드러날 수도 있어 더욱 위험하다. 이 시점에서 회사들이 겪을 수 있는 또 다른 위험 요인으로 생산 과잉이나 똑똑해진 소비자(더 많은 할인을 요구하거나, 기존 버전에 비해 개선된 게 별로 없다는 이유로 신제품 구매를 망설인다)를 들 수 있다. 그뿐 아니라 성장이 둔화됨에 따라 승진 기회가 줄어든 직원들의 사기가 저하될 수 있다. 최고 실적을 자랑하던 직원들이 불만을 품고 회사를 떠날 수도 있다. 시장이 포화되었다는 최초의 신호가 나오는 순간 높은 주가배수가 주가 하락을 촉발한다. 똑똑한 성장투자자는 시장이 자신의 실수를 깨닫기 전에 빠져나온다.

(4) D단계에서는 시장이 기대를 낮춘다. 투자자들은 과거의 고속 성장이 끝났음을 깨닫는다. 주가배수는 내려오고 주가는 떨어지거나 수년간 횡보한다. 지속적인 성장률이나 회사가 속한 산업에 따라 다르겠지만 한때 고속 성장 기업이었던 이 회사는 이제 안정 기업이나 저속 성장 기업, 경기에 민감한 성숙 기업이 될 수 있다.(그림 17 참조)

그림 18은 성장주인 시스코의 타이밍 문제를 보여준다. 기술회사인 시스코는 고속 성장 중이던 1990년에 상장되었다. 상장되던 해에 PER이 25~30에 달할 만큼 비교적 비싼 주식이었다. 하지만 이 정도

주가배수에도 불구하고 투자자들은 시스코의 잠재력을 너무 낮게 보았다. 상장한 첫 4~5년 동안 시스코의 EPS는 연 95%에 달하는 속도로 성장했다. 탁월한 성장에 발맞춰 PER 역시 1990~1993년 사이에 약 50까지 상승했다. 시스코를 믿은 진정한 성장투자자들은 높은 주가배수에도 불구하고 매수 포지션을 유지했다. 시스코가 B단계에 있는 것이 틀림없었기 때문이다.

그러다가 투자자들은 탄탄한 이익과 매출 성장에도 불구하고 주가가 너무 오른 게 아닐까 하는 두려움을 느끼게 되었다. 1994~1995년에 PER은 20 초반까지 하락했지만 여전히 높은 수준이었다. 똑똑한 성장투자자였다면 주가배수가 떨어진 이때 주식을 더 살 수 있었을 것이다. 여담이지만, PER이 정점을 기록한 1993년 5월에 주식을 샀더라도 1995년 3월이면 30% 이상의 수익을 냈을 것이다.

그림 18. 고속 성장 기업 사례인 시스코의 분기별 수치

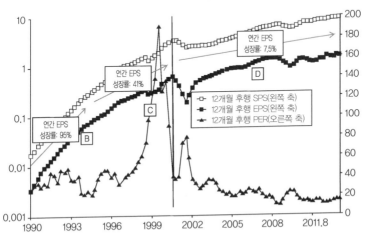

1995년 3월부터 1998년 여름까지 PER은 다시 50까지 점차 상승했다. 인터넷과 테크놀로지 열풍이 거세게 몰아치던 때였으며 시스코는 한창 핫한 인기 주식이었다. 수많은 애널리스트들이 매수 의견을 냈고 기관투자가들은 못 사서 안달이었다. 주가배수가 높고 연간 이익성장률이 41%까지 현저히 떨어진 점을 감안한다면 소심한 성장투자자는 불안감을 느낄 수 있는 상황이었다.

1993년 5월에 주식을 산 투자자라면 5년 만에 10배의 수익을 냈을 터이고, 1995년 3월 주가가 하락했을 때를 놓치지 않았다면 3년 만에 700%의 수익을 냈을 것이다. 이는 성장투자자가 늦게 사고 일찍 팔더라도 탁월한 수익을 낼 수 있음을 잘 보여준다. 즉, B단계에 진입한 후 높은 주가배수에도 불구하고 사서 C단계에 가까워질 때 파는 것을 말한다.

1998년 여름과 2000년 3월 사이에 시스코는 그야말로 천정부지로 올라갔다. 1998년 5월 13달러였던 주가가 2000년 3월 80달러가 되었다. 그림 18에서 보듯 EPS가 주가를 쫓아가지 못해 PER이 극단적으로 190을 기록했다! 많은 사람들이 재앙이 가까웠음을 알아차렸다. 주가배수가 말도 안 되는 수준에 이른 것이다.

1990년대 후반 시스코의 성장률은 1990년대 초반에 비해 현저하게 낮아졌다. 시스코는 너무 커져서 1990년대 후반의 낮은 성장률조차 지속하기 어려워졌다. 게다가 회사가 비틀거리는 징후가 나타나기 시작했다. 투매에 가까운 주식 매도가 이어져 2001년 4월 6일 13.63달러를 기록했다. 약 1년 동안에 83% 가까운 손실을 본 것이다. 하지만 이게 끝이 아니었다. 2002년 10월 8일 시스코는 바닥인 8.6달러를 쳤다. 2000년 3월의 최고점 대비 89%에 달하는 손실이었다.

그림에 잘 나와 있듯이 시장은 이익과 매출 성장이 급격하게 나빠질 것을 정확하게 예측했다. 사실 시스코는 2000년부터 D단계에 있었다. 2000년에서 2013년까지의 연간 EPS 성장률은 겨우 7.5%였다. 투자자들이 이런 사실에 익숙해지면서 PER은 성숙 기업에 걸맞은 수준까지 꾸준히 떨어졌다.

선택과 후속 조치

고속 성장 주식은 어떤 산업 분야에서든 찾을 수 있다. 많은 사람들이 자연스럽게 새롭고 유행하는 최신 산업 분야에서 고속 성장 주식을 찾지만, 대가들은 이런 곳을 선호하지 않는다. 2장에서 살펴봤듯이 대가들은 집중조명을 받는 곳은 대체로 피하는데, 인기 있다는 것은 종종 주가배수가 지나치거나 경쟁이 매우 심하다는 것을 의미하기 때문이다. 델이나 마이크로소프트, 시스코같이 고속 성장하는 테크놀로지 회사들은 대가들도 회피하는 경우가 많다. 테크놀로지 분야의 치열한 경쟁이 대가들의 입맛에는 맞지 않기 때문이다.

이상하게 들릴지 모르지만, 고속 성장 주식을 찾는 성장투자자들은 저속 성장 산업에서 빠르게 시장점유율을 높여가는 고속 성장 주식을 찾는다. 예를 들어 피터 린치는 소매업자나 요식업체를 특히 좋아했다. 표 5에서 보듯 월마트나 홈디포 같은 소매업자, 맥도날드 같은 요식업체, 스타벅스 같은 커피 전문점도 상당한 투자수익을 안겨줄 수 있다.

소매업자와 요식업체, 커피 전문점들은 저속 성장 산업에 속해 있지만 수년 혹은 수십 년에 걸쳐 타 지역으로 널리 확장하며 연 20%를 상회하는 고속 성장률을 유지할 수 있다. 특히나 자신만의 독특한 비법이 있으면 해외에서 새롭게 치고 들어오는 경쟁 업체의 도전을 물리칠 수 있고 치열한 경쟁도 별다른 문제가 되지 않을 수 있다.

저속 성장 분야지만 경영을 잘하면 높은 수익을 낼 수 있는 또 다른 분야는 호텔업이다. 예를 들어 호텔업체인 메리어트는 1980년대 미국에서 연 20%로 성장할 수 있었는데, 같은 기간 호텔업계 전체는 연 2%도 성장하지 못했다.

물론 고속 성장 단계에서 성장하는 것이 늘 그림 17과 18처럼 물 흐르듯 쉬운 것은 아니다.[4] 고속 성장 기업이 그림 17의 A지점에서 C지점까지 성장해가는 길은 험난하다. 온갖 위험과 도전이 기다리고 있다. 고속 성장 기업이 흔히 겪는 문제로는 치열해진 경쟁(새로운 경쟁 업체가 등장하거나 기존의 경쟁 업체들이 뒤쫓아와서)과, 고속 성장 자체가 독이 되는 문제를 들 수 있다.(3장 참조) 따라서 현명한 성장투자자라면 고속 성장 기업이 자기 길을 제대로 가고 있는지 잘 살펴봐야 한다. 문제가 일시적인 것인지, 아니면 기업을 돌이킬 수 없는 상황으로 몰고 가는 것인지 잘 분간할 수 있어야 한다.

고속 성장 주식을 어떻게 선별하고 어떤 후속 조치를 취해야 하는지, 피터 린치와 T. 로 프라이스 같은 성장투자의 대가들이 추천하는 방법을 살펴보며 이 부분을 마무리하고자 한다.

(1) **낮은 레버리지**: 레버리지가 낮은 성장주가 가장 매력적이다. 부채는 적으면서 수익이 크다면 고속 성장 기업에 어쩔 수 없이 닥치는

시련을 이겨낼 완충재가 있는 셈이다.

(2) **규율성**: 규율이 있는 고속 성장 기업이 성공한다. 고속 성장이 자멸을 불러올 수 있다는 걸 아는 기업들이다.(3장 참조) 성공적인 고속 성장 기업은 도를 넘지 않는다. 질서정연하게 사세를 키운다. 피터 린치는 소매업자와 요식업체는 규율 있게 성장하는 것이 중요하다고 했다. 많은 업체들이 영광에 급급해 안 좋은 목을 고른다든지, 부동산에 과도한 지출을 한다든지, 직원 채용과 훈련을 등한시해서 실패한다고 지적했다. 고속 성장 기업이 어떻게 성장을 관리해야 하는지를 보여주는 사례가 스타벅스다. 스타벅스가 슈퍼마켓에 프라푸치노를 출시하자 쏟아지는 수요를 감당할 수 없었다. 소비자의 분노를 피하기 위해 스타벅스는 슈퍼마켓을 통한 프라푸치노 판매를 중단하고 마케팅 활동을 취소했다. 공급 물량을 댈 수 있을 정도로 생산 시설을 늘린 다음에야 판매를 재개했다.[5]

(3) **성장할 여지가 있음**: 기업이 성숙기에 이르기 전임을 확실하게 해두기 위해서는 아직 성장의 여지가 충분한 기업의 주식을 골라야 한다. 시장점유율이 아직 작고 성장하는 기업, 또는 시장 전망이 좋으면서 잠재력이 큰 새로운 시장을 목표로 하는 기업이 좋다. 비현실적인 새로운 성장 계획을 발표하는 기업은 조심해야 한다. 경영진이 높은 성장률을 유지하기 위해 안간힘을 쓰고 있다는 증거다. 자국 내 시장이 포화 상태라는 이유로 신흥국 시장으로 확장하려는 회사가 그런 예다.

(4) **약속 준수**: 탁월한 성장 기업은 약속을 지킨다. 그중에서도 제일 뛰어난 기업들은 꾸준히 애널리스트의 전망을 능가한다. 계속해서

실적이 저조한데도 날씨와 같은 외부 요인을 핑계 삼는 성장 기업은 조심해야 한다. 주식을 버릴 때가 되었음을 암시하는 경고등으로는 다음의 것들이 있다.

- 이익이 기대치에 미달한다.
- 확장 계획이 뒤로 늦춰진다.
- 발주가 늦어지는 등의 이유로 매출 성장이 둔화된다.
- 매출액순이익률과 ROIC가 지속적으로 떨어진다. 시장에서 경쟁력을 잃어가고 있다는 증거일 수 있다.

(5) **높은 내부자 지분:** 고속 성장 기업에는 내부자 지분율이 높은 경우에만 투자하는 편이 좋다. 회사의 고위 간부들이 공동 투자자라면 주주의 이해관계와 일치할 수 있다. 이는 경영진이 헌신적이고 신뢰할 만하다는 신호다.

(6) **안정적인 경영진:** 고속 성장 기업에서는 고위 경영진이 안정적인지 살펴야 한다. 뚜렷하지 않은 이유로 경영진이 교체된다는 것은 사내에 뭔가 좋지 않은 일이 벌어지고 있음을 의미할 수 있다.

(7) **수면 아래에 있는 기업:** 피터 린치는 아직 전문가들의 눈에 띄지 않은 허술한 곳에서 성장주를 찾았다. 애널리스트가 거의 다루지 않았고 기관투자가들도 별로 소유하지 않은 성장주를 눈여겨봤다. 수면 아래에 있던 성장주가 투자 전문가들에게 발견되어 수면 위로 떠오르는 순간, 한 차례 강한 추진력을 얻을 수 있기 때문이다.

(8) **주가배수에 대한 유연한 시각:** 주가배수는 유연하게 받아들여야 한다. 전망이 밝은 성장주는 심층 가치주(deep value stock)보다 높은 주가배수를 받을 자격이 있다. 따라서 똑똑한 성장투자자라면 그런

주식을 소유하려면 그만한 대가를 지불해야 함을 알고 있다. 예를 들어 시스코와 마이크로소프트는 전통적인 PER 기준으로 보면 고속 성장 시기에 주가가 쌌던 적이 없다. 하지만 똑똑한 성장투자자라면 현실적인 판단도 해야 한다. 경험 법칙에 의하면, 똑똑한 성장투자자들은 PEG가 1보다 큰 고속 성장 기업은 피한다. 그뿐만 아니라 연간 성장률을 25% 이상 책정한 고속 성장 기업들도 회피 대상이다. 그 정도의 고도 성장률은 매우 희귀하고 지속하기도 어렵기 때문이다.

성숙 기업

성장 속도가 떨어져 다시는 이전처럼 고속 성장할 수 없게 되면 고속 성장 기업은 성숙기로 접어든다. 이때가 되면 기업은 새로운 현실에 적응하고 스스로 탈바꿈해야 한다. 고속 성장기에서 성숙기로 이행하는 기간에는 많은 불확실성이 존재한다. 심지어 성숙기로 갈지, 아니면 곧바로 쇠퇴기로 갈지조차 불확실할 수 있다.

위에서 언급했듯이 이행기에 있는 기업은 주가의 변동이 시원찮기 때문에 투자자들은 멀리하는 게 좋다. 성장이 낮은 수준에서 안정되면 그때 다시 살펴봐도 될 것이다. 이때가 되면 회사는 성공적으로 성숙 기업으로 변신했을 것이며, 주가배수는 이전의 정점보다 훨씬 낮은 수준으로 떨어져 있을 것이다.(그림 18, 시스코의 예 참조) 성장이 멈추지 않았다는 전제하에 회사는 중속 성장 기업이나 저속 성장 기업, 혹은 경기민감주가 되어 있을 것이다.

위험과 수익의 관점에서 보면 성숙 기업 중에서도 대형주에 집중하는 것이 안전하다. 소기업이든 대기업이든 성숙 기업의 매출과 이익성장률은 대동소이할 테지만 앞서 3장에서 살펴봤듯이 대기업이 소기업보다는 대체로 안전하다고 할 수 있겠다. 따라서 주가배수가 충분히 납득할 만큼 차이를 보이지 않는다면, 보다 적은 위험을 안고서도 소기업에서 기대할 수 있는 투자수익을 대기업에서 기대할 수 있다. 경기민감주는 다음 절에서 다루고, 여기서는 피터 린치가 '안정 기업(stalwart)'이라고 지칭한 중속 성장 대기업을 다루겠다. 저속 성장 대기업 역시 다룰 것이다.

안정 기업

안정 기업은 수십억 달러대의 기업으로 오랜 기간에 걸쳐 뛰어난 실적이 입증된 회사들이다. 아주 뛰어나진 않더라도 성장 전망이 준수하다. 경쟁력 있는 해자를 확보한 덕에 전체 경제를 능가하는 매출과 이익의 성장이 가능하다. 안정 기업은 장기간에 걸쳐 통상 2~5%대의 연 성장률(배당금 재투자)을 기록하지만 성공적인 고속 성장 기업에 미칠 수준은 아니다.[6] 코카콜라, 존슨앤존슨(Johnson & Johnson), 유니레버(Unilever), 다농(Danone), P&G 등이 안정 기업에 속한다.

피터 린치는 경제침체기에서 지켜줄 수 있다는 이유로 모든 투자자가 어느 정도씩은 안정 기업의 주식을 보유해야 한다고 했다. 경제가 침체되더라도 시장은 안정 기업의 사업이 계속된다는 것을 알고 있는 데다 배당수익률도 괜찮은 편이라서, 안정 기업의 주식은 경제가 나빠지더라도 잘 버텨낼 수 있다.

안정 기업의 주식을 고를 때는 여러 번의 경기 순환기를 겪으며 탁월한 실적을 낸 대기업인지, 뛰어난 경영진이 있는지, 명확하고 지속 가능한 경쟁우위가 있는지 등을 살펴봐야 한다. 계속해서 시장점유율을 내주는 기업이나 효과적이지 못한 혁신 탓에 신제품 출시가 거의 없는 기업, 핵심 사업과 무관한 분야로 확장하는 기업, 빚을 지나치게 많이 지는 기업 등은 모두 우려스러운 안정 기업들이다.

안정 기업의 주식을 어떻게 거래할지는 투자자에 달려 있다. 시장의 평균보다 몇 %만 높아도 만족하는 투자자라면 탄탄한 안정 기업의 주식을 적정 주가에 사서 수년 동안 보유하면 된다. 시장을 상당한 수준으로 능가하고 싶은 야심 찬 투자자라면 안정 기업의 주식을 더 적극적으로 사고팔아야 한다. PER이 많이 떨어졌을 때 사서 PER이 다시 정상적인 수준으로 회복될 때의 초과수익을 노려야 한다. 지나치게 욕심을 내서는 안 된다. 피터 린치는 대체로 1년 정도의 기간 동안 30~50% 오른 안정 기업의 주식은 팔아서 현금화했다.

저속 성장 기업

매출과 이익의 성장이 시장의 성장률보다 못한 대형 원숙 기업을 저속 성장 기업으로 본다. 규제를 받는 유틸리티나 통신사업자처럼 포화 상태의 시장에 속한 기업들을 예로 들 수 있겠다. 피터 린치는 부실화된 유틸리티처럼 특별한 것이 있는 경우를 제외하고는(2장 참조) 안정적이고 안전한 저속 성장 기업은 한결같이 외면했다.

저속 성장 기업은 꾸준하다 해도 평균 이하의 수익을 내는 굼벵이라는 점이 문제다. 시장을 능가하고자 하는 투자자가 사서는 안 되는 주식이다. 그럼에도 불구하고 저속 성장 기업에 투자하겠다는 투자자라면 시장점유율 하락, 혁신의 부재, 사업다악화, 건강하지 못한 재무상태표 등 안정 기업과 똑같은 경고를 유념할 필요가 있다.

경기민감주에
투자하기

경기민감주는 제품 수요가 탄력적이라 경기 순환에 민감한 사업들이
다. 자동차 제조업, 철강, 항공사, 제지, 화학업종이 이에 속한다. 경
기민감 업종의 수익은 경기가 좋을 때는 극적으로 상승하지만 경기
가 침체되면 가파르게 떨어진다. 경기민감주의 이익이 크게 변동하
는 점을 잘 아는 시장은 경기침체기에 주식을 사 모은다. 결국에는
경기가 회복될 것을 믿기 때문이다. 반면에 경기가 과열되었다고 생
각하면 경기민감주를 가차 없이 내다 판다.

그림 19는 경기민감주인 독일 항공사 루프트한자(Lufthansa)의
2000~2013년의 EPS와 주가를 보여준다. 경기가 침체될 때마다
EPS가 곤두박질치는 것을 볼 수 있다. 13년 동안 3번은 EPS가 0 이
하로 떨어진 적도 있다. 경기가 회복되면 EPS는 다시 성장하지만 이
전에 기록했던 정점보다 많이 올라가지는 못한다. EPS는 경기 따라

●●●

기록적인 이익을 거둔 후나 PER이 저점을 찍었을 때 경기민감주를 사면 단기간에
돈의 절반을 잃을 수 있다고 장담한다.

피터 린치(Lynch, 1993)

오르락내리락하지만 길게 보면 제자리걸음이다. EPS의 급격한 변화가 주가에 반영되어 있는 점을 뚜렷이 볼 수 있다. 즉, EPS가 정점을 찍으면 주가는 내려가고 EPS가 바닥을 치면 주가는 올라가기 시작한다.

그림 19는 경기민감주에 투자할 때는 타이밍이 제일 중요함을 보여준다. 경기민감주는 매입보유법(buy-and-hold) 대상으로 안전하지 못하다. 사고파는 타이밍을 잘못 택하면 짧은 기간 동안에 50%가 넘는 돈을 잃을 수 있다. 원금을 회복하려면 몇 년을 기다려야 할지도 모른다. 원금 회복이 아예 불가능할 수도 있다. 남들보다 앞서 경기민감주의 주가를 예측해야만 성공적인 투자를 할 수 있다. 해당 사업이나 업계의 경기 순환을 예측해야 할 뿐 아니라, 시장이 언제 EPS

그림 19. 경기민감 주식의 사례인 루프트한자

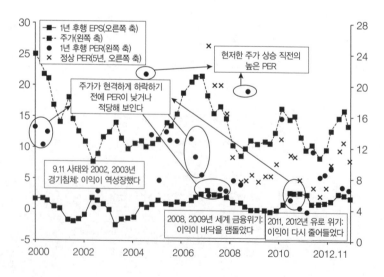

의 변동을 주가에 반영하기 시작할 것인지도 가늠해야 하기 때문에 결코 쉬운 일이 아니다.

경기민감주에 투자하는 일은 투자철학과 딱 맞아떨어지는 일은 아니다. 첫째, 경기민감주는 내재가치를 고려해서 사고팔면 안 된다. 주가의 움직임이 대체로 EPS의 변동에 달려 있기 때문이다. 둘째, 대가들 상당수가 경기 예측은 하지 않으려고 하지만 경기민감주에 투자하는 사람이라면 경기를 무시할 수 없다. 셋째, 시장이 언제 특정한 경제 사안에 반응할지 추측하는 일은 누구에게나 어려운 일이다. 결과적으로 대가들 사이에서 경기민감주가 별로 인기가 없다는 사실이 놀랍지도 않다. 그럼에도 불구하고 경기민감주에 성공적으로 투자하는 사람들이 들려주는 조언은 다음과 같다.(그림 20 참조)

(1) **주가배수 문제:** 경기민감주를 거래할 때 경험이 부족한 투자자들은 종종 주가배수에 현혹된다. 다른 종류의 주식이라면 주가배수가 낮을 때 사서 높을 때 파는 방법이 효과적이지만, 경기민감주는 이런 식으로 거래하면 돈을 잃기 딱 좋다. 경기민감주는 경기가 다시 좋아지기 6~9개월 정도 전에, 상황이 절망적이고 수익이 형편없을 때 사야 한다. 반대로 이익성장률이 최고조에 이르고 경기가 나빠지기 직전에 팔아야 한다. 주가배수의 관점에서 이를 다시 정리하면 아래와 같다.

- **후행 PER이 높을 때 사서 후행 PER이 낮을 때 판다:** 역설적으로 들리지만 경기민감주는 1년간의 후행 PER이 정점을 찍을 때 사고, 바닥을 기고 있을 때 파는 게 제일 좋다. 높은 PER은 기업이 힘든 시기를 보내고 있으며(수익이 매우 낮다) 투자자들은 낮은 수

익을 별로 개의치 않는다는 뜻이다. 낮은 PER은 수익이 정점을 찍고 있으며 시장은 이런 수익의 지속 여부를 미심쩍어한다는 뜻이다. 그림 19의 루프트한자를 통해 이 점을 명확히 알 수 있다. 주가가 최고 근처에 있을 때 후행 PER은 적정하거나 싸 보인다. 반대로 주가가 바닥 근처에 있을 때는 PER이 높아 보이거나, 너무 높아서 도표 밖에 놓이기도 한다.

• 정상 수익이 낮을 때 사서 높을 때 판다: 경기민감주의 밸류에이션을 위해서는 후행 PER 대신 정상 EPS를 사용한 정상 PER을 사용하는 것이 낫다. 존 네프는 경기 순환에서 보다 우발적인 시점에 예상되는 EPS를 정상 EPS로 정의한다. 데이비드 드레먼은 하나의 경기 순환을 통째로 포함하는 약 5년에 걸친 평균 EPS를 정상 EPS로 사용한다. 장기적으로 보면 EPS가 정상 수준으로 돌아올 가능성이 크다는 점이 정상 EPS를 사용하는 근거다. 따라서 정상 PER이 역사적으로 낮은 수준일 때 사거나, 역사적으로 높은 수준일 때 팔아야 한다는 뜻이다. 그림 19는 루프트한자의 과거 5년간의 평균 EPS를 사용한 정상 PER을 나타낸다. 1년간의 후행 PER와 달리 정상 PER은 주가가 바닥 근처에 있을 때 낮고, 주가가 정점 근처에 있을 때 높은 것을 알 수 있다. 따라서 루프트한자와 관련해서 1년간의 후행 PER보다는 훨씬 더 유용한 주가배수임을 알 수 있다. 정상 EPS가 일으킬 수 있는 잠재적 문제점은 경기가 회복한 이후의 상황이 경기침체기 이전과 달라 EPS가 정상적인 수준으로 회복되지 않을 수 있다는 점이다.

(2) 사업 혹은 업계의 경기 순환 관찰: 경기민감주로 성공하기 위해

서는 업계의 변곡점을 시장보다 빨리 파악하고 예측해야 한다. 따라서 대가들은 경기민감 업종을 다른 사람들보다 더 잘 이해한다. 대가들은 업계의 전문가들과 긴밀한 관계를 유지하며 업계의 경기 순환이 언제 방향을 틀지 판단하기 위해 아래 요소를 면밀하게 주시한다.

- **자본적 지출**: 짐 로저스는 자본적 지출 혹은 누적 감가상각 대비 자본직 지출을 공급 불균형의 선행지표로 삼는다. 낮은 수준의 자본적 지출이나 낮은 수준의 누적 감가상각 대비 자본적 지출은 업계의 공급이 부족함을 알려주기 때문에 긍정적인 신호다. 반대로 높은 수준의 자본적 지출이나 높은 수준의 누적 감가상각 대비 자본적 지출은 장차 업계에 공급 과잉이 있을 수 있다는 경고등이다.
- **재고**: 재고 증가는 공급 과잉을 알려주고, 재고 감소는 종종 경기 회복이 가까웠음을 알려준다.
- **노조의 힘**: 노조가 임금 인상을 강하게 요구하는 상황은 오랜 기간 동안 탄탄한 수익을 낸 업계나 기업이 과열되고 있음을 알려주기 때문에 우려스럽다. 반대로 시장이 바닥 근처에 있을 때가 노조의 힘이 대체로 가장 약할 때다.
- **비용 절감**: 기업의 기강이 해이해지고 무사안일에 빠지는 모습은 경기 순환이 정점에 이르렀을 때 전형적으로 나타난다. 이를테면 새로운 공장을 짓거나 본사 건물을 화려하게 신축한다.

(3) **선행거래**: 경기민감주를 성공적으로 거래하는 투자자들은 시장보다 앞서 기업이나 업계의 경기 변동을 예측한다. 하지만 무척 어려운 일이며 3가지가 요구된다.

- **역발상:** 남들이 경기민감주를 포기하고 증권사들이 만장일치로 고객들에게 좀 더 두고 보자고 할 때, 성공적인 투자자들은 산다. 경기민감주는 대체로 경기 순환이 정점일 때 인기가 좋은데, 이때는 해당 업종을 다루는 모든 애널리스트가 매수 의견을 낸다. 성공적인 투자자들은 이때 판다.
- **저점에서 매수하거나 최고점에서 매도하려 하지 않는다:** 타이밍을 정확하게 잡는 것은 어렵기 때문에 너무 욕심을 내서는 안 된다. 저점에서 사려고 한다든가 최고점에서 팔려고 해서는 안 된다. 경기민감주에 투자하면서 돈을 벌고 살아남으려면 주가가 떨어질 때 점진적으로 사고 주가가 오를 때 팔아야 한다.
- **내부자의 동향을 살핀다:** 수익이 아직 낮은데도 내부자들이 산다면 최악의 시기는 지났다고 내부자들이 생각한다는 의미다. 내부자들을 따라 주식을 살 때가 온 것일 수 있다.

(4) **경기민감주의 종류:** 경기민감주 중에서는 재무 건전성이 좋고 현금을 대량 보유하고 있어 경기침체기를 버텨낼 수 있는 대형주가 제일 안전하다. 이런 기업들은 경제위기가 아무리 심해도 언제나 회복한다. 반면 경기민감 소형주는 더 높은 투자수익을 기대해볼 수는 있으나 더 큰 위험을 수반함을 반드시 명심해야 한다.

(5) **경고:** 피터 린치는 노조의 강한 압박에 못 이겨 임금을 올린 기업, 화려한 본사 건물처럼 부가가치가 낮은 일에 많은 돈을 쏟아부은 기업, 새로 진입하는 기업들같이 경쟁자를 새로이 상대해야 하는 기업, 경쟁우위를 개선하려고 노력했으나 실패한 기업 등의 경기민감주를 특히 경계했다.

그림 20은 경기민감주에 투자할 때 유의해야 할 사항을 요약해서 보여준다.

그림 20. 경기민감 주식에 투자하기 - 추천 사항 요약

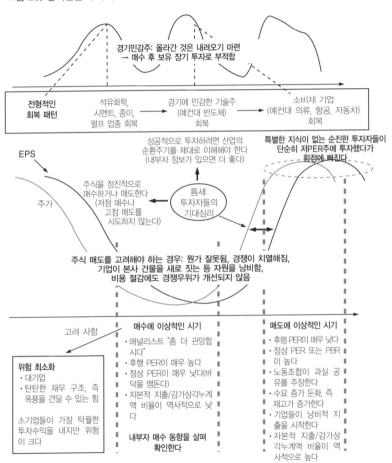

경기민감주: 올라간 것은 내려오기 마련
→ 매수 후 보유 장기 투자로 부적합

전형적인
회복 패턴

석유화학, 시멘트, 종이, 펄프 업종 회복 → 경기에 민감한 기술주 (예컨대 반도체) 회복 → 소비재 기업 (예컨대 의류, 항공, 자동차) 회복

EPS

성공적으로 투자하려면 산업의 순환주기를 제대로 이해해야 한다 (내부자 정보가 있으면 더 좋다)

특별한 지식이 없는 순진한 투자자들이 단순히 저PER주에 투자했다가 환정에 빠진다

주식을 점진적으로 매수하거나 매도한다 (저점 매수나 고점 매도를 시도하지 않는다)

주가

틈새: 투자자들의 기대심리

주식 매도를 고려해야 하는 경우: 뭔가 잘못됨, 경쟁이 치열해짐, 기업이 본사 건물을 새로 짓는 등 자원을 낭비함, 비용 절감에도 경쟁우위가 개선되지 않음

고려 사항

위험 최소화
• 대기업
• 탄탄한 재무 구조, 즉 폭풍을 견딜 수 있는 힘

소기업들이 가장 탁월한 투자수익을 내지만 위험이 크다

매수에 이상적인 시기
• 애널리스트 "좀 더 관망합시다"
• 후행 PER이 매우 높다
• 정상 PER이 매우 낮다(바닥을 맴돈다)
• 자본적 지출/감가상각누계액 비율이 역사적으로 낮다

내부자 매수 동향을 살펴 확인한다

매도에 이상적인 시기
• 후행 PER이 매우 낮다
• 정상 PER 또는 PBR 이 높다
• 노동조합이 과실 공유를 주장한다
• 수요 증가 둔화, 즉 재고가 증가한다
• 기업들이 낭비적 지출을 시작한다
• 자본적 지출/감가상각누계액 비율이 역사적으로 높다

회생주에 투자하기

고속 성장 기업이나 안정 기업, 경기민감 기업, 혹은 어떤 기업이든 갑작스럽게 심각한 문제나 도전에 직면할 수 있다. 공격적인 경쟁 업체에 경쟁우위와 시장점유율을 빠르게 뺏길 수 있다. 아니면 아주 중요한 고객인 기업이 떠나거나 파산할 수도 있다. 인구구조의 변화나 대체재의 등장처럼 새로운 동향이 나타나 상품이 더 이상 쓸모없어지는 경우도 있다. 아니면 경제침체기가 기업의 이윤과 현금흐름에 치명타를 날릴 수도 있다.

이처럼 중대한 도전에 직면하면 투자자의 관심에서 멀어지게 된다. 부채비율이 높으면 특히 더한데, 높은 부채비율이 문제를 심화하기 때문이다. 투자자들은 불확실성을 싫어하며, 벼랑 끝에서 아슬아슬하게 버티고 있는 기업의 주가에 최악의 상황을 반영한다.

투자자들의 이런 행태는 종종 타당한 것으로 판명된다. 왜냐하면 어려움을 겪는 기업 상당수는 문제를 해결하지 못해 주가가 더욱 곤두박질치기 때문이다. 반면에 당면한 문제를 극복해내는 기업들의 주식은(이들을 일컬어 회생주라 한다) 놀라운 회복을 보여주기도 한다. 도전을 이겨내고 회생한 기업들의 주식은 헐값으로 떨어졌다가 무섭

게 치고 올라오기 마련이고, 심지어 약세장에서도 그렇다.

그림 21은 영국 여행사인 토마스쿡(Thomas Cook)의 회생기를 보여주며, 다음 절에서 사례로 사용할 것이다. 이전 CEO가 2009년과 2010년에 행한 일련의 조치들 때문에 토마스쿡은 현금 유동성이 나빠졌다. 2011년, 모든 상황이 토마스쿡에 불리하게 돌아갔다. 불운한 사건 3가시가 거의 동시에 일어나면서 여행 예약이 뚝 떨어졌다.

첫째, 튀니지와 이집트에서 혁명이 일어나면서, 아랍으로 가는 여행 예매가 곤두박질쳤다. 둘째, 태국에서 홍수가 나서, 아시아로 가는 여행이 타격을 입었다. 셋째, 영국의 경기침체 때문에 소비자들이 휴가를 위해 쓰는 돈을 대폭 줄였다. 토마스쿡의 재정 상태는 급격하게 악화했고 CEO는 회사를 떠났다. 상황은 갈수록 나빠져 2011년

그림 21. 토마스쿡 그룹의 회생

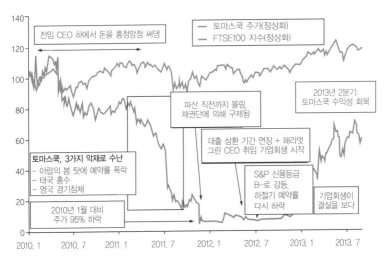

자료: 야후 파이낸스

11월 토마스쿡은 파산 직전에 이르렀다.

이때의 주가는 2010년 1월 대비 거의 95% 하락해 있었다. 토마스쿡은 결국 채권자들로부터 두 번에 걸쳐 구제금융을 받았다. 2011년 11월 신규 대출을 추가로 지원받고, 2012년 5월에는 만기 도래한 채무를 연장받았다. 이런 조치로 당장 급한 불은 껐지만 토마스쿡이 위기 상황을 벗어난 것은 아니었다. 토마스쿡의 재무 상태가 양호하지 못한 것을 잘 아는 고객들은 여행 예약을 선뜻 하려 하지 않았다. 그 결과 경쟁사인 TUI트래블(TUI Travel)에 시장점유율을 뺏겼다.

회사를 회생시키기 위해 토마스쿡은 2012년 5월 새로운 CEO를 영입한다. 새로 온 여성 CEO는 시장의 신뢰를 얻기 위해 몇 가지 대담한 조치를 취한다. 여름휴가 여행 예매가 여전히 줄어드는 데도 불구하고 2012년 말 주가는 가파르게 오르기 시작했다. 2013년 2분기 토마스쿡이 다시 수익을 올리는 게 명확해지자, 2013년 여름 토마스쿡의 주가는 단 1년 만에 1,000% 이상의 상승을 기록했다. 같은 기간 동안 FTSE100 지수는 10% 올랐다.

토마스쿡의 예는 투자자가 옥석을 가릴 줄만 안다면 가능성 있는 회생주에 투자하는 일이 대단히 높은 투자수익을 안겨줄 수 있음을 보여준다. 하락 장세에서도 탁월한 수익을 안겨줄 수 있다. 하지만 쉽지는 않다. 대가들 중에는 회생주에 투자하는 일이 너무 어렵다며 아예 멀리하는 사람들도 있다. 예를 들어 워런 버핏은 "회생주가 회생하는 일은 드물다"고 했다. 하지만 프렘 왓사 같은 대가는 회생주를 아주 좋아한다.

다음 절에서 가장 뛰어난 회생주 투자자들의 조언을 요약하겠다.

하지만 그러기에 앞서 회생주 투자와 벌처투자는 전혀 다르다는 점을 강조하고 싶다. 회생주에 투자하는 투자자는 지분을 사는 것이기 때문에, 기업이 파산할 경우 채권자보다 우선순위에서 한참 밀린다. 따라서 회생주에 투자하는 것은 기업의 생존과 회복에 전적으로 의존하며 투자수익도 여기에 달려 있다는 의미다. 회생주 투자자는 매우 드문 경우를 제외하고는 파산한 기업의 지분에 관심이 없다.[7) 생존할 가망이 없는 기업은 멀리한다.

반면 벌처투자자들은 노골적으로 파산 절차에 있거나 파산을 피할 수 없는 기업을 찾는다. 벌처투자자가 주식을 사는 일은 거의 없다. 채권을 선호하며, 기업이 파산에서 회생하거나 청산 절차를 밟을 때 최우선순위에 위치하는 것을 목표로 한다. 이런 이유로 벌처투자를 다른 말로 부실채권(distressed debt) 투자라고 한다.

매력적인 회생주

앞서 얘기했듯이 심각한 문제에 직면한 기업들은 낮은 주가배수가 합당하다. 회생주에 성공적으로 투자하려면 회생 가능성이 큰 해결 방안에 집중해야 한다. 다음은 회생주에 투자하기 전 실사에서 다뤄야 할 항목들이다.

(1) **유동성이 충분한가?**: 기업이 문제를 해결하기 위한 시간을 벌 수 없을 정도로 현금 유동성이 부족하다면 파산을 면하기가 대단히 어려울 것이다. 피터 린치는 단기 부채, 부채의 성격(다른 종류의 부채보

다 은행 부채가 더 안 좋은데, 은행이 부채를 회수해버릴 수 있기 때문이다),
일상적인 비용을 부담할 현금 보유액 등에 각별히 신경 썼다. 토마스
쿡은 부도 직전까지 몰린 2011년에 유동성이 절망적인 수준이었다.
그럼에도 우리가 곧 보게 될 다른 이유로 채권자들은 토마스쿡에 구
제금융을 제공해줬다.

(2) **탄탄한 핵심 사업을 갖고 있는가?**: 대가들은 취약한 사업을 가진
회생주에는 거의 투자하지 않는다. 경쟁우위가 없다든지 비즈니스
모델에 문제가 있다면 기업이 당면한 위기에서 빠져나올 가능성이
거의 없다. 위기에 처한 기업이 부채비율도 높고 사업도 취약하다면
상황은 대개 절망적이라고 봐야 한다. 반면 핵심 사업은 튼튼한데
회사 운영상 많은 현금을 소모하고 있다면 생존 가능성은 훨씬 높
다. 모든 조건이 동일하다면 어떤 형태의 경쟁우위(독점적인 사업권,
영업권 등)를 갖고 있는 기업이, 당면한 문제를 해결할 시간을 벌 수
있는 채무불이행을 선언하지 않으면서도 더 오래 버틸 수 있다. 채
권자의 호의를 기대하기도 쉽고, 외부 조건이 호전됨에 따라 강력한
회복을 만들어내기도 유리하다.

토마스쿡은 탄탄한 핵심 사업을 갖고 있었다. 유럽의 양대 여행사
중 하나였고, 여러 유럽 국가에서 매우 잘 알려진 브랜드였다. 토마
스쿡이 재정위기를 헤쳐나갈 때 휴가를 망치기가 두려운 고객들 때
문에 여행 예매가 떨어지긴 했지만, 고객의 신뢰를 다시 쌓기만 하면
사업이 예전처럼 돌아갈 것이라고 판단하는 데는 무리가 없었다.

(3) **(또 다른) 심각한 위기에 직면했는가?**: 힘겨운 문제와 씨름하는 기
업은 또 다른 심각한 문제가 닥치지 않기만을 바랄 뿐이다. 성공적인

회생주 투자자들은 또 다른 심각한 문제를 겪어 망할 수 있는 회생주에는 투자하지 않는다. 예를 들어 고객 집중 현상이다. 소수 고객에게 매출이 집중된다면 고객 하나만 잃더라도(업계의 불황 때문에 공급을 줄여서든, 더 안정적인 공급업체로 바꿔서든) 치명적일 수 있다.

(4) 필요한 자원을 끌어모을 수 있는가?: 위기를 겪는 기업들은 종종 문제를 스스로 해결하지 못하고, 새롭게 경영진이나 자금을 수혈받아야 한다. 대기업이 소기업보다 매우 유리한 대목이다. 경험 많고 재능 있는 경영자들은 규모도 작고 잘 알려지지 않은 기업보다는 대기업을 회생시키는 도전과 명예를 더 좋아한다. 은행과 채권단, 사채업자처럼 규모 있는 후원자들도 대기업이나 전통 기업들을 더 신뢰하기 때문에 긴급자금을 지원해줄 가능성이 더 크다.

토마스쿡은 채권자들이 생명줄을 연장해줄 이유가 충분했다. 첫째, 영국 내 직원이 2만 명이었다. 2008~2009년의 세계 금융위기 때 구제금융을 정부에 의존해야 했던 은행들로서는 토마스쿡과 관련한 정부의 강한 압박을 무시할 수 없었다. 둘째, 토마스쿡의 청산 절차가 대단히 복잡함을 채권자들은 알고 있었다. 이를테면 토마스쿡의 자산에 누가 관심을 가질지부터가 불명확했다. 관심을 가질 만한 유일한 업체인 TUI는 여행업계에 독점기업이 탄생할 것이라는 우려 때문에 청산 절차에 참여하지 못할 가능성이 컸다.

(5) 경영진의 능력이 위기를 극복할 만한가?: 주주행동주의 투자자로 이름이 잘 알려진 빌 애크먼은 경영진을 잘 모르는 기업의 회생주에는 절대 투자하지 말라고 조언한다. 경영진이 능력 있고 믿을 수 있는지 파악하는 게 대단히 중요하다. 비용 절감, 자원 재분배, 자산 매

각 등과 같이 경영진이 위기를 타개하기 위해 일을 제대로 하고 있는
지 파악하는 것도 중요하다.

토마스쿡을 경제 하강기에 취약한 체질로 만든 CEO는 2011년 여
름에 회사를 떠났다. 2012년 5월, 해리엇 그린(Harriet Green)이 새로
운 임시 CEO로 취임했다. 그린은 전 직장인 프리미어 파넬(Premier
Farnell)에서 혁신에 성공해 경력이 화려했다. 토마스쿡에 와서도 사
업을 정상화하기 위한 올바른 조치들을 취했다. 회사를 단순하게 재
편하고, 많던 브랜드를 줄여 몇 개에만 집중했다. 수익성이 떨어지는
사업 부문은 매각하고 비용도 줄였으며, 경영진을 보강하고 항공사
업무를 통합했다.

(6) 도산할 경우 주주들에게 돌아오는 몫이 있는가?: 파산은 당연히
피하고 싶지만 회생주에 투자하는 입장에서는 안전 마진을 확보하고
싶기 마련이다. 투자자들은 상황이 악화되더라도 조금은 건질 수 있
다고 판단해야만 회생주에 투자한다. 이를 위해 모든 채권을 보전해
준 후 남을 자산의 가치와 기업의 시가총액을 비교해본다.

(7) 회생하면 주가가 얼마나 회복할 것인가?: 회생주에 투자해서 기
대할 수 있는 투자수익은 당연히 주식을 얼마에 사들였는지에 달려
있다. 주식 시황 역시 중요하다. 당연히 약세장보다는 강세장에서 더
큰 투자수익을 기대할 수 있다. 투자수익을 결정하지만 당연시할 수
만은 없는 요인은 다음과 같다.

  • **기업의 이윤 폭**: 투자의 대가들인 피터 린치, 필립 피셔, 마틴 휘
    트먼은 고정비용이 높다든지 해서 상대적으로 효율성이나 수익
    성이 떨어지는 기업들이 위험은 더 높지만 더 높은 투자수익을

안겨준다고 말한다. 첫 번째 이유는 이런 기업이 위기에 처하면 다른 경우에 비해 더 위험하다고 판단한 시장이 더 공격적으로 주식을 팔아버린다는 사실이다. 이때 시장의 판단은 옳다고 할 수 있다. 두 번째 이유는 업계의 조건이 향상되면 이윤 폭이 작은 사업의 수익이 이윤 폭이 큰 사업보다 더 눈에 띄게 좋아진다는 사실이다. 실제로 이윤 폭이 작은 사업은 이윤 폭이 조금만 늘어도 이윤이 크게 증가한다. 아래 공식에서 확인해보사(매출은 동일하다고 가정한다).

$$\text{이윤} = \text{매출} \times \text{이윤 폭} \rightarrow \frac{\text{이윤 증가분}}{\text{이윤}} = \frac{\text{매출} \times \text{이윤 폭 증가분}}{\text{매출} \times \text{이윤 폭}} = \frac{\text{이윤 폭 증가분}}{\text{이윤 폭}}$$

이윤이 작을수록 분모는 작아지고 %로 본 이윤 증가는 커진다.
- **이월결손금**(tax-loss carryforwards) **존재 여부**: 회생주에 투자하는 투자자는 이월결손금에 특히 주의해야 한다. 왜냐하면 사업이 정상으로 돌아오면 이로 인해 투자수익이 배가될 수 있기 때문이다.

요약하면 가장 안전한 회생주 투자법은 예를 들어 부채비율을 지나치게 높였다든지 해서 문제가 생긴 대기업에 투자하는 방법이다. 당장 쓰러질 정도의 유동성 위기는 아니면서 안정적인 사업 기반이 있고 문제를 해결할 수 있는 뛰어난 경영진이 있기 때문이다.
숙련된 투자자가 잠재적 보상을 더 많이 얻기 위해 기꺼이 더 큰 위험을 감수하겠다면 저마진 기업을 시도해볼 수 있다. 어떤 경우에도 피해야 하는 회생주는 부채비율이 높고 유동성 부족에 허덕이며 사업 기반이 약해 현금흐름도 만들어내기 힘든 소기업이다. 고객층이 얕거나 경영진의 진실성과 능력이 의심스러운 기업도 마찬가지다.

글렌 그린버그는 회생주에 투자할 때는 해당 기업이 스스로 위기를 이겨낼 수 있는지도 판단해야 한다고 한다. 위기에 빠진 기업을 누군가 인수할 것이라는 생각은 순전히 투기적인 발상이며, 건전한 회생주 투자자라면 해서는 안 되는 생각이다. 사실 회생 노력 중인 기업의 경영진은 회사를 팔아버릴 생각이 거의 없기 때문에 다른 기업에 인수되는 경우는 드물다. 게다가 문제 있는 기업을 제값에 사려는 인수자도 찾기 힘들 것이다. 인수하려는 입장에서는 낮은 인수 가격을 제안하거나, 기업이 파산할 때까지 기다려 급처분하는 자산을 헐값에 사들이려고 할 것이다.

회생주를 언제 어떻게 매수해야 하는가

현명한 회생주 투자자의 목표는 회생 가능성이 있는 기업의 주식을, 일어날 수 있는 심각한 결과를 반영해 할인된 가격에 매수하는 것이다. 경기민감주에 투자하는 것과 비슷하게 회생주에 투자하는 행위도 역발상이 필요하다. 다른 사람들이 매수하길 꺼리는 주식을 마음 편하게 살 수 있어야 하기 때문이다. 앤서니 볼턴에 따르면, 이상적인 매수 가격을 알기란 사실상 불가능하기 때문에 점진적으로 매수하되, 매수한 후 주가가 떨어질 수 있음을 각오해야 한다. 회생주 투자는 매우 위험하기 때문에 투자자는 포트폴리오 안에서 특정 회생주의 비중을 제한해야 한다. 마지막으로, 다음에 열거한 사항 중 하나 이상의 징후가 관찰된다면 회생주를 사야 할 긍정적인 신호로 생각해도 좋다.

(1) **배당금을 줄이지 않는다**: 데이비드 드레먼에 따르면, 배당금이 꾸준하다는 사실은 믿음과 신뢰를 준다.

(2) **내부자가 주식을 매수한다**: 로버트 하일브룬(Robert Heilbrunn)은 내부자들이 주식을 매수하는 걸 보고 싶어 하는데, 주식에 가치가 있다고 해석할 수 있기 때문이다.

(3) **기업의 채권 가격이 안정적이다**: 피터 린치는 보수적이고 재무제표를 중시하는 채권 투자자들이 해당 기업이 과연 위기를 이겨낼지를 어떻게 전망하는지 알아보기 위해, 그 기업이 발행한 채권의 가격을 살펴보라고 했다. 하지만 채권시장은 주식시장과 똑같은 신호를 보낼 때가 많다. 예를 들어 만기가 2015년 10월인 토마스쿡의 채권은 2011년 7월 액면가 수준에서 거래되고 있었는데, 이는 채권시장이 토마스쿡에 대해 전혀 우려하지 않는다는 증거였다. 파산 직전에 몰린 2011년 11월과 12월, 동일한 채권은 액면가 대비 37~38% 수준에 거래되고 있었다. 시장이 매우 우려하고 있다는 수치다. 2012년 4월 64% 수준을 회복했다가 2012년 7월 45% 수준으로 다시 떨어졌다. 이후 토마스쿡의 주가와 마찬가지로 채권 가격이 오르더니 2013년 8월 105% 수준에 이르렀다.

(4) **악재가 더 이상 시장에서 문제 되지 않는다**: 시장이 해당 기업의 악재를 추가로 알았는데도 주가가 하락하지 않는다면 바닥을 쳤을 가능

성이 있다. 그림 21을 보면 2012년 여름 토마스쿡의 주가가 더 이상 떨어지지 않았음을 알 수 있다. S&P가 토마스쿡의 등급을 B-로 낮추고 여름 성수기 예약률이 떨어지고 토마스쿡이 심각한 손실을 입었음에도 불구하고 그랬다. 투자자들이 악재를 무시하고 토마스쿡이 향후에 회생하리라 판단했다고 해석할 수 있다.

(5) 경험 많고 재능 있는 업계의 선도기업 출신이 경영자로 취임한다: 명성이 자자한 경영자가 높은 보수가 보장된 자리를 박차고 해당 기업으로 옮겨 온다면 신뢰감이 커진다. 기업을 회생시킬 수 있다는 확신이 없다면 지금의 직장을 마다하고 올 리가 없다고 생각할 수 있기 때문에 해당 기업의 회생 가능성이 한층 높아 보인다. 앞서 살펴봤듯이 2012년 5월 토마스쿡의 새로운 CEO로 취임한 해리엇 그린은 이력이 화려했다. 그린이 토마스쿡의 수장을 맡은 건 분명 긍정적인 신호였다.

회생주를 언제 팔 것인가

회생주 투자자는 다음 두 경우엔 매도를 고려해야 한다.

(1) 기업이 직면했던 문제를 해결했고 모든 사람들이 이를 알 수 있다: 기업이 앞서 안고 있던 문제가 해결되어 모든 우려가 사라질 때면 주가는 저점에서 (상당히) 회복되었을 것이다. 토마스쿡이 살아남을지 우려하던 시선은 2013년 여름에는 온데간데없었다. 주식은 위기 이전의 가격을 회복했고, 채권도 부실채권의 그림자가 전혀 없었다. 이

때가 되면 회생주에 투자한 투자자는 다시 펀더멘털을 살펴야 한다. 해당 기업이 장기 투자에 적절한 매력을 모두 지녔다면 계속해서 보유해도 좋다. 이윤 폭이 평균 이하든지 해서 아주 뛰어난 기업으로 보기 힘들다면 차라리 이익을 실현하고 다른 회생주를 찾아보는 게 더 현명할 수 있다. 매수와 마찬가지로 매도의 최적기를 찾기란 거의 불가능하기 때문에 시간을 갖고 점진적으로 매도하는 것이 더 좋다.

(2) 기업이 문제 해결을 위한 갈피를 잡지 못한다: 기업의 회생 작업이 궤도에 오르지 못하거나, 최초의 문제가 발생하고 수년이 지나서 기업이 혼란에 빠져든다면 해당 기업의 주식에서 빠져나올 때가 되었다. (상당한) 손해를 감수하더라도 그렇다. 피터 린치가 열거한, 주식을 매도해야 할 위험 신호는 다음과 같다. 부채를 줄여가던 기업이 방향을 틀어 갑자기 부채가 늘어나기 시작한다. 매출보다 재고 증가량이 빠르다. 최고경영진, 특히 운영을 책임지는 경영진의 교체가 계속된다. 회사가 본격적으로 문제를 해결하기 시작하는 단계에서는 무능한 경영진을 내보내고 새로운 사람들로 자리를 채우기 때문에 최고경영진의 교체는 당연하다. 하지만 2~3년이 지나도록 계속 최고경영진이 교체된다면 이는 위험 신호다.

요약

지금까지 살펴본 대가들의 조언을 그림 22에 요약했다. 회생주에 투자하는 중심에는 '기업이 직면한 문제를 과연 해결할 수 있을 것인가?'라는 질문이 놓여 있다. 따라서 가장 중요한 조언으로는, 해당 기업이 문제를 해결할 수 있을 것이라는 타당한 이유를 찾을 수 없다면 투자하지 말라는 조언을 꼽겠다.

예를 들어 토마스쿡과 관련된 가장 큰 의구심들이 해소되기 전까지 토마스쿡의 주식을 매수하지 않았다면 아주 타당한 결정이었을 것이다. 다시 말해 구제금융이 시행되고 탁월한 새 CEO가 취임한 2012년 여름이 되어서야 주식을 사들이기 시작한 경우다. 기업이 유동성 문제를 안고 있거나, 제대로 된 사업이 없어 적절한 수준의 현금흐름을 만들어내지 못하거나, 소수 고객에게 집중된 것 같은 다른 중요한 위험 요소를 안고 있거나, 경영진이 신뢰감을 주지 않거나, 기업이 문제 해결을 위해 외부의 지원을 받을 수 없다거나 하면 해당 회생주는 피하는 것이 아마도 안전할 것이다.

기업이 위와 같은 문제를 안고 있지 않다면 회생에 운을 걸어볼 만하다. 특히 주가가 매력적인 수준까지 떨어졌고 안정적인 배당이나 내부자들의 주식 매수 같은 긍정적인 신호가 보인다면 더더욱 그렇다. 보수적인 투자자는 능력 있는 경영진이 버티는, 힘겹지만 일시적인 문제에 직면한 탄탄한 기업에 투자한다. 좀 더 공격적인 투자자라면 이윤 폭이 작은 회생주를 골라 더 높은 투자수익을 시도해볼 수 있다.

일단 주식을 매수했다면 기업의 회생 노력이 제대로 진행되는지 면밀하게 관찰해야 한다. 문제가 시작된 지 몇 년이 지나도록 최고경영진이 안정되지 않거나, 부채가 계획대로 줄어들지 않거나, 재고량이 늘어나 통제 불능이라면 우려해야 한다. 회생주에 투자한 게 성공

적이었는데 장기적인 전망이 그다지 좋아 보이지 않는다면 주식을
팔거나, 반대로 장기 보유할 만하다고 판단되면 계속 보유하고 있어
도 좋다.

그림 22. 대가들이 회생주에 투자하는 방법

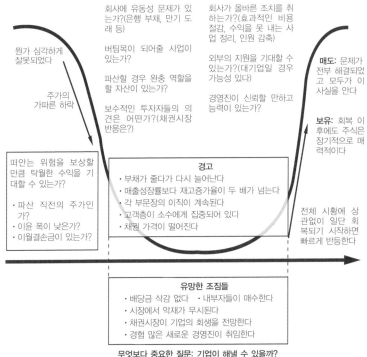

회생주: 내려간 것은 올라올 수 있다
시장은 효율적이지 않으며 비관수익는 종종 과장되었다

뭔가 심각하게
잘못되었다

주가의
가파른 하락

회사에 유동성 문제가 있
는가?(은행 부채, 만기 도
래 등)

버팀목이 되어줄 사업이
있는가?

파산할 경우 완충 역할을
할 자산이 있는가?

보수적인 투자자들의 의
견은 어떤가?(채권시장
반응은?)

회사가 올바른 조치를 취
하는가?(효과적인 비용
절감, 수익을 못 내는 사
업 정리, 인원 감축)

외부의 지원을 기대할 수
있는가?(대기업일 경우
가능성이 있다)

경영진이 신뢰할 만하고
능력이 있는가?

매도: 문제가
전부 해결되었
고 모두가 이
사실을 안다

보유: 회복 이
후에도 주식은
장기적으로 매
력적이다

떠안는 위험을 보상할
만큼 탁월한 수익을 기
대할 수 있는가?

• 파산 직전의 주가인
가?
• 이윤 폭이 낮은가?
• 이월결손금이 있는가?

경고
• 부채가 줄다가 다시 늘어난다
• 매출성장률보다 재고증가율이 두 배가 넘는다
• 각 부문장의 이직이 계속된다
• 고객층이 소수에게 집중되어 있다
• 채권 가격이 떨어진다

전체 시황에 상
관없이 일단 회
복되기 시작하면
빠르게 반등한다

유망한 조짐들
• 배당금 삭감 없다   • 내부자들이 매수한다
• 시장에서 악재가 무시된다
• 채권시장이 기업의 회생을 전망한다
• 경험 많은 새로운 경영진이 취임한다

무엇보다 중요한 질문: 기업이 해낼 수 있을까?

헤아릴 수 없는 손실을 피해야 하며, 기업이 인수될 것이라는
기대감으로 투기하지 말아야 한다

자산주

자산주는 이런저런 이유로 기업이 보유한 자산가치가 주가에 제대로 반영되지 못한 주식을 말한다. 어떤 경우는 문제가 되는 자산이 숨어 있어 부지런히 조사한 사람들의 눈에만 보일 때도 있다. 예를 들어 존 템플턴은 일본 기업 히타치(Hitachi)에 투자한 적이 있다. 자회사들의 이익이 제대로 반영되지 않은 것을 발견했기 때문이다. 자회사들의 이익을 제대로 반영하면 PER이 16에서 6으로 떨어지게 된다.[8] 마찬가지로 피터 컨딜(Peter Cundill)은 1980년대 몇몇 독일 우량 기업에서 탁월한 수익을 올렸는데, 독일 기업들이 부채를 지나치게 과장하는 비정상적인 현상을 찾아냈기 때문이었다.[9]

자산가치를 평가하기 어려운 경우도 있다. 예를 들어 장부에 수십 년 전 매입 가격으로 올라 있는 부동산의 가치를 평가하기란 늘 쉬운 게 아니다. 자산가치가 주가에 반영되는 일이 아예 없을 거라는 생각이 팽배하면 시장은 자산을 인정하지 않을 수 있다. 이런 사태는 무능한 경영진이나 효과적인 자산 배분을 해본 적이 없는 관리자들이 있는 기업에서 일어난다. 투자자들은 기업이 자산가치를 실현하지 못하고 낭비할 가능성이 크다고 생각하기 쉽다.

끝으로, 가까운 시일 내에 자산가치가 실현될 가망이 없다고 생각하면 시장은 자산을 인정하지 않을 수 있다. 이월결손금 공제가 있는 경우를 예로 들 수 있다.

자산주 투자자들은 주가에 반영되지 않은 자산가치가 가까운 시일 내에 주가에 반영될 것이라 생각한다. 투자자들은 자산가치가 인정될 수 있는 계기를 찾는데 자산의 매각이나 자산가치를 반영한 기업의 인수, 아직까지 숨어 있는 자산이라면 시장이 이를 찾아낼 것이라는 기대 등이다. 어쨌든 자산주 투자는 예술이나 마찬가지다. 성공적인 자산주 투자자라면 다음의 질문에 상당히 정확하게 답할 수 있어야 한다.

(1) **자산가치는 얼마나 되는가?**: 자산가치 평가에 신뢰성이 없다면 투자하기 어렵다. 무엇보다 먼저 자산가치를 경험에서 오는 합리적인 추측으로 가늠해보고 이것이 주가에 반영되었는지를 확인해봐야 한다.

(2) **주가에 반영되기 전에 자산가치가 하락할 가능성은 얼마나 큰가?**: 자산주 투자자들은 주가에 반영되기 전에 자산가치가 하락할 위험을 안고 있다. 이와 관련해서 경영진과 경영 목표를 주요 위험 요소로 꼽을 수 있다. 예를 들어 경영진은 자산을 적정 가격보다 한참 낮은 수준에 처분할 수 있다. 또는 기업의 전략 변화 때문에 자산가치가 떨어질 수 있다. 다른 위험 요소로 변화하는 트렌드와 전반적인 경제 상황, 세법 개정과 같은 외부적인 변화를 꼽을 수 있다. 예를 들어 경기가 나빠지거나 세법이 바뀐다면 이월결손금 공제의 혜택을 최대한 누릴 수 없을 것이다.

(3) **자산가치가 조만간 시장에서 인정될 것이라고 믿을 만한 이유가**

있는가?: 어떤 자산들은 수십 년 동안 시장에서 인정받지 못하는 경우도 있다. 자산주에 투자하는 가장 큰 위험 중 하나가 시장이 자산 가치를 인정하기까지 수년이 걸릴 수 있다는 사실이다.

기회비용을 생각한다면 자산가치가 실현될 때까지 너무 오래 기다리는 것은 말이 안 된다. 따라서 성공적인 자산주 투자자들은 자산 가치를 시장에 드러낼 수 있는 계기를 찾으려 애쓴다. 행동주의 투자자들은 자산가치를 현실화하거나 드러내려고 심지어 경영진을 압박하기까지 한다. 반면 똑똑한 투자자들은 자산가치 실현 가능성이 적어졌거나 그런 과정이 만족스럽게 생각되지 않으면 자산주를 처분한다.

(4) 경영진이 유능하고 신뢰할 만한가?: 경영진이 자산가치에 영향을 줄 수 있다는 점은 앞서 살펴보았지만 자산주에 투자할 때 경영진을 제대로 평가해야 할 또 다른 중요한 이유가 있다. 자산가치가 주가에 반영되려면 대체로 1년에서 수년까지의 시간이 필요하다. 그러는 동안 경영진이 자산가치를 파괴한다면 자산주에 투자해서 수익을 기대하기는 어렵다. 자산가치가 결국은 실현된다 하더라도 마찬가지다. 실적이 좋지 않거나 낭비하기 딱 좋은 대량의 현금자산을 갖고 있으면서 자본을 배분하는 능력이나 진실성이 의심되는 사람들이 경영하는 기업은 좋은 투자가 될 가능성이 거의 없다.

매도와 관련해서는 회생주에 투자하는 경우와 똑같은 사항을 고려해야 한다. 자산가치가 주가에 반영되고 나면 투자자는 기업의 장기적 가치로 눈을 돌려야 한다. 기업이 소유한 자산을 보고 주식을 샀는데 사업이 그저 그렇다면 주식을 매도하는 게 자연스러운 판단이다. 반면 사업은 아주 좋은데 주가는 적정 주가보다 낮은 수준이라면 주식을 좀 더 보유하고 있어도 좋을 것이다.

특수 상황에 놓인
주식에 투자하기

마지막으로 살펴볼 주식의 유형은 특수 상황에 놓여 있는 주식이다.
2장에서 언급했듯이 특수 상황 주식은 기업을 둘러싼 특별한 사건
때문에 주가에 이례적인 변동이 생긴 주식을 말한다. 이런 주식들에
관한 자세한 설명과 매수 시기와 관련된 논의는 2장을 참고하길 바
란다.

  주식을 매도할지 말지는 기업에 달려 있다. 순전히 기업에 일어난
특수한 사건 때문에 주식을 샀는데 해당 기업의 사업 내용이 마음에
들지 않는다면, 시장이 자신의 실수를 바로잡는 때를 기다려 주식을
매도하는 게 좋다. 반면 사업의 내용이 좋다면 특수한 사건의 영향이
주가에 반영된 이후에도 계속해서 주식을 보유해도 좋다.

6장의 핵심 내용

이 장에서 가장 중요한 교훈은 종류가 다른 주식은 거래도 달라야 한다는 사실이다. 고속 성장 기업은 그런 상태를 유지하는 한 매입보유법의 이상적인 투자 대상이다. 경기민감주는 매입보유법의 대상이 아니다. 안정 기업 주식은 매입보유 또는 단기 트레이딩용이다. 투자자의 목적에 달렸다. 회생주와 자산주, 특수 상황 주식 모두 특정한 사건을 염두에 두고 매수해야 한다. 특정한 사건이 일단 일어나면 투자자는 기업의 장기적인 내재가치로 초점을 옮겨야 한다.

두 번째 교훈은 모든 종류의 주식에 손을 댈 필요는 없다는 점이다. 투자 대상을 선별해서 집중하는 것이 낫다. 투자자의 스타일과 철학에 잘 맞는, 그래서 편하게 느껴지는 몇 개 유형의 주식에 특화할 수 있다. 많은 대가들이 그렇게 하고 있다. 특정한 부류의 주식에 집중하고 나머지 유형은 멀리한다. 글렌 그린버그는 경기민감주와 회생주를 좋아하지 않고, 워런 버핏 역시 회생주를 썩 좋아하지 않는다. 불쾌한 경험을 한 탓이다.

세 번째 교훈은 공짜 점심은 없다는 것이다. 거래하기 쉬운 주식이란 없다. 어떤 종류의 주식이든 많이 알아야 하며 빈틈없는 실사는 필수다. 고속 성장 기업과 회생주는 해당 산업이 지닌 강점과 약점을 명확하게 이해하지 않고는 매수할 수 없다. 경기민감주에 투자하려면 해당 산업이 갖는 역동성을 잘 이해해야 한다. 자산주나 특수 상황 주식을 발굴해서 투자하는 행위는 재무제표나 다른 중요한 서류를 뒤지느라 얼마나 많은 시간을 할애할 수 있느냐와 밀접하게 관련되어 있다.

여기서 그치는 게 아니라 주식을 매수한 이후에도 투자자는 기업의 행보를 면밀하게 주시해야 한다. 또한 성공적인 투자자들은 대중과 다른 길을 가고 인내심을 발휘할 수 있는 강한 정신력을 가진 사람들이다. 역발상 투자가 겁난다면 절대로 경기민감주나 회생주로 성공할 수 없다. 단기 매매차익을 노리는 사람은 자산주나 특수 상황 주식, 고속 성장 기업 주식,

안정 기업 주식에 투자해서 큰돈 벌기 어렵다.

마지막으로, 어떤 종류의 주식이든 매수와 매도는 점진적으로 하라는 조언은 계속해서 반복되는 교훈이다. 대가들은 만장일치로 점진적인 매수, 매도를 권할 뿐만 아니라 자신들도 거의 모든 종류의 주식 거래에서 이 원칙을 지킨다. 다음 장에서는 주식을 점진적으로 사고팔아서 포지션을 형성해야 하는 이유와 일반적인 권고 사항을 살펴보겠다.

7

주식을 사거나 팔 때
고려해야 할 일반 원칙들

수시로 주식을 사고파는 기관이나 개인을 '투자자'라고 부르는 것은, 밤마다 연애 상대를 갈아치우는 사람을 '낭만주의자'라고 부르는 것과 다르지 않습니다.

워런 버핏, 버크셔 해서웨이 주주 서한, 1991년

앞선 6장에서 대가들이 특정 종류의 주식을 사고 팔 때 지키라고 조언한 여러 규칙들을 살펴보았다. 이번 장에서는 시야를 넓혀 주식의 종류와 관계없이 적용할 수 있는 규칙들을 살펴보겠다. 다시 한번 말하지만 대가들을 깊이 연구해본 결과 이들의 행동에는 공통 부분이 많았다. 대가들이 주식을 사고파는 방법은 개성과 스타일에 따라 다를 수 있지만 거의 모두가 공유하는 현명한 주식 거래 규칙들은 분명 있다.

매수

주식을 매수하는 과정은 2단계로 나눌 수 있다. 첫째, 매력적인 매수 대상을 고른다. 둘째, 주식을 살 올바른 때를 고른다. 주식을 고르고 실사하는 단계는 2장과 3장에서 자세하게 살펴봤다. 여기서는 주식을 고르는 과정에서 주의를 기울여야 하는 주안점만 간단하게 짚고, 실제로 주식을 사는 과정에 적용할 수 있는 조언을 살펴보겠다.

매수 대상의 선택

실사 과정을 착오 없이 수행하는 일은 힘들고 시간이 많이 드는 작업이다. 2장과 3장에서 살펴본 틀에 따라 해야 할 숙제를 제대로 하는 투자자는 직업적인 투자 전문가든 일반 투자자든 극히 소수에 불과하다. 대개는 게을러서 그렇거나, 제대로 수행한 실사 과정이 어떤 부가가치를 창출하는지를 몰라서, 혹은 시간이 부족해서 그렇다. 많은 투자자들은 흥미로운 사연이 있거나 애널리스트와 주식중개인이 강력 추천한 주식이 눈앞에만 오면 매수하고 싶어 안달이 난다.

대가들이 다른 점은 실사를 철저하고 진지하게 수행한다는 점이다. 다른 전문가의 의견은 무시하고, 최대한 직접 실사를 수행해 독자적인 의견을 내려고 한다. 예측을 벗어날 수 있는 모든 사항을 점검함으로써 자신이 낸 의견에 스스로 반대 의견을 내본다. 내부자처럼 더 많은 정보를 아는 사람, 또는 매우 노련한 투자자가 매도할 수도 있다는 사실을 안다. 값싼 주식의 대부분은 값이 쌀 만한 이유가 있다는 점도 잘 안다. 그렇기 때문에 주가가 약세라는 사실에 대단히 진지하게 접근한다.

대가들은 언뜻 보기에 매력적인 주식이라고 아무거나 덥석 매수하지 않는다. 매우 까다롭게 선별한다. 주식 투자의 성공이 까다롭게 선택하고 주가가 떨어질 주식을 회피하는 데 크게 달려 있음을 안다. 투기나 검증되지 않은 사업, 사실상 복권과도 같은 주식에는 관심이 없다. 투자업계가 경쟁이 치열하고 효율적인 곳이기 때문에 진정으로 탁월한 주식을 계속해서 찾아내려면 경쟁우위가 있어야 함을 잘 안다. 즉, 남들보다 더 열심히 일하거나 자신이 강점 있는 분야에 집중해야 한다. 끝으로, 실수의 영향을 최소화하기 위해 충분히 매력적인 가격에 매수해 안전 마진을 충분히 확보하려고 한다.

●●●

진짜 매력적인 기업은 극소수에 불과하다.

필립 피셔(Fisher, 1996)

●●●

잘 알고 확신이 설 때 투자해야만 높은 성공률을 보장할 수 있다.

조엘 그린블라트(Greenblatt, 1997)

매수 과정

주식을 실제로 매수할 때가 되면 대가들은 다음의 지침을 따른다.

(1) **인내심**: 현명한 투자자는 투자 기준을 놓고 타협하지 않는다. 자신들의 엄격한 기준에 맞는 주식을 찾을 수 없다면 인내심을 갖고 막대한 현금을 보유하는 일도 마다하지 않는다. 목표 주가나 할인율을 조절하는 방식으로 어딘가에 늘 투자할 이유를 만들어서 투자수익을 희생하려 하지 않는다. 워런 버핏은 2000~2008년에 현금 보유 비중을 상당히 높게 유지했는데 매력적인 주식을 찾을 수 없다는 이유에서였다. 세계 금융위기인 2008~2009년 사이, 버핏은 현금을 동원해 아주 매력적인 가격에 주식을 매수했다. 피터 린치도 딜링 룸에서 일하는 직원들에게 주식 매수 가격에 신경 쓸 것을 주문했다. 주가가 마구 올라간다고 추격 매수하지는 말라고 당부했다.

(2) **점진적 매수**: 대가들은 시간을 갖고 포지션을 구축한다. 하룻밤 새에 대규모로 매수해 포지션을 잡는 경우는 거의 없다. 이유는 간단하다. 어떤 주식의 적정 주가는 딱 잘라 얼마라고 말할 수 없다. 그뿐 아니라 주가의 바닥을 정확하게 잡아내기도 사실상 불가능하다. 따라서 주식을 매수할 때 시간을 두고 나눠서 매수하는 방법은 충분한 근거가 있다. 또 다른 장점은 주식을 매수하지 못했을 때의 좌절감과 이에 수반하는 무분별한 매수를 막아줄 수 있다는 점이다. 하지만 점진적 매수는 심리적으로 감내하기 어려울 수 있다. 왜냐하면 처음 샀던 가격보다 높은 가격에 주식을 추가 매수해야 한다는 얘기일 수도 있기 때문이다. 필립 피셔와 피터 린치, 프레더릭 코브릭 같은 대가

들은 점진적 매수를 모든 종류의 주식 매수에 적용했지만 다음 경우에 특히 더 애용했다.

- **확신이 서지 않을 때**: 특정 주식에 뭔가 남다른 점이 있다 해도 주가가 확 당기는 수준은 아닐 경우가 있다. 이런 경우에는 밸류에이션 과정에 불확실성이 많기 때문에 어느 정도 여지를 남겨놓는 게 좋다. 최초의 포지션을 제한적으로 취한 후 주가가 떨어지거나 해당 기업을 좀 더 잘 알게 되면 그때 가서 매수를 늘리면 된다.

- **위험한 주식**: 고속 성장 기업의 주식이나 회생주처럼 평균 이상의 위험이 있는 주식을 매수할 때 점진적 매수를 적극 추천한다. 최초의 포지션을 잡을 때 적은 비중으로 포트폴리오를 구성하면 제대로 맞아떨어지는 기업은 추가로 매수하고 그렇지 못한 기업은 팔면 된다.

(3) **평균 매수 단가 낮추기**: 점진적 매수와 밀접한 관련이 있는 주제는 주가가 하락할 때 주식을 추가 매수하는 일이다. 물론 최초의 투자 이유는 여전히 유효해야 한다. 이 방법을 통해 투자자는 매력적인 주식을 주가가 하락할 때 더 많이 매수할 수 있다.

매도

주식을 제때에 사는 것은 어렵다. 하지만 주식을 언제 팔지 아는 것은 더 어렵다. 이론적으로는 현명한 투자자라면 보유하고 있는 주식이 여전히 좋은 투자인지를 지속적으로 확인해야 한다. 투자 이론에 따르면, 주가가 내재가치를 넘어서거나 추정한 내재가치가 현재의 주가 아래로 하향 돌파할 때가 주식을 팔 때다.

하지만 밸류에이션 과정과 결부된 높은 수준의 불확실성 때문에 현실에 접목하기가 쉽지 않다. 주식을 매도하기가 어려운 것은 여러 가지 감정적 요소가 결정 과정에 끼어들기 때문이다. 예상치 못한 일이나 주가의 내재가치를 둘러싼 불확실성 때문에 투자자의 확신과 믿음은 끊임없이 시험대에 오른다. 주식을 파는 것보다는 주식을 사는 일이 좀 더 유쾌한 작업이라는 사실도 주식을 파는 행위를 어렵게 만든다. 잠재적인 투자수익을 바라고 주식을 살 때가, 수익을 안겨준 주식을 떠나보내거나 손실을 안고 손절매하는 경우보다 낙관적이기 때문에 그렇다.[1]

위에 나열한 여러 이유로 많은 사람들은 본능이나 감, 소문 등에 의존해 주식을 매도한다. 이와 달리 대가들은 이성적이고 논리적인 매도 결정을 내리기 위해 철저하게 출구 전략에 의존한다. 매수 과정과 유사하게 매도도 점진적으로 실행한다. 짧은 기간에 주가가 어떻게 될지 예측하기 싫기 때문에 보유한 포지션을 단계적으로 정리한다. 밸류에이션이 엄밀한 과학이 아니고 주식을 너무 싸게 팔 수도 있음을 잘 알기 때문에 점진적으로 매도한다. 주식을 매도해서 포지션을 완전히 정리한 후 새로운 상승장이 형성되어 주가가 오르면 후회가 밀려들기 마련인데, 점진적으로 매도한다면 이런 후회를 완화해줄 수 있을 것이다. 주식을 매도하는 기간은 주가와 투자자의 확신 정도에 따라 상대적으로 짧을 수도 있고 길 수도 있다.

대가들은 감에 의존해서 주식을 파는 것은 실수라는 걸 잘 안다. 주식을 팔기로 결정하기 전에 결정에 필요한 모든 요소를 갖추었는지 보기 위해 항상 상황을 재평가해본다. 어떤 대가들은 애초의 매수 판단에 관여하지 않은, 이를테면 해당 기업을 한 번도 들여다본 적이 없는 애널리스트 등에게 상황을 재평가해달라고 부탁함으로써 중립적인 의견을 구하기도 한다. 모든 것이 분명해지고 다음의 4가지 경우에 해당하면 주식을 판다.

- 애초의 투자 논리에 대한 확신이 사라졌다.
- 생각했던 것만큼 기업을 잘 이해하고 있지 못함을 깨달았다.
- 주가가 내재가치를 (훨씬) 상회하고 있다.
- 더 좋은 가격의 주식으로 대체 가능하다.

애초의 투자 논리가 효력을 잃다

주식을 사는 투자자는 기대하는 바가 명확해야 한다. 모니시 파브라이 같은 현명한 투자자들은 주식을 사기 전에 자신의 투자 논리를 글로 적어보고 수시로 확인한다.[2] 애초의 투자 논리와 비교해서 기준에 미달하거나, 애초의 투자 논리가 효력을 잃은 주식은 팔아버린다. 심지어 매수한 가격보다 (훨씬) 낮은 가격에도 팔아버린다. 효력을 잃은 투자 논리의 예를 2개 들어보겠다.

(1) **촉매 사라짐**: 피터 린치는 촉매(주가를 끌어올릴 사건)가 사라진 주식은 대개 팔아버렸다.[3] 예를 들어 경제 활황기를 예상하고 경기민감주를 매수했는데 경제 여건이 좋아지는 대신 나빠졌다면 해당 주식을 팔아버리는 식이었다.

(2) **잉여현금흐름 전망 악화**: 잉여현금흐름이 낮아지면 내재가치도 자동으로 낮아지기 때문에 다음의 위험 신호가 하나 이상 감지된다면 주식을 파는 것이 좋다.

- **기초 여건 악화**(경기 순환의 현 단계를 감안해): 이윤 폭 감소, ROE 저하, 매출성장률 둔화, 시장점유율 상실, 현금흐름 급락, 고객층 포화(즉, 신규 고객 전망 저조), 재무제표 악화 등이다.[4]
- **경쟁 지위 하락**: 산업 내 경쟁이 심해지거나 새로운 발명이 나와 산업 자체의 경쟁력이 떨어지거나 새로운 법이 제정되는 등을 이유로 들 수 있다. 피터 린치는 이런 문제에 사전에 대비하고 정보를 얻기 위해 중요한 산업의 전문가들과 매월 대화의 시간을 가졌다.

- **경영진 문제**: 설득력 없는 기업의 인수 및 합병처럼 경영진의 형편없는 자본배분 능력이나 전략적 실수, 현실에 안주하는 리더십, 지나친 보수를 받아가는 탐욕, 잦은 이직, 최고경영진 교체 등이다.[5)]

    실수했다 싶을 때 주식을 파는 일은 간단해 보인다. 하지만 현실에서는 그렇지 못하다. 애초의 투자 논리가 유효하지 않을 때 주식을 들고 있을 새로운 이유를 찾아보려는 정서는 인간이라면 당연한 것이다. 자존심 또한 매도 결정을 가로막는 이유 중 하나다. 잘못을 인정하기 싫어 손해 보는 포지션을 유지해 결과적으로 더 큰 손해를 입는 경우가 허다하다. 특정한 인지 편향 때문에 손해 보는 주식을 팔지 못하는 것도 일을 더욱 복잡하게 만든다.(1장 참조) 비대칭 손실 회피 때문에, 주가가 회복하길 기대하며 손해 보는 주식을 계속 들고 있는 경우가 이에 해당한다.

    대가들은 자존심 문제로 고민하지 않으며, 현 상태를 정당화하려고 투자 근거를 바꾸지 않는다. 돈을 버는 게 목적이지, 옳고 그름을 증명하는 게 목적이 아님을 잘 알고 있다. 모든 트레이딩 결정을 합

● ● ●

> 투자 법칙을 많이 만들려고 하지는 않지만 도움이 된 법칙이 하나 있다. 우리는 어떤 결정을 내린 이유가 잘못되었다고 판단되면 빠져나온다. 예외는 없다. 애초의 근거가 사라졌는데도 현재의 포지션을 유지하기 위해 새로운 근거를 만들어내는 일은 절대로 없다.
>
> 데이비드 아인혼(Heins, 2013)

리적으로 내릴 수 있도록 인지 편향에 맞서 싸운다. 실수했다고 생각하면 주식을 산 가격에 상관없이 팔아버린다. 이렇게 함으로써 손실을 최소화한다.

기업에 대한 이해가 부족하다

좋은 일이든 나쁜 일이든, 투자한 기업에서 발생한 일로 투자자가 놀랄 때가 있다. 기업을 잘 몰랐기 때문이다. 대가들은 이런 일을 피하려고 한다. 잘 모르는 기업의 주주가 되는 일은 진정한 투자 활동이라기보다는 도박에 가깝기 때문에 하고 싶어 하지 않는다. 마찬가지 논리로, 생각했던 것만큼 기업을 잘 이해하지 못하고 있다는 결론을 내리게 되면 주식을 팔고 빠져나온다. 2008~2009년의 세계 금융위기 동안 많은 대가들은 은행주를 팔아버렸는데, 은행에서 일어나고 있는 일을 이해할 수도 없고 어떻게 될지도 알 수 없었기 때문이다.

대체로 투자자들은 기업을 더 면밀하게 들여다보거나 어느 정도 시간을 갖고 주시한 후에야 기업에 대한 이해가 부족하다는 걸 느낀다. 재무제표가 생각했던 것보다 훨씬 복잡하거나 기업에서 특정한 일이 일어나서 당황할 수 있다.

해당 주식에 대한 이해가 부족함을 나타내는 또 다른 미묘한 조짐은 만족스럽지 못한 주가의 움직임이다. 주가가 절대적으로나 시장 대비 상대적으로 매수 시점보다 15~25% 하락할 경우, 애초의 투자 논리를 다시 점검해보는 일은 많은 대가들 사이에서 인기 있는 방법이다. 이와 관련해서 모니시 파브라이, 필립 피셔, 존 템플턴, 조엘 그린블라트 등 일부 대가들은 주식을 매수한 후 3~4년이 지나도록 주가가 시장수익률을 하회하면 자동으로 매도해버린다. 이런 방법에 깔린 근거는 단순하다. 인내심이 좋은 덕목이긴 하나 시장은 효율적이기 때문에 저평가된 주식이 오랜 기간 동안 발견되지 않고 있기는 힘들다. 따라서 특정 주식이 계속해서 저조한 실적을 낸다면 이 주식에 관심을 보이는 투자자는 대가를 포함해서 그리 많지 않다는 사실을 시장이 알려준다고 하겠다. 겸손한 투자자라면 '기업을 평가할 때 뭔가 중요한 걸 놓친 게 아닐까?'라고 생각해볼 일이다.

주가가 내재가치에 근접하거나 훨씬 넘어서다

주가가 내재가치를 상회하면 기대수익률은 투자자의 할인율 아래로 떨어지게 된다. 이렇게 되면 주식의 잠재적인 가치 상승은 투자자의 목표보다 낮아진다. 대가들 사이에서는 주식이 완전히 내재가치에 도달하기 전에 팔아버리는 방법이 자주 논의된다. 이를테면 내재가치의 90%에 이르렀을 때 매도하는 식이다. 밸류에이션상의 마지막 10% 차이가 줄어드는 데 가장 오래 걸리기 때문이다. 따라서 이 간극이 메워지기를 기다리는 것은 상당한 기회비용을 지불하는 것과 다름없다. 게다가 밸류에이션 간극이 10% 이하로 떨어지면 주식을 팔기가 그만큼 어려워진다. 왜냐하면 투자자로부터 주식을 살 사람 입장에서는 그다지 구미가 당기는 거래가 아니기 때문이다.[6] 따라서 대가들은 주식 매도 과정에서 가장 영양가 높은 대목에 집중한다. 내재가치의 50~60% 선에서 매수해 90% 선에서 매도하고 빠져나온다.

당연히 내재가치는 칼로 썬 것처럼 명확하지 않다. 딱 잘라 포착하기 힘들다. 그렇기 때문에 투자자는 주식을 매각할지 좀 더 보유할지 판단할 때 두 가지 가능성을 저울질해봐야 한다. 첫 번째 가능성은 상승주의 가치를 과소평가해 너무 일찍 매도하는 경우다. 남들과 차별되는 독특한 전망을 가진 정말 탁월한 기업의 주식이 그럴 수 있다. 이런 기업이라면 높은 주가배수는 당연하며, 일반적인 기대수익률보다 훨씬 높게 기업 가치를 키움으로써 뛰어난 투자수익을 안겨줄 수 있다. 두 번째 가능성은 투자자가 주식을 팔지 않고 들고 있는데 수익률은 저조한 경우다. 두 개의 가능성을 놓고 투자자가 어떻게 해야 할지는 주식 투자의 스타일과 시장의 특성에 달려 있다.

(1) 스타일(성장이냐 가치냐): 성장주 투자자라면 글자 그대로 극적인 성장을 찾을 것이며, 순수한 의미의 내재가치는 크게 신경 쓰지 않는다. 따라서 탁월한 주식을 매도하지 않고 보유할 가능성도 높다. 반면 심층 가치투자자는 성장에 매우 까다롭다. 이들은 보수적인 밸류에이션 간극이 메워지면 자동으로 주식을 매도한다. 성장과 심층 가치라는 양극단의 중간에 놓인 많은 투자자들은 주식의 특성에 따라 다소 자유롭게 스타일을 결정할 것이다.

(2) 시장의 특성: 주식시장은 단기 혹은 장기에 걸쳐 강세장과 약세장을 오간다.[7] 소위 박스권 증시(range-bound market)라 불리는 주식시장에서는 10년이고 20년이고 주가가 아무런 성과를 내지 못하고,

주가배수는 높았던 수준에서 아래로 떨어진다. 이런 장세에서 매입보유법은 효과가 없고, 주식이 내재가치에 도달하기 전에 매도하는 등 적극적으로 사고파는 것이 낫다. 장기 강세장에서는 주가가 10~20년에 걸쳐 상승하고 주가배수도 올라간다. 매입보유법이 진가를 발휘한다. 이런 장세에서는 주가가 좀 더 상승하도록 여지를 남겨놓을 필요가 있으며, 주가가 내재가치를 상회할 때만 주식을 파는 것이 효과적일 수 있다.

더 매력적인 저평가 주식이 있다

주식을 팔아야 하는 네 번째 경우는 더 매력적인 가격의 주식으로 대체할 수 있을 때다. 주식 선별의 달인들은 늘 그렇게 한다. 이들에 따르면, 이 전략이 가장 빛을 발휘할 때는 약세장이다. 가장 매력이 떨어지는 주식을 쳐내고, 나락으로 떨어진 주식 중 가장 매력적인 가격의 주식으로 대체하는 것이다. 이렇게 바꿔치는 작업이 쉽지 않다는 말도 빼놓지 않는다. 역사상 가장 위대한 투자자 중 하나인 존 템플턴조차 갖고 있는 주식을 다른 주식으로 교체하라고 고객들에게 조언했지만, 세 번 중 한 번꼴로 기존 주식을 갖고 있었던 게 나을 뻔했다고 고백한 적이 있다.

주식을 대체하는 데 따르는 첫 번째 문제는, 잘 알지 못하는 새로운 주식을 위해, 보유 기간에 걸쳐 많은 정보를 쌓아 잘 알게 된 주식을 팔아야 하는 경우가 종종 생긴다는 점이다. 두 번째 문제는 매도하는 주식의 내재가치는 과소평가하고 매수하는 주식은 과대평가할 수 있다는 점이다. 이런 문제에 대처하기 위해 존 템플턴이 제안하는 방법은 매도하려는 주식에 비해 매수하려는 새 주식이 정말 설득력 있을 정도로 염가일 때만 대체하라는 것이다. 두 주식 간의 추정가치가 50% 이상 차이 나는 경우를 예로 들 수 있겠다.[8]

공매도

전통적인 주식의 매수와 매도 외에도 투자자는 주식을 공매도할 수 있다. 공매도란 미래에 더 낮은 가격으로 되사서 갚을 수 있을 것이란 희망에, 투자자가 소유하지 않은 주식을 빌려서 파는 행위를 말한다.[9] 공매도자는 주식을 빌려 시장에 판다. 나중에 같은 주식을 시장에서 되사서 원래의 주인에게 돌려준다. 원래 공매도했던 가격보다 낮은 가격에 주식을 되살 수 있다면 이익이다. 하지만 나중에 되산 주식의 가격이 공매도한 가격보다 높아지면 손실이다.

실제 공매도 거래는 공매도자가 주식을 보유하고 있는 증권회사에서 주식을 빌려 공매도하는 식으로 이루어진다. 증권회사는 공매도자에게 주식의 현재가치와 공매도한 가격 차에 해당하는 금액을 담보로 요구하는데, 금액에 변동이 있으면 공매도자는 매일 그만큼 채워놓아야 한다. 그뿐 아니라 공매도자는 주식의 원 소유주에게 빌린 주식의 배당금과 주식을 빌려 쓰는 대가를 지불해야 한다.

공매도는 일반 주식 거래와 매우 다르다. 우선 공매도가 가능하도록 주식 재고를 대량 보유한 증권회사와 거래할 수 있어야 한다. 더 중요한 점은 일반 주식 거래에 비해 공매도가 훨씬 더 위험하다는 사실이다. 왜냐하면 일반적인 주식 거래와 정반대의 손익 구조를 갖고 있기 때문이다. 공매도를 통해 얻을 수 있는 이익은 주식을 판 금액이 최대지만, 일반 주식 매수는 최대 이익이 고정되어 있지 않다. 반대로 일반적인 주식 매수는 주식을 사는 데 들어간 매수 자금이 입을 수 있는 최대 손실액이지만, 공매도는 주가가 무한정 오를 수 있기 때문에 손실 가능액이 고정되어 있지 않다. 이런 손익 구조의 문제 때문에 공매도가 잘못되면 전체 포트폴리오에 미치는 상대적인 비중이 더 커진다. 다시 말해 공매도가 예측한 대로 되지 않으면 위험이 더 커진다.

공매도자가 다뤄야 하는 위험은 여기서 그치지 않는다. 주식을 빌려준 원 소유자는 언제라도 공매도자에게 주식을 돌려달라고 요구할 수 있다. 이 때문에 공매도자는 자신에게 불리한 시점에 공매도 포지션을 청산해야 하는 위험에 처하게 된다.

공매도가 지닌 특이한 성질 때문에 공매도 자체를 아예 멀리하는 대가들이 많다는 사실이 그다지 놀랍지 않다. 대가들 중에도 공매도로 실패를 경험한 사람들이 있다.[10] 좋은 주식을 매수하는 데 집중하고 나쁜 주식은 그냥 피하는 게 낫다고 말하는 대가들도 있다. 투자자가 펀더멘털을 옳게 판단했더라도 시간이 공매도에 불리하게 작용할 수 있다는 점도 대가들이 공매도를 피하는 이유다. 실제로 나쁜 펀더멘털 문제가 시장에 제대로 반영되기 전에 주가가 비이성적으로 출렁이면 공매도자는 재앙에 가까운 피해를 입을 수 있다.

그럼에도 불구하고 탁월한 공매도 솜씨를 발휘해 크게 성공한 대가들이 있다. 로버트 윌슨, 줄리언 로버트슨, 짐 차노스, 데이비드 아인혼 등이다. 심지어 어떤 대가들은 주식시장을 균형 잡힌 시각으로 바라보기 위해 누구나 공매도를 시도는 해봐야 한다고 주장하기까지 한다. 매수 포지션만 유지하는 투자자들이 흔히 갖고 있는, 주식시장을 긍정적으로만 바라보는 편향된 시각을 바로잡기 위해 공매도가 필요하다는 주장이다. 지금부터 가장 성공적인 공매도의 대가들이 말하는 조언을 요약해서 설명하겠다.

공매도 관련 조언들

올바른 마음 자세

공매도자에겐 매우 특별한 자질이 필요하다. 우선 자신이 공매도를 감당할 수 있는 마음가짐을 갖고 있는지 확인해야 한다. 매수로 성공한 대가들이라고 해서 공매도도 잘할 수 있는 건 아니다. 공매도에 필요한 올바른 마음가짐이 없다면 대가들도 예외가 아니다. 자신이 공매도에 적합한지 알아보기 위해 다음 질문에 답할 수 있어야 한다.

(1) 스트레스를 감당할 수 있는가?: 일반적인 주식 투자도 스트레스를 줄 수 있지만 공매도는 더하다. 공매도가 예측을 빗나가면 피해가 갈수록 커진다. 따라서 공매도는 투자자의 의지를 끊임없이 시험한다. 일반 주식 투자자와는 달리 공매도자는 주가를 알려주는 화면에서 눈을 떼지 못한다. 공매도 해놓고 휴가 가는 건 상상하기도 힘들

다. 고삐 풀린 공매도 주식이 포트폴리오 전체를 망치지 않도록 모든 주가의 움직임을 면밀히 관찰해야 한다.

(2) 마음 편하게 역발상 투자자가 될 수 있는가?: 성공한 대가들은 대중과 반대로 생각할 수 있는 사람들이라고 앞서 여러 번 얘기했다. 대가들이 시장을 이기는 건 다른 사람들이 무시하거나 피하는 주식을 살 수 있기 때문이다. 공매도의 경우 역발상 투자자의 마음은 훨씬 더 중요하다. 사실 진정한 공매도자라면 마음 편하게 역발상 투자자가 될 수 있어야 한다. 대중과 다른 길을 가고 자신의 투자 논리에 확신을 가질 수 있어야만 공매도로 성공할 수 있다.

매수 포지션만 유지하는 투자자에 비해 공매도 포지션을 유지하는 투자자는 자신의 투자 논리에 부정적인 훨씬 더 많은 소음에 시달리게 되어 있다. 투자의 세계는 어쨌든 긍정 쪽으로 편중되어 있기 마련이다. 매수 추천이나 낙관적인 최고경영자, 강세장 이야기 등이 부정적인 보고서나 비관적인 보도보다 훨씬 많다. 따라서 공매도자는 자신이 틀렸다는 수많은 정보에 직면하게 된다. 더욱이 공매도자는 주식을 일찍 공매도해야 한다. 모든 게 괜찮아 보여 뭔가 잘못되었다고 공감하는 사람들이 거의 없을 때, 나쁜 소식을 먼저 예측해서 공매도 포지션을 잡아야 한다.

(3) 공매도를 청산할 수 있는 기회는 예상하기 힘들다는 것을 받아들일 수 있는가?: 유명한 공매도자인 짐 차노스는 공매도를 어느 순간 갑자기 청산하게 된다고 했다. 대개 어떤 뉴스가 보도되는 순간이다. 바꿔 말하면 공매도자는 오랜 기간 동안 공매도 포지션으로 이익을 내지 못할 수 있다는 것이다. 이자율이 낮을 때는 오랜 기간을 버티

기가 특히나 힘든데, 주식을 공매도해서 얻은 현금으로 벌어들이는 이자소득이 크지 않기 때문이다.

올바른 위험 관리

공매도는 불리한 위험-보상 체계를 지니고 있으므로, 올바른 위험 관리 방법 없이 공매도를 해서는 안 된다. 공매도자가 저지를 수 있는 가장 큰 실수 중 하나는 대중의 광기를 가볍게 여기는 것이다. 시장은 공매도자가 버틸 수 있는 것보다 훨씬 더 오랫동안 비이성적일 수 있다. 그렇기 때문에 제대로 된 위험 관리를 못하는 공매도자는 파탄을 맞이할 수 있다.

잘못된 비즈니스 모델을 가진 기업들도 끊임없이 어리석은 돈을 끌어모은다. 계속해서 반복된다. 좋은 기업도 시장이 이성을 되찾을 때까지 수년 동안 터무니없는 가격에 거래될 수 있다. 심지어 병든 기업이 비이성적인 시장에 힘입어 버티다가 경제가 갑자기 좋아진다든지 해서 살아나는 경우도 있다. 요컨대 위험 관리를 제대로 하지 못하는 공매도자는 살아남을 수 없다. 공매도자에게 가장 중요한 위험 관리 방법 2가지는 다음과 같다.

(1) 손실 제한 주문 사용: 어떤 포지션 때문에 전체 포트폴리오가 피해 입는 것을 방지하기 위해 손실 제한 주문을 써야 한다. 투자자는 무슨 일이 있어도 이 지점에 이르면 포지션을 정리하고 빠져나오겠다는 주가를 사전에 정해놓는다. 이 주문은 매수 포지션만 유지하는 대가들은 거의 사용하지 않지만, 공매도 포지션에서는 입을 수 있는

손실의 최대치를 제한할 수 있다. 전설적인 투자자인 존 템플턴도 공매도할 때는 손실 제한 주문을 사용했다. 반면 짐 차노스는 일단 포지션이 정리되면 다시 들어가기 힘들다는 이유로 손실 제한 주문을 선호하지 않는다.

(2) **분산 투자:** 대가들은 투자에 대한 자신들의 생각을 대변하는 소수 주식에 집중하기를 선호하지만 공매도에서는 집중이 썩 좋은 생각이 아니다. 실패할 경우를 대비한다면 매우 분산된 공매도 포지션을 취하는 편이 좋다. 데이비드 아인혼은 공매도 포지션을 매수 포지션의 절반 수준으로 유지한다. 짐 차노스는 하나의 공매도 포지션에 운용 자금의 5% 이상을 투입하는 일이 없다. 공매도 포지션이 5%를 넘으면 자동으로 4.5%로 조정되도록 설정해둔다. 워런 버핏은 개별 종목이 아니라 주식시장 전체를 공매도하거나 매우 분산된 공매도 포지션을 취하라고 투자자들에게 조언한다.

선별적인 공매도

마지막으로, 공매도하려는 주식을 잘 선별해야 한다. 주식시장은 시간이 지나면 오르는 경향이 있기 때문에, 매수 대상을 찾는 것보다 공매도할 대상을 찾기가 더 어려울 수 있다. 현명한 공매도자는 철저하게 실사를 하고 현저한 주가 하락(예를 들어 50% 이상)이 예상되는 경우에만 공매도를 한다. 그다지 설득력이 없는 공매도 가능성에 시간과 돈을 허비하지 않는다.

2장에서 살펴봤듯이 가장 매력적인 공매도 대상은 기술주가 아니면서 펀더멘털이 취약한 기업들이다. 이를테면 경영에 문제가 있거나 재무 상태가 좋지 않은 기업, 또는 비즈니스 모델에 문제가 있거나 성장이 포화 상태에 이르렀는데도 지나치게 높은 주가에 거래되고 전문가들 사이에 인기가 좋은 기업들이다.

쇼트 스퀴즈(short squeeze, 주가가 하락할 것이라 예상해 공매도했으나 상황이 여의치 않아 어쩔 수 없이 주식을 사들여야 하는 경우)처럼 현금 유동성이 부족해서 직면하는 문제를 피하기 위해, 거래량이 많고 공매도 예상 수익이 적당한 주식을 고르는 게 좋다. 가능하다면 주가 폭락을 촉발할 수 있는 계기가 있는 게 좋다. 예를 들어 내부자들이 주식을 매각하거나, 핵심 경영진이 사임하고 감사가 바뀌고, 해당 기업이 뭔가 잘못되었다는 소문이 돌고, 관계 기관에 제출하거나 신고해야 할 보고서 등이 기한을 넘기는 일들이 이에 해당된다.

7장의 핵심 내용

이번 장에서 우리는 대가들이 개별 주식을 거래하는 일반적인 원칙들을 살펴보았다. 주식의 내재가치가 안고 있는 불확실성 때문에 주식을 사거나 팔 때 점진적으로 하는 것이 좋다. 주식의 평균 매수 단가를 낮추는 평균단가 낮추기(averaging down)가 일리 있는 접근 방식으로 여겨지는 이유다.

유념해야 할 두 번째 원칙은 주식의 매수와 매도 모두 적절한 준비 과정을 거쳐야 한다는 점이다. 주식을 성공적으로 매수하려면 투자자는 독립적이면서도 편향되지 않은 실사를 해야 하며, 끈질기게 안전 마진을 추구하고, 자신이 경쟁력 있는 분야로 관심을 한정하고, 남들보다 해당 산업을 더 잘 이해하기 위해 많은 노력을 기울여야 한다. 다시 말해 투자에 성공하려면 선별적인 태도와 인내심이 필요하다는 얘기다. 그렇지 않은 경우는 극히 예외적이다.

주식의 매도 시점과 관련해서는 다음 사항을 기억해야 한다. 투자의 근거가 부정되거나 투자자가 해당 사업을 더 이상 이해할 수 없다면 주식을 팔아야 한다. 주가가 내재가치를 넘어섰거나 해당 주식을 더 좋은 가격의 다른 주식으로 대체할 수 있다면 팔아야 한다. 마지막으로 공매도는 어렵다는 걸 명심하자. 올바른 위험 관리가 필요하며, 투자자에게 상당한 수준의 정신적 압박이 가해짐을 잊지 말아야 한다.

8
호황과 불황,
경기 순환점을 알려주는 지표들

이따금 주가가 단기적으로 급변하는 것은 감정에 치우친 비전문
적인 투자자들 때문이다. 투자 전문가로서는 투기꾼이나 비전문
가들의 열광과 공포에 가득 찬 군중심리가 가라앉기를 조용히 앉
아서 기다리는 수밖에 다른 도리가 없다.

장 폴 게티(Krass, 1999)

대가들은 경기가 호황과 불황을 오갈 때, 투자철학의 기본에 충실하면서 주식의 가치와 가격 사이에 존재하는 괴리에 주목한다. 자신도 주식의 적정 가격을 잘못 판단하는 경우가 늘 있다고 인정할 만큼 겸손하며, 시장이 아주 긴 기간 동안 비이성적으로 행동할 수 있다는 것도 잘 안다. 그렇기 때문에 시장이 보내는 신호를 해석할 때 더없이 조심한다. 또한 절대로 주식을 적시에 사고 팔 생각을 하지 않을뿐더러 때를 못 맞힌다고 공개적으로 인정하기까지 한다.

대가들은 우리가 앞서 살펴본 지표들이 알려주는 시장의 매력도에 따라 점진적으로 매수와 매도 비중을 바꾼다. 대가들의 전략은 크게 자신의 스타일과, 사실을 해석해서 얻은 결론을 얼마큼 편하게 받아들일 수 있느냐에 따라 달라진다.

주식시장의 경기 순환

주식시장은 대체로 수년에 걸쳐 주기적으로 순환한다. 각 주기는 강세장(직전의 저점에서 최소 20% 상승)과 약세장(직전의 고점에서 최소 20% 하락)을 갖는다. 주기 내의 강세장과 약세장에서조차 주가가 한 방향으로만 움직이지는 않는다. 강세장과 약세장은 종종 강세장에서 조정을 받거나 약세장에서 반등을 경험하면서 일시적으로 장기 추세와 거꾸로 움직인다.

그림 23에 주식시장의 주기적 특성이 잘 나타나 있다. 1963년부터 1992년 사이 S&P500 지수에 따른 강세장과 약세장을 보여준다. 이 기간 동안 S&P500 지수는 다섯 번의 약세장을 경험했다. 주기마다 강도와 기간이 다른 것을 알 수 있다. 1973~1974년의 약세장은 매우 고통스러웠는데 2년도 되지 않는 짧은 기간에 시가총액의 50% 이상이 사라졌다. 반면 1987~2000년까지의 강세장은 무려 12년간 600% 이상 상승한, 매우 길고도 강렬한 강세장이었다. 1987년의 약세장은 초단기간에 대폭락을 경험한 아주 특별한 경우였다.

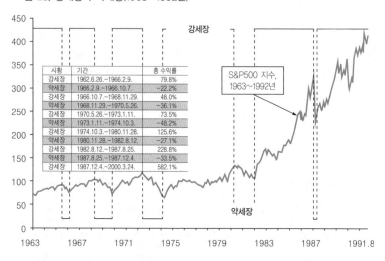

그림 23. 강세장과 약세장(1963~1992년)

시황	기간	총 수익률
강세장	1962.6.26.~1966.2.9.	79.8%
약세장	1966.2.9.~1966.10.7.	-22.2%
강세장	1966.10.7.~1968.11.29.	48.0%
약세장	1968.11.29.~1970.5.26.	-36.1%
강세장	1970.5.26.~1973.1.11.	73.5%
약세장	1973.1.11.~1974.10.3.	-48.2%
강세장	1974.10.3.~1980.11.28.	125.6%
약세장	1980.11.28.~1982.8.12.	-27.1%
강세장	1982.8.12.~1987.8.25.	228.8%
약세장	1987.8.25.~1987.12.4.	-33.5%
강세장	1987.12.4.~2000.3.24.	582.1%

S&P500 지수, 1963~1992년

장기적으로 주식시장은 10년, 20년의 주기에 따라 움직이기도 한다. 그림 24가 S&P500 지수의 이런 움직임을 보여준다. 여러 차례의 강세장과 약세장을 포함하는 이런 슈퍼사이클(supercycle)은 장기 강세장(secular bull), 장기 약세장(secular bear) 또는 박스권 증시로 불린다.

장기 강세장(예를 들어 1951~1966년)에서는 주가가 상승하고, 주가배수도 낮거나 침체된 수준에서 높은 수준으로 올라간다. 장기 강세장에서는 고점은 돌파되지만 저점은 지지되는 게 일반적이다. 박스권 장세(예를 들어 1966~1982년)에서 주가배수는 하락하고 주식시장은 횡보한다. 장기 약세장(예를 들어 1929~1932년)에서 주가와 주가배수 모두 하락한다.

가끔씩, 특히 장기 강세장이 끝날 무렵에는 투자 군중이 이성을 잃

그림 24. 장기 주식시장, S&P 지수(1871~2013년)

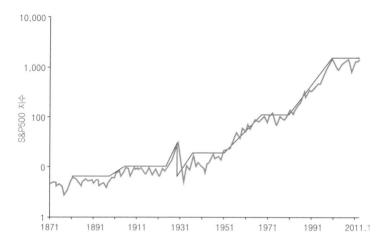

고 광기를 드러내고는 한다. 그러면 예외 없이 인정사정없이 거품이 폭발하면서 끝을 맺는다. 1929년이 그랬다.

주식시장이 장단기로 강세장과 약세장을 번갈아가며 움직이는 것은 우연이 아니다. 이런 시장 변동을 야기하는 여러 요소로 경제 상황, 주식과 관련된 사람들의 생각과 감정, 주주들의 감정 등을 들 수 있다.[1]

주식시장의 장단기 변동을 예상해서 타이밍만 잘 맞힌다면 엄청난 투자수익을 거둘 수 있겠지만, 수많은 시도에도 불구하고 안타깝게도 성공하기 어렵다. 이번 장에서는 일부의 대가들이 시장 변동을 활용하는 방법을 자세하게 다뤄보고자 한다.

첫 번째 사실은 주식시장의 변동을 예상하려는 대가는 아무도 없다는 점이다. 사실 대가들은 유리구슬을 들여다보려는 노력은 쓸데 없다고 이구동성으로 말한다. 단기적인 시장 움직임에서 돈을 벌려고 하는 대가도 거의 없다. 대신 대가들은 장기적인 동향을 예측하고 그에 따라 자신들의 포지션을 구축한다.

물론 대가들은 주가와 내재가치 사이에 존재하는 괴리에 주목하기 때문에 주식시장의 변동 주기는 싸게 사거나 비싸게 팔 기회라고 볼 수 있다. 보다 구체적으로 말하면 대가들은 약세장의 저점이(특히 박스권 증시나 장기 약세장이 끝나갈 무렵) 매수할 적기라고 생각한다. 이때 많은 주식이 내재가치보다 현저하게 낮은 수준에서 거래되기 때문이다.

반대로 강세장의 고점 부근에서는 조심한다. 특히 장기 강세장이 끝날 무렵에는 더 그렇다. 이때는 많은 주식이 내재가치보다 한참 높은 수준에서 거래되고 있기 때문이다. 저점 근처에서 사고 고점 근처에서는 파는 이 방법이 간단하고 당연해 보이는데도 투자자 대부분은 이를 실천하지 못하는 것 같다. 많은 사람들이 정반대로 한다. 주식시장이 고점에 가까울 때 사면서도, 저점에 가까울 때는 사지 않고 심지어 팔기까지 한다.

가장 큰 이유는 일반 투자자는 시장의 고점과 저점을 알아채지 못하며, 자신의 전략을 끝까지 실천할 만한 정신 자세를 갖고 있지 않다는 사실이다. 다음 절에서 대가들이 주식시장의 주기를 어떻게 다루는지 포괄적으로 살펴볼 것이다. 먼저 대가들이 시장의 고점과 저점을 알아채기 위해 사용하는 비결을 살펴본 후, 시장의 변동 주기를 활용해 돈을 버는 전략을 살펴보겠다.

주식시장의 고점과
저점을 알 수 있는 지표

위에서 설명했듯이 대가들은 시장의 단기 변동에서 돈을 벌려고 하지 않는다. 중기 혹은 장기에 걸친 시장의 괴리를 활용하려고 할 뿐이다. 시장이 매력적인지 아닌지, 공격보다는 방어해야 할 때인지를 알기 위해 몇 가지 지표에 의존한다.

　이런 지표들이라고 해서 실패할 염려가 없는 것은 아니고 상당한 수준의 주관적 판단이 개입한다. 시장이 고점이나 저점을 언제 지나는지 정확한 때를 알려주기 위한 지표들도 아니다. 그저 인내심 있고 역발상을 할 수 있는 투자자가 주식시장에 발을 들여놓을지 말지를 알려줄 뿐이다. 이런 점들에 주의하고 각 지표를 따로따로 봐서는 신뢰하기 어렵다는 점을 고려하면 여러 지표를 두루 살펴보라고 충고하고 싶다. 대가들이 가장 관심을 갖고 살피는 지표는 투자 심리와 밸류에이션, 불균형, 내부자 거래, 주가의 방향을 바꿀 촉매나 계기 등이다.

지표 1: 투자 심리

1장에서 설명했듯이 강세장이 형성되면 투자 심리는 비관론에서 낙관론으로 바뀐다. 약세장에서는 반대다. 시장이 장기적으로 변동하면 주식시장을 바라보는 투자자와 사회의 시각에 근본적 변화가 일어난다. 장기 강세장에서 주식에 대한 투자 심리는 무관심에서 강한 관심으로 바뀌고 언론의 보도도 많아진다. 박스권 장세에서는 정반대로 움직인다.

투자 심리의 배경에 깔린 논리는 간단하다. 강세장은 투자자 대부분이 최대로 투자해 주가를 더 이상 끌어올릴 투자금이 없을 때 끝난다. 미래의 투자수익에 대한 기대와 낙관은 최고조에 이른다. 약세장은 마지막까지 버티던 낙관론자마저 비관론으로 바뀌며 백기를 들 때 끝난다. 마찬가지로 박스권 장세에서 주식에 대한 관심이 갈수록 줄어드는 것은 많은 사람들이 주식 투자에 환멸을 느껴 시장을 떠난 결과다. 장기 강세장에서 점점 커지는 관심은 과거의 투자수익을 떠올린 흥분과 기대감 때문이다.

투자 심리와 시장의 주기는 필연적으로 밀접한 관련이 있기 때문에, 대가들은 시장 변동을 고대하며 투자 심리의 추세에 특별히 관심을 가진다. 지배적인 투자 심리와 반대편에 서는 걸 좋아한다. 낙관론이 강해지거나 주식에 대한 관심이 높아질수록 고점이 가까워지고 있다는 신호로 받아들인다. 반대로 비관론이 팽배하거나 주식시장에 대한 무관심이 사회 전반에 만연하면 투자수익 기회가 오고 있다는 신호로 받아들인다.

때때로 이런 식의 역발상이 매우 까다로울 때가 있다. 예를 들어 주식시장이 폭락하는데도 매수세는 여전히 강할 수 있다. 이번 주가 하락이야말로 매수 기회라는 조언이나, 투매 때문에 일시적으로 하락했을 뿐이라는 의견이 많을 때가 그렇다. 하지만 투자자들은 매수를 장려하는 이런 말들이 시장에는 나쁜 징조라는 걸 알아야 한다. 긍정적인 뉴스가 언론에 도배되고 있는 한 주가는 더 떨어질 가능성이 크다.

반대로 시장이 저점을 통과한 직후의 반등이 그저 일시적인 상승(sucker rally)에 불과하다는 확신이 강하다면 이는 강세장을 알리는 지표다. 투자 심리가 아직은 매도세라는 뜻이기 때문이다. 앤서니 볼턴은 2009년 3월의 저점에서 시작된 반등이 계속 이어질 것이라고 정확히 예측했다. 쌍바닥(double dip)을 칠 것이라는 확신이 시장을 지배하고 있었기 때문에 내린 결론이었다.

주식시장에 팽배한 투자 심리를 읽으면 미래 주식시장의 향방을 예측하는 데 도움이 되지만 대가들은 전환점을 알기 위해서 투자 심리의 극단을 살펴본다. 시장의 고점이나 저점이 가까웠음을 알려주는 가장 신뢰할 만한 신호는 투자자들의 낙관론이나 비관론, 대중의 관심 혹은 무관심의 극단을 살피는 것이다. 지배적인 투자 심리를 측정하기 위해 대가들은 주관적 느낌과 객관적 척도를 둘 다 활용한다.

주관적 느낌

(1) **투기의 정도**: 시장이 고점에 가까우면 공모주나 투기주, 불량주도 폭등하고는 한다. 그리고 고점 근처에서는 투자자문사나 시장 전

문가, 증권사 애널리스트 등의 추천이 매우 공격적이기 마련이다. 강세장 내내 공격적일수록 투자수익이 높았기 때문이다.

(2) **주식시장에 대한 일반인의 관심**: 언론과 대중이 주식시장에 얼마나 관심을 보이는지를 말한다. 대중의 관심과 관련한 좋은 예는 피터 린치의 칵테일 이론이다.[2] 피터 린치가 경험한 바에 따르면, 시장이 저점에 가까울 때는 칵테일파티에 모인 사람들이 투자 전문가의 의견에 관심을 보이지 않는다. 하지만 시장이 상승하면 조언을 구한다. 아주 극단적으로는 시장이 고점에 가까워지면 사람들이 오히려 전문가에게 어떤 종목을 사라고 권고하는 지경이 된다.

(3) **들려오는 소문들**: 대가들은 경험 많은 투자자들 사이에 도는 투매 관련 일화를 유심히 듣는다. 이런 일화들은 시장의 고점과 저점 근처에서 들리기 때문이다. 존 템플턴은 약세장에서 가장 단련된 투자자들조차 백기를 들면 저점이 가깝다고 믿었는데 더 이상 주식을 팔 사람이 없었기 때문이다. 반대로 경험 많은 투자자들이 자신들의 규율이나 원칙에서 벗어나 강세장에 뛰어들면 강세장을 믿는 사람들이 최대로 투자했다는 의미이므로 시장의 고점이 가깝다고 생각했다.

객관적 척도

(1) **투자자문사, 매수 추천이냐 매도 추천이냐**: 매수를 추천하는 투자자문사의 수가 매도 추천하는 투자자문사의 수를 현격히 앞선다면 시장은 고점에 가까운 것이고, 반대의 경우는 저점에 가까운 것이다. 데이비드 드레먼은 이를 실제 투자에 적용해서, 70% 이상이 매수세

면 약세장을 예상하고, 70% 이상이 매도세면 강세장을 예상했다.[3]

(2) 풋/콜 비율: 앤서니 볼턴은 주식시장의 풋옵션과 콜옵션의 상대 비율에 비상한 관심을 쏟았다. 풋/콜 비율이 예외적으로 높으면 비관론이 팽배해 있음을 뜻하고, 따라서 강세장을 점칠 수 있다. 반면 지나치게 낮은 풋/콜 비율은 지나친 낙관론이나 무사안일주의를 의미하므로 약세장을 예상할 수 있다. 일별 풋/콜 비율에 휘둘리지 않으려면 월별 이동평균처럼 평활된 값을 사용하는 게 좋다.

(3) 뮤추얼펀드의 현금 비중: 앤서니 볼턴은 뮤추얼펀드의 현금 비중을 유심히 살펴봤다. 기록적으로 낮은 현금 비중은 낙관론을 뜻하기 때문에 약세장의 신호다. 반면 높은 현금 비중은 종종 강세장 직전에 나타나는 현상이다.

(4) 광고

• 주요 투자 관련 잡지에 실린 뮤추얼펀드 광고량: 뮤추얼펀드 광고량이 총 지면에서 차지하는 비중이나 투자상품 광고량에서 차지하는 비중을 살펴볼 수 있다. 당연히 뮤추얼펀드 광고와 매수 추천 광고가 절정을 이루면 주식시장이 고점에 가까운 것이고, 반대는 저점에 가까운 것이다.

• 최근의 투자수익을 강조하는 뮤추얼펀드 광고의 비율: 주식시장이 고점에 가까이 가면 많은 뮤추얼펀드가 단기간에 거둔 실적을 자랑하느라 여념이 없다. 반면 저점에 가깝다면 광고는 이전의 실적에는 침묵한 채, 회사를 과장되게 선전하는 데 치중한다.

(5) 대출 조건: 주식시장에 거품이 끼었을 때 흔히 볼 수 있는 특징은 느슨한 대출 조건이다. 앤드류 스미더스(Andrew Smithers)는 자신

의 저서 《Wall Street Revalued(월가를 재평가한다)》에서, 대출 조건을 가늠할 수 있는 훌륭한 척도로 대출 문턱을 꼽았다. 대출 문턱이 지나치게 낮다면 금융기관이 위험을 두려워하지 않으면서 대출 조건을 완화했다는 의미로 받아들일 수 있다. 반대로 대출 조건이 너무 까다롭다면 금융기관이 위험을 기피하면서 강한 비관론을 가지고 있다는 것이다.

(6) **공모주**: 강세장이 끝나갈 무렵에는 기업공개 건수가 절정을 이루기 쉽다. 기업가 입장에서는 투자자들이 기꺼이 지불하고자 하는 높은 가격에 기업을 공개하고 싶기 때문에, 강세장이 끝나갈 무렵에 이런 모습을 보는 것은 당연하다.

(7) **투자자문 서비스 및 투자 동호회에 가입한 회원 수**: 강세장이 이어지면 투자자문 서비스와 투자 동호회에 가입한 회원 수가 최고조에 이른다. 심한 약세장을 경험한 후에는 반대로 최저 수준이다. 따라서 회원 수가 많으면 약세장의 신호이고, 회원 수가 적으면 강세장의 전조다.

지표 2: 주가배수

대가들은 당연히 주식시장 전체의 주가배수가 시장 상황을 알려주는 필수적인 지표라고 여긴다. 하지만 이 점을 강조하고 싶다. 내재가치를 추정한 값과 주가 사이에 존재하는 괴리가 수십 년처럼 장기간의 투자수익을 예측하는 데는 좋지만, 주가배수는 중단기 시장 움직임을 예측하는 데 별로 도움이 되지 않는다.[4] 시장의 전환점을 판단하려면 주가배수를 반드시 투자 심리 같은 다른 지표들과 함께 사용해야 한다.

주식시장 전체의 가치를 평가하기 위해 대가들은 과거 평균에서 많이 벗어난 평가척도들을 살펴본다. 효과 있는 평가척도는 시간이 지나면 평균으로 회귀한다는 게 대가들의 생각이다. 개별적인 평가척도는 한계가 있기 때문에 대개 여러 개의 척도를 함께 살핀다. 가장 대표적인 평가척도는 다음과 같다.

(1) **연준 모형**(Fed model): 이익수익률이 장기 무위험 이자율보다 높으면 주식시장이 싼 것이고, 반대의 경우는 비싼 것이라고 주장한다. 이 모형은 주식과 무위험 국채가 투자자의 돈을 놓고 경쟁하기 때문에, 위험이 없는 국채보다는 주식이 늘 조금이라도 더 높은 기대수익을 안겨줘야 한다는 생각에 근거를 두고 있다. 다른 각도에서 보면 투자자는 이자율이 낮을 때는 주식 투자에서도 수익을 별로 기대하지 않지만(그래서 PER이 높거나 이익수익률이 낮아도 받아들이지만), 반대로 이자율이 높을 때는 주식 투자에서도 높은 이익수익률을 기대한다는 의미다.

언뜻 보기에 연준 모형은 일리가 있어 보이지만 지나치게 단순한 면이 있다. 과거 기록을 보면 장기 주식시장 전망에 대한 연준 모형의 예측력은 신통치 않다. 그럼에도 불구하고 일부 대가들은 단기 내지 중기 시장 전망을 예측할 때 연준 모형을 사용한다. 이어서 언급할 비대칭을 투자자가 염두에 둔다면 주가배수와 이자율 사이에 비정상적인 관계가 존재할 때, 연준 모형은 주식시장의 향방을 예측하는 데 도움이 될 수 있다.

- 장기 이자율이 높으면 주가배수는 낮아야 한다. 단순한 상식이다. 이자율이 높다는 것은 투자자가 장기적으로 높은 무위험 수익을 달성할 수 있다는 얘기다. 대가들이라면 주식의 기대수익률이 이자율보다 높지 않으면 위험한 주식에 투자하지 않을 것이다. 따라서 이자율이 높은데 주가배수가 상승하는 것은 지속 가능하지 않다. 이런 판단에 근거해 헤지펀드 매니저 에디 램퍼트는 1987년의 주가 폭락을 정확하게 예견했다. 장기 이자율이 높은 환경에서 주가배수가 계속해서 올라가는 걸 불안하게 지켜본 것이다.

- 낮은 이자율이 높은 주가배수를 지탱할 수 있을지 미덥지 않다. 역사적으로 이자율이 낮은 시기 이후에는 반드시 이자율이 높아졌다. 따라서 이자율이 낮을 때 주가배수가 높아도 주식이 싸다고 생각하는 것은 미친 짓이다. 이자율이 낮은 환경에서 주식시장의 단기 및 중기 전망을 예측하려고 연준 모형을 사용하는 일은 위험천만한 일이다. 왜냐하면 연준 모형에서 싸게 보이는 주식도 이자율이 갑자기 오르거나 하면 한순간에 비싼 주식이 될 수 있기 때문이다.[5]

(2) PBR: 앤서니 볼턴과 존 템플턴은 밸류에이션의 척도로 주식시장의 PBR을 좋아한다. 하지만 다른 대가들 사이에서도 인기 있는 척도는 아니다. 왜냐하면 PBR은 어떤 기업이 갖고 있는 순자산의 진정한 가치를 대변해주지 않기 때문이다. 회계 관행이나 경제적 영업권, 물가 상승의 영향 등을 고려하면 주식시장의 가치를 평가할 때 PBR

을 너무 맹목적으로 믿어서는 안 될 것이다.

(3) **주가대체가치배수**(price-to-replacement value): 상장기업 전체의 순자산을 대체할 경우 필요한 현재의 비용과 주식시장의 시가총액을 비교했기 때문에 PBR보다 낫다. 대체가치는 물가 상승의 영향을 반영하고 회계상의 왜곡을 제거한다. 주가대체가치배수 중 가장 인기 있는 척도는 제임스 토빈(James Tobin)의 Q 비율(Q-ratio)이다. 미국 주식시장의 장기적인 투자수익을 예측하는 데 가장 탁월한 척도 중 하나다. 하지만 워런 버핏은 별로 동의하지 않는다. 문제는 자산의 이론적인 대체가치가 자산 가격을, 그 자산을 잘 아는 사람들이 실제로 지불하고자 하는 가격보다 훨씬 높게 과장할 수 있다는 데 있다. 워런 버핏은 소유하고 있던 섬유회사를 1980년대에 청산하면서 이를 경험한 바 있다.

(4) **PSR 또는 국내총생산 대비 시가총액**(Market cap-to-GNP): 워런 버핏과 프렘 왓사는 시장의 밸류에이션을 가늠하기에 가장 적절한 척도 중 하나로 국내총생산 대비 시가총액을 꼽는다. 워런 버핏은 P/GNP가 70~80% 수준이면 주식시장이 공정 가격에 있다고 봤다.

(5) **배당수익률**: 배당수익률은 시장이 비싼지 아닌지 암시해줄 뿐이다. 배당금을 판단하는 기준으로 배당성향(payout ratio)도 활용되기 때문에, 배당수익률의 절댓값을 엄격한 밸류에이션의 잣대로 해석하지 말아야 한다. S&P 지수를 예로 들면, 10년 평균 배당성향(10년간 실질 배당금 이동평균을 실질 이익 평균으로 나눈 값)은 1940년 83%에서 2007년 37%로 꾸준히 하락했다. 따라서 배당수익률을 밸류에이션의 척도로 사용하려면 배당성향의 추세도 함께 고려해야 한다.

(6) 가치심사(value screen) 통과율: 주식시장을 가늠할 수 있는 다른 수단으로 엄격한 가치심사를 통과한 종목 수를 세거나 시가총액 합을 구해보는 방법이 있다. 숫자가 과거와 비교해 높다면 주식시장이 저평가되어 있을 가능성이 크다. 반대로 숫자가 낮다면 시장이 과열되어 있는 것이다.

(7) PER 및 주가잉여현금흐름배수(P/FCF): 투자 커뮤니티에서 가장 인기 있는 주가배수들이다. 동시에 가장 잘못 이해되는 것들이기도 하다. 분모의 값은 직전 연도 한 해의 값을 취해서는 안 된다. 왜냐하면 특정한 한 해의 이익이나 잉여현금흐름은 주식시장의 수익력(earnings power)을 제대로 반영하지 않기 때문이다.

더 나쁜 경우는 분모의 값에 다음 해 기대이익과 기대잉여현금흐름을 사용하는 경우다. 이렇게 하면 불확실성을 하나 더 추가하는 꼴이 된다. 다음 해의 기댓값이 과연 맞을까, 틀릴까? 이렇게 구한 PER과 주가잉여현금흐름배수는 해석하기가 더 어려워진다.

분모의 E와 FCF는 장기간의 매출(혹은 GDP) 성장률과 이윤 폭에 근거한 적정 이익과 적정 잉여현금흐름을 사용해야 한다. 이익과 현금흐름의 변동성을 제거한 값이어야 한다.[6] 이 점에서 실러(Schiller) PER의 인기가 가장 높다.[7]

$$PER_{실러} = P / (\frac{1}{10} \sum_{i=1}^{i20} \frac{CPI_{현재}}{CPI_i} \times E_i)$$

CPI현재: 현재 소비자 물가 지수(CPI)
CPIi: i개월 전 CPI
Ei: i개월 전, 과거 1년간 상장기업 전체의 이익

PER실러에서 분모는 과거 10년간 실질 이익의 평균값이다.[8] 물가 상승의 효과를 제거하기 위해 명목 이익이 아닌 실질 이익을 사용했다. 과거 10년간 물가 상승이 상당했다면 물가 상승 때문에 평균값이 가장 최근의 이익으로 편중될 수 있으므로 실질 이익을 사용할 것을 추천한다.

지표 3: 불균형

밸류에이션 불균형과 마찬가지로 한동안 해소되지 않는 다른 불균형들이 있을 수 있지만, 시간이 지나면 결국 해소되는 경향이 있다. 수년에 걸친 기간이라면 불균형은 향후 시장의 향방을 가늠하는 데 유용할 수 있지만, 시장의 전환점을 예측하는 데는 별로 쓸모가 없다. 보다 단기간의 시장 움직임을 알아보려면 불균형과 함께 다른 지표들도 사용해야 한다. 많은 대가들이 주의 깊게 살펴보는 불균형은 다음과 같다.

(1) **섹터 간 비중 불균형:** 제러미 시겔이 《투자의 미래》에서 지적했듯이, 주식시장의 특정 섹터가 가파르게 오른 후 과거 평균선보다 훨씬 높은 수준의 비중을 보인다면 이 섹터는 곧 폭락할 가능성이 크다. 해당 섹터가 전체 주식시장에서 중요한 위치를 차지한다면, 섹터의 폭락은 시장 전체를 끌어내릴 수 있다. 이런 일이 발생하는 것은 어떤 섹터가 폭락할 경우 기관투자가들이 대규모 청산에 나서기 때문인데, 기관투자가들은 폭락한 주식에 비해 상대적으로 비싸 보이

는, 낙폭이 작은 주식을 매도하려는 경향이 있다. 1990년대 후반의 IT 거품 붕괴를 예로 들면, 당시 기술 섹터는 S&P500 지수의 30%를 차지할 만큼 역사적으로 높은 비중을 차지하고 있었다. 2000년대 초 IT 거품 붕괴가 진행되는 동안 기술과 전혀 무관한 다른 주식들도 동반 하락해 S&P500 지수는 약세장을 면치 못했다.

(2) 이윤 폭 불균형: 특정 섹터 혹은 경제 전체가 역사상 높은 이윤 폭을 기록한다 해도 지속되기는 힘들다. 경쟁이 심화되면 결국 평균으로 회귀하게 되어 있다. 이윤 폭이 예외적으로 높으면 높은 ROIC를 바라고 온갖 경쟁자들이 뛰어들 것이고, 기존 업체들은 가격을 낮출 여지가 있기 때문에 시장점유율을 뺏어오기 위해 가격을 낮출 것이다. 경쟁이 심화되면 이윤 폭은 조만간 떨어지게 되어 있다. 반대로 역사적으로 낮은 이윤 폭은 경쟁을 약화시켜 향후 몇 년 동안 평균 이상의 이윤 성장으로 이어질 수 있다. 이 필연의 법칙을 주식시장이 반영해주지 않으면 주식시장은 심각한 조정을 받을 수 있다. 예컨대 최고의 뮤추얼펀드 매니저 중 하나인 스티븐 약트만(Stephen Yacktman)은, 자신은 금융주의 이윤 폭이 2007년에 정점을 찍는 걸 보고 2008년 세계 금융위기가 닥치기 전에 빠져나왔다고 주장한다.

(3) 경제적 불균형: 상향식 투자자의 도구상자에는 경제 전망이라는 도구가 거의 들어 있지 않지만, GDP 성장률이나 물가 상승이 평균으로 회귀하는 법칙과 관련해 기본적인 사항은 알아두면 유용할 것이다.

• 극히 예외적으로 강한 경제 성장은 주식시장이 경제 성장의 지속성을 깎아내릴 경우 경고음이 울린 것으로 간주해야 한다.

- 반대로 경기 순환에서 저점은 '차에 한가득 실을 만큼' 배짱이 두둑한 투자자를 푸짐하게 포상하는 기회가 될 수 있다. 《베어마켓 (Anatomy of the Bear)》의 저자 러셀 네이피어(Russell Napier)에 따르면, 박스권 장세나 장기 약세장에서의 저점이 특히 더하다. 구리와 같은 금속을 포함한 원자재 가격이 안정화되고, 상품 선물을 매도하려는 움직임이 둔화되고, 자동차 같은 내구재 수요가 늘어나고, 재고 수준이 역사적으로 낮은 수준을 기록하는 것 등이 살펴봐야 할 경기 회복의 조짐인데, 투자자들은 늦게 반응하고는 한다.

지표 4: 내부자 및 기업 거래

시장 상황을 가늠할 수 있는 다른 방법 하나는 기업 경영진의 행동을 관찰하는 것이다. 경영진도 사람이기에 실수할 수 있지만 평균적인 투자자보다는 기업 상황이나 자기 회사의 적정 주가를 더 잘 안다고 할 수 있다.(2장 참조) 경영진이 주식시장을 어떻게 보고 있는지를 알려면 두 가지 거래 행태를 살펴봐야 한다.

(1) **내부자 거래**: 내부자들의 매수가 매도보다 많다면 내부자들이 강세장을 점치고 있다고 봐도 무방하다. 전반적인 내부자 거래 상황은 방대한 주식의 집합에서 총 내부자 거래(매수 + 매도) 대비 내부자 매도 비율을 살핌으로써 알 수 있다.[9] 대안으로 래코니쇼크와 이인무는 순매수비율(NPR)이 시장의 향방을 알려주는 가장 의미 있는 내

부자 거래 지표임을 알아냈다.

$$\text{순매수비율} = \frac{\text{내부자 매수}_{6개월} - \text{내부자 매도}_{6개월}}{\text{내부자 매수}_{6개월} + \text{내부자 매도}_{6개월}}$$

NPR이 극히 예외적으로 낮으면 약세장, 높으면 강세장을 뜻한다. 내부자 거래 지표는 기업의 규모가 작을수록 신뢰도가 높아지고, 정보에 둔감한 내부자를 제외한 경영진급 내부자 거래만 집계할 때 정확도가 올라간다는 점을 알아두면 좋다.

(2) 기업 거래: 존 템플턴은 주식시장의 향후 움직임을 알아보기 위해 기업인수가 얼마나 거래되었는지, 프리미엄이 얼마였는지, 자사주를 재매입한 기업이 얼마나 많았는지 등을 살폈다. 시가보다 매우 높은 프리미엄(이를테면 50%)을 주고 성사된 기업인수와, 자사주 매입(아예 상장주식을 모두 인수해 상장 폐지하는 경우는 더욱 좋다)이 많을수록 기업 경영진이 내재가치를 높이 평가한다는 얘기다.

하지만 기업 거래가 내부자 거래보다 신뢰도가 떨어진다는 사실을 잊지 말아야 한다. 이유는 간단하다. 내부자 거래는 개인의 재정 상태에 직접 영향을 미치는 개인 돈으로 실시되는 반면, 기업 거래는 기업의 재무 상태에만 영향을 미치는 회사 돈으로 실시되기 때문이다. 게다가 지난 10~20년간 자사주 매입이 워낙 인기를 끌어 이제는 주주가치 증대 방안이 아닌 것 같다. 자사주 매입 지표가 잘 안 맞는다는 사실은 2008년 세계 금융위기 때 분명해졌다. 2008년 주식시장 폭락 직전, 대량의 자사주 매입이 높은 가격에 행해졌다. 하지만 2009년 저점에는 자사주 매입이 놀라운 수준으로까지 뚝 떨어졌다.

지표 5: 잠재적인 촉매

끝으로, 어떤 대가들은 주식시장의 방향을 바꿔놓을 만한 촉매가 있는지 살핀다. 강력한 촉매가 시장의 전환점을 정확하게 알려줄 수도 있지만 찾기가 쉽지는 않다. 게다가 효과가 있다고 알려진 촉매라도 다른 지표들이 전환점을 가리키지 않으면 신뢰하기 힘들다. 그렇기 때문에 많은 대가들은 촉매를 찾으려고 애쓰지 않는다. 그래도 찾아보겠다는 사람들은 다음을 살핀다.

(1) **주식 투매 예상:** 존 템플턴은 2000년 IT 거품 붕괴를 정확하게 예상했다. 템플턴은 인기 절정의 기술회사 공모주가 통상 6개월인 내부자 매도 제한 기간에서 언제 풀리는지를 계산했다. 이들 주식이 지나치게 과대평가되어 있다는 걸 누구보다 잘 알고 있던 템플턴은 내부자들이 족쇄가 풀리자마자 투매할 것을 예상했다. 이 같은 투매가 IT 거품의 붕괴로 이어질 것으로 예상했다.

(2) **지속 기간:** 앤서니 볼턴과 짐 로저스는 강세장과 약세장의 지속 기간과 강도를 면밀하게 관찰해서 전환점을 판단한다. 기간과 강도의 편차가 매우 심해서 상당히 까다로운 지표라고 말하고 싶다.

(3) **관망하는 대기자금:** 존 템플턴이 꼼꼼히 살피던 사항 중 하나다. 지나치게 높은 수준의 대기자금은 침체된 시장을 밀어 올릴 소지가 있는 잠재된 화력이라고 봤다.

대가들이 추천하는 지표들 외에도 시장 움직임을 예측하는 다양한 방향계를 투자업계에 종사하는 전문가들이 찾아냈다. 유가의 움직임과 단기 이자율, 환율, 연방정부(미국의 경우) 재정적자 규모, 역전된 수익률 곡선, 경제 전망, 채권시장 동향 등이다.

투자자들에게는 정말로 의미 있는 몇 개 지표만 살피라고 조언하고 싶다. 그럴듯하지만 검증되지 않은 지표는 무시하는 것이 좋다. 이를테면 유가나 환율, 재정적자는 주식시장과 큰 관련이 없다는 연구 결과가 있다.[10] 다시 한번 말하지만 투자 심리나 밸류에이션, 불균형, 내부자 및 기업 거래는 주식시장의 전환점을 예측하는 신뢰할 만한 지표들이 아니다. 전부 다 고려해야 한다. 이들 지표의 극단적인 수치에만 주의를 기울여야 한다.

그런 경우에도 전환점을 정확히 알려준다는 보장이 없다. 1990년대 후반과 1970년대 후반처럼 투자 심리나 밸류에이션, 불균형은 수년 동안 위험하거나 매력적인 수준에 머물러 있을 수 있다.

지금까지 열거한 지표들은 주식시장의 장기적 가능성을 판단하는 지침으로만 사용해야 한다. 대가들도 이들 지표를 해석한 판단에 근거해 포트폴리오를 구성하지만 단기에서 중기까지는 틀릴 수 있음을 알고 있다. 다음 절에서는 경기 순환을 실제로 다루는 법을 설명하겠다.

호황과 불황의 경기 순환에
실제로 투자하기

전략적 측면

대가들은 경기가 호황과 불황을 오갈 때, 투자철학의 기본에 충실하면서 주가와 내재가치 사이에 사이에 존재하는 괴리에 주목한다. 자신도 주식의 적정 가격을 잘못 판단하는 경우가 늘 있다고 인정할 만큼 겸손하며, 시장이 아주 긴 기간 동안 비이성적으로 행동할 수 있다는 것도 잘 안다. 그렇기 때문에 시장이 보내는 신호를 해석할 때 더없이 조심한다. 또한 절대로 주식을 적시에 사고팔 생각을 하지 않을뿐더러 때를 못 맞힌다고 공개적으로 인정하기까지 한다.

　대가들은 우리가 앞서 살펴본 지표들이 알려주는 시장의 매력도에 따라 점진적으로 매수와 매도 비중을 바꾼다. 대가들의 전략은 크게 자신의 스타일과, 사실을 해석해서 얻은 결론을 얼마큼 편하게 받아들일 수 있느냐에 따라 달라진다.

　(1) 약세장에서 주가배수가 현저하게 떨어지면 (어떤 때는 매우 공격적으로) 매수를 시작한다. 저점을 정확하게 잡아내기가 불가능하다는 걸 잘 알기 때문에 약세장에서 주가가 계속 하락해도 점진적으로

매수한다. 세스 클라만이 지적했듯이, 대가는 전망이 암울할 때 사며, 매수한 저평가 주식의 주가가 오르기 전에 더 하락할 수 있음을 안다.

(2) 강세장이나 과열된 시장에서 대가들이 취하는 행동은 훨씬 더 다양하다. 가치 측면에서 보면 과대평가된 시장은 피하는 것이 맞다. 시장이 과열되면 대가들은 관망한다. 이 때문에 수년 동안 계속해서 저조한 실적을 기록하더라도 그렇게 한다. 시장은 얼마든지 오랫동안 비이성적으로 행동할 수 있기 때문에 강세장이 이어지는 동안 관망만 하기엔 대가가 너무 클 수도 있다. 하지만 결국에는 인내심과 규율을 갖고 투자하는 사람이 훨씬 앞서가게 된다.

한편 강세장 막판에 주식시장을 반드시 회피해야 하는 것은 아니다. 시장 대부분이 통제를 잃고 과열되었더라도 시장의 어느 구석은 무시되거나 저평가되어 있을 수 있다. 대가들이 과열된 시장에서 어떤 행동을 취할지는 성격과 무엇을 편하게 받아들이느냐에 달려 있다. 대가들이 과열된 시장에서 취하는 행동 4가지는 다음과 같다.

① **방어적 행동:** 시장이 과열되면 주식 비중을 줄여 일부 현금으로 옮겨가라고 조언하는 대가들이 있다. 벤저민 그레이엄과 존 템플턴, 필립 캐럿 등이다. 좋은 기회가 보이지 않으면 매수를 아예 하지 않고 현금을 지켰다. 주식에서 현금으로 이동하면 주가가 하락할 때 충격을 완화할 수 있을 뿐 아니라, 이어지는 약세장에서 저평가 주식을 살 군자금을 확보할 수 있다.[11] 앤서니 볼턴이 《투자의 전설 앤서니 볼턴》에서 언급했듯이 주식 매도는 점진적으로 해야 한다. 과열되고 위험한 주식부터 팔아야 한

다. 대가들은 포트폴리오 내 현금 비중을 바꿀 때 2가지 절차를 지키라고 조언한다.

- 벤저민 그레이엄은 기계적인 방법을 추천한다. 예를 들어 시장 상황과 무관하게 주식의 비중을 정해놓는다. 강세장에서 주가가 올라 주식 비중이 커지면 주식 일부를 매도해 정해놓은 비중으로 낮춘다. 반대로 약세장에서 주가가 내려가 주식 비중이 줄면 주식을 추가로 매수해 비중을 맞춘다.

- 많은 대가들은 기대수익률이 매력적인 주식을 얼마나 쉽게 찾을 수 있느냐에 따라 현금 비중을 조절한다. 기대수익률이 나쁜 주식을 사느니, 현금을 지키면서 하락장을 기다린다. 프렘 왓사는 IT 거품이 한창이던 2000년에 주식 비중을 겨우 6%로 유지했다. 약트만 부자(父子)와 로버트 로드리게스(Robert Rodriguez) 역시 시장이 정점을 찍은 2007년경, 이례적으로 높은 현금 비중을 유지하고 있었다.

② **공격적 행동**: 헤지와 공매도는 어려울 뿐만 아니라 용기와 확신이 필요하며 때를 잘 맞춰야 하기 때문에 치우치지 않고 균형을 잘 잡아야 한다. 이런 이유로 공격적인 행동을 피하는 대가들이 많다. 매수 포지션만 취하거나 현금을 지킨다. 이렇게 함으로써 자신이 원할 때만 시장의 등락에 올라탄다. 반면 다른 대가들은 공격적 행동으로 투자 수익을 보호하려 한다. 공격적 행동은 시장 상황과 무관하게 수익을 내려는 헤지펀드 매니저들이 많이 사용하기도 한다. 가장 중요한 공격적 행동 2가지는 다음과 같다.

- 헤지: 프렘 왓사, 데이비드 아인혼, 세스 클라만 등의 대가들이

즐겨 사용한다. 주가지수 풋을 매수해 시장 전체를 헤지하거나, 특별히 위험하다고 생각되는 주식(이를테면 IT 거품 당시의 기술주)만 골라 헤지할 수 있다. 시장이 하락할 때 보호 장치 역할을 하거나 헤지 자체가 큰 수익을 안겨준다. 문제는 비용이 많이 든다는 점이다. 따라서 수익률을 떨어뜨릴 수 있다.

세스 클라만은 1996~2000년 동안 자신의 포트폴리오를 헤지했는데, 4년 동안 수익률을 갉아먹던 헤지가 결국에는 커다란 보상을 안겨주었다. 프렘 왓사도 2002~2007년 사이의 강세장에서 유사한 처지에 놓여 있다가, 2008년에 마침내 인내심이 크게 보상받는 경험을 했다. 피터 컨딜 역시 1987~1990년 사이 닛케이(Nikkei) 지수에 걸어놓은 풋옵션 때문에 막대한 손실을 보다가 1990년에 모든 손실을 만회하고 추가로 큰 수익을 낼 수 있었다.[12] 한 가지 좋은 점은, 아무도 시장의 폭락을 예상하지 않는 강세장에서는 헤지가 상대적으로 싸다는 사실이다.[13]

• 공매도: 나중에 더 낮은 가격에 되사서 갚을 생각으로 주식을 빌려 파는 걸 말한다. 앞서 7장에서 설명했듯이, 제대로 된 위험 관리 없는 공매도는 이론적으로 손실이 무제한이기 때문에 매우 위험하다. 줄리언 로버트슨, 조지 소로스, 데이비드 아인혼처럼 성공적인 대가들도 있지만 다른 대가들은 공매도를 많이 사용하지 않는다. 벤저민 그레이엄은 공매도로 실패한 적이 있고, 세스 클라만 같은 대가는 공매도의 위험-보상 체계를 탐탁지 않게 생각한다. 워런 버핏은 시장이 공매도자의 증거금 유지 능력으로는 버틸 수 없을 정도로 오랫동안 비이성적일 수 있기 때문에 하

지 말라고 조언한다.

그럼에도 불구하고 시장에 거품이 만연할 때 공매도를 꼭 해야겠다면 시장 전체를 공매도하거나 과열된 종목들을 모아서 잘 분산된 공매도를 하라고 버핏은 조언한다.[14] 개별 종목에 집중하지 않고 많은 주식에 분산해놓으면 비이성적인 태도가 지속될 가능성이 그만큼 줄어들기 때문이다.

③ **시장의 저평가된 구석으로 눈을 돌리기**: S&P500 지수 같은 시장 지수는 시장 전체가 아니라 주요 부분의 시가총액을 대변한다. 주식시장은 사실 매우 이질적일 수 있으며 지수는 시장 구석구석을 전부 대표하지는 못한다. 게다가 지수의 실적은 특정 섹터나 특정 부류의 주식 때문에 왜곡될 수 있다. 1990년대 대형주와 기술주가 그랬다. 이는 주식시장의 어떤 구석은 시장지수가 지나치게 높은 와중에도 과소평가된 채 남아 있을 수 있다는 의미다.

더구나 강세장이나 이성을 잃은 주식시장에서는 저평가된 주식들의 가격이 더 떨어질 수 있다. 환멸을 느낀 투자자들이 이들 주식을 버리고 가장 인기 있는 주식으로 옮겨가기 때문이다. 따라서 인기 절정의 주식을 팔아 챙긴 자금을 과소평가된 주식에 투자하는 것이야말로 가장 쉽고도 논리적인 선택이 될 수 있다. 하지만 이 방법도 약세장을 헤쳐가는 보장된 방법은 아니다. 왜냐하면 80%가량의 주식은 시장의 주기를 따르기 때문이다. 다시 말해, 거품이 터지거나 심각한 약세장이 닥치면 과소평가된 주식은 더 과소평가될 수 있다는 얘기다. 그러므로 이 방법은 앞서 언급한 방어적, 공격적 방법과 함께 사용해야 한다. 몇 가지 사례를 들어보겠다.

- 1990년대 후반 기술주 활황기 때, 세스 클라만은 저평가된 소형 및 중형주에 집중했다. 2000년대 초반 IT 거품 붕괴 때 소형주가 S&P500 지수를 크게 능가하면서 클라만의 판단이 현명했다고 입증되었다.

- 피터 린치는 시장의 섹터별 순환이 제공하는 기회를 포착하기 위해 준기계적인 방법을 쓰라고 조언한다. 소형주 PER이 S&P500 지수 PER의 2배 가까이 되면 소형주를 팔고 대형주로 옮겨가라고 한다. 반대로 1.2배 미만이면 소형주를 사라고 조언한다.

- 《타이밍에 강한 가치투자 전략(Active value investing)》에서 비탈리 카스넬슨(Vitaliy Katsenelson)은 심층 가치주가 1960년대 후반부터 1982년까지 계속된 악명 높은 박스권 증시에서 연 15%에 가까운 수익률을 기록하며 강세를 보였다고 했다. 한 연구에 의하면, 벤저민 그레이엄이 제시한 순현자산가치(NCAV, 4장 참조)에 따라 선택된 심층 가치주에 집중한 전략이 1970~1983년 사이에 연 30%에 육박하는 수익률을 기록했다. 최근 연구 결과를 보면, 2000~2009년 사이의 박스권 장세에서 마치 강세장처럼 연 17%에 달하는 수익률을 기록한 주식들의 특징을 알 수 있다. 이들은 시가총액이 최소 5억 달러이며 부채보다 자본이 많은, PER 하위 10개 주식이었다. 이런 사례로 볼 때, 장기 강세장이 정점을 찍는 시기에도 가치투자를 지향하는 투자자에겐 기회가

분명히 있다.

• 필립 피셔와 리처드 번스타인(Richard Bernstein)에 따르면, 가치
주(주가배수가 낮은 주식)와 성장주(주가배수가 높은 주식)는 교대로
부침하는 주기가 있는 것 같다. 요컨대 가치주와 성장주는 3가지
요인에 따라 교대로 상대를 능가한다.

▶ 이익성장률 모멘텀(Profit growth momentum): 기업들의 이익이 떨
어지기 시작하면 성장하는 기업들도 드물어진다. 따라서 평균 이상으로
성장하는 기업일수록 투자자의 인기를 얻는다. 그 결과 성장주가 가치주
를 능가한다. 반대로 기업들의 이익이 증가하면 성장은 당연한 것이 되
어 가치주가 인기를 얻게 된다.

▶ 장기 금리 동향: 성장주가 배당금을 주는 경우는 드물며, 장기에 걸
쳐 주가를 끌어올림으로써 투자자에게 보상한다. 따라서 투자자 입장에
서는 장기 채권이나 마찬가지다. 반면 가치주는 높은 배당금을 받고 단
기 보유하는 경우가 많다. 투자자 입장에서는 단기 채권과 유사하다. 이
것이 암시하는 바는, 금리가 하락하는 환경에서 장기 채권이 단기 채권
을 능가하는 한 성장주가 가치주를 능가한다는 점이다. 금리가 상승하는
환경에서는 정반대다.

▶ 수익률 곡선 스프레드: 수익률 곡선이 가팔라지면 대개 성장기업보다
부채가 많은 가치기업은 자금 조달이 쉬워진다. 대출을 해주면 은행의 수
익이 좋아지기 때문이다. 따라서 가치기업의 실적이 좋아지고 주가도 성
장기업을 능가하게 된다. 수익률 곡선이 편평해지면 가치기업의 자금 조
달이 성장기업보다 힘들어지고, 성장기업이 가치기업을 능가하게 된다.

④ 더 높은 가치를 가진 자산으로 이동: 현금이나 시장의 저평가된

구석으로 옮기는 방법과 밀접하게 관련되는 방법이 있다. 같은 돈으로 가치가 더 높은 다른 유형의 자산으로 옮기는 방법이다. 말할 것도 없이 투자자가 잘 아는 유형의 자산이어야 한다.

거시경제 투자자인 조지 소로스는 다양한 유형의 자산에 해박한 지식을 갖고 있다. 원자재, 파생상품, 금리를 이용한 금융상품, 통화, 주식, 부동산 등을 망라한다. 따라서 주가가 너무 높다 싶으면 옮겨갈 대안이 아주 많다. 주식 투자자라면 가장 일반적인 투자 대안은 채권일 것이다.

존 템플턴은 IT 거품이 절정에 이른 2000년, 6.3% 수익률의 제로 쿠폰채에 투자했다. 왜냐하면 향후 10년간 주식 투자수익률이 매우 저조하리라 예상되고, 일단 거품이 붕괴되면 경기침체를 막으려는 연준이 금리를 낮출 거라 행각했기 때문이다. 마찬가지로 워런 버핏은 2002년, 상당한 투자금을 투기등급 채권에 투자했다. 2000~2002년 사이의 불경기에도 불구하고 주가가 아직 매력적이지 않다고 보았고, 기업의 몹시 나쁜 상황이 이들 투기등급 채권에 이미 반영되었다고 판단했기 때문이다. 스티븐 로믹(Steven Romick)에 따르면, 세계 금융위기가 한창이던 2008~2009년에도 비슷한 이유로 투기등급 채권이 주식보다 훨씬 나은 수익률을 안겨주었다. 주식과 달리 채권은 경기침체가 이미 가격에 반영되어 있었다.

정신 자세와 태도

●●●

주가가 떨어지는 가장 흔한 이유는 비관론입니다. 때로는 시장 전체에, 때로는 특정 산업이나 기업에만 퍼져 있습니다. 비관적인 분위기일 때, 우리는 투자합니다. 비관론이 좋아서가 아니라, 비관론이 초래한 가격이 마음에 들어서입니다. 이성적인 투자자의 적은 비관론이 아니라 낙관론입니다.

워런 버핏, 버크셔 해서웨이 주주 서한, 1990년

●●●

비관론이 최고조일 때가 매수의 적기이며, 낙관론이 최고조일 때가 매도의 적기다.

존 템플턴(Krass, 1999)

●●●

히스테리를 볼 때마다 난 반대로 움직일지 생각해본다. 공황심리와 반대로 가면 틀리는 경우가 거의 없다. 단, 끝까지 버텨낼 수만 있다면.

짐 로저스(Schwager, 2006)

앞서 1장에서 사람의 뇌에 성공적인 투자를 방해하는 생각의 회로가 내장된 걸 살펴봤다. 그렇기 때문에 대가들은 한결같이 감정을 조절하고, 이성적으로 행동하고, 불편하다고 생각하는 일을 수행할 용기를 가지라고 조언한다. 시장이 호황과 불황을 넘나드는 와중에 투자자로 성공하려면 다음과 같은 심리적 자질이 제일 중요하다고 강조한다.

(1) 군중과 반대로 움직일 수 있는 불굴의 정신력: 시장이 정점을 찍을 때 낙관론이 팽배하고 저점을 찍을 때는 비관론이 만연하다는 사실은, 정점에서 팔고 저점에서 사는 행위가 시장을 지배하는 심리와 정면으로 배치됨을 의미한다. 역발상을 하기란 대단히 어렵다. 왜냐하면 거의 모든 사람들은 군중을 따라가지 않으면 불안감을 느끼기

때문이다. 군중과 반대로 움직이는 것에 대한 대가들의 생각은 다음과 같다.

- 벤저민 그레이엄은 시장을 "미스터 마켓(Mr. Market)"이라고 사람에 빗대어 불렀다.[15] 그레이엄이 보기에 미스터 마켓은 조울증 환자로, 기분이 아주 쾌활하거나(시장이 장밋빛 일색이고 낙관론이 넘칠 때), 너무 우울해한다(시장에 악재만 있어 보이고 비관론이 만연할 때). 미스터 마켓이 우울해할 때는 주식을 싼값에 처분하려고 한다. 기분이 쾌활할 때면 투자자들은 웃돈을 주고 주식을 사야 한다. 그레이엄은 현명한 투자자라면 미스터 마켓의 변덕에 개의치 않아야 한다고 했다. 오히려 미스터 마켓이 기분 좋을 때 팔고, 기분 나쁠 때 사는 현실주의자가 되어야 한다.
- 워런 버핏은 "투자자는 남들이 공포에 질려 있을 때 탐욕스러워야 하며, 남들이 탐욕스러울 때는 공포심을 가져야 한다"고 말했다. 또한 "투자자는 변동성을 친구로 생각하라"고도 했다. 왜냐하면 주식이 쌀 때 낚아챌 수 있게 해주기 때문이다. "시장이 어리석게 굴 때는 시장을 멀리하라"라는 말도 남겼다.

(2) 인내심과 규율: 대가들은 시장에 비해 실적이 잠시 나빠지더라도 자신의 전략을 지키려고 인내심과 규율 있는 태도를 견지한다. 인내심과 규율은 오랫동안 지속될 수도 있는 시장의 비이성적인 태도를 견뎌내는 데 필수적이다. 강세장이건 약세장이건 마찬가지다. 인내심과 규율은 강한 확신과 신념을 필요로 한다. 현명한 투자자는 시장이 비이성적으로 과열된 상태일 때는 기꺼이 관망하면서 시장이 이성을 되찾을 때까지 기다려야 한다.[16] 인내심과 규율이 없다면 군

중심리에 휩쓸리기 쉽고, 열기에 동참해 수익을 좇고, 저점 근처에서 매수를 미루기 십상이다.

(3) **독립성과 비판적인 태도**: 대가들은 최신 경제학이나 경영학 이론에 현혹되지 않는다. 새로운 시대가 왔다거나 경제의 기초 여건이 바뀌었다는 등의 논리는 시장이 과열되거나 장기 강세장이 끝날 무렵 어김없이 등장하지만 대가들은 믿지 않는다. 또한 주식시장은 이제 끝났다거나, 심지어는 우리가 알던 세계는 수명을 다했다는 식으로 종말론을 퍼뜨리는 예언자들의 말도 멀리한다. 그뿐 아니라 테러리스트 공격(9.11, 1993년 워싱턴 폭탄 테러 등)이나 정치적 암살(1963년 케네디 대통령 암살) 등으로 주식시장에 일시적인 공포감이 엄습해도 대가들은 동요하지 않는다. 존 템플턴이 지적하듯이, 이런 사건들이 경제에 중요한 영향을 끼치는 경우는 거의 없다. 요컨대 대가들은 언론의 머리기사는 무시하고 사실과 역사, 펀더멘털, 주가와 가치의 불일치에 기초해 자신만의 의견을 수립한다.

(4) **겸손함**: 대가들은 시장의 등락을 상대할 때 탐욕과 자만심이 얼마나 치명적인지 잘 알기 때문에 겸손한 마음을 갖는다.

- 시장이 단기나 중기에 어떻게 움직일지 예상하는 경우가 거의 없으며, 어느 정도는 경제 전망도 무시한다(앞의 설명 참조). 짐 로저스는 경제 관련 언론에 출연해서, 자신은 주식시장을 전망할 만큼 똑똑하지 못하다고 공개적으로 인정한다.
- 대가들은 주식시장에서 벌 수 있는 돈을 자랑하지 않는다. 반면 얼마를 벌 수 있다거나 얼마를 잃는다는 식으로 말하는 사람들은 독립성과 규율을 잃고, 군중과 반대로 갈 용기를 내지 못할

가능성이 크다.

- 대가들은 운이 중요하다고 한다. 달리 말해 수익을 냈다고 해서 자신이 옳았다거나, 손실을 입었다고 해서 자신이 틀렸다고 생각하지 않는다. 각각의 투자 행위는 결국 합리적 추측의 결과이며, 성공적인 투자자는 어찌하다 보니 행운의 여신이 자신에게 좀 더 친절하게 굴도록 한 것뿐이다. 그리고 모든 투자 결정이 성공하지 못하는 건 통계 사실일 뿐이다.[17]

(5) **손실을 참아내는 인내심**: 자신의 주식 포트폴리오 평가액이 때때로 줄어드는 걸 평정심을 갖고 지켜볼 수 없는 사람은 주식 투자를 해선 안 된다. 투자 손실을 감내하지 못하는 사람은 앞서 설명한 심리적 태도나 자세를 결코 보여줄 수 없다. 주식 투자는 누구나 할 수 있는 게 아니며, 워런 버핏은 투자금의 50% 가까이 잃는 걸 견딜 수 없는 사람은 주식을 멀리하라고 조언한다.

●●●

우리는 그저 남들이 탐욕스러울 때 두려워하고, 남들이 두려워할 때 탐욕스러워지려고 할 뿐이다.

워런 버핏(Cunningham, 2001-A)

●●●

2007년, 한 대형 은행의 CEO가 '음악이 나오는 한 자리에서 일어나 춤을 춰야 한다'라고 말한 것이 화제가 되었습니다. 2008년 리먼 브라더스가 파산하자 이 은행도 연명하기 위해 정부로부터 450억 달러의 구제금융을 받아야 했습니다. 춤치고는 상당히 비싼 춤입니다! 저희는 음악이 멈추기를 기다리고, 사업을 연명하려고 낯선 이의 돈을 받지 않아도 되는 걸 선호합니다. 좀 더 먼 과거에서 저희의 멘토인 벤저민 그레이엄의 충고가 들려옵니다. "1925년에 약세장을 예상하지 않은 사람 100명 중 오직 1명만이 1929~1932년의 대공황에서 살아남았다."

프렘 왓사, 페어팩스 금융지주 주주 서한, 2012년

8장의 핵심 내용

그림 25에 이번 장의 주요 내용을 요약했다. 먼저 투자자는 주식시장이 호황과 불황을 거치는 수년간의 경기 순환을 통해 등락을 거듭한다는 사실을 직시해야 한다. 장기 순환이라면 기간이 10~20년이 될 수도 있다. 대가들은 이런 주기 속에서 주가가 비이성적으로 형성된 시기를 활용해 투자수익을 극대화한다.

이정표로 활용할 수 있는 지표들이 여럿 있다. 정확한 때를 맞히는 데는 도움이 안 되지만, 다른 지표들과 함께 활용하거나 지표들이 극단적인 값을 보이는 때를 이용하면 시장이 언제 전환점을 맞을지 대략적으로 추측해볼 수 있다. 또는 지표가 알려주는 신호를 이용해 투자자 자신의 장기 포트폴리오 구성을 서서히 바꾸기 시작할 수도 있다.

투자자가 가장 먼저 봐야 할 지표는 주식시장 전체의 밸류에이션을 알려주는 PBR, 토빈의 Q 비율(기업의 시가총액을 순자산가치로 나눔), 시가총액/GNP, 실러 PER(시가총액을 10년 동안의 실질 이익 평균값으로 나눔), 저평가 종목 수 등이다. 밸류에이션과 밀접하게 관련되는 것이 평균으로 회귀할 가능성이 큰 불균형인데, 과도한 섹터 비중, 지속 불가능할 정도로 높거나 낮은 이윤 폭, 경제적 불균형 등을 예로 들 수 있다. 투자 심리 역시 중요한 지표다. 주관적 심리지표(투기적인 거래의 양, 주식시장에 대한 일반 대중의 관심)와 객관적 심리지표(투자자문사의 편중, 풋/콜 비율, 뮤추얼펀드의 대기자금, 광고에 나타나는 편중, 대출 현황, 기업공개의 양, 투자자문 서비스와 투자 동호회의 인기)를 통해 주식시장 참여자의 다수가 낙관적인지 비관적인지를 알아볼 수도 있다.

내부자 거래와 기업 거래(기업인수 및 합병, 자사주 매입 등) 역시 유용하다. 끝으로, 대기 중인 현금, 강세장 및 약세장의 지속 기간 등도 참고할 만한 지표들이다.

대가들이 시장의 순환에 대처하는 전략을 보면 거래의 적기를 잡으려 하지 않고, 취할 수 있는 투자수익을 현실적으로 판단하는 것을 알 수 있

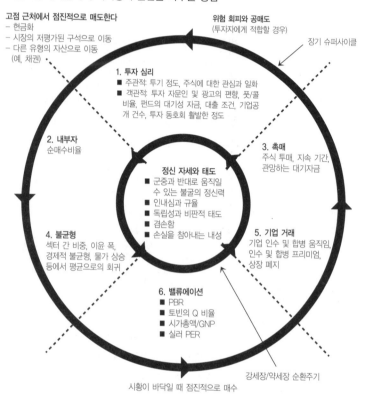

그림 25. 대가들이 주식시장의 순환을 다루는 방법

고점 근처에서 점진적으로 매도한다
- 현금화
- 시장의 저평가된 구석으로 이동
- 다른 유형의 자산으로 이동
  (예, 채권)

위험 회피와 공매도
(투자자에게 적합할 경우)

장기 슈퍼사이클

1. 투자 심리
■ 주관적: 투기 정도, 주식에 대한 관심과 일화
■ 객관적: 투자 자문인 및 광고의 편향, 풋/콜 비율, 펀드의 대기성 자금, 대출 조건, 기업공개 건수, 투자 동호회 활발한 정도

2. 내부자
순매수비율

3. 촉매
주식 투매, 지속 기간, 관망하는 대기자금

정신 자세와 태도
■ 군중과 반대로 움직일 수 있는 불굴의 정신력
■ 인내심과 규율
■ 독립성과 비판적 태도
■ 겸손함
■ 손실을 참아내는 내성

4. 불균형
섹터 간 비중, 이윤 폭, 경제적 불균형, 물가 상승 등에서 평균으로의 회귀

5. 기업 거래
기업 인수 및 합병 움직임, 인수 및 합병 프리미엄, 상장 폐지

6. 밸류에이션
■ PBR
■ 토빈의 Q 비율
■ 시가총액/GNP
■ 실러 PER

강세장/약세장 순환주기

시황이 바닥일 때 점진적으로 매수

다. 매수나 매도를 점진적으로 한다. 시장이 과열되면 현금 보유량을 크게 늘리거나 다른 자산으로 이동하는 방법, 또는 포지션을 헤지하거나 시장의 저평가된 부문으로 이동하는 방법 등을 사용한다.

시장의 순환에서 이익을 내려면 투자자의 태도나 정신 자세도 상당히 중요하다. 군중에서 떨어져 나올 수 없는 투자자, 제3자에게 조언을 구하는 사람, 자신의 관점을 견지할 인내심과 규율이 부족한 사람, 손실을 감내하지 못하는 사람, 안주하거나 오만한 사람 등은 좋은 투자수익을 기대하기 힘들다. 현명한 투자자는 역발상을 할 수 있고, 해야 할 일을 하고, 상황이 좋거나 나빠도 자신의 전략을 고수하고, 손실을 참아내고, 시장을 능가하기가 매우 어렵다는 사실을 늘 잊지 않는다.

9

주식을 사고팔 때
흔히 저지르는 실수

가만히 있는 것도 현명한 태도라고 생각한다. ROE가 만족스럽
고, 능력 있고 정직한 경영진이 경영하는 기업이 주식시장에서
과대평가되지만 않는다면, 우리는 어떤 주식이라도 얼마든지 무
한정 보유할 수 있다.

워런 버핏(Cunningham, 2001-A)

이번 장에서는 일반 투자자들이 주식을 사고팔 때 자주 저지르는 실수나 착각 사례 15가지를 살펴본다.

1. 고점이나 저점을 짚어낸다
2. 상승주를 팔았다가 더 낮은 가격에 되산다
3. 상승주를 팔고 하락주에 매달린다
4. 과도하게 거래한다
5. 매수 후 망각한다
6. 감정에 휘둘려 거래한다
7. 옳다는 걸 증명하려고 주식을 보유한다
8. 촉매가 있어야만 주식을 매수한다
9. 세금 문제에 연연한다
10. 우량주를 놓친 대신 굼벵이를 산다
11. 소수점 이하 단위까지 따진다
12. 기업인수 계획 발표 직후 주식을 판다
13. 이미 알려진 사실에 주식을 사고판다
14. '이번엔 다르다'고 믿으며 거래한다
15. 경제 전망에 지나친 주의를 기울인다

실패하는 투자자의
15가지 착각

앞선 장에서 나는 대가들이 옹호하는 투자의 중요한 측면 3가지를 설명했다. 첫째, 종류가 다른 개별 종목들의 거래 방법을 설명했다. 둘째, 주식을 어떻게 사고팔고 보유할 것인지와 관련한 일반적 측면들을 살펴보았다. 셋째, 경기 순환에 맞춘 현명한 투자 전략을 논의했다. 모두 복잡하지 않은 규칙들이어서 많은 이들의 관심을 불러일으키리라 생각된다.

하지만 불행하게도 절대다수의 투자자는 앞서 다룬 건전한 투자 관련 조언들을 실제로 적용하는 데 애를 먹을 것이다. 달리 말하면 그만큼 이들 투자 법칙이 강력하다는 의미이기도 하다. 가장 큰 문제는 투자철학에 입각해서 주식을 사고팔고 보유하는 일이 많은 사람들의 직감이나 직관, 본능과 양립하기 힘들다는 사실, 그리고 이들이 "투자란 이런 것이다"라고 생각했던 것과도 맞지 않는다는 사실이다.(1장 참조)

성공적이지 못한 투자자들은 내재가치와는 전혀 무관한 충동에 근거해 조리 없는 투자 논리에 따라 주식을 사고판다. 대가들이 보기에 불가능하거나 현명하지 못한 시도를 하기도 한다. 일반 투자자들이 주식을 사고팔 때 실수하는 것은 주식시장을 잘 이해하지 못하거나, 조리 있고 면밀하게 짠 전략이나 철학이 없거나, 심리적 편향에 빠져 있기 때문이다. 바로 이번 장에서 설명할 주제다.

첫 번째 실수: 고점이나 저점을 짚어낸다

많은 투자자들이 주식을 저점에 사서 고점에 팔 수 있다고 믿는다. 저점 매수(bottom fishing)란 주가가 저점에 이를 때까지 매수를 늦추는 행위를 말한다. 고점 매도(top picking)란 주식을 팔기 전에 마지막 한 푼이라도 더 쥐어 짜내려는 행위를 말한다.

저점 매수나 고점 매도가 인기 있는 첫 번째 이유는 지나친 자신감이다. 행동경제학에 따르면, 일반적인 투자자들은 주식을 사고파는 적기를 짚어내는 자신의 능력을 과신한다. 투자가 굉장히 어렵고 복잡한 일임에도 불구하고 친숙하고 쉬운 일처럼 보이기 때문이다. 어쨌든 컴퓨터 한 대와 증권 계좌만 있으면 되는 건 맞다. 따라서 주식 차트 좀 보며 시장의 움직임을 파악하는 약간의 기술적 분석만 하면 저점이나 고점을 알아낼 수 있다고 자신 있어 한다.

두 번째 이유는 패턴을 찾는 습성이다. 많은 사람들이 예측 가능하고 납득 가능한 패턴을 찾을 수 있다고 생각한다. 심지어 신호가 아닌 소음에서도 그렇다고 생각한다. 주가가 예측 가능한 패턴에 따라 움직인다는 확신 때문에 많은 투자자들은 패턴을 읽어 주가의 저점이나 고점을 알아내는 것이 논리적이라고 생각한다.

대가들은 만장일치로 저점 매수와 고점 매도에 퇴짜를 놓는다. 주가는 무작위로 움직이기 때문에 주식의 저점이나 고점을 지속적으로 맞히는 건 불가능하다는 생각이다.[1] 대가들이 보기에 저점 매수 고점 매도를 시도하는 사람은 무모하고 자신감이 지나친 투기꾼일 뿐이다. 그뿐 아니라 이런 시도에 따르는 위험을 경고하기까지 한다. 저점 매수를 노리는 사람은 주가가 하락할 때 너무 기다린 나머지 매력적인 주식을 놓칠 수 있다. 매수 기회를 놓친 후 주가가 반등하기 시작해도 반등하는 움직임을 부정하거나, 저점보다 높은 가격에 사기 싫어서 매수를 망설인다. 결국 기회를 놓친다. 마찬가지로 고점 매도를 시도하는 사람은 주식을 너무 오랫동안 들고 있다가 고점을 놓치기 일쑤다. 고점을 놓치면 고점보다 낮은 가격에 주식 팔기를 망설인다. 대개 이러다가 고점 이후 주가가 반락하면 꼼짝도 못하는 상황에 놓인다.

투자자에게 가장 중요한 교훈은 최적 가격을 노리지 말라는 것이다. 존 템플턴은 투자자들에게 저점이나 고점의 10% 이내 가격으로 주식을 사거나 팔 생각은 말라고 하면서, 그래도 나머지 80%에서 얼마든지 돈을 벌 수 있다고 조언한다. 대가들은 적정 주가와 상식에 근거해 거래하며, 주가의 무작위적인 움직임에 침착하게 대응한다. 주식 매수 후 주가가 하락하거나 매도 후 상승할 수 있다는 사실을 받아들인다. 그렇기 때문에 매력적인 밸류에이션에 점진적으로 매수하고, 주가가 내재가치에 도달하면 단계적으로 매도하는 방법을 택한다. 매수와 매도 포지션을 점진적으로 쌓거나 줄이기 때문에 주가의 무작위 움직임을 오히려 반길 수 있다.

두 번째 실수: 상승주를 팔았다가 더 낮은 가격에 되산다

수많은 투자자들이 나중에 더 싼 가격에 되살 생각으로 상승주를 파는 방법을 동원해 조금이라도 더 이익을 쥐어 짜내려고 했다. 그런데 이런 방법이 실은 얼마나 어려운지 아는 사람은 거의 없다. 탁월한 주식을 상승장 이후에 팔았다가 가격이 떨어지면 되사서 또 한 번 상승세를 타보려는 방법은 복잡해 보이지도 않고 이론적으로는 충분히 실현 가능해 보인다. 하지만 현실에서는 높게 팔고 낮게 되사는 방법 때문에 투자자는 된통 혼이 나거나, 해당 주식과는 영원히 이별할 가능성이 훨씬 크다. 이 전략의 문제점은 두 가지 투기성 도박이 모두 맞아떨어져야 한다는 점이다.

(1) 첫째, 일시적인 고점에서 주식을 팔아야 한다. 다시 말해 고점을 정확히 짚어야 한다는 소리다. 만약 그렇게 하지 못해 고점 이전에 판다면 그 주식과는 아마도 영원히 이별할 가능성이 크다. 많은 투자자들이 더 높은 가격에 되사길 꺼리기 때문이다.

(2) 둘째, 설령 고점 근처에서 팔았다고 해도 여전히 일시적인 저점

에서 매수해야 하는 문제가 남아 있다. 다시 말해 저점 매수에 성공해야 한다는 소리다. 이때 많은 경우 투자자들이 상승주의 주가 하락을 과도하게 예측하는 게 문제다. 너무 오래 기다리다가 주식을 되살 기회를 놓친다.[2] 주가가 반등해서 팔았던 가격보다 높아지면 투자자들은 대체로 되사기를 망설인다.

세 번째 실수: 상승주를 팔고 하락주에 매달린다

상승주를 팔고 막대한 손실을 입은 주식을 붙들고 있거나, 심지어 더 사는 행위는 자연스럽기까지 하다. 이런 행태를 설명하는 몇 가지 이론이 있다. 제일 먼저, 투자자들은 중대한 가격 움직임이 있기 이전의 주가에 묶여 있기 쉽다. 투자에 익숙하지 않은 사람이라면 단기간에 주가가 급상승했는데 주가가 더 오르거나, 주가가 급락했는데 더 내려갈 수 있다는 걸 상상하기가 힘들 수 있다. 많은 사람들이 상승주가 더 상승할 여지는 없다고 판단하고, 별로 상승하지 않은 다른 주식으로 대체하려 한다. 같은 논리로 하락주가 이제 반등할 때가 되었다고 생각한다. 따라서 하락주를 팔아버리는 것은 말이 안 된다고 생각한다.

두 번째 이유는 압박감과 후회 회피다. 상승주를 보유한 사람들은 투자수익을 날릴까 봐 조마조마해하고 주변 사람들은 이런 불안에 부채질한다. 투자자문사는 투자자더러 탁월한 상승주를 팔라 하고 "수익 실현해서 망한 경우는 없다"라든가 "할 수 있을 때 수익을 실현하라", "확실한 수익이 불확실한 손실보다 낫다" 등의 주식 격언으로 투자자의 마음을 흔들어놓는다. 실적이 나쁜 주식이라면 투자자들은 팔았다가 후회하기보다는 더 두고 보는 걸 선호한다.

손실을 입은 주식을 붙들고 있는 세 번째 이유는 심리회계와 결합된 비대칭적 손실 회피다.(1장 참조) 같은 금액이라도 투자수익으로 번 기쁨보다 투자 손실로 잃은 괴로움이 두 배는 크기 때문에 사람들은 손실을 실현하지 않으려고 한다. 주식을 실제로 판 게 아닌 이상, 손실은 서류상의 평가손일 뿐이라고 생각한다. 이는 진짜로 현금을 잃는 것과는 상당히 다르게 느껴진다. 언젠가 주가가 반등하면 원금은 만회할 수 있다는 희망을 놓지 않는다.

상승주를 팔거나 하락주를 붙들고 있는 행위 모두 단지 가격 움직임에 근거한 것이라면 잘못된 것이다. 주가의 극적인 상승이나 하락 모두 기업의 내재가치가 변하면 제자리를 찾아갈 수 있다. 따라서 많은 대가들은 "두 배가 된 주식은 팔고, 반토막 난 주식은 들고 있으라"는 통념을 배격한다. 피터 린치는 이를 두고 "꽃은 뽑아버리고 잡초에 물을 주는 격"이라고 했다.[3] 이런 통념이 갖는 문제점 두 가지는 다음과 같다.

(1) 투자자들이 뛰어난 기업의 내재가치가 지닌 잠재력을 과소평가하기 때문에, 탁월한 주가 상승을 경험한 주식을 팔아 차익을 실현하는 건 실수일 가능성이 크다. 뛰어난 기업의 주가가 오르는 것은 당연하다. 뛰어난 기업의 주가배수가 높은 것도 당연하다. 게다가 뛰어난 기업들은 계속해서 주식시장을 놀라게 하고, 주가 상승도 많은 사람들이 상상하는 것보다 더 오래 지속된다. 대가들이 탁월한 주식에

더 올라갈 기회를 주는 이유다. 뛰어난 기업에 투자해 주가가 두 배 되었다고 자동으로 주식을 팔아버리지 않는다. 오히려 "수익 실현해서 망한 경우는 없다" 식의 통념을 비웃는다.[4] 대신 "상승주는 달리게 놔둬라"와 "차익 실현은 주저해도 좋다", "상승주는 너무 일찍 파는 것보다는 너무 늦게 파는 게 낫다" 등의 격언들은 수용한다.

(2) 원금을 회복하려는 희망을 품고, 손해를 보고 있는 주식을 계속해서 들고 있는 행태가 투자의 세계에서 아마 가장 치명적인 실수라는 게 대가들의 말이다. 형편없는 경영으로 현금흐름이 좋지 못하고 경영진의 신뢰도도 떨어지는 기업은 효율적인 시장이라면 사정없이 공격당할 것이고 주가배수가 높을 이유도 없다. 대가들은 신뢰를 잃은 기업의 주식은 곧바로 처분한다. 손실이 아무리 커도 그렇게 한다.

네 번째 실수: 과도하게 거래한다

많은 투자자들이 이익을 좇아 지나치게 많은 활동을 하고 수시로 포트폴리오를 뒤엎는다. 과도한 거래는 시장이나 개별 주식의 전환점을 판단할 수 있다는 투자자의 지나친 자신감에서 비롯된다. 또 다른 이유는 준수한 수익을 내려면 열심히 일해야 한다고 믿는 투자자가 많다는 점이다. 인내심 결핍과 행동에 대한 갈증도 한몫한다. 인기주의 유혹을 뿌리칠 수 있는 사람이 많지 않아 기존 주식을 최신 유행주로 대체하기도 한다. 끝으로, 주식의 매수나 매도 대금에 비해 거래 비용이 상대적으로 작게 보이는 탓에 매수호가와 매도호가의 가격 차나 중개 수수료, 각종 요금 및 세금 같은 거래 비용을 감안하는 사람이 적은 것도 한 이유다.

불행히도 공격적인 투자자들의 실적은 부러워할 만한 게 못 된다. 수많은 연구들이 장기간에 걸쳐 공격적인 투자자의 평균 실적이 방어적인 투자자들의 실적에 비해 형편없다는 점을 입증했다.[5] 종목 선정의 달인들은 단기간에 주식을 사고파는 건 안 통한다는 걸 안다. 이들은 평균 2~5년간 주식을 보유한다. 10년이 넘도록 한 주식을 포트폴리오에 담아두는 일도 자주 있다. 매매 회전율(turnover)을 낮게 가져가는 걸 공개적으로 찬양하기도 한다.

대가들이 매매 회전율을 낮게 가져가는 데는 그만한 이유가 있다. 공격적인 투자는 투자철학에 잘 부합하지 않는다. 대가들은 예감이나 최신 뉴스에 근거해 주식을 사고팔지 않는다. 잘 정의된 자신만의 투자 기준이 충족되어야만 사고판다. 적당한 수준을 넘어서는 매매 회전율을 정당화할 만큼 주식의 내재가치가 자주 변하거나 주가배수가 빠르게 올라가거나 내려가지는 않는다.

그뿐 아니라 대가들은 거래를 자주 하면 거래 비용이 높아져 불리하다는 점도 잘 알고 있다. 하나의 거래만 놓고 보면 거래 비용이 별 것 아닌 듯 보일 수 있으나, 정신없이 사고팔면 빠른 속도로 커져간다. 세금은 더 큰 문제일 수 있다.

그림 26이 이 점을 잘 보여주는데, 매입보유법을 구사하는 투자자의 세후 수익과 보유 기간의 상관관계가 9가지 가능한 시나리오별로 나타나 있다. 상단의 선 3개는 세전 수익률이 25%인 투자자의 세후 투자수익을 나타낸다. 그중 맨 위와 맨 아래의 선은 세율이 각각 15%

그림 26. 매수 후 보유 기간에 따른 세후 투자수익

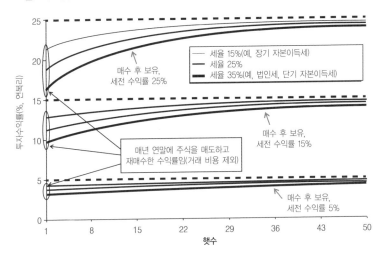

주식을 매도하고
재매수한 수익률임(거래 비용 제외)

와 35%일 경우의 수익을 보여준다. 그림에 보이는 다른 선들은 세전 수익률이 15%와 5%일 경우의 세후 수익률을 나타낸다.

주식을 매도하지 않은 채 포트폴리오를 10~20년 유지하면 1년만 보유하는 것과 비교해 연간 세후 투자수익률이 현격히 높아짐을 알 수 있다. 매년 포트폴리오를 새로 구성하는(가로축이 1인 경우) 투자자 의 수익률은 세금의 영향을 크게 받는다. 더 나쁜 것은 많은 나라에 서 단기 매매에 장기 매매보다 높은 세율을 적용한다는 사실이다.

●●●

10년간 보유할 생각이 없는 주식이라면 10분이라도 보유할 이유가 없습니다.

워런 버핏, 버크셔 해서웨이 주주 서한, 1996년

다섯 번째 실수: 매수 후 망각한다

투자자 중에는 '매입보유'라는 워런 버핏의 말을 너무 문자 그대로 해석하는 사람들이 있다. 아무 생각 없이 매입보유법을 고수해 너무 오랫동안 같은 주식을 들고 있다. 이런 전략은 차라리 '매입망각법'이라고 부르는 게 옳다.

매입망각법이 좋은 이유 하나는 보유 주식을 계속해서 파악하고 있어야 하는 부담을 덜어준다는 점이다. 문제는 이런 전략으로는 장기에 걸쳐 시장을 능가하기가 불가능하다는 사실이다. 사실상 기업의 내재가치를 연 12~15% 정도로 20여 년 동안 꾸준히 성장시킬 수 있는 기업은 흔치 않다.[6]

따라서 어떤 투자자가 향후 수십 년 동안 계속 성장할 우량 주식들을 골라내는 아주 낙관적인 경우를 가정하더라도, 매입망각법으로는 연 수익률 12~15%가 기대할 수 있는 최대치다. 이보다 현실적인 매입망각법 포트폴리오, 즉 상승주와 하락주가 섞여 있는 포트폴리오라면 10% 이상의 수익률을 기대하지 않는 게 좋다.

그렇다면 매입보유법을 옹호하는 대가들은 도대체 어떻게 해서 시장을 큰 차이로 능가할 수 있는 것일까? 대가들을 연구하다 보면 매입보유법을 적용하는 방식에 깜짝 놀라게 된다. 예를 들어 존 템플턴은 평균 4년간 주식을 보유했다.[7] 워런 버핏이 버크셔 해서웨이와는 별도로 운용하는 자신의 포트폴리오는 이보다는 자주 바뀐다. 피터 린치는 상대적으로 빨리 바뀌는 자신의 포트폴리오가, 자신이 좀 더 유능했더라면 더 자주 바뀌었을 것이라고 했다.[8]

셀비 데이비스와 피터 린치, 워런 버핏, 필립 피셔, 존 네프 같은 대가들은 제한된 수의 주식을 아주 오랜 기간 동안(수년 혹은 수십 년) 보유해서 높은 수익률을 기록한 것처럼 보인다. 심지어 찰리 멍거와 워런 버핏은 버크셔 해서웨이의 놀라운 실적은 15개를 넘지 않는 주식을 아주 오랜 기간 동안 보유한 덕이라고 말하기까지 한다.

확실히 대가들이 실행하는 매입보유법은 매입망각법보다는 대단히 정교하다. 대가들이 한 조언을 보다 자세히 들여다보면 그들이 정말 하고 싶어 하는 얘기가 무엇인지를 알 수 있다. "영원히 보유하는 것을 제일 좋아한다"라는 워런 버핏의 말 바로 앞에는 사실 "탁월한 경영자들이 경영하는 탁월한 기업의 지분 일부를 보유한다면"이라는 말이 들어가 있다.[9] 탁월한 사업이나 경영진이 드물다는 게 불행한 일이다. 다르게 표현하면, 매입보유법은 예외적으로 뛰어난 기업에 적용할 경우 강력한 전략이다.

앞서 2장에서 살펴봤듯이 매입보유법을 적용하기에 좋은 후보는 고속 성장 기업이나 특출한 안정 기업이다. 반면 다른 유형의 주식들, 이를테면 경기민감주나 회생주 등은 능동적으로 투자해야 한다. 매입보유법이 어떤 경우에도 가장 기본적인 주식 매도 기준인 펀더멘털의 악화나 비이성적인 주가배수를 뒤엎을 이유가 될 수 없다는 점은 잊지 말아야 한다.

여섯 번째 실수: 감정에 휘둘려 거래한다

●●●

다른 분야라면 위대한 성취에 열정이 필요할 수도 있지만, 월스트리트에서는 거의 예외 없이 재앙을 가져올 뿐이다.

벤저민 그레이엄(Graham, 2003)

투자는 매우 감정적으로 흐를 수 있다. 사람들은 놀라면 과잉 반응하기 쉽다. 안 좋은 일로 놀라면 특히 그렇다. 주식과 안이한 유대 관계를 형성하거나, 인내심을 발휘해야 할 때 견디지 못하고 무너지고 만다. 대가들은 감정이 고조되면 주식 거래를 뒤로 미루는 반면, 일반 투자자는 다음과 같이 감정에 휘둘린 거래를 해서 어려움에 처한다.

(1) 조급하게 거래한다: 기회의 창이 닫히기 전에 서둘러 주식을 사야 한다는 사람들이 있다. 아니면 주식 매수를 오랫동안 하지 않다가 강세장이 끝날 무렵 매수하기 시작하는 사람들도 있다. 피터 린치가 경험한 바에 따르면, 이와 달리 무슨 일이 일어나기 전까지 너무 오래 걸린다고 주식을 팔아버리는 사람들도 있다. 조급하게 거래하다 보면 종종 사고가 나게 된다고 피터 린치는 말한다. 진정한 기회라면 조급하게 행동할 이유가 없다. 오래 기다린다고 망하지 않는다. 투자에서는 인내가 미덕이라는 점을 명심하라.

(2) 호재에 즉시 사고, 악재에 즉시 판다: 호재가 터지면 당장 주식을 사고 싶어진다. 반대로 악재가 터지면 당장이라도 주식을 팔아야 할 것 같다. 하지만 뉴스를 듣자마자 행동을 취하는 건 현명하지 못하다. 피터 린치와 벤저민 그레이엄은 그런 행동이 너무 충동적이라고

봤다. 뉴스를 접한 순간의 감정은 판단력을 흐리게 하고 투자자가 뉴스를 소화하는 과정을 편향되게 한다.

데이비드 아인혼은 또 다른 문제를 지적한다. 뉴스가 발표되면 수많은 사람들이 비슷한 생각을 하게 되고, 발표난 지 몇 시간이나 며칠 동안 시장은 과잉 반응을 한다. 주식 거래하기에 매우 안 좋은 때다. 예를 들어 어떤 기업의 경영진이 투자자를 분노케 할 행동을 했다는 뉴스가 나가면 많은 사람들이 분노해서 주식을 내다 판다. 그 결과 주가가 일시적으로 지나치게 떨어질 수 있다. 대가라면 뉴스가 발표된 후 행동을 취하기 전에 상황을 다시 잘 생각해본다. 시장이 감정에 휘둘릴 때보다 주식을 사고팔 더 좋은 때가 있음을 잘 안다.

(3) 공포에 질려 투매한다: 공포에 질린 투매는 주식시장에서 심심치 않게 볼 수 있다. 시장이 폭락한 직후나 폭락하는 와중에, 또는 약세장이 끝날 무렵에 주식시장은 공황 상태에 빠질 수 있다. 군집행동과 손실 회피가 이런 사태를 초래하는 원동력이다. 사람들은 투자처럼 모호하고 복잡한 문제에 직면하면 쉽게 군집행동에 동참한다. 감정적인 압박감을 받으면 더하다. 따라서 남들이 다 팔면 자기도 파는 게 안전해 보인다. 더욱이 사람들은 저점 근처에서 팔기 마련인데 손실의 고통에서 벗어나고 싶기 때문이다. 대가들은 늘 공포는 나쁜 선생임을 상기한다. 주식의 매도는 가치와 가격을 비교해 판단해야지, 군집행동이나 시장의 판단에 절대적으로 의존해서 결정하면 안 된다.

(4) 손실을 만회하려고 필사적으로 행동한다: 실패할 여유가 없는데 투자에 실패하면 엄청난 감정의 압박을 받을 수 있다. 새로 자동차를

마련할 계획이거나, 자녀의 대학 등록금을 대야 하는 것 같은 재무 계획이 있는 경우가 그렇다. 아니면 빚을 있는 대로 진 경우도 그럴 수 있다. 이런 사람들이 손실을 보면 어떻게 해서든 만회하려는 심한 압박감을 받는다. 하던 대로 해서는 도저히 손실을 만회할 수 없다고 판단한 이들은 바로 더 큰 위험을 감당하려고 한다. 투기주에 돈을 걸거나 파생상품에 손을 댄다. 하지만 대개 대재앙으로 끝을 맺는다. 규율과 건전한 투자 전략에서 벗어나면 성공하기 어렵다는 걸 절대 잊어서는 안 된다.

(5) **주식과 사랑에 빠지다**: 주식과 감성적으로 연결되는 사람들이 있다. 대박을 안겨준 주식과 그렇게 되기 쉽다. 한편 제품이 좋거나, 본사가 자기 집 근처에 있거나, 언론에 자꾸 언급되는 기업이라는 이유로 특정 종목과 감성적인 결합을 하는 경우도 있다. 문제는 이렇게 되면 안주를 하거나 객관성을 잃는다는 점이다. 다른 기업에 하듯이 냉철한 판단을 내리지 못한다. 부정적인 측면을 못 본 체하거나, 자신의 긍정적인 견해를 뒷받침해줄 근거를 언론이나 애널리스트 분석에서 찾으려 한다. 부정적인 뉴스가 이어져도 주식을 사거나 보유한다. 존 네프와 로버트 윌슨 같은 대가들은 이런 감성 편향으로부터 자신을 지키기 위해, 훈훈함을 안겨주는 주식이나 자랑하고 싶은 주식은 모두 팔아버렸다. 안주하는 걸 방지하기 위해, 좋은 수익률을 안겨준 주식에 엄격한 사랑(또는 사랑의 매)을 베푸는 대가도 있다.

작년에 흐뭇하게 투자에 성공한 종목이 올해에도 최적의 투자 대상이 되라는 법은
없습니다. 별개의 문제입니다.

워런 버핏, 버핏투자조합 주주 서한, 1965년 1월

일곱 번째 실수: 옳다는 걸 증명하려고 주식을 보유한다

자존심 문제는 투자의 세계에 아주 흔한 일이다. 많은 투자자들이 옳
다는 것에 너무 집착한다. 웬만해서는 자기의 견해를 바꾸려 하지 않
는다. 실수를 인정하면 진다고 생각하기 때문이다. 반면 대가는 투자
의 본질이 옳고 그름을 따지는 일이 아니란 걸 잘 안다.

투자의 본질은 돈을 버는 것이다. 대가들은 대단한 자존심을 가지
고 있지 않다. 시장을 겸손하게 대한다. 사실이 가리키는 방향이 그
렇게 하라고 하면 자기 생각을 바꾸기도 한다. 지난 40년 동안 가장
성공적인 거시경제 투자가 중 하나인 조지 소로스는 자신도 판단 실
수를 수없이 했지만 실수를 빨리 인정했기 때문에 부자가 될 수 있었
다고 말한다.

●●●

금융시장에서 살아남으려면 때로는 황급히 도망갈 필요도 있다.

조지 소로스(Tier, 2005)

여덟 번째 실수: 촉매가 있어야만 주식을 매수한다

투자업계에 종사하는 많은 사람들이 가까운 미래에 주가를 부양할 촉매를 찾는 것은 시야가 근시안적이기 때문이다. 심지어 촉매가 없는 주식은 아무리 주가가 매력적이어도 추천도 안 하는 애널리스트가 있다. 앤서니 볼턴은 촉매를 찾아다니는 투자자들에게 이는 잘못이라고 조언한다. 문제는 촉매가 주식시장에 분명하게 전달될 때는 이미 주가에 반영되었다는 사실이다. 따라서 촉매만 기다려온 사람에겐 별다른 기회가 남아 있지 않다. 늘 하는 얘기지만, 주식 매수는 펀더멘털에 기초해서 인내심을 갖고 해야 하며, 단기 촉매는 잊어야 한다.

아홉 번째 실수: 세금 문제에 연연한다

세금 문제를 지나치게 의식해서 주식 거래를 제대로 하지 못하는 사람들이 있다. 장기 보유 세금 혜택을 누리려고 차익 실현을 뒤로 미루거나, 단기 손실 세금 감면 혜택을 누리려고 하락주를 너무 빨리 처분한다. 또는 상승주를 팔아 생긴 이익을 상쇄하기 위해 하락주를 팔기도 한다.(미국은 주식양도차익에 세금을 부과한다. - 역자 주)

　워런 버핏과 찰리 멍거는 이런 행태가 위험하다고 경고한다. 투자자에게 중요한 건 세후 투자수익률이다. 세금을 얼마 냈느냐가 중요한 게 아니다. 세금을 줄이는 게 목표가 되어서는 안 된다. 세후 투자수익률의 극대화가 목표여야 한다. 유명한 투자자인 케빈 데일리는 자기도 세금 문제에 지나치게 신경 쓰다가 돈을 벌 수 있는 기회를 많이 놓쳤다고 고백했다.[10] 이제는 데일리도 투자자라면 자신의 투자 과정에 충실해야 한다고 굳게 믿는다. 투자 결정은 적정 주가에 기반을 두어야 하고 세금은 부차적인 문제다.

열 번째 실수: 우량주를 놓친 대신 굼벵이를 산다

너무 비싸다고 생각한 나머지 우량주를 놓치고 난 후, 홧김에 급이 조금 떨어지는, 놓쳐버린 우량 기업의 경쟁 기업 주식을 대신 사는 경우다. 경쟁 기업이 아직 상승할 여지가 있고, 결국 우량 기업을 따라잡을 거라는 희망적인 생각이 매수 근거다. 피터 린치에 따르면 이는 너무 순진한 생각이다. 급이 떨어지는 기업이 우량 기업에 비해 굼벵이인 데는 다 이유가 있다. 시장점유율을 빼앗기고 있다든가, 부채가 너무 많다든가, 경영진이 안 좋다든가 등이다. 상승주를 놓친 후 더 싸고 급이 떨어지는 굼벵이 주식으로 뒤를 쫓는 투자자는 결국 실수를 더 키울 가능성이 크다.

열한 번째 실수: 소수점 이하 단위까지 따진다

매수 시기를 결정할 때, 투자자들은 특정한 주가 수준에 집착하는 경향이 있다. 주가가 정해놓은 선까지 내려오지 않으면 매수를 망설인다. 목표 주가에 가까워지면 소수점 이하 숫자 갖고도 투덜거린다. 주가보다 아주 조금 높을 뿐인데도 기회를 놓칠 위험을 감수한다.[11] 대가들은 적정 주가는 근접한 추정치일 뿐이란 걸 잘 안다. 주식이 쌀 때 사려고 할 뿐, 소수점 이하 단위까지 따지는 것은 매력적인 주식이 가진 장기적 투자 전망에 비하면 하찮다는 것을 안다.

열두 번째 실수: 기업인수 계획 발표 직후 주식을 판다

어떤 기업이 다른 기업을 인수하겠다고 발표하면 인수 대상 기업의 주주들은 대체로 시장에 주식을 팔려고 한다. 일단 계획이 발표되면 주식이 인수 제안 가격과 비슷한 수준에서 거래되기 때문이다. 따라서 굳이 기업인수가 성사될 때까지 기다릴 필요가 있느냐는 논리다. 차라리 주식을 팔아 마련한 자금을 다른 데 투자하는 게 낫다는 생각이다.

유명한 펀드매니저인 앤서니 볼턴의 생각은 다르다. 인수가 무산될 이유가 없는 한, 인수가 성사될 때까지 기다리는 것이 유리한 2가지 이유가 있다. 첫째, 인수 경쟁에 뛰어드는 다른 기업이 있으면 최종 인수 가격이 오를 수 있다. 둘째, 인수 경쟁자가 없더라도 현재 주가와 인수 제안 가격의 차이는 종종 매력적이기 마련이다. 주가가 인수 제안 가격에 근접한 경우라도 그렇다. 왜냐하면 인수가 마무리될 때까지 걸리는 기간이 짧을 수 있기 때문이다.

열세 번째 실수: 이미 알려진 사실에 주식을 사고판다

이미 다 알려지고 투자자 대부분이 반영한 사실에 기초해 돈을 벌기는 굉장히 어렵다. 시장은 대단히 효율적이라는 사실, 따라서 웬만한 정보는 주가에 빠르게 반영된다는 사실을 명심해야 한다. 시장이 초보 투자자의 예상과 다르게 움직이는 이유이기도 하다. 예를 들어 거의 모든 투자자가 불경기를 예상하고 있다면, 경제가 나쁘다는 뉴스는 주식시장에서 사장될 것이다. 또는 모든 사람들이 전쟁이 불가피하다고 이미 생각하고 있었다면, 전쟁 발발 소식에 주가가 오히려 오를 수도 있다.

대가들은 지나간 뉴스는 무시한다. 시장을 놀라게 할 만한 뉴스를 찾는다. 시장이 전혀 생각지도 못하고 있던 사건으로 놀랄 수 있다. 또는 알고는 있었으나 강도를 잘못 예측한 사건으로 놀랄 수도 있다.(이를테면 경제위기의 강도를 약하게 봤다가 놀라는 경우) 따라서 대가들은 시장이 현재 반영하고 있는 시나리오를 찾아내서 자기 자신이 진단하고 있는 예상 시나리오와 비교하는 데 많은 공을 들인다.

열네 번째 실수: '이번엔 다르다'고 믿으며 거래한다

존 템플턴은 투자에서 가장 위험한 말로 '이번엔 다르다'를 꼽았다. 자산의 거품이나 불경기를 둘러싸고 새로운 시대가 왔다고 주장하는 논리에 현혹되어 주식을 사고파는 일은 대단히 위험하다. 과거의 경제 법칙이 더는 통용되지 않는 새로운 시대는 없다는 게 대가들의 생각이다. 대가들의 비판적인 시각은 케네스 로고프(Kenneth Rogoff)와 카르멘 라인하트(Carmen Reinhart)가 공저한 《이번엔 다르다(This time is different)》를 통해 정당성을 입증받은 것 같다. 책에서 로고프와 라인하트는 '이번엔 다르다'라는 주장이 지난 800년 동안의 자산 거품 형성기에 반복해서 사용되었다는 사실을 보여주고 있다. 모든 거품은 예외 없이 터졌다.[12]

열다섯 번째 실수: 경제 전망에 지나친 주의를 기울인다

투자에 성공하려면 경제가 어떤지 알아야 한다고 생각하는 사람들이 많다. 확실한 경제 전망이 있어야 주식시장에 들어가거나 나올 시점을 알 수 있다고 생각한다. 아니면 자신의 경제 전망에 부합하는 주식만 산다.(예를 들어 불황이 예상되면 식품회사 주식을 사는 식이다.)

대가들이 보기에 이는 실수다. 피터 린치는 뮤추얼펀드 매니저였던 시절, 1년에 단 15분만 경제 전망에 대해 생각했다고 한다. 경제는 너무나 복잡하고 예측하기 힘들기 때문에, 경제가 어떨지 예상하려는 건 시간 낭비라는 생각이다. 혹시나 경제 전망을 제대로 한 투자자라도 그걸로 돈을 벌기는 어려울 수 있다. 왜냐하면 경제 현실과 주식시장의 움직임은 별개일 수 있기 때문이다.

일을 더 복잡하게 만드는 게 있다. 레이 달리오(Ray Dalio)는 중앙은행의 개입 때문에 주식시장이 사람들이 예상한 경제 전망과 정반대로 움직일 수 있다고 경고한다. 워런 버핏은 경제에 너무 집중하다 보면 포트폴리오의 구성 종목을 자주 바꾸게 되어 결과적으로 비용이 많이 발생한다고 말한다.(앞서 설명한 과도한 거래 참조)

투자자는 경제에 신경을 쓰지 말라는 조언은 진정한 상향식 투자자들이 강력하게 지지한다. 하지만 거시경제 투자자들은 전혀 동의하지 않는다. 거시경제 투자자들은 사실 경제에 낀 거품과 정상에서 벗어난 경제 상황에 따라 투자 포지션을 잡는다. 유명한 투자자인 프렘 왓사 같은 이도 자신의 경제 전망에 따라 투자 전략을 세운다. 항상은 아니더라도, 적어도 경제가 심각하게 정상에서 벗어난 경우엔 그렇다.

정말로 놀라운 건 2008~2009년 시장 폭락 이후 일부 대가들이 실토한 내용이다. 워런 버핏과 데이비드 아인혼 등은 주택 거품이 경제에 미칠 영향을 조금이라도 예상한 건 실수였다고 말했다. 이로부터 상향식 투자자는 정상적인 경기 순환에 너무 신경 쓸 필요가 없다는 교훈을 얻을 수 있다. 하지만 심각한 거품이 경제에 미치는 영향까지 간과해서는 안 될 것이다.

●●●

경제 전망을 먼저 그린 후 투자를 시작하면 시장에서 돈을 잃기 십상이다. 그렇게 심사숙고한 결과가 당신을 망하게 할 것이다.

피터 린치(Train, 2000)

●●●

우리는 정치와 경제 전망은 계속해서 무시하려고 합니다. 둘 다 투자자와 사업가의 집중력을 흩트리기만 할 뿐입니다.

워런 버핏, 버크셔 해서웨이 주주 서한, 1994년

위험
vs
수익

PART 3

10. 대가들의 위험 관리 기법

10
대가들의 위험 관리 기법

투자에 성공하기 위해 베타(beta)나 효율적인 시장, 포트폴리오 이론, 옵션 가격 결정 모형, 신흥시장 등을 알 필요는 없습니다. 사실 이런 건 전혀 모르는 게 오히려 낫습니다.

워런 버핏, 버크서 해서웨이 주주 서한, 1996년

시장에서 살아남으려는 투자자라면 예외 없이 자신의 위험을 관리해야 한다. 일반적인 통념에 따르면 위험 관리란 위험과 보상 간의 균형을 맞추는 일이다. 높은 보상은 높은 위험을 감수해야만 가능하고, 밤잠을 설치고 싶지 않은 사람은 낮은 보상에 만족해야 한다는 얘기다. 학계에서 말하는 위험도 크게 다르지 않다. 그뿐만 아니라 효율적 시장 가설을 지지하는 사람들은 위험이라는 개념은 간단한 수식 몇 개와 숫자로 얼마든지 정립할 수 있다고 생각한다.

이어서 논의하겠지만 대가들은 동의하지 않는다. 위험과 보상 간에 명확한 역의 관계가 존재한다는 생각을 거부한다. 대가들은 통상적인 이론과 완전히 배치되는 방법으로 자신들의 포트폴리오에 존재하는 위험을 관리한다.

학계에서 보는 위험

자본자산 가격 결정 모형(Capital Asset Pricing Model, CAPM)

현대 포트폴리오 이론은 위험과 보상을 다루는 매우 우아하고 간단한 이론을 제시한다. 주식시장이 언제나 완벽하게 효율적이라는 가정에 근거해서 위험을 간단명료한 CAPM을 통해 나타낼 수 있다. 구체적으로 보면 개별 주식이 실현한 수익 R은 3가지 항으로 구분된다.

$$R = R_f + R_s + e \qquad R_s = \beta \times [R_m - R_f]$$

(1) R_f는 무위험 이자율로서 미국이나 독일 정부의 국채 수익률을 예로 들 수 있다.

(2) R_s는 투자자들이 소위 체계적 위험(systematic risk)에 노출됨으로써 얻는 수익이다. 체계적 위험은 어떤 주식이 주식시장 전체와 관련된 상관관계 때문에 생기는 위험이다. 경제 전반에 대한 불확실성, 이자율, 물가상승률 등 모든 주식에 영향을 미치는 요인들이 이런 상관관계의 이면에 놓여 있다. 수식에서 보듯이 R_s는 베타(β, 다음 페이지 참조)에다 시장 전체의 기대수익률(R_m)과 무위험 이자율의 차이를 곱해

서 계산한다. 현대 포트폴리오 이론에 따르면 체계적 위험은 제거할 수 없다.

(3) β는 주식시장 전체와 비교해서 특정 주식이 과거에 어떤 변동성을 보였는지 측정한 값이다.

(4) e는 비(非)체계적 위험을 감수함으로써 얻은 비정상적 수익을 말한다. 비체계적 위험은 해당 기업 고유의 불확실성에 기인한, 기업 고유의 위험을 뜻한다. 비체계적 위험은 무작위적이고 평균값이 0이라고 가정하며, 투자 다각화를 통해 제거할 수 있다. CAPM에서는 시장의 효율성 때문에 특정 기업의 e를 예측할 수 없다고 가정한다.

CAPM은 매우 흥미로운 결과를 갖는다

(1) CAPM에 의하면, 주식의 체계적 위험은 순전히 해당 주식의 역사적 변동성 β에 의해 결정된다. 해당 주식의 변동성이 주식시장 전체에 비해 높을수록 그 주식은 위험하다는 의미다.

(2) 주식시장이 무위험 이자율을 능가한다는 전제하에, 투자자는 체계적 위험을 많이 감수하면 할수록 더 많은 수익을 기대할 수 있다. 즉, β가 커지면 R_S도 커진다. 단, $R_m > R_f$일 때 그렇다.

(3) 똑같은 원리가 여러 주식을 담고 있는 포트폴리오에도 해당된다. 즉, 포트폴리오의 β(포트폴리오 내의 모든 종목의 β를 가중평균한 것)가 커질수록 포트폴리오의 위험은 커지고 따라서 수익도 커진다.

(4) CAPM 지지자들에 의하면 개별 종목에 투자하는 것은 이치에 맞지 않는다. 개별 종목이 갖는 비체계적 위험은 투자자의 영향 밖에 있을 뿐 아니라 보상받을 수도 없기 때문이다. 따라서 투자자는 최대

한 분산된 포트폴리오를 구성해서 비정상적인 수익 e를 제거해야 한다는 게 이들이 주장하는 논리적인 귀결이다.

직감적으로 CAPM은 이치에 맞아 보인다. 돈을 더 벌려면 위험도 더 감수해야 한다는 말과, 변동성이 위험을 측정하는 중요한 수단이라는 말은 여러 가지 이유로 논리적으로 들린다.

첫째, 시장보다 더 심한 등락을 보이는 종목은 과거에 투자자들이 내재가치를 판단하는 데 어려움을 겪었다는 의미다. 따라서 시장이 주식의 내재가치 판단을 어려워하는 것을 감안하면 주가 변동이 큰 종목이 훨씬 더 예측 불가능하거나 위험하다고 생각할 수 있다.

둘째, 차입금이 많은 투자자나 트레이더일수록 변동성에 더 민감하다. 작은 변화에도 재앙을 맞을 수 있기 때문이다. 단기 수익이나 손실이 곧 영구적이라고 생각하는 단기 투자자들 역시 마찬가지다. 가까운 시기에 투자금을 현금화해야 하는 경우도 변동성이 심하면 신경을 훨씬 더 쓸 수밖에 없다.

셋째, 큰 손실을 감내할 수 없는 투자자 역시 변동성을 위험의 척도로 삼는다. 커다란 손실을 입으면 주식을 정리하고 떠나버려 다시 만회할 기회가 없어지는 경우나, 커다란 투자수익을 얻은 나머지 시장의 고점에서 주식을 추가 매수했다가 나중에 큰 손실을 입는 경우가 그렇다. 끝으로, 자금을 운용하는 펀드매니저 역시 변동성을 주의 깊게 살펴야 하는데, 변동성이 너무 크면 투자자 상당수가 자금을 환매하기 때문이다. 그럼에도 불구하고 CAPM이 현실을 너무 단순하게 바라본다는 것을 지금부터 설명하겠다.

CAPM 비판

이런 속담이 있다. "사실이라고 하기에 너무 좋아 보인다면 사실이 아닐 가능성이 크다." CAPM이 복잡하기 그지없는 자산 관리 과정을 아주 간단한 수학 공식으로 만들어 학자들을 편하게 만들어준 사실은 아무래도 수상쩍다. 모형의 타당성이 시장은 늘 효율적이라는 가설에 결정적으로 의존한다는 건 큰 약점이다. 이의를 제기하지 않을 수 없는 가정이다.(1장 참조) 두 번째 약점은 모형이 과거의 변동성(β)을 사용하기 때문에 미래의 변동성을 예측하는 데 부적합할 수 있다는 사실이다.

하지만 CAPM이 안고 있는 가장 큰 문제는 모형이 너무 단순해서 타당한지 아닌지를 쉽게 알아볼 수 있다는 점이다. 지지자들에게는 안된 얘기지만, 연구에 의하면 β와 수익률 사이엔 아무런 관련이 없다. 더욱이 높은 β 주식이 낮은 β 주식을 장기에 걸쳐 능가한다는 증거가 없다.

또한 주가 변동성이 위험을 측정하는 유일무이한 수단이라는 가정은 터무니없다. 앞서 살펴본 대로 변동성이 특정 투자자나 트레이더들에겐 매우 커다란 위험이긴 하다. 하지만 부채가 없고 장기에 걸쳐 투자하거나, 건전한 위험 관리 정책을 실행하고 힘든 시기에도 규율 있게 행동하는 투자자들에게는 그다지 문제가 되지 않는다.

현실에 맞게 한다면 위험은 자본의 영구 손실 가능성으로 정의해야 한다. 이런 관점에서 보면 변동성은 위험의 한 측면일 뿐이다. 어떤 사람들에겐 매우 중요할 수도 있지만, 다른 사람들에겐 그렇지 않

을 수 있다. 다음 절에서 보겠지만, 대가들이 위험을 바라보는 관점
은 CAPM이 제시하는 방법과 전혀 다르다.

● ● ●

당연한 일이지만, 그레이엄과 도드를 신봉하는 투자자들은 베타나 CAPM, 주식들
사이의 수익률 상관관계 등을 얘기하지 않는다. 이런 주제에는 전혀 관심들이 없다.
사실 그런 것들이 무슨 말인지 정의해보라면 난감해들 한다. 이들이 집중하는 변수
는 딱 2개뿐이다. 주식의 가격과 가치다.

워런 버핏, 그레이엄-도드 마을의 탁월한 투자자들(Graham, 2003)

위험 관리와 투자철학

투자자가 보는 위험

투자철학이 CAPM을 비롯한 어떤 수학적 모형과도 양립할 수 없는 것은 놀라운 일이 아니다.[1] CAPM은 기업의 펀더멘털이나 새롭게 전개되는 기업 내 사정을 반영할 여지가 전혀 없기 때문에 내재가치와 상당한 격차가 있다. 더군다나 현명한 투자자에게 변동성은 기회이지, 위험이 아니다. 진정한 투자자는 내재가치 아래에서 사서 내재가치를 넘는 주가에 판다.

변동성은 투자자가 비이성적인 가격에 싸게 사서 비싸게 팔 수 있게 해준다. 워런 버핏이 언급했듯이 내재가치만 그대로라면, 주가가

●●●

기본적으로 진정한 투자자에게 가격 변동성이 중요한 이유는 딱 하나다. 가격이 급락하면 현명한 매수의 기회를, 급등하면 현명한 매도의 기회를 제공하기 때문이다. 보통 때는 주식시장을 잊고 배당수익률이나 기업의 경영 실적에 집중하는 게 훨씬 낫다.

벤저민 그레이엄(Graham, 2003)

반토막 난 주식이 낮은 가격이라 더 위험하고, 주가가 두 배 되었다고 높은 가격에서 덜 위험하다고 생각하는 건 어리석은 일이다.

사실 투자철학에서는 (투자금을 영원히 잃을 확률로 정의한) 영구 손실 위험이 주가의 변동성 때문이 아니라 내재가치와 주가 사이의 괴리를 잘못 판단했기 때문에 발생한다고 생각한다. 보다 구체적으로 말하면, 투자자가 상대해야 할 위험은 두 가지다.

(1) **기업의 진정한 가치를 잘못 판단할 위험**: 경영진 평가를 잘못하고 기업의 특성을 부실하게 파악하거나, 기업의 재무 상태를 잘 이해하지 못하면 주식을 너무 비싸게 살 수 있다. 대가들에 의하면 이를 완화할 수 있는 방법이 있다.

- **실사**: 기업을 깊이 있게 알면 기업을 과대평가할 위험을 줄일 수 있다. 주가가 떨어진 경우에도 기업을 잘 알면 확신이 흔들려 섣불리 팔아 손실을 현실화하는 실수를 줄일 수 있다.
- **자신 있게 아는 분야에 집중**: 남들보다 잘 아는 전문 분야에 집중하면 경쟁에서 유리하다.
- **안전 마진**: 4장에서 설명했듯이 추정한 내재가치보다 현저하게 저평가된 주식만 사면 가치평가 실수를 줄일 수 있다.

(2) **예상치 못한 외부 요인에 의한 위험**: 주식을 팔려고 하는데 주가 움직임이 영 안 좋다거나, 정부의 간섭, 경기침체, 물가 상승, 테러 등이 발생하는 경우다. 2장과 3장에서 설명했듯이 대가들은 이런 종

• • •

자기가 뭘 하는지 모르기 때문에 위험이 발생한다.

워런 버핏(Tier, 2005)

류의 위험은 피하려 하기 때문에 특정 부류의 기업은 냉혹하게 대한다. 날씨에 지나치게 의존하는 기업이나 하나의 고객에 사활을 건 기업, 가격결정력이 없는 기업 등이 그런 예다.

　시장에 뛰어든 여느 참여자와 마찬가지로 투자자 역시 가치평가와 외부 요인에서 비롯되는 실수는 줄이면서 수익을 극대화하려고 한다. 재앙을 피하는 것이 가장 큰 관심거리다. 재앙에 가까운 거래는 회복이 여간해선 쉽지 않다.[2] 포트폴리오 전체에 심대한 타격을 입힌다. 심한 경우 피해가 영구적일 수도 있다. 지금부터는 대가들이 위험-보상의 상충 관계를 다루는 방법과, 재앙을 피하는 수단을 설명하겠다. 대가들이 사용하는 포트폴리오 관리 기법은 인습에 얽매이지 않는 독특한 방법이지만 대가들에겐 더할 나위 없이 잘 맞는다.

● ● ●

투자의 제1 원칙은 절대로 돈을 잃지 않는 것이다. 제2 원칙은 절대로 제1 원칙을 잊지 않는 것이다.

워런 버핏(Clark, 2006)

대가들의 위험 관리 기법

규율

자금을 지키는 것이 최우선 순위인 대가들은 규율을 투자 성공의 필수 요소로 생각한다. 현명한 투자자는 수익을 좇지 않는다. 인기주나 유행을 타는 산업은 멀리한다. 모든 거래에서 안전 마진 확보에 심혈을 기울인다. 주식을 까다롭게 고르고 정말로 확신이 있어야만 매수한다. 당대 시장 흐름에 휩쓸리지 않는다. 투자금을 모두 날릴 위험이 조금이라도 있는 투자는 절대로 하지 않는다. 압박이 외부에서 오건 내부에서 오건, 일시적인 실적 부진 탓에 전략을 수정하는 일도 없다. 장기에 걸쳐 꾸준한 실적을 내 시장을 능가하는 것이 대가들의 목표다.

포트폴리오 집중

대가들은 위험을 줄이려면 높은 수준의 포트폴리오 다각화가 필요하다는 의견에 동의하지 않는다. 대가들의 신조는 "다각화는 평범한 수익률을, 집중은 탁월한 수익률을 낳는다"이다. 많은 대가들이 소수 종목에 커다란 지분을 집중투자한다. 필립 피셔는 대개 포트폴리오의 75%를 단 3~4종목으로만 채웠다. 조엘 그린블라트는 펀드의 80%를 8개 미만의 종목에 투자했다. 에디 램퍼트 역시 8개 정도의 종목으로만 주요 포지션을 잡았다. 글렌 그린버그는 운용 자금의 최소 5%를 투자하고 싶은 주식이 아니면 매수하지 않는다는 나름의 원칙을 갖고 있었다.

조심스럽고 보수적인 투자자인 워런 버핏조차 포트폴리오 집중을 옹호한다. 2억 달러 미만의 비교적 작은 포트폴리오라면 약 80%의 자금을 5개 종목에 투자하겠다고 했다. 강하게 확신하는 투자 아이디어라면 돈을 크게 거는 것도 마다하지 않는다. 다른 사람을 대신해 투자하는 거라면 한 종목에 최대 40%의 자금을 투입할 수 있는데, 아주 드문 경우로 제한할 것이다.[3] 자신의 개인 자금을 투자하는 경우라면 한 종목에 최대 75%까지 투자할 용의가 있다고 했다. 2009년, 규제 당국이 웰스파고(Wells Fargo) 은행에 '올인(all in)' 하는 걸 허락했다면 그렇게 했을 것이라고까지 말했다.

포트폴리오 집중의 근거는 명확하다. 첫째, 진정 탁월한 기회는 매우 드물다. 자신의 최고 아이디어에 집중함으로써 최대의 수익을 노리고, 그보다 못한 아이디어로 투자수익을 희석할 필요가 없다. 둘째, 투자자가 깊이 있게 알 수 있는 주식에는 한계가 있으므로 집중할수록 지식은 깊어지는 반면, 다각화는 얕은 지식만 줄 뿐이다. 이런 관점에서 보면 현명한 포트폴리오 집중이 다각화보다 덜 위험하다. 워런 버핏이 보기에 다각화는 무지를 변명하기 위한 것이고, 마틴 휘트먼은 다각화를 지식의 형편없는 대리인으로 봤다. 자기가 뭘 하는지를 정확하게 아는 투자자라면 다각화는 말이 안 된다. 왜냐하면 수익률과 포트폴리오에 대한 지식을 희석할 뿐만 아니라, 포트폴리오 구성 종목이 갖는 투자 만족도도 흐리게 하기 때문이다.

하지만 현명한 포트폴리오 집중이 무엇인지 제대로 이해해야 한다. 대가들은 절대로 하나의 투자 아이디어에 전 재산을 걸지 않는다. 하나의 주식을 올바르게 판단할 확률이 60%를 넘지 않는다는 사

• • •

> 종목이 다섯 개뿐이라면 알아야 할 모든 걸 알 수 있지만, 종목 수가 아주 많아지면 알아야 할 모든 걸 다 알기란 거의 불가능하다.
>
> 버나드 바루크(Tier, 2005)

실을 잘 안다. 따라서 투자를 크게 할 때는(이를테면 한 종목에 포트폴리오의 20% 이상을 투자할 때) 극도로 정확한 통찰력과 강한 확신이 있어야만 승산이 있음을 인지한다. 종목 수를 늘리거나 다른 섹터와 산업 분야에 투자해 어느 정도 다각화해야 재앙을 막을 수 있다는 것을 안다.[4]

종목 선정을 중시하는 투자자 중에서도 포트폴리오의 일정 부분(20~40%)을 여러 종목으로 분산해 각각의 포지션이 전체 포트폴리오에서 차지하는 비중을 줄이는 사람들이 있다. 피터 린치는 어떨 때는 1,000개가 넘는 주식을 포트폴리오에 보유한 적도 있다. 그렇게 함으로써 더 위험한 주식에 '판돈을 거는' 셈이었다. 물론 그 와중에도 큰 포지션은 피터 린치가 지닌 최고의 아이디어에 집중투자되어 있었다. 또한 남의 돈을 맡아 운영하는 경우에도 높은 수준의 다각화가 필요하다. 왜냐하면 투자가 집중될수록 변동성이 커지는데, 고객들은 이를 싫어하기 때문이다. 존 템플턴은 고객의 돈을 운용할 때는 포트폴리오를 많이 집중하지 않은 반면, 자신의 자금은 최고 아이디어에 집중했다.

끝으로, 당연한 말이겠지만 포트폴리오 집중은 정말로 종목 선정을 중시하는 투자자에게만 어울리는 방법이다. 재무제표의 데이터에만 의존하는 정량분석 투자자에게는 맞지 않는다. 왜냐하면 이들은, 예를 들어 저PBR주에만 집중하는 식으로 대개 특정한 정량적 공통점을 보이는 일단의 주식에 집중하기 때문이다.

주식 유형에 따라 포지션 크기 조절하기

기업의 내재가치를 잘못 평가할 위험은 깊이 있는 지식과 끊임없는 정보의 최신화로 상당히 줄일 수 있지만 완전히 없앨 수는 없다. 포트폴리오 내 특정 종목의 비중은 당연히 투자자가 갖고 있는 확신의 정도에 따라 결정되어야 한다. 한편 논리적으로 볼 때 투자자가 가치 평가하기 힘든 기업과 불안정한 기업, 아직 신생 기업이라 뭔가 더 보여줘야 할 기업, 외부의 위험에 많이 노출된 기업일수록 비중도 낮게 가져가야 한다. 다시 말해 전망이 보다 분명한 기업의 비중은 늘리고, 전망이 불투명한 기업의 비중은 줄여야 한다. 똑같은 정보와 지식을 갖고 있다면 대가들은 다음의 요인에 근거해서 각 종목의 포지션을 결정한다.

(1) 주식 유형(6장 참조)
- 신생 기업은 위험하기 때문에 대다수 투자자는 피하는 게 좋다. 그래도 매수해야겠다면 포트폴리오의 아주 작은 부분만 할애해야 한다. 필립 피셔에 따르면, 전망이 밝지만 위험도 큰 기업에는 투자금의 5% 이상을 투자하지 말아야 한다.
- 위기에 처한 기업이나 경기 순환에 민감한 기업에 투자하면 보상이 상당히 클 수 있지만 위험 역시 크다. 따라서 회생주나 경기민감주의 비중은 낮추는 게 좋다.
- 고속 성장 기업은 신생 기업이나 회생 중인 기업, 경기에 민감한 기업보다는 위험-보상 상충 관계가 낮지만 전통 기업보다는 위험이 크다. 피터 린치의 경험에 의하면, 고속 성장 기업 중 20%

만이 결과적으로 탁월한 수익을 냈다. 다른 말로 하면 나머지 80% 고속 성장 기업에서는 평균이거나 평균을 밑도는 수익을 감내해야 했다는 소리다. 이 부문에 투자할 때는 다각화가 필요하다는 소리이기도 하다. 상대적으로 과거 실적이 별로 없으면서 규모가 작고 고속으로 성장하는 기업의 주식은 어떤 경우든 매수 금액 기준으로 포트폴리오의 아주 적은 비중을 넘어서지 말아야 한다. 실적으로 증명되었고 규모가 크면서 고속 성장하는 기업이라면 비중이 커도 된다. 필립 피셔는 중간 크기이면서 과거 실적이 탄탄한 고속 성장 기업은 포트폴리오 내 비중을 8~10%까지 허용했다.

• 양질의 안정 기업과 저속 성장 기업은 대표적인 안전 주식에 속한다. 필립 피셔에 따르면, 제대로 선별한 대규모 안정 기업과 저속 성장 기업은 포트폴리오의 20%까지 비중을 늘려도 된다. 기업들이 꾸준히 실적을 내는 한 이들 기업에 투자한 포지션은 언제든지 손실을 보지 않고 바꿀 수 있다는 게 피셔의 생각이다.

(2) **기업 규모:** 일반적으로 말해 소기업이 성장의 여지는 크지만 대기업보다 위험하다. 소기업은 여전히 비즈니스 모델을 확장해야 하며 심각한 성장통에 직면할 수 있다. 대체로 기업 환경이 바뀌면 상대적으로 더 민감하며 인력도 제한적이다. 경영진은 많은 경우 미숙하고 기업 조직 구조도 아직 안정되지 않았다. 따라서 소기업의 비중을 대기업보다 줄이는 것이 일반적인 원칙이다.

소형주에 집중 투자하는 경우엔 여러 종목에 투자하기 쉽다. 하지만 소기업은 사업 부문이 많지 않아 분석하기가 수월하기 때문에, 예를 들어 100종목 소형주 포트폴리오를 관리하는 것이 20종목 대형주 포트폴리오를 관리하는 것보다 더 노동집약적이진 않다.

(3) **재무 상태:** 많은 대가들이 공통적으로 밝히는 최대 실수는 부채비율이 과도하게 높은 기업에 투자했다가 실패한 사례다. 재무 상태가 건전하지 못한 기업은 자신의 운명을 스스로 결정하지 못한다. 부채 부담이 워낙 커서 불경기나 전략상 실수, 금리 변동, 신용경색 등에 취약하다. 부채비율이 높은 기업에 투자할 때는 극도로 조심해야 하며 포트폴리오 내 비중은 아주 적어야 한다.

(4) **기업의 사업다각화:** 사업이 다각화된 기업의 위험은 단 하나의 사업에 매달려 있는 기업보다 낮다. 단, 다각화된 사업 간 상관관계가 낮아야 하며, 한쪽의 실적이 나쁘면 다른 사업 부문이 이를 만회해줄 수 있어야 한다. 따라서 GE처럼 경영이 잘되는 대기업이나 버크셔 해서웨이 같은 지주회사의 비중을 늘리는 건 좋은 방법이다.

상관관계가 낮은 포트폴리오 구성

서로 다른 산업과 주식 유형에 걸쳐 균형 잡힌 포트폴리오를 뭐라 할 사람은 없다. 특정 산업이나 특정 유형의 주식에 집중된 포트폴리오는 구성 종목 간의 상관관계가 크기 때문에 변동성이 크다. 투자자가 잘못 판단한 소수 요인 때문에 포트폴리오의 상당 부분이 영향을 받을 수 있으므로 그만큼 더 위험하다.

예를 들어 은행주가 80%에 달하는 포트폴리오는 2008~2009년의 세계 금융위기처럼 은행업계를 강타하는 사건에 엄청난 손실을 입을 수 있다. 마찬가지로 경기민감주로 채워진 포트폴리오는 경기순환을 올바로 예측하는 것이 무엇보다 중요하다. 요컨대 특정 섹터나 특정 유형의 주식에 과도하게 집중하는 건 위험하다. 벤저민 그레이엄과 필립 캐럿은 포트폴리오의 대부분을 5개 미만의 서로 다른 산업 분야에 투자하라고 조언한다.

변동성을 줄이고 눈앞의 기회를 잡기 위해 많은 대가들(특히 헤지펀드 매니저들)은 다각화의 원리를 한층 더 높은 곳으로 끌어올린다. 상관관계가 거의 없는 주식에 투자한다. 앞서 6장에서 살펴본 대로 특수 상황 주식이나 회생주, 부실채권 등은 시장 전체와 상관관계가 약하기 때문에 아주 좋은 다각화 도구가 될 수 있다. 차익거래 역시 시장 전체의 움직임과는 무관하게 꾸준한 수익을 안겨줄 수 있다. 부동산 투자 신탁인 리츠(REITs)도 부동산의 가격 동향을 따르는, 어느 정도 주식시장과 상관관계가 낮은 다각화 수단이 될 수 있다.[5]

대규모 포트폴리오를 운용하는 투자자라면 또 다른 유형의 투자에도 눈을 돌려볼 수 있다. 1950~1960년대에 워런 버핏이 운용한 투자조합에서는 포트폴리오가 상장주식, 차익거래 외에도 이른바 '영향력 행사(control situations)'라는 세 부분으로 나뉘어 있었다. '영향력 행사'에서 버핏은 기업에 영향력을 미칠 수 있는 지분을 인수해 회사 정책에 관여하려고 했다. 기업에 상당한 영향력을 미칠 수만 있다면 이런 방법은 특히 약세장에서 탁월한 수익을 제공할 수 있다.

상관관계가 낮은 포트폴리오를 운용할 때 주의할 점이 몇 개 있다. 첫째, 전혀 다른 유형의 주식도 상당히 높은 상관관계를 가질 수 있다. 예를 들어 사모투자는 상장주식과 매우 다르긴 하지만 주식시장과 양의 상관관계를 갖고 있다. 벤처회사의 공모주 가격은 당연히 주식시장 전체의 상황에 영향을 받는다.

둘째, 수개월에서 수년처럼 짧은 기간만 보고 상관관계를 판단하는 것은 잘못이다. 제대로 된 상관관계 분석은 가능하면 수십 년처럼 아주 오랜 기간에 걸친 것이어야 한다. 우연의 일치를 배제하기 위해 항상 상관관계 이면에 놓인 논리적인 설명을 살펴봐야 한다.

셋째, 특정 주식들 간에 뚜렷한 과거의 상관관계가 있더라도 상관관계라는 게 늘 그렇게 유지되지는 않음을 상기해야 한다. 경제위기처럼 주식들 간의 상관관계가(혹은 상관관계가 없음이) 어느 때보다 중요할 때 오히려 급격하게 달라질 수도 있다. 왜냐하면 사람들이 공포에 빠지면 돈이 필요해지고, 가격이나 투자 매력에 관계없이 팔 수 있는 건 다 팔려고 하기 때문이다. 차익거래 포지션도 시장이 급락하면 시장과 함께 떨어질 수 있다. 부실채권 또한 경제 전반에 퍼져 있는 불안감 때문에 발생한 폭락이라면 가치가 덩달아서 더 하락할 수 있다.

레이 달리오에 따르면, 경제가 불황에 빠져들면 주식과 채권은 음의 상관관계를 보일 수 있다. 왜냐하면 대체로 불황이면 주가와 금리가 떨어지기 때문이다.[6] 반면 인플레이션이 심하면 주식과 채권은 양의 상관관계를 보이는 경우가 많은데, 금리는 오르고 주가는 떨어지기 때문이다. 또 다른 양의 상관관계는 최근 중앙은행들의 움직임처럼 재무상태표 불황(balance sheet recession) 기간에 양적완화를 시행하는 경우다. 채권과 주식 모두 혜택을 입는 것으로 판단된다.

현금을 전략적으로 사용하기

●●●

현명한 사람은 기회가 오면 돈을 크게 건다. 단, 승산이 있을 때만 그렇다. 승산이 없는 평소에는 그렇게 하지 않는다. 정말이지, 아주 간단하다.

찰리 멍거(Munger, 1994)

●●●

투자에 현금을 모두 소진하지 말라. 현금을 많이 갖고 있었기 때문에, 나는 미처 예상치 못했던 기회가 눈앞에 펼쳐지자 이득을 취할 수 있는 위치에 있었다.

버나드 바루크(Baruch, 1957)

위기가 닥치면 현금이 왕이라는 얘기가 있다. 시장에 위기가 닥쳤을 때 현금자산이 많으면 부가 줄어드는 것이 제한적이다. 또한 현금이 있으면 위기 중에 주식을 헐값에 매수할 수 있다. 다시 말해 시장이 급락할 때, 남들은 현금이 없는데도 나만 현금을 가졌다면 가장 가치가 있다.

문제는 현금이 비싸다는 사실이다. 강세장에서는 수익률을 갉아먹기 때문에 실적이 시장보다 크게 저조할 수 있다. 많은 투자자들이 현금을 전략적 자산으로 생각하지 않고 현금 보유량을 적극적으로 관리하지 않는 이유다. 반면 대가들은 현금이 마땅히 받아야 할 대우를 해준다. 현금을 가장 안전한 현금 계좌에 넣어두거나, 가장 안전하면서도 유동성이 좋은 채권 형태로 보관한다.[7] 대가들은 모든 시장 상황에서 신중하게 현금 보유량을 조절한다.

(1) **기회가 있을 때만 투자**: 기회가 없을 때는 운용 자금의 일부 혹은 전부를 현금으로 보관하려고 한다. 강세장이 점점 도를 더해갈수

록 현금 보유량을 늘려간다.

(2) **현금을 상당량 보유:** 일부 대가들은 시장 상황과 무관하게 꾸준히 상당량의 현금을 보유한다. 변동성을 줄이고 시장이 충격을 받을 때 가용할 자금력을 확보해놓기 위해서다. 벤저민 그레이엄은 시장 상황에 따라 자산의 최소 25~50%는 현금으로 보유하라고 조언했다.

(3) **포트폴리오 현금화:** 시장을 신뢰할 수 없을 때는 포트폴리오의 상당 부분을 현금화하는 용기를 보여준다. 현금 때문에 수년 동안 연속해서 실적이 나빠져도 자신의 판단을 고수한다.

똑똑한 해외 투자

자국 주식에 비해 해외 주식이 더 위험하다는 생각에 투자를 꺼리는 사람들이 많다. 해외 주식에 투자하는 일은, 해외 선진국일지라도 자국 주식에 투자하는 것보다 더 많은 것을 요구한다. 해외 회계 실무와 기업 지배구조와 관련한 관습, 규제, 법률 등에 밝아야 하며 변동 사항에 끊임없이 주의를 기울여야 한다. 해외 기업이 활동하는 사업 환경도 평가해야 한다. 다른 문화적 요소도 이해하고 있어야 한다. 예컨대 일본의 기업들은 주주가치를 우선적으로 지향하지 않는다.

해야 할 실사도 많고, 사후적인 일들도 많기 때문에 워런 버핏 같은 많은 대가들은 될수록 자국 주식에 투자하려고 한다. 그럼에도 불구하고 제대로만 하면 해외 주식에 투자해 높은 수익을 낼 수 있음을 보여준 대가들도 많다. 존 템플턴과 마크 라이트보운 같은 대가들은 세계 어디든 시장의 어리석음이 있는 곳이라면 이용해서 눈에 띄는 수익을 올렸다. 해외 주식에 투자하는 대가들은 다음 사항에 주의를 기울인다.

(1) **믿을 만한 지식**: 필요한 지식을 충분히 쌓았다고 믿을 만한 주식에만 투자해야 한다. 해외 주식에 적용한다면 회계 실무에 익숙해지고, 언어장벽을 극복하고, 신뢰할 수 있는 정보에 접근할 방법을 찾는 것 등을 말한다.

(2) **위험성**: 신흥시장은 선진시장보다 위험하다. 재산 몰수와 정부의 간섭, 주주에 대한 비우호적인 태도, 부패 등, 모두 선진시장보다 신흥시장에서 더 흔한 일들이다. 자세한 내용은 2장을 참조하기 바란다.

(3) **환위험**: 외화로 표시된 해외 주식엔 환위험이 따른다는 사실을 놓치면 안 된다. 하지만 이런 위험을 바라보는 올바른 시각도 필요하다.

- 외화 표시 해외 주식에 10년 이상 투자할 생각이라면 환위험을 너무 우려할 필요가 없다. 해외 주식의 주가 변동이 환율 변동을 상쇄한다는 강력한 증거가 있다.[8] 이는 장기적으로 두 나라 간 물가상승률의 움직임이 환율의 움직임을 상쇄한다는 사실로 설명할 수 있다. 주식 투자수익률이 물가 상승을 반영하기 때문에 주가 상승이 환율 변동을 보상한다는 얘기다.
- 단기 투자자는 환율 변동에 대비해야 한다. 그런 방법에는 헤지 전략을 이용하거나, 수입보다 수출 비중이 훨씬 큰 나라에서 사업을 하는 기업에 집중하는 것이 있다. 이런 나라들은 환율을 조

작하려는 경향이 있다.[9]

헤지

일부 대가들은 시장이 요동치는 것에 대비하기 위해 헤지를 사용하기도 한다. 현금과 마찬가지로 강세장에서는 헤지가 수익률을 떨어뜨리므로 비싸다고 할 수 있다. 하지만 시장의 흐름이 바뀌면 달콤한 보상을 안겨준다. 시장의 전환점을 정확하게 예측하는 건 대단히 어렵기 때문에, 대가들은 자신의 투자를 견지할 용기가 있고 오랜 기간 동안 시장을 하회하는 실적을 내도 인내할 수 있을 때만 헤지를 사용한다. 세스 클라만은 1990년대 후반, 헤지 때문에 몇 년 동안이나 시장을 밑도는 실적을 냈지만, 2000년대 초에는 그동안의 비용을 훨씬 능가하는 수익을 냈다.

거래 유형에 따라 포지션 크기 조절하기

위험 관리를 현명하게 한다면 포트폴리오 내 가장 위험한 주식의 비중을 당연히 제한해야 한다. 이는 레버리지를 사용한 포지션이 그러지 않은 포지션보다 대체로 작은 비중을 차지해야 한다는 소리이기도 하다. 마찬가지로 평균적인 공매도 포지션이 평균적인 매수 포지션보다 작아야 한다. 데이비드 아인혼은 공매도 포지션을 매수 포지션의 절반으로 유지한다.

보수적 밸류에이션

앞서 4장에서 살펴봤듯이 대가들은 갑작스러운 부정적 충격에 대비하려면 주식을 염가에 매수하는 것이 중요하다고 강조한다. 대가들은 먼저 재무제표를 살펴 재정 상태가 안 좋은 기업은 멀리한다. 재무제표가 보수적인 기준을 충족한 이후라야 미래의 이익과 매출을 바라보고 주식을 매수하기 시작한다. 늘 내재가치보다 현저하게 낮은 가격에 사려고 노력한다. 내재가치에 100% 도달하기 직전에 주식을 매도하는 습관도 굉장히 보수적인 것으로, 보유 주식이 어떤 경우에도 과대평가되지 않게 하기 위함이다.

위험 관리에서
흔한 실수

투자자들이 적절한 위험 관리를 하지 못하고 저지르는 실수는 끊임없이 반복된다. 강세장과 약세장에서 규율 있게 행동하지 못하거나 (즉, 정점 근처에서 이윤을 좇거나, 저점 근처에서 투매하는 행위), 바구니 하나에 계란을 모두 담거나(자신이 다니는 회사 주식에 집중투자하는 행위), 특정 주식 유형에 적절치 못한 크기의 포지션을 잡거나, 거래의 크기가 적절하지 못하거나, 잘 모르면서 투자하는 행위는 가장 명백한 실수의 몇몇 사례에 불과하다. 아래에서는 상대적으로 덜 명백하지만 해롭기는 마찬가지인 실수들을 살펴보겠다.

첫 번째 실수: 위험 감수 수준이 달라지면서 위험 인지 왜곡

위험을 감내할 수 있는 정도인 위험 감수 수준(risk tolerance)은 투자자의 성격, 재무 상태, 투자 목적, 성별(여자가 남자보다 낮다), 연령(나이가 들수록 낮아진다) 등과 밀접한 관련이 있다고 일반적으로 알려져 있다. 잘 알려지지 않은 점은, 위험 감수 수준이 고정되어 있는 게 아니라 투자자가 위험을 어떻게 인지하느냐에 달려 있다는 사실이다. 위험 인지(risk perception)에 무의식적으로 영향을 미치는 요인은 다음과 같다.

(1) **경험**: 투자자의 과거 경험은 위험 인지에 중요한 영향을 미친다. 최근의 경험이라 생생하고 강렬할수록 그렇다. 예컨대 최근에 괜찮은 투자수익을 낸 사람은 투자를 별로 위험하게 생각하지 않고, 시장의 폭락을 경험한 사람은 투자 위험을 과장한다.

(2) **잠재적 보상**: 투자의 잠재적인 보상 규모가 위험 인지에 영향을 준다. 사람들은 잠재적 보상이 크면 위험을 감수하려 하는데, 보상의 가능성은 따져보지도 않는다. 이는 사람들이 매우 적은 확률에도 불구하고 복권을 구입하는 이유를 설명해주기도 한다.

(3) **압박감**: 돈을 벌어야 한다는 압박감 역시 영향을 미친다. 돈이 절박한 사람일수록 대개 더 큰 위험을 감수하려고 한다.

(4) **인지 편향**: 위험을 인지하는 것은 인지 편향의 영향도 많이 받는다. 군집행동(다른 사람들이 하는 행동은 편하게 느껴지고 따라서 덜 위험해 보인다), 손실 회피(심각한 손실을 경험한 이후 겁을 먹고 더 위험 기피적 성향을 보인다), 과신(과신과 통제 착각 때문에 감당할 수 있는 수준을 초과해 위험을 감수하려고 한다), 친숙 및 공감 편향(친숙하게 느껴지거나 긍정적으로 생각되는 기업은 신뢰감을 주어 사람들이 경계심을 푼다) 등이 대표적으로 영향을 미치는 인지 편향들이다.

위험 인지가 끊임없이 바뀌면서 우려(중간 정도의 위험 감수 수준)와 안주(높은 위험 감수 수준), 굴복(매우 낮은 위험 감수 수준)이라는 감정 상태를 오가기 때문에 많은 사람들이 힘들어한다. 자신의 위험 인지를 비판적 시선으로 자문하지 않는다면 다음과 같은 실수를 저지를 가능성이 높다.

(1) **시장 상황이 나빠질 때 떠나거나, 활황일 때 뛰어드는 실수:** 시장 상황이 나빠지면 그동안 공격적이었던 투자자들이 갑자기 조심스러워진다. 최근의 경험과 위험 회피 심리 때문이다. 반대로 주식시장이 달아오르면 그러지 말아야 할 보수적인 사람들조차 잔치에 뛰어든다. 이는 군집행동(남들도 사니까 나도 산다)과 근거 없는 추정(최근에 좋은 결과가 있었으니 역시 다 잘될 것이다), 착각(투자가 별것 아니라는 잘못된 생각)이 어우러진 결과다. 당연히 시류를 따르는 건 건전한 위험 관리와 완전히 배치되는 행위이며, 결국 비싸게 사서 낮게 파는 결과를 초래함을 의미한다.

(2) **연속으로 수익을 낸 후 더 큰 위험을 감수하는 실수:** 최근에 주식시장에서 큰돈을 번 사람들은 위험이 눈에 들어오지 않는다. 이들을 지배하는 건 과거의 성공과 불붙은 자신감이다.

(3) **연속으로 손실을 본 후 더 큰 위험을 감수하는 실수:** 심대한 손실을 본 사람들 역시 원금을 회복해야 한다는 압박감이 커짐에 따라 더 큰 위험을 감수하려고 한다.

(4) **투기 주식에 투자하는 실수:** 막대한 투자수익에 유혹되거나 자신의 능력을 과신한 나머지, 투기적인 주식에 투자하는 것이 위험하다는 것을 망각한다.

(5) **다각화를 불충분하게 하는 실수:** 친근성이나 공감 편향 때문에 친숙한 기업, 예를 들어 자기가 근무하는 기업이나 특정 지역의 기업

등에 지나치게 집중한다. 과도한 집중투자가 무지와 결합하면 자신도 모르게 커다란 위험을 안을 수도 있다.

(6) **주가를 소홀히 하는 실수**: 친숙한 기업은 높은 수익률이 당연하다고 생각한 나머지, 사람들은 우량주나 다른 친숙한 기업의 주식을 지나치게 비싸게 산다.

두 번째 실수: 자신의 위험 성향을 모른다

사람마다 각자의 위험 감수 수준이 있다. 개별 투자자는 '방어적'과 '공격적' 사이 어딘가에서 자신의 위험 성향을 찾을 수 있다. 방어적인 투자자는 자본을 보존할 수만 있다면 위험을 피하고 낮은 수익률에 만족한다. 반면 공격적인 투자자는 높은 수익률을 추구하고 큰 위험도 감수한다. 문제는 위험 인지가 잘 변하기 때문에 자신이 정말로 어떤 투자자인지 아는 사람이 극소수라는 점이다.

인지 편향과 과거의 경험으로 투자자의 위험 감수 수준이 요동치는 바람에 진정한 위험 욕구(risk appetite, 위험을 수용하고자 하는 정도를 말하며, 이를 기준으로 위험 감수 수준이 위아래로 요동친다)가 가려져 부적절한 위험 관리로 이어진다.

자신과 어울리지 않는 투자 전략은 피하고 싶기 때문에, 대가들은 주식시장에 본격적으로 나서기에 앞서 자신의 진정한 위험 성향을 파악하려고 한다. 위험 성향을 제대로 파악해야 다각화는 어떻게 하며 어떤 유형의 주식에 투자할지 등을 결정할 수 있다. 위험을 수반하는 주식 투자는 누구나 할 수 있는 게 아니다. 일시적 손실을 감내할 수 없는 사람은 주식 투자를 아예 하지 말아야 한다.

세 번째 실수: 주가 폭락을 과소평가하다

투자 세계의 사람들 대부분은 금융시장의 과거 역사를 잘 모른다. 오랫동안 지루하게 지속된 약세장이 끝나고 격심한 시장의 위기와 극적인 폭락 사태 등이 지난 지 20여 년이 흐르면 그런 일을 직접 겪은 사람들은 줄어들게 마련이며, 새롭게 업계에 입문한 투자 전문가들은 그런 사건들이 투자자에게 어떤 의미가 있었는지 상상조차 하기 어렵다.

심각한 위기가 있은 지 몇 년이 지나면, 투자 전문가를 포함한 사람들 대부분은 시장이 얼마나 자주, 얼마나 크게 요동칠 수 있는지를 과소평가하게 될 뿐만 아니라, 전 세계적인 위기처럼 드문 일이 실제로 일어날 수 있다는 사실을 가볍게 여긴다.[10] 또한 드문 일이 일어나면 서로 다른 자산군(群)의 상관관계가 갑자기 커진다는 사실도 놓친다. 결과적으로 그런 사건을 준비하기는커녕 예상하는 사람조차 없다.

네 번째 실수: 과도한 레버리지

레버리지는 빚(신용거래 계좌 등)이나, 작동하면 가격의 움직임을 증폭하는 파생상품 혹은 다른 금융상품을 이용하는 것을 말한다. 레버리지는 유리하게 작용만 하면 기적을 낳기도 해서 중독성이 있다. 레버리지의 기적을 체험한 사람치고 이용하길 그만둔 사람은 없다.

문제는 양날의 검이라는 점이다. 성공과 실패가 똑같이 증폭된다. 성공에 이끌린 투자자는 너무나 많은 반면, 실패의 위험을 아는 사람은 너무나 적다. 주가가 급변할 때 시장의 향방을 잘못 판단하면 투자자를 파산시킬 수도 있는 게 레버리지다. 레버리지 포지션은 한시도 눈을 떼서는 안 된다.

경우에 따라서는 급속하게 늘어나 레버리지 비율이 지나치게 커질 수 있다. 레버리지는 투자자가 옳은 경우에도 불리하게 작용할 수 있다. 레버리지를 사용하지 않은 투자자는 자신의 투자 논리가 옳다고 판명 날 때까지 기다릴 수 있지만, 레버리지를 사용하면 그런 사치를 누릴 수 없다. 시장이 반대 방향으로 일시적으로 움직여도 감당하기 힘들다.

대가들은 레버리지에 내재된 위험 때문에 이를 잘 이용하지 않는다. 어쩌다 사용해도 포지션을 작게 가져가고 손실 제한 주문을 이용한다. 또 시장이 예상과 달리 움직이면 레버리지 포지션을 빨리 풀어버린다.

투자자 대부분은 레버리지를 사용하지 말라는 게 대가들의 조언이다. 워런 버핏은 파생상품을 '대량살상무기'에 비유하며 사용하지 말라고 권고한다. 1970년대, 워런 버핏, 찰리 멍거와 함께 버크셔 해서웨이를 경영했던 릭 게린은 빨리 돈을 벌고 싶어서 레버리지를 사용했다. 1973년과 1974년, 주식시장이 하락하자 게린은 추가 증거금 청구(margin call) 압박을 견디지 못했고, 결국 자신의 버크셔 해서웨이 지분을 버핏에게 팔아야만 했다.

●●●

다섯 번째 실수: 현금 아닌 현금

2절에서 설명한 대로 현금은 시장이 비정상일 때는 방어 수단으로, 저평가 주식을 던져줄 때는 이득을 취하기 위한 군자금으로서 포트폴리오 내 한 자리를 차지할 자격이 있다. 하지만 현금으로 수익을 내려는 시도는 실수다.

어떤 투자자들은 현금을 유동성이 떨어지거나 후순위로 밀린 채권에 넣어둔다. 또는 예금이자가 제일 높다는 이유로, 신용등급이 낮은 은행에 맡기는 사람들도 있다. 심지어 잘 이해하지도 못하는, 현금과 비슷해 보이는 금융상품을 매수하는 사람들도 있다.[11] 이건 큰 실수다. 시장에 위기가 닥치면 가장 안전하다고 알려진 채권을 제외하면 모든 채권의 유동성은 증발해버린다. 후순위채권은 휴지 조각이 될 수 있고, 신뢰성에 의문이 가는 금융기관들은 문을 닫을 수도 있다. 이때 고객들의 예금도 함께 증발할 수 있다.

아무리 강조해도 지나치지 않는 것이, 위기를 대비한 현금은 가장 안전한 채권이나 단기금융시장 상품, 금융기관 계좌에 보관해야 한

다는 점이다. 안전은 단순히 신용등급만을 볼 것이 아니라(CDO 신용
등급은 완전히 틀렸었다) 상식으로도 판단해야 한다. 가장 단순하고 가
장 낮은 예금이자 이외의 것을 제공하겠다는 '현금'은 반드시 의심해
봐야 한다.

이번 장의 핵심 내용을 그림 27에 정리했다. 우선, 학계에서 인기 있는 이론인 CAPM에 의하면 위험은 단 하나의 요소인 변동성으로 압축될 수 있다. 또한 CAPM은 개별 주식에 투자함으로써 투자자는 보상받을 수 없는 위험을 감수하는 것이라고 주장한다.

대가들은 전혀 동의하지 않는다. 변동성을 위험이 아니라 기회로 본다. 위험을 줄이려면 높은 수준으로 다각화해야 한다는 주장도 거부한다. 오히려 다각화는 무지로부터 보호할 수 있는 방법이라고 생각한다.

대가들은 위험을 통제하려면 지식과 규율이 필수적이라고 생각한다. 지식과 규율로 무장하고 최고의 투자 아이디어에 집중하는 것이 다각화보다 낫다는 것이다. 포지션의 크기를 조절하고 해외 주식에 건전하게 접근하는 방법 역시 중요한 위험 통제 방법이라고 말한다. 많은 대가들은 헤지와 현금 계좌, 상관관계가 낮은 포트폴리오 등을 이용해 변동성을 줄이고 시장이 요동칠 때 심각한 자산가치 폭락을 방지하려고 한다.

끝으로, 명심해야 할 주의 사항은 다음과 같다. 대가들은 자신의 진정한 위험 감수 수준에 근거해서 포트폴리오를 관리하고 위험 인지의 일시적 왜곡으로부터 자신을 지키려고 한다. 또한 사람들이 생각하는 것보다 가격 충격이나 지루한 약세장의 지속, 주식시장 폭락 등이 훨씬 더 자주 일어나는 일임을 상기하려고 노력한다. 빚은 가능하면 사용하지 않으려 하고, 현금은 가장 안전한 곳에 보관한다. 변동성은 위험의 한 측면일 뿐이며, 투자자가 자신의 투자 내용을 잘 모를수록 변동성과 다각화가 더 중요하게 부각된다는 점도 잘 알고 있다.

그림 27. 위험 관리에 대한 다른 견해들

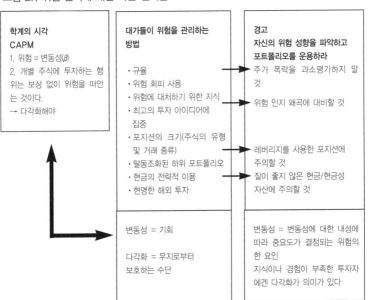

학계의 시각
CAPM
1. 위험 = 변동성(β)
2. 개별 주식에 투자하는 행위는 보상 없이 위험을 떠안는 것이다.
→ 다각화해야

대가들이 위험을 관리하는 방법

· 규율
· 위험 회피 사용
· 위험에 대처하기 위한 지식
· 최고의 투자 아이디어에 집중
· 포지션의 크기(주식의 유형 및 거래 종류)
· 탈동조화된 하위 포트폴리오
· 현금의 전략적 이용
· 현명한 해외 투자

경고
자신의 위험 성향을 파악하고 포트폴리오를 운용하라
주가 폭락을 과소평가하지 말 것

위험 인지 왜곡에 대비할 것

레버리지를 사용한 포지션에 주의할 것
질이 좋지 않은 현금/현금성 자산에 주의할 것

변동성 = 기회

다각화 = 무지로부터 보호하는 수단

변동성 = 변동성에 대한 내성에 따라 중요도가 결정되는 위험의 한 요인
지식이나 경험이 부족한 투자자에겐 다각화가 의미가 있다

현명한
투자자

PART 4

11. 대가들을 지탱하는 3개의 기둥

11
대가들을 지탱하는
3개의 기둥

주식은 다수에서 소수에게로 끊임없이 흘러간다. 시간이 지나면
다수가 지게 되어 있다. 이는 성공하려거든 소수처럼 행동하라는
의미다. 주식을 거래할 때 보통 사람의 습관과 성향으로 임하면
다수 쪽으로 끌려가 결국은 지게 된다.

윌리엄 에크하르트(Schwager, 1992)

사실상 모든 대가들과 최고의 트레이더들이 옹호하는 요소들은 주요 기둥 3개로 구분할 수 있다.[1](그림 28 참조)

첫째, 투자자는 독특한 자기만의 투자 전략이 있어야 하고, 이를 일관되고 규율 있게 적용해야 한다. 투자 전략은 시장의 비효율성을 찾아내는 효과적인 철학과, 비효율성에서 이득을 취할 수 있는, 가능하면 남들과 차별되고 유연한 방법을 갖춰야 한다. 더욱이 투자자 자신이 경쟁력을 가진 분야에 특정한다면 투자 전략은 더 강해질 것이다.

둘째, 투자 전략을 적용할 때 대가들의 특성은 독립성과 근면함, 끊임없는 연구, 신중함, 지식 등의 단어로 대표된다.

셋째, 현명한 투자자가 투자 과정 전체를 가장 높은 수준에서 관장하는 태도는 겸손함과 일에 대한 열정, 인내심, 감정의 분리, 군중과 반대의 길을 갈 수 있는 용기 등이다.

이번 장의 목표는 현명한 투자자를 지탱하는 3개의 기둥을 통합해서 명확한 상을 그려 보이는 것이다. 장의 후반부에서 경험과 재능, 전통적인 의미의 지능이 담당하는 역할을 설명한 후 전체를 요약하겠다.

첫 번째 기둥:
투자 전략과 규율

주식시장의 치열한 경쟁과 인지 편향이 갖는 강렬한 힘을 고려할 때 투자자에겐 전략이 필요하다. 투자 전략은 주식시장에 접근하는 방법으로서 시장을 바라보는 철학과 실행 방법의 2가지 요소로 구성된다.

그림 28. 현명한 투자자 : 전략과 과정 및 태도에서 요구되는 것

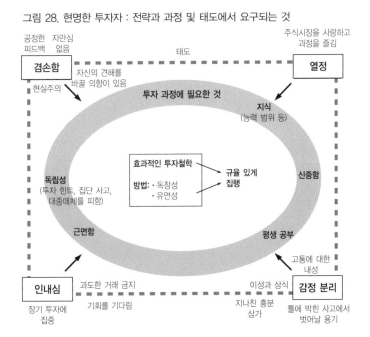

분명하게 표현한 투자 전략 없이는 다른 시장 참여자에 비해 아무런 강점 없이 경쟁하는 꼴이다. 투자 전략이 없는 투자자는 지름길로 가려 하고, 소문과 투자 힌트에 민감해지고, 자신의 내부에서 들려오는 은밀한 유혹에 무릎을 꿇게 된다.(1장 참조) 이를 방지하는 데 투자 전략이 어떤 도움을 줄 수 있고, 현명한 투자자는 어떻게 투자 전략을 선택하는지 설명하겠다.

시장을 바라보는 철학

투자 전략에 없어서는 안 될 첫 번째 요소는 시장의 작동 원리와 투자자들의 실수를 바라보는 일관된 사고방식이라 할 수 있는 투자철학이다. 효과적인 투자철학은 시장의 작동 원리를 말이 되게끔 설명해줄 뿐만 아니라, 오랜 기간에 걸쳐 검증된 것이다(즉, 해당 투자철학으로 성공한 사람들이 많다). 투자철학에 대한 자세한 논의는 1장을 참조하기 바란다.

●●●

뭘 찾는지도 모르면서 개별 주식을 선택하는 건 불이 붙은 성냥을 들고 폭약 공장을 배회하는 것과 마찬가지다. 죽지 않고 살 수도 있겠지만, 여전히 멍청한 짓이다.

조엘 그린블라트(Greenblatt, 2006)

실행 방법

시장을 바라보는 철학은 반쪽에 불과하다. 투자 전략에는 기회를 포착하고 주식을 사고팔 때를 올바로 알려줄 실행 방법도 있어야 한다. 놀라운 사실은 철학이 같더라도 실행 방법은 다를 수 있다는 점이다.

이는 대가들도 직접 말하듯이, 실행 방법이 투자자의 성격 및 경험과 어울려야 하기 때문이다. 다시 말해 대가들에겐 편하게 생각되는 자기만의 방법이 있다. 그런 방법이 없다면 투자자는 감정의 압박이 클 때 자신의 시스템을 지키지 못할 가능성이 크다. 실행 방법에는 여러 측면이 있다.

(1) **주식 유형**: 투자자마다 선호하는 주식의 유형이 다르다. 여러 번 이야기했듯이, 가치주를 선호하는 사람, 성장주를 선호하는 사람, 부실채권에 집중하는 사람, 아니면 칼 아이칸처럼 행동주의 투자자가 되고자 하는 사람 등 다양하다.

(2) **매수 포지션 또는 공매도**: 매력적인 주식을 매수해야만 편안한 사람들이 있다. 반면 매수, 매도 포지션 다 괜찮아하는 사람도 있다. 짐 차노스처럼 공매도를 더 선호하는 사람도 있다. 앞서 이야기했듯이 수익 구조 면에서 매수 포지션과 공매도는 정반대다. 모든 사람들에게 공매도가 바람직하지는 않다. 감정적인 압박이 크고, 전혀 다른 위험 관리 방법이 필요하기 때문이다.

(3) **레버리지 사용 여부**: 빚을 지거나 레버리지를 이용한 파생상품에 투자하면 성공을 증폭할 수 있다. 물론 실패도 증폭된다. 내재된 위험이 크기 때문에 워런 버핏 같은 대가들은 레버리지를 멀리한다.

반면 레버리지 덕에 대단한 성공을 거두기도 한다. 어떤 경우든 간에, 레버리지를 사용한 포트폴리오로 살아남으려면 엄격하고 적절한 위험 관리가 필수적이라는 데는 모두가 동의한다.

(4) 단기 혹은 장기 투자: 단기 투자자는 매수해서 매도하는 기간을 짧게 가져가려 하고, 장기 투자자는 주식이 계속 매력적인 한 포지션을 오래 가져가려 한다. 대가들 절대다수가 장기 투자가 이치에 맞는다고 한다. 왜냐하면 정말 좋은 기회는 매우 드물고, 단기 투자는 거래 비용과 세금 때문에 이익을 갉아먹기 때문이다. 워런 버핏은 한 포지션을 수년 혹은 수십 년간 유지한 것으로 유명하다. 반면 피터 린치처럼 포트폴리오 내의 주식을 수시로 바꾸면서도 탁월한 실적을 기록한 투자자도 있다.

전략과 현명한 투자자

분명하고 효과적인 투자 전략을 엄격하게 적용한 시장 접근 방식 없이 성공한 투자자는 있을 수 없다. 치열하기 짝이 없는 시장의 경쟁 속에서 살아남으려면 자신만의 전략이 있어야만 하는 건 자명하다.

하지만 불행히도 모두의 성공을 보장하는 유일한 전략은 존재하지 않는다. 각자에게 어울리는 전략을 찾아야 한다. 그것 못지않게 중요한 점은, 자신의 전략에 강한 확신이 있어야만 일이 계획대로 되지 않을 때도 전략을 고수할 수 있다는 사실이다.

전략 선택

자기에게 맞는 투자철학과 실행 방법을 찾으려면 자기성찰이 필요하다. 자기 자신을 알아야 성격과 관심에 맞는 투자 전략을 찾을 수 있다. 따라서 현명한 투자자는 여러 번의 시장 순환 동안 자신이 어떻게 느끼고 행동했는지를 관찰한다. 또한 효과적인 전략을 연구하고 시행착오를 겪으면서 학습한다. 대가들이 말하는 좋은 전략은 다음과 같은 특성을 갖는다.

(1) **효과적이다**: 좋은 전략은 많은 이를 성공으로 이끌었으며 시장의 작동 원리를 논리적으로 설명해준다. 대가들은 간단하고 집중된 전략일수록 효과적이라고 반복 설명한다. 미래를 바라본 투자는 굉장히 불확실하다. 따라서 변수가 너무 많거나 지나치게 복잡한 금융 모형을 이용하면 실수가 증폭되기 때문에 얻는 것보다 잃는 게 더 많다. 집중력을 잃게 되는 것 역시 단점이다.

(2) **광범위하고 유연하며 역동적이다**: 비효율성이 오고 가는 시장에서는 유연하고 역동적인 전략이 필요하다. 예를 들어 단 하나의 섹터에만 집중하는 접근 방식은 효과적이지 못하다. 왜냐하면 운신의 폭을 너무 제한받고, 특정 섹터의 변덕에 고스란히 노출되기 때문이다.

(3) **투자자와 어울린다**: 전략은 투자자의 성격과 기술, 취향, 관심 등과 어울려야 한다. 대가들에게서 영감을 얻을 수는 있지만, 아무 생각 없이 무조건 대가들의 전략을 모방하는 건 좋은 생각이 아니다. 대가의 전략이 자신에게도 꼭 맞는다면 예외일 수는 있다. 전략과 투자자의 궁합이 중요한 이유가 2가지 있다.

- 궁합이 잘 맞는 전략일수록 투자자는 이를 고수하려고 한다. 자신과 잘 맞지 않는 전략이면 어려움에 봉착할 때마다 전략을 바꾸려는 마음이 커진다.
- 더 강한 동기 부여가 된다. 투자자의 관심이나 능력, 취향에 어울리지 않는 전략은 투자자에게 시장을 능가하고자 하는 동기를 제공하지 못한다.

규율

자신에게 어울리는 전략을 고르는 건 시작일 뿐이다. 그에 못지않게 중요한 것이, 일이 계획대로 되지 않을 때도 전략을 고수할 수 있는 규율이다. 전략이 효과적이고 유연하며, 투자자와 잘 어울린다면 세 가지 이유로 규율도 지키기가 훨씬 쉽다. 첫째, 효과적인 투자 전략은 투자자를 실망시키는 일이 그리 많지 않다. 둘째, 투자 전략이 충분히 광범위하고 역동적이면 근본적인 원칙을 어기지 않으면서 새로운 환경에 적응하기 쉽다. 셋째, 투자자와 잘 어울리는 전략일수록 투자자가 회의를 느낄 가능성이 적다.

그럼에도 불구하고, 전략을 잘 선택한 투자자조차 시장이 과열되거나 유행이 바뀌면 전략을 수정해야 하는지 의문이 들 때가 있다. 시장이 과열될 때 보수적인 접근 방법을 버리고 트레이딩이나 투기로 전향하는 가치투자자를 흔한 예로 들 수 있다.[2] 상당한 투자수익을 거둔 후 탐욕을 부려 레버리지를 사용하는 투자자도 그런 경우다. 규율이 없는 투자자는 시장이 방향을 틀면 비극적인 결과를 맞거나 완전히 실패하는 경우가 많다.

대가들은 상황이 어려울 때도 자신의 전략을 고수한다. 이들은 변화하는 세상과 시장에 대처하기에 충분히 효과적인 시스템을 갖추고 있다. 시스템을 신뢰하므로 군중과 반대로 갈 수 있는 용기가 생기며, 관습적인 방식에 의문을 제기하고, 상황을 다른 시각에서 바라볼 수 있다. 하지만 대가들도 사람인지라, 어려운 시기에는 자신의 투자 전략을 점검하기 위해 일부러 원점부터 검토하며 스스로 규율을 잡는다. 버나드 바루크(Richard Baruch)는 정기적으로 자신의 전략을 재확인하며 규율을 지키기 위해 해야 할 모든 것을 스스로 상기시켰다. 특히 시장 상황이 어려울수록 그랬다.

●●●

미스터 마켓의 예측할 수 없는 변덕과 다른 펀드매니저들과의 경쟁이 주는 압박감 때문에 수년간 성과를 내지 못하는 투자 전략을 고수하기란 정말 힘들다.

조엘 그린블라트(Greenblatt, 2006)

두 번째 기둥:
평생 공부

지식

자신의 전략(철학+방법)과 포트폴리오 내 모든 포지션에 대한 철저한 지식이야말로 거의 모든 대가들이 한결같이 주식 투자 성공에 필수적이라고 얘기하는 것이다. 일례로 헤지펀드인 타이거 컵 리 에인슬리(Tiger Cub Lee Ainslie)의 모든 투자 전문가는 3개를 넘지 않는 투자 포지션만 책임진다. 반면 모든 새로운 투자 포지션에 선행하는 조사 기간은 수개월에 달한다.[3] 이 정도로 집중하면 모든 투자 아이디어에 굉장히 깊은 지식을 쌓을 수 있다.

　지식이 왜 중요한지는 바로 이해할 수 있다. 우선, 지식이 있으면 다른 시장 참여자에 비해 경쟁우위를 점할 수 있다. 자기가 해야 할 일을 하는 투자자는 애널리스트의 추천이나 투자 힌트에 의존하는 게으른 투자자를 어렵지 않게 이길 수 있다. 둘째, 시장 상황이 어려울 땐 지식이 큰 도움이 된다. 잘 알아야 규율을 지킬 수 있다. 인지 편향이 야기한 직감의 반대편에서 균형추 역할을 해줄 수 있는 게 바로 지식이기 때문이다. 끝으로, 지식은 위험을 줄여준다. 깊은 지식을 통해 현명한 투자자는 발생 확률이 높은 사건을 찾아내고 위험을 감수할 가치가 없는 포지션을 피할 수 있다. 대가들이 깊은 지식을 얻기 위해 사용하는 방법은 다음과 같다.

(1) **노력**: 대가는 자신의 투자를 속속들이 알기 위해 열심히 노력한다. 자주 "왜?"라는 질문을 던진다. 고통스러울 만큼 거래의 양면을 점검한다. 정보를 얻기 위해 인습에 얽매이지 않고, 시간이 많이 필요한 방법도 마다하지 않는다. 그런 맥락에서 같이 일하는 동료나 부하 직원에게도 똑같은 것을 요구한다. 지름길을 가려고 하는 사람을 봐주는 경우는 없다.

(2) **사용 도구를 완벽하게 이해**: 투자 전략을 적용하는 데 필요한 회계 지식, 경영 지식 등을 철저하게 익힌다.

(3) **능력 범위에 집중**: 깊이 있는 지식을 얻기 위해 잘 아는 분야에만 집중하는 것은 많은 대가에게서 공통적으로 볼 수 있다. 전문 지식이 있는 분야에서 저평가 주식을 찾으라고 조언한다.[4] 이렇게 하면 해당 산업을 잘 모르는 다른 시장 참여자에 비해 우위를 점한 채 경쟁할 수 있다. 워런 버핏은 자신이 기술 관련 기업들의 가치평가를 제대로 할 수 없기 때문에 이들 기업을 멀리한다고 말한다.

(4) **경험**: 경험이 쌓일수록 대가들의 실력은 더 좋아진다. 경험이 아주 많이 쌓이면 심지어 무의식적인 경쟁력까지 생긴다(무의식 수준의 지식). 상황을 빨리 이해하고, 본질을 즉각 인지할 수 있는 직관이

생기고, 저평가 주식을 찾아내는 것이 후천적인 소질이 된다. 조지 소로스는 무의식적으로 자신의 실수를 깨닫게 될 때면 두통이 생긴 다고 한다.

●●●

어느 분야건 노련한 사람은 본능에 가까운 '감'을 얻게 되는데, 설명은 못 하지만 이 를 통해 많은 것을 직감할 수 있다.

버나드 바루크(Baruch, 1957)

●●●

요컨대 투자로 성공하고 싶다고 해서 모든 곳에서 모든 사람보다 우월할 필요는 없 다. 그저 자기가 선수로 뛰는 곳에서만 우월하면 된다.

줄리언 로버트슨(Heins, 2013)

독립성

많은 투자자에게 실사란 곧 증권회사 리서치 보고서를 읽거나 애널 리스트의 추천 종목을 찾아보는 일, 또는 최근에 인기 있는 공모주 광고를 듣거나, 내부자나 이웃과 담소를 하고 회식 자리에서 주식 얘기를 하는 것을 의미한다. 사람들은 또 경제 관련 대중매체에 나 오는 인기 있는 시장 예언가의 소리에 귀를 기울인다. 예언가나 전 문가가 하는 흥미로운 이야기가 듣고 싶거나, 자신이 주식시장에서 길을 잃은 것 같아서다. 이런 사람들을 욕할 필요는 없다. 많은 사람 들은 주식을 분석할 수 있는 전문 지식은 고사하고 시간과 열정이 부족하기 때문에, 시장을 잘 안다고 생각되는 사람들의 조언에 귀를 기울이는 건 매우 당연한 일이기도 하다. 게다가 다른 사람의 조언을 따르면 일이 생각대로 안 되었을 때 비난의 화살을 다른 사람에게 돌릴 수 있어 좋다.

●●●

누군가 어떤 기업에 대해 힌트를 주면 덜컥 겁이 난다. 난 백지에서 시작하는 걸 좋아한다. 누구의 말도, 어떤 사전 정보도 필요 없다. 애널리스트들이 어떻게 생각하는지, 내부자들은 뭐라는지 알고 싶지 않다. 나의 판단력을 흐리게 할 뿐이다. 감정에 좌우되지 않는 편이 낫다. 공개된 기업 보고서와 공시 자료만 있으면 된다. 이에 더해 잘 깎은 연필과 계산기, 그리고 인내심만 있으면 된다.

피터 컨딜(Risso-Gill, 2011)

불행히도 우리가 앞에서 살펴봤듯이 남들이 다 좋다고 한 곳에서는 정말 좋은 기회를 찾기가 힘들다. 더 안 좋은 건 다른 사람들에게 의존하는 일인데, 그렇게 되면 투자자를 진로에서 벗어나게 하는 온갖 외부 자극에 무방비로 노출되기 때문이다. 투자의 세계에서 다른 사람의 의견과 감정, 추천에 의존하면 좋지 않은 결말을 볼 가능성이 크다. 투자의 세계에서 당신 자신을 대신해줄 사람은 없기 때문이다. 현명한 투자자는 우상 파괴자로서 다음의 방식을 통해 독립성을 보여준다.

(1) **자신만의 생각과 노력**: 다른 사람에 의존하기란 쉽다. 반면 스스로 해결하려면 노력하고 시간도 많이 할애해야 하며 필요한 지식도 습득해야 한다.

(2) **어떤 종류의 힌트도 마다한다**: 그럴듯한 투자 힌트에 마음이 흔들리지 않을 사람이 없다는 걸 누구보다 잘 알기 때문에 대가들은 투

자 힌트를 아예 듣지 않으려고 한다.

- 현명한 투자자는 힌트 좀 달라고 요청하지 않는다. 자신이 존경하는 사람 등과 대화를 나눌 수는 있어도 남의 의견에 지나치게 영향받는 것을 경계한다.

- 시끄러운 곳에서 떨어져 있으려는 대가들도 많다. 존 템플턴과 워런 버핏은 월스트리트에서 먼 곳에 본사를 차렸다.

- 많은 대가들이 투자에 관한 잡담이 무성한 곳에는 얼씬도 하지 않는다. 대가들은 자신이 필요로 하는, 편향되지 않은 정보를 제공하는 정보원을 골라낸다. 대중매체나 사이버 공간의 주식대화방 등을 멀리한다. 모두가 무의식적으로라도 대가들의 생각과 의견을 편향시킬 수 있는, 집중력을 흩트리는 것들이다. 세스 클라만과 워런 버핏, 모니시 파브라이 등은 책상에 블룸버그 터미널(Bloomberg terminal, 경제 정보를 유료로 제공하는 블룸버그 사의 전용 모니터-역자 주)이 없다. 투자 아이디어를 생각해내는 데 도움이 안 된다고 생각해서다.

(3) **일반적으로 알려지고 받아들여지는 것을 의심해본다**: 대가들은 관습적으로 받아들여지고 사실이라고 믿어지는 것들을 항상 의심해본다. 일반에게 알려진 것은 이미 주가에 반영된 걸 잘 안다. 따라서 진정한 차이를 만들 수 있는 독특한 정보에 주의를 기울인다.

노력

●●●

문명의 원동력은 호기심이다. 더 자세히 말하면 읽고, 읽고, 또 읽고, 사람들과 이야기하기를, 제대로 이야기하기를 잊지 말고, 주의를 기울여 듣고, 주제가 무엇이든, 생각을 주고받을 수 있는 대화를 나누라는 소리일 것이다.

피터 컨딜(Risso-Gill, 2011)

아마추어 대다수가 승복하기는 어렵겠지만, 한 달에 겨우 몇 시간만 투자에 할애할 수 있는 사람들은 투자 전문가의 상대가 되지 못한다. 주식시장은 경쟁이 너무나 치열한 곳이라, 투자에 상당한 시간을 쏟아부을 수 있는 사람만이 어느 정도 승산이 있다.

노력은 필수다. 노력해야 깊은 지식을 얻을 수 있고, 자신의 관점에 확신이 생긴다. 그뿐만 아니라 열심히 노력하는 사람만이 시장 깊숙한 곳에 숨겨진 행운의 보물을 이따금 발견할 가능성을 높일 수 있다. 노력을 위해 필요한 것들이다.

(1) **시장에 대한 열정**: 투자에 열정이 없으면 힘든 노력을 계속하기가 쉽지 않다. 열정 없는 사람들이 쉽게 지름길로 가려 한다.

(2) **지적 호기심**: 대가들은 새로운 제품과 기업, 투자 스타일, 시장에 대한 연구에 관심이 많다. 질문하는 걸 주저하지 않는다. 모든 걸 완벽하게 이해할 때까지 쉬지 않고 알아내려는 태도를 보인다.

(3) **전업 투자자**: 다른 투자 전문가들과 경쟁하려면 자신의 시간을 온전히 할애하는 전업 투자자여야 한다. 물론 많은 시간을 할애했다고 해서 성공이 보장되지는 않는다. 대가들은 시간을 효과적으로 사용한다. 대가들은 끊임없이 배우고, 관련 있는 정보에만 집중하고,

많은 정보를 짧은 시간에 소화하고, 빈틈없이 피드백을 수행하고, 상이한 시나리오를 검토하고, 잡음을 걸러내고, 다른 투자자들이 무시하기 일쑤인 작은 글씨로 인쇄된 세부 내용을 일일이 읽는다. 워런 버핏은 하루에도 몇 시간을 신문과 연차보고서를 읽는 데 할애한다. 주식 시세표에는 가끔가다 눈길을 줄 뿐이다.

평생 공부

효과적인 투자 전략을 개발하고 시장의 역동적인 움직임에 대처하고 경험과 전문 지식을 쌓으려면 투자자는 공부를 평생 습관으로 만들어야 한다. 끊임없이 변하는 세상에서 다른 시장 참여자들보다 경쟁 우위에 있으려면 평생 공부가 매우 중요하다. 워런 버핏의 오른팔인 찰리 멍거는, 버핏이 성공한 것은 엄청난 '학습 기계'이기 때문이라고 강조한다.

　모든 분야에서 학습이 중요함에도 불구하고 투자 분야에서 학습의 중요성을 많은 사람들이 간과하는 데는 이유가 있다. 먼저, 투자 실수에서 배우는 건 둘째 치고 실수를 돌아보는 경우도 매우 드문데, 비난의 화살을 다른 사람이나 다른 무언가로 돌리려 하기 때문이다. 둘째, 과도한 자신감과 후견지명 편향, 패턴 찾기와 같은 인지 편향 때문에 적절한 피드백을 거부하는 경향이 있다. 끝으로, 투자는 확률에 의존하는 분야다. 시장을 능가하는 주식을 발굴하기도 어렵지만, 시장을 밑돌 주식을 찾아내기도 쉽지 않다. 투자가 갖는 확률적 특성 때문에 사람들 대부분은 자신의 투자 과정이 맞는지, 자신의 성공이나 실패가 운 때문인지 판단하기가 상당히 어렵다.

경험을 통해 배우는 과정에서 맞닥뜨리는 여러 어려움 때문에, 과거로부터 올바른 교훈을 얻는 능력은 투자의 세계에선 대단한 자산이다. 효과적인 평생 공부에 필요한 전제 조건은 겸손하고 겸허하며 책임감 있는 태도다. 남 탓하거나 자기는 다 안다고 생각하는 사람들은 배우기가 힘들다. 이 외에도 대가들이 과거로부터 배우기 위해 열심히 추구하는 것은 다음과 같다.

(1) **효과적인 피드백**: 미래에 더 잘하기 위해 대가들은 어떻게 수익을 냈는지를 검토한다. 뭘 잘하고 뭘 잘못했는지 알아내 자신에게 맞는 것에 초점을 맞추려고 한다. 다른 무엇보다도 효과적인 피드백에 들어가는 사항은 다음과 같다.

① **장기 실적에 집중**: 대가들은 단기 요동을 무시한다. 우연일 가능성이 크기 때문이다. 거의 전적으로 장기 실적에 집중한다. 장기에 집중하는 것이 중요한 이유는 다음 사실에서 알 수 있다.

• 표 6: 1965~2004년에 탁월한 실적을 낸 투자자들의 연복리 수익률이다.[5) 진한 색으로 채운 항목은 S&P500 지수를 하회한 해이고, 연한 색으로 채운 항목은 S&P500 지수를 10% 이상 상회한 해다. 적어도 한 해는 모두가 시장을 하회한 사실이 놀랍다. 8명 중 5명은 심지어 3~4년 연속으로 S&P500 지수를 하회하기도 했다. 월터 슐로스는 S&P500 지수를 28년 중 6년이나 하회했고, 루 심프슨은 24년 중 8년을 시장보다 못한 실적을 냈다. 워런 버핏은 6년을 시장보다 하회했는데, 6년 중 3년은 놀랍게

표 6. 탁월한 실적을 낸 투자자들의 연복리 수익률(%)

	S&P500 지수, 배당금 재투자	월터 슐로스	워런 버핏	찰리 멍거	릭 게린	톰 냅	빌 루안	조엘 그린블라트	루 심프슨
1956	7.5	6.8							
1957	-10.5	-4.7	10.4						
1958	42.1	54.6	40.9						
1959	12.7	23.3	25.9						
1960	-1.6	9.3	22.8						
1961	26.4	28.8	45.9						
1962	-10.2	11.1	13.9	30.1					
1963	23.3	20.1	38.7	71.7					
1964	16.5	22.8	27.8	49.7					
1965	13.1	35.7	47.2	8.4	32.0				
1966	-10.4	0.7	20.4	12.4	36.7				
1967	26.8	34.4	35.9	56.2	180.1				
1968	10.6	35.5	58.8	40.4	171.9	27.6			
1969	-7.5	-9.0	16.2	28.3	97.1	12.7			
1970	2.4	-8.2	12.0	-0.1	-7.2	-1.3	12.1		
1971	14.9	28.3	16.4	25.4	16.4	20.9	13.5		
1972	19.8	15.5	21.7	8.3	17.1	14.6	3.7		
1973	-14.8	-8.0	4.7	-31.9	-42.1	8.3	-24.0		
1974	-26.6	-6.2	5.5	-31.5	-34.4	1.5	-15.7		
1975	36.9	52.2	21.9	73.2	31.2	28.8	60.5		
1976	22.4	39.2	59.3		127.8	40.2	72.3		
1977	-8.6	34.4	31.9		27.1	23.4	19.9		
1978	7.0	48.8	24.0		37.9	41.0	23.9		
1979	17.6	39.7	35.7		48.2	25.5	12.1		
1980	32.1	31.1	19.3		24.1	21.4	12.6		23.7
1981	6.7	24.5	31.4		8.0	14.4	21.5		5.4
1982	20.2	32.1	40.0		32.0	10.2	31.2		45.8
1983	22.8	51.2	32.2		24.8	35.0	27.3		36.0
1984	6.1		13.6						21.8
1985	31.6		48.2					70.4	45.8
1986	18.6		26.1					53.6	38.7
1987	5.1		19.5					29.4	-10.0
1988	16.6		20.1					64.4	30.0
1989	31.7		44.4					31.9	36.1
1990	-3.1		7.4					31.6	-9.9
1991	30.5		39.6					28.5	56.5
1992	7.6		20.3					30.6	10.8
1993	10.1		14.3					115.2	4.6
1994	1.3		13.9					48.9	13.4
1995	37.6		43.1						39.8
1996	23.0		31.8						29.2
1997	33.4		34.1						24.6
1998	28.6		48.3						18.6
1999	21.0		0.5						7.2
2000	-9.1		6.5						20.9
2001	-11.9		-6.2						5.2
2002	-22.1		10.0						-8.1
2003	28.7		21.0						38.3
2004	10.9		10.5						16.9

주 : 진한 색으로 채운 항목은 S&P500 지수를 하회한 해이고, 연한 색으로 채운 항목은 S&P500 지수를 10% 이상 상회한 해임.

도 10%가 넘는 차이로 부진한 실적을 냈다. 끝으로 조엘 그린블라트는 10년 동안 한 번은 S&P500 지수를 하회하고, 또 다른 한 번은 엇비슷한 실적을 낸 것 말고는 8년에 걸쳐 놀라운 실적을 냈다. 우리는 최고의 투자자들조차 자주 시장을 하회하기도 한다는 것과, 심지어 몇 년을 연속해서 그러기도 한다는 것을 알 수 있다.

- 그림 29: 표 6에 언급된 투자자들의 후행 10년간 연복리 수익률을 보여준다. 표에서 보듯이, 이따금씩 보이는 낮은 실적을 제외하면 이들 모두 장기에 걸쳐서는 S&P500 지수를 상당한 차이로 능가했음을 알 수 있다.

② 과정에 집중: 대가들은 과정에 집중하고 언제 과정에서 벗어나는지 면밀히 관찰한다. 자신의 투자 전략에 부합하지 않는 거래

그림 29. 투자 대가들의 10년간 연복리 수익률

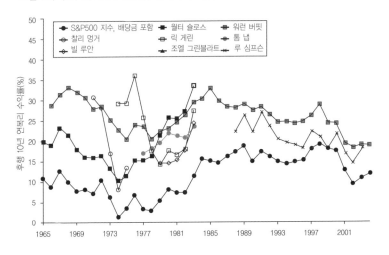

가 이뤄질 때마다 실수로 간주한다. 결과와는 무관하다. 예컨대 과정은 잘못되었지만 결과는 좋은 거래(상승주를 별 이유 없이 매도했는데 팔자마자 주가가 떨어지기 시작한 경우처럼)는 실수로 간주된다. 투자수익과는 무관하다.

③ **대안은 없었는지 검토:** 대가들은 실적을 돌아볼 뿐만 아니라, 다른 행동을 취했다면 어떤 결과를 낳았을지도 검토해본다. 대가들은 매도한 주식의 주가나 매수하지 않은 주식의 주가를 추적하는 습관이 일반화되어 있다. 이런 습관을 통해 투자 방법을 더 완벽하게 만들어갈 수 있다.

③ **기록 남기기:** 대가들은 자신이 잘한 행동과 그렇지 못한 행동을 기록해둔다. 투자와 관련된 모든 행위와 투자 아이디어가 실행에 옮겨지는 순간의 기록을 남기는 것도 도움이 된다. 헤지펀드 매니저인 레이 달리오가 기록을 남기는 것으로 유명하다. 기록을 남기면 효과적인 피드백을 방해하는 인지 편향(특히 후견지명 편향)을 방지할 수 있어 좋다.

(2) **실수에서 배우기:** 대가들은 사후 분석을 한다. 자신의 실수를 분석하는 데 많은 시간을 할애한다. 다른 사람의 실수 역시 분석 대상이다. 이렇게 얻은 지식은 다시 투자 전략과 투자 과정에 반영한다. 더욱이 실수를 배울 수 있는 기회로 여기고, 손실로 잃은 돈은 수업료로 생각한다.

(3) **시장을 배우려는 끊임없는 노력:** 대가들은 배움에 열심인 학생들이다. 과거를 돌아보고 현재를 분석하며 적절한 결론을 도출해 미래 투자 행위의 근거로 삼는다.

신중함

투자자 대부분은 자신의 말을 듣고자 하는 사람에게 의견이나 조언을 말하고 싶어 입이 근질근질하지만, 대가들은 대체로 자신의 의견이나 거래에 대해 입을 다문다. 대가들이 신중함을 소중하게 생각하는 이유는 많다. 첫째, 다른 사람에게 투자 견해나 거래를 말해버리면 체면 때문에 어쩔 수 없이 견해를 고수해야 하는 압박감을 받는다. 둘째, 포지션을 밝히면 원치 않는 가격 움직임을 촉발할 수 있다. 특히 존경받는 투자자라면 더욱 그렇다. 그렇게 되면 말한 투자자는 투자 활동에 방해만 받을 뿐이다. 예전에는 워런 버핏이 적극적으로 매수하는 중이라는 소문이 돌면 해당 주식이 상승하는 일이 흔히 일어났다. 결과적으로 버핏은 추가 매수를 위해 더 많은 자금을 지불해야 했다. 셋째, 대가들은 겸손한 태도를 유지하기 때문에 자신의 견해나 실적을 떠벌릴 필요를 느끼지 못한다.

세 번째 기둥:
겸손한 태도

겸손

펀드매니저에게 강한 자아와 오만한 마음이 문제인 이유는 많다. 먼저 오만은 과신과 탐욕을 부르고, 이는 종종 치명적인 실수(손실을 받아들이지 않거나, 고점을 잡으려 하거나, 실수에서 배우지 않거나 등)로 이어진다. 둘째, 겸손함이 없는 투자자는 비현실적인 기대를 하는 경우가 많다. 그러다 보면 실적만 좇고 도를 지나치기 쉽다. 모두 저조한 실적을 내는 지름길이다.

셋째, 오만에 눈이 멀어 시장에서 일어나는 일을 제대로 보지 못한다. 무슨 일이 일어나고 있는지 완벽하게 이해한다고 생각하는 사람들은 낙관론이 팽배한 시장에서는 지나치게 많은 위험을, 비관론에 압도된 시장에서는 지나치게 적은 위험을 감수하는 경향이 있다.

그렇기 때문에 거의 모든 대가들은 "자만하다가는 낭패 보기 쉽다"라는 격언을 신봉한다. 대가들을 연구하다 보면 한결같이 자신의 능력이나 기법에 대해 굉장히 겸손하다는 것을 알 수 있다. 최근에는 많이 달라졌지만, 대가들은 세상에 드러나는 것을 최대한 꺼렸다.[6] 심지어 투자 세계에서조차 잘 알려지지 않은 사람들도 있다. 요컨대 대가들은 다음과 같은 면모를 보인다는 점에서 겸손하다고 할 수 있다.

(1) **현실적인 기대**: 대가들은 평범하면서 현실적인 기대를 갖고 있다. 비현실적인 수익률을 미친 듯이 추구하는 일은 없다. 대가들이 현실적으로 판단하는 세부 사항은 다음과 같다.

① **달성 가능한 장기 연복리 투자수익률**: 아주 장기에 걸친 기간 동안 주식은 연복리 7~10%의 수익률을 보인다. 연복리 15~20% 수익률을 달성하기란 누구에게나 대단히 어려운 일이다. 따라서 대가들은 수십 년에 걸쳐 연복리 12~15% 수익률을 목표로 한다. 하지만 목표치를 종종 능가하는 대가들이 많다.

② **포트폴리오 승률**(gain/loss ratio): 대가들의 포지션도 깜짝 놀랄 만큼의 비율로(심하면 50~60%) 실패한다. 대체로 말해서, 대가들이 시장을 능가하는 수익률의 대부분은 전체 포지션의 작은 부분(아주 낮을 땐 10~20%)에서 나오는 경우가 많다. 따라서 대가들은 자신의 많은 포지션이 실망을 안겨주리라는 점을 잘 알고 있다.

③ **수익률의 일관성**: 대가들은 시장을 매년 능가하겠다는 목표를 세우지 않는다. 대가들의 실적을 살펴보면(표 6 참조) 모두가 언젠가는 투자 손실을 본 해가 있었고, 이따금씩 시장을 하회하는 실적을 내기도 했다.

(2) **자기비판과 자기성찰**: 주식시장에 똑똑하고 효과적인 경쟁자가 많다는 걸 알기 때문에 대가들은 솔직하게 자신의 한계를 인정한다.

대가들은 자신이 주식 천재라고 생각하지 않는다. 자기가 옳은지 그른지도 관심의 대상이 아니다. 모든 지표가 자신이 틀렸음을 알려주면 생각을 바꾼다. 쉽게 말해 대가들은 다음과 같이 행동한다.

① **실수를 인정한다:** 실수를 인정하는 데 아무런 문제가 없다.

② **모든 걸 알지는 못한다는 사실을 인정한다:** 자기가 잘 아는 분야에 집중하고 시장의 향방에 매우 조심스럽다. 단기 시장 전망을 물으면 한결같이 "그런 전망을 할 만큼 똑똑하지 않다"라고 대답한다.

③ **다른 시각으로 자신의 투자 아이디어를 평가해보려고 한다:** 대가들은 끊임없이 자문하며 자신의 모든 행동에 비판적인 태도를 유지한다. 일이 너무 잘 풀릴 때 특히 조심하는데, 이런 순간에 자만심이 고개를 들고 과신이 화를 불러오기 때문이다. 대가들이 잊지 않고 늘 수행하는 방법 2개는 다음과 같다.

• 고려 중인 모든 거래가 잘 안 될 경우를 상상해본다. 워런 버핏의 오른팔인 찰리 멍거는 "투자자는 자신이 갖고 있는 최고의 투자 아이디어를 부정해보아야 한다"고 말한다. 투자가 잘못되는 경우를 더 잘 알아보기 위해 대가들은 자신과 다른 견해를 가진 사람들과 이야기해본다. 특히 자신이 매수하려는 주식을 공매도하는 사람들과 나누는 대화는 많은 도움이 될 수 있다. 자신의 생각을 뒤집을 수 있는 증거가 없는지 검토해본다. 이런 방법이 좋은 또 다른 점은, 투자가 잘못될 경우를 미리 알고 있으면, 실제로 그렇게 될 경우 포지션을 정리하고 빠져나오기가 훨씬 쉽다는 점이다.

• 대가들은 모든 거래에서 자신이 시장과 비교해 어떤 강점이 있

는지 이해하려고 한다. 강점이 없다면 투자하지 않는다.

④ 충분히 열린 마음으로 방향 전환을 결정한다. 대가들은 새로운 사실이 드러나 입증되면 원래의 투자 아이디어와 배치되는 포지션도 기꺼이 잡는다. 대가들은 어떤 포지션을 잡기 전에 여러 개의 예상 시나리오를 검토하기 때문에 이렇게 하는 것이 자연스럽다. 열린 마음의 대가는 소위 종신 비관론자(perma-bear)나 종신 낙관론자(perma-bull)와 비견된다. 이렇게 무슨 일이 있어도 자신의 견해를 고집하려는 인간들은 소위 전문가라는 작자들이다.[7]

⑤ 행동에 책임을 진다: 대가들은 투자가 실패해도 남 탓하거나 외부 요인을 핑계 삼지 않는다. 투자의 책임은 전적으로 자기에게 있다고 생각한다.

(3) 잘 보정된 자신감: 겸손과 겸양이 있다고 해서 자신감이 결여되는 건 아니다. 대가들은 잘 보정된, 즉 넘치지도 않으면서 적당한 자신감을 보인다. 자신감이 있어야 독립적으로 생각하고 대중이나 일반 통념과 반대의 길을 갈 수 있다. 특히 시장에 감정이 고조되는 때일수록 잘 보정된 자신감의 진가가 발휘된다.

●●●

우리가 보기에 투자는 오만한 행위입니다. 매수자는 매도자나 예비 매수자보다 자신이 더 많이 알고 있다고 하는 것이나 다름없습니다. 오만함은 꼭 필요하지요. 왜냐하면 좋은 투자자라면 방아쇠를 편안하게 당길 수 있어야 하기 때문입니다. 하지만 오만함을 겸손함으로 상쇄하려고, 다른 시장 참여자에 비해 확실한 강점이 있는지를 자문해봅니다. '아니다'가 답이면 우리는 투자하지 않습니다.

세스 클라만, 주주 서한, 1996년

열정

대가들은 투자 과정에 대단한 열정을 갖고 있다. 돈 벌 생각에 신난 게 아니라, 주식시장이 제공하는 도전과 재미에 열정을 느낀다. 열심히 노력하고 남들보다 특별히 더 애를 쓴다(더 많이 읽고 더 자세한 정보를 구한다). 시장에 접근하는 방법도 창의적인 경우가 많으며, 어떻게 하면 더 잘할 수 있을지, 더 효율적으로 할 수 있을지 고민한다.

반면 과정이 아닌 돈을 보고 투자하는 사람들은 그렇게 많은 노력을 쏟아붓기 힘들다. 연차보고서를 뒤지고 사람들을 만나 얘기 듣는 수고를 덜어줄 지름길을 찾으려 한다. 요컨대 열정적인 투자자일수록 더 효과적인 투자 과정을 적용할 가능성이 높고, 따라서 그보다 열정이 모자라는 투자자 대비 경쟁우위를 갖고 투자에 임할 수 있다.

감정 분리

주식 투자는 굉장히 감정적일 수 있다. 금전적 손실을 감내하고, 수익을 맛보고, 힘든 결정을 내려야 하는 등 감정이 많이 개입할 수 있다. 거의 모든 사람의 뇌에는 이런 종류의 감정을 올바로 처리할 회로가 없다. 공포와 탐욕, 비관론과 낙관론 사이에서 왔다 갔다 한다. 따라서 온갖 값비싼 실수를 저지를 가능성이 크다.

대가들 역시 주가 변동에 따른 감정 변화에서 자유롭지만은 않다. 그럼에도 불구하고 일반인과 다른 점은, 적극적이며 의식적으로 자신의 감정을 행동과 분리하려고 애쓴다는 사실이다. 고통을 참아내고 힘든 상황에서도 이성을 잃지 않는 모습을 보이며, 감정에 치우쳐 결정하지 않는다. 무엇보다도 자기통제를 잃지 않는다. 얼굴만 봐서는 그날 수익을 냈는지 손실을 봤는지 알 수 없다. 전형적인 투자의 대가들이 감정을 분리하려고 취하는 방법과 태도는 다음과 같다.

●●●

사람들이 낙담해서 팔 때 사거나, 사람들이 탐욕스럽게 살 때 파는 행위는 불굴의 용기를 요하는 동시에 최고의 보상을 제공한다.

존 템플턴(Krass, 1999)

(1) **정서적 만족감 때문에 투자하는 게 아니다**: 정서적 만족감을 얻으려고 투자하는 사람은 승산이 없다. 해서 기분 좋은 일이 해야 할 일인 경우는 많지 않다. 워런 버핏에 따르면, 정서적 만족감과 분리된

투자란, 대중과 같은 방향이건 반대 방향이건 똑같이 편하게 느끼는 것이다.

(2) **어떻게 해서든 감정을 경계한다:** 대가들은 과도한 낙관론과 비관론에 맞서 싸운다. 이런 감정은 투자의 걸림돌이다. 특정한 손실이나 수익에 끌려가지 않고 다음 거래를 생각한다. 늘 침착한 태도를 유지하려고 한다.

(3) **투자 포지션에 애착을 갖지 않는다:** 대가들도 여느 사람처럼 특정 주식에 애착을 가질 수 있다. 이를 잘 아는 대가들은 애착을 애써 무시하려 하지 않고, 대신 객관적 태도로 사실만을 보려고 한다. 대가들 중엔 (상당한 수익을 챙긴 후) 주식에 대한 애착이 판단력을 흐리게 한다고 생각되면 일부러 팔아버리는 사람도 있다.

(4) **돈 벌려고 투자하지 않는다:** 돈 버는 측면만 보지 말라고 대가들은 강조한다. 너무 돈 버는 측면만 생각하면 과도한 감정 개입이 뒤따른다. 같은 맥락에서 대가들은 '이기지 않으면 안 되는' 경우에는 투자하지 말라고 강력하게 조언한다. 이를테면 손실을 꼭 만회해야겠다고 할 때나, 대학 등록금을 마련해야 하는 경우 등이다.

(5) **주가에 지나치게 신경 쓰지 않는다:** 대가들은 한 시간에 한 번씩 주가를 확인하지 않는다. 많은 가격 변동이 그저 우연의 결과라는 걸 잘 안다. 주가를 끊임없이 바라보는 건 손익을 끊임없이 상대해야 하는 것과 같아서 감정적으로 탈진하게 된다. 주가를 드문드문 살피면 과잉 반응이나 손실 회피 때문에 무분별한 결정을 할 가능성을 낮춰준다.

인내심

근시안적으로 생각하고, 쉽고 빠르게 벌 수 있는 돈만 좇는 세상에서 인내심은 강력한 경쟁우위를 확보할 수 있는 미덕이다. 사실 주식시장은 활동적인 사람의 돈이 인내심 있는 사람에게 흘러가는 곳이다. 인내심 있는 사람은 주가의 급락이나 거품, 혹은 무시되거나 그다지 인기 없는 주식처럼 근시안적 시각을 가진 사람들이 만들어내는 기회에서 이득을 취할 수 있다. 인내심 있는 투자자는 그렇지 못한 투자자에 비해 거래 비용과 세금에서도 유리하다. 그뿐만 아니라 모든 거래와 관련해 해야 할 조사를 할 수 있는 시간도 훨씬 많다.

그렇기 때문에 사실상 모든 대가들이 지나칠 정도로 많은 인내심을 과시하는 것이 논리적으로 하나도 이상하지 않다. 근시안적인 고객이나 주주, 언론 등이 아무리 압박감을 주더라도(예컨대 일시적으로 저조한 실적을 내고 있을 때) 절대로 인내심의 한계를 드러내지 않는다. 존경받는 투자자 필립 캐럿은 자신의 75년 경력을 통틀어 가장 중요한 교훈은 인내심이었다고 인생 말년에 밝혔다. 인내심을 잃지 않기 위한 전제 조건은 다음과 같다.

(1) **기회가 올 때까지 기다릴 줄 아는 규율**: 대가들은 확실한 기회가 올 때까지 참을성 있게 기다린다. 워런 버핏과 프렘 왓사 같은 투자자는 시장에서 충분히 가치 있는 투자 대상을 찾을 수 없을 때는 몇

년이라도 시장을 관망하기만 하며 기다렸다. 저평가 주식을 찾을 수 없을 때 매수하지 않으면 실망할 일도 없을뿐더러, 저평가 주식이 넘쳐날 때 사용할 군자금을 마련해둘 수 있다.

(2) **시장이 요동칠 때 냉정을 유지할 수 있는 불굴의 용기와 담력:** 대가들은 시장과 상관없이 규율을 지킨다. 찰리 멍거는 자신의 주식 가격이 50%나 하락하는 걸 공포에 휩싸인 채 지켜볼 수 없는 사람은 그에 합당한 결과를 얻을 뿐이라고 했다.

(3) **불필요한 거래를 자제한다:** 대가는 각 포지션의 장기 전망을 살핀다. 따라서 자주 거래해야 할 이유를 찾지 못한다.

(4) **복리의 힘을 이해한다:** 장기에 걸쳐 특출한 부를 일구려면 꼭 특출한 연복리 수익률이 있어야 하는 건 아니다. 대가들은 이를 잘 알고 있다. 복리야말로 우주에서 가장 기막힌 힘이라고 언젠가 알베르트 아

●●●

노련한 투자자는 일시적인 주가 변동 때문에 자신의 결정을 크게 바꾸지 않는다. 대개는 자신이 사거나 팔고 싶은 수준 근처로 돌아올 때까지 기다린다. 조바심 내지도, 서두르지도 않는다. 왜냐하면 도박사나 투기꾼이 아니라 투자자이기 때문이다.

장 폴 게티(Krass, 1999)

●●●

만약 상황이 너무 긴박하게 바뀌어 몇 시간이나 며칠이 중요하다면, 아마도 당신이 낄 자리가 아닌 것 같다.

조엘 그린블라트(Greenblatt, 1997)

●●●

가치투자로 성공하는 데 필요한 가장 중요한 자질은 인내심, 인내심, 또 인내심이다. 거의 모든 투자자가 갖지 못한 자질이다.

피터 컨딜(Risso-Gill, 2011)

인슈타인(Albert Einstein)이 말했다고 한다. 12% 수익률로도 포트폴리오를 6~7년마다 두 배로 키울 수 있다. 이렇게 쌓여 30년이 지나면 원래의 30배가 된다. 수익률이 각각 15%, 20%, 25%라면, 30년 후 원금은 각각 66배, 237배, 808배로 늘어난다.[8]

경험과 재능,
지능의 역할

결론을 내리려면 경험과 재능, 지능이 대가들의 성공에서 어떤 역할을 했는지 살펴볼 필요가 있다.

경험

인생의 다른 모든 측면에서와 마찬가지로, 경험은 투자자에게 큰 자산이다. 다만 주의할 점이 하나 있다. 경험은 경험을 통해 가르침을 얻을 수 있는 경우에만 소중하다. 경험을 쌓고 그것을 자신의 투자 전략에 반영하는 사람들은 결국엔 자신만의 스타일을 몸에 익히고 어떤 형태로든지 시장에 대한 직관을 갖게 된다.

재능

누구나 주식시장에서 성공할 수 있다는 생각은 아마도 누구나 의사,

NBA 농구 선수, 로켓 과학자가 될 수 있다는 생각만큼이나 터무니없는 생각이다. 효과적인 투자 전략을 가르칠 수는 있으나, 모든 학생이 제대로 이해하거나 성공적으로 실행할 것이라는 생각은 순진한 생각이다. 오직 타고난 재능이 있는 사람만이 장기간에 걸쳐 시장을 능가할 수 있다.

지능

투자는 과학이라기보다는 기법이기 때문에, 지능 자체가 투자 성공에 필수적이지는 않다. 대가들도 동의한다. 대가들은 평균 이상의 지능이면 충분하다고 생각하지만, 탁월한 지능이 꼭 장점이라고는 생각지 않는다. 고도의 지능을 가진 수많은 사람들이 주식시장에서 초라하게 실패한 사실만 봐도 주식시장에서 성공과 지능 사이에 상관관계가 적다는 주장이 설득력을 갖는다.

아주 유명한 예가 아이작 뉴턴(Isaac Newton)이다. 이론의 여지 없이 물리학과 수학 분야 최고의 천재였지만, 악명 높은 남해회사 거품 사건(English South Sea bubble) 때 광기에 빠진 대중을 따라 했다가

●●●

지능지수가 125를 넘으면 더 이상 투자 성공과 지능 사이엔 상관관계가 없다. 평균적인 지능을 가졌다면 이제 필요한 것은 투자자를 곤경에 빠뜨리는 충동을 다스릴 기질이다.

워런 버핏(www.businessweek.com/1999/99_27/b3636006.htm)

오늘날 화폐가치로 300만 달러에 이르는 거금을 날렸다.[9]

투자에서 왜 고도의 지능이 반드시 장점만은 아닌지를 알려면, 고도의 지능이 사실 투자자에게 해를 끼친다는 사실부터 깨달아야 한다. 지능이 매우 높으면 불필요한 복잡성과 오만함(즉, 자기가 제일 잘 안다는 생각)에 빠지기 쉽고, 과거의 실수에서 배우기를 거부할(이미 다 알고 있다고 착각하길 좋아해서) 수 있기 때문이다.

그렇긴 해도 겸손함과 학습 경험의 축적, 정서적 분리, 규율, 간단한 전략 등과 같은 투자지능의 특질을 보여주는 높은 지능의 소유자들은 그보다 낮은 지능을 가진 사람들에 비해 확실히 유리하다. 탁월한 지능을 가진 사람들은 다른 사람들이 피하는 복잡한 상황을 분석할 능력이 있고, 일반적으로 훨씬 빠른 속도로 정보를 처리하고 경험을 축적한다.

워런 버핏처럼 좋은 예도 없다. 의심의 여지 없이 버핏은 특출한 투자지능과 탁월한 지적 지능의 조화를 통해 빼어난 투자 기량을 개발했다. 모두 종합한 결론을 내리자면, 성공적인 투자자 대부분이 평균 이상의 지능을 갖고 있는 것이 사실이지만, 건전한 투자지능의 통제를 받지 못하는 지나치게 높은 지능은 투자자에게 오히려 해를 끼칠 수 있다.[10]

●●●

> 천재이거나 뛰어난 재능이 있어야 가치를 분석하는 애널리스트로서 성공하는 것이 아니라는 점을 강조하고 싶다. 우선, 적당히 좋은 지능이 있어야 하고, 둘째, 업무 수행의 건전한 원칙, 셋째, 가장 중요한 결단력이 있어야 한다.
>
> 벤저민 그레이엄(Heins, 2013)

11장의 핵심 내용

이 장을 마무리하기 위해 그림 30에 현명한 투자자에게 요구되는 기본적인 내용을 정리했다. 그림은 다양한 과정상 요구 사항과 태도, 전략 사이의 상호 의존성을 보여준다.

가장 중요한 연결은 아래와 같다.

(1) 대가는 특정 전략을 통해 시장을 능가할 수 있는 재능이 있다.

(2) 대가는 전략을 매우 규율 있게 실행하고, 그러려면 다음이 필요하다.
  • 충분한 지식과 경험
  • 스스로의 투자 결정
  • 감정의 분리
  • 인내심
  또한 전략이 유연하고 효과적이며 투자자와 잘 어울린다면 규율을 지키기가 훨씬 수월하다.

(3) 지식이 중심에 자리를 잡는다. 왜냐하면 지식은 투자자가 확신을 통해 독립성을 유지하고 규율을 유지하게 해주기 때문이다. 지식은 경험의 축적과 의식적인 성찰을 통해, 혹은 평생에 걸친 공부와 근면한 노력을 통해 형성된다. 또한 지능이 높은 투자자일수록 지식을 시간 효율적인 방법으로 습득한다.

(4) 지식과 스스로 투자 결정을 하는 기본적인 기둥은 근면한 노력과 평생 공부다. 이 둘은 겸손과 열정, 시장과 투자 과정에 대한 관심으로 지탱되어야 한다. 열정이 근면한 노력과 평생 공부를 계속할 수 있는 힘과 동기를 제공한다. 시장에서 성공하려면 근면한 노력과 평생 공부가 필수적이라는 사실을 상기시켜주는 건 겸손함이다.

(5) 끝으로, 겸손함은 신중함을 유지하게 해준다. 겸손해야 신중하고, 신중해야 투자 포지션을 떠벌리거나 자랑하고 싶은 충동을 느끼지 않을뿐더러, 대중에 비해 지식의 우위를 점하고 있는, 자신이 잘 아는 분야에 집중할 수 있기 때문이다.

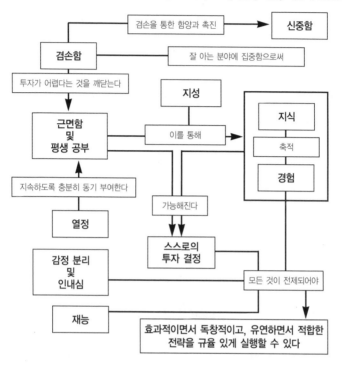

그림 30. 투자 과정에서 요구되는 사항과 태도, 전략, 경험, 재능, 지능의 상관관계

초과수익을 얻으려면 가치투자를 하라

"저는 정기예금 금리 이상이면 만족합니다" 또는 "저는 KOSPI 지수 이상이면 좋아요"라고 말하는 투자자들이 있습니다. 이렇게 일정 기준을 능가한 수익을 초과수익이라고 말합니다. 여기서 정기예금 금리나 KOSPI 지수 등 기준이 되는 것을 벤치마크(benchmark)라고 부릅니다. "저희는 정기예금 금리 이상이면서 KOSPI 지수 이상의 수익을 추구합니다"라는 자산운용사도 있습니다. 이렇게 단일한 기준이 아니라, 복합적인 기준을 제시하기도 합니다.

다시 말하면 기준은 투자자가 용인할 수 있는 최소한의 기대수익이자 기회비용이라 할 수 있습니다. 실무적으로는 S&P500 지수나 KOSPI200 지수를 사용하는 경우가 대부분입니다. 그 결과 인덱스펀드와 주가지수 파생상품이 발달하게 되었습니다.

주식에 투자하는 사람은 누구나 지수를 능가하는 초과수익을 바랄 것입니다. 만일 지수만큼의 투자수익에 만족한다면 그냥 인덱스펀드에 가입하면 충분하니까요. 하지만 지수를 능가하는 초과수익을 거두는 투자자는 의외로 많지 않습니다. 개인 투자자는 물론이고 기관투자가도 예외가 아닙니다. 선진국의 경우에도 기관투자가의 70~80%는 지수에 미치지 못하는 실적을 내는 것으로 조사되고 있습니다. 투자 전문가인 기관투자가가 그 정도밖에 실력이 없다는 게 정말 이상하지요? 그런 실력을 가지고도 투자 전문가라고 불러야 하는지 우스울 따름입니다.

그들에게도 변명의 여지는 있습니다. 한국과는 달리 선진국에서는 연금플랜인 401K처럼 개인의 투자 자금이 펀드나 연금에 거의 흡수되어 있습니다. 즉 대부분 기관투자가를 통해서 간접적으로 투자에 참여하고 있고, 직접 주식에 투자하는 개인 투자자는 극히 소수라는 말입니다. 그래서 지수는 기관투자가들에 의해 영향을 받게 마련입니다. 다시 말해 지수는 기관투자가의 총합이므로 "기관투자가는 자기 자신을 능가하기 어렵다"는 논리입니다. 일면 그럴듯하기도 합니다.

그런데 학교라고 생각해보지요. "학생이 자기 반의 평균 성적을 능가하기 어렵다"는 주장이 일리가 있나요? 변별력이 없을 정도로 평균 성적에 모여 있는 경우가 아니라면, 반드시 우등생은 존재하기 마련입니다. "지수는 기관투자가의 총합이므로 기관투자가가 지수를 능가하기 어렵다"는 논리는 "기관투자가의 투자운용 실력에 사실상 의미 있는 차이가 없다"는 부끄러운 고백에 다름 아닙니다.

　그렇습니다. 대부분의 기관투자가는 시가총액가중 포트폴리오를 기반으로 펀드매니저의 약간의 의견이 가미된 유사 시가총액가중 포트폴리오를 구사하고 있습니다. 애널리스트 보고서를 보더라도 "시가총액 비중(market-weight)보다 더 가져가라(over-weight)"거나 "덜 가져가라(under-weight)" 하면서 은연중에 시가총액가중 포트폴리오를 기준으로 삼고 있습니다. 그러므로 펀드매니저의 약간의 의견이 펀드의 실적에 미치는 영향은 실제로 미미합니다. 펀드매니저들은 우등생이 될 욕심이 없는 천사란 걸까요? 천만의 말씀이죠. 사실은 어설픈 욕심을 부리다가 실패하면 해고당할까 봐 그런 겁니다. 한마디로 겁쟁이입니다. 그들은 이렇게 항변합니다. "우리도 처자식이 있는데, 먹고는 살아야죠."

　이 책에서 소개된 대가들은 다릅니다. 한결같이 지수를 능가하고 있습니다. 아니, 역으로 말하면 지수를 능가했기 때문에 대가가 된 것이지요. 역사상 지수를 능가한 대가는 많지만, 특히 이 책에서는 가치투자에 전념한 대가들을 다루고 있습니다. 왜냐하면 가치투자를 하지 않은 대가들은 승부사 기질을 타고났거나, 많은 표본 중의 이례적인 예외일지도 모르기 때문입니다. 그런데 가치투자를 한 대가들은 거의 대부분 지수를 능가했다는 점에 주목한 것입니다.

그래서 이 책의 결론을 한마디로 압축하면 이렇습니다. "초과수익을 얻으려면 가치투자를 하라."

어떤 주장이 설득력이 있으려면, 동서고금을 막론하고 통해야 합니다. 그러므로 한국에서도 가치투자가 초과수익을 거둘 수 있는지 살펴볼 필요가 있겠습니다. 자칭 타칭 '한국의 워런 버핏'이 난무하는 현실입니다만, 특정 개인의 성공 스토리를 기반으로 이를 검증하기는 무리가 있습니다. 여기서는 내재가치 대비 저평가된 정도에 따라 종목별 비중을 조절하는 가치가중 포트폴리오를 살펴보겠습니다. 이때의 벤치마크로 기관투자가들이 사랑해 마지않는 시가총액가중 포트폴리오를 기준으로 삼겠습니다.

시가총액가중 포트폴리오는 시가총액이 큰 종목에 더 많이 투자하는 방법입니다. 사업 유망성 또는 내재가치 대비 저평가 여부와 무관하게 단지 대형주라서 더 많이 보유한다는 것은 아무리 생각해도 논리적으로 말이 되지 않습니다. 반면에 가치가중 포트폴리오는 가치비율에 비례해 종목별 비중을 결정하는 방식입니다. 가치비율(value ratio)이란 내재가치를 주가로 나눈 수치입니다. 그러므로 사업이 유망해 내재가치가 상승하거나, 주가가 하락해 내재가치 대비 더 많이 저평가될수록 더 많이 보유하게 됩니다. 논리적으로 충분하게 납득할 만합니다. 검증 시뮬레이션에서는 매월 말일에 가치비율을 계산해 비중을 확대하거나 축소하는 포트폴리오 리밸런싱(portfolio rebalancing)을 진행하겠

습니다. 여기서 리밸런싱 주기로 월 1회가 바람직하다는 의
미는 아닙니다. 하나의 사례로 이해하면 좋겠습니다.

KOSPI 대형주 중에서 10종목을 선정했습니다. 삼성전
자, SKT, POSCO, 한전, 현대차, 삼성화재, 신세계, 모비
스, S-Oil, GS건설입니다. 특별한 이유는 없고, 그냥 업종
별로 대표적인 대형주로 골랐습니다. 투자 기간은 1996년 1
월~2020년 7월의 24년 6개월입니다. 이 기간 동안 KOSPI
지수는 878.82에서 2249.37로 상승해 총 155.95%, 연복리
3.90%의 투자수익률을 보였습니다. 시가총액가중 포트폴
리오는 8628.89로 상승해 총 881.87%, 연복리 9.74%의 투
자수익률을 거두었습니다. KOSPI 지수와 차이가 나는 것

가치가중 포트폴리오(1996.01~2020.07)

은 포트폴리오에 편입된 10종목이 KOSPI 전체 종목보다 우량했기 때문입니다. 즉 종목 선정 효과입니다. 가치가중 포트폴리오는 31448.27로 상승해 총 3,483.02%, 연복리 15.67%의 투자수익률을 거두었습니다. 시가총액가중 포트폴리오와 차이가 나는 것은 포트폴리오 운용 방식이 우수했기 때문입니다. 즉 내재가치를 기준으로 포트폴리오를 운용한 효과입니다. 다만 최근 몇 년간 가치가중 포트폴리오의 성과가 만족스럽지 않다는 점은 다소 아쉽습니다. 하지만 장기간을 놓고 보았을 때는 여전히 매력적입니다.

독자들은 이렇게 의문을 가질지도 모르겠습니다. "한국에서 제일 잘나가는 삼성전자를 포함했는데 당연한 것 아닌가요?" 맞습니다. 10종목 중에서 삼성전자가 가장 많이 상승해 총 2,263.27%, 연복리 13.73%의 투자수익을 거두었습니다. 그런데 삼성전자보다 못한 종목들을 섞어서 가치가중 포트폴리오를 운용했더니, 삼성전자 한 종목보다 훨씬 우수한 총 3,483.02%, 연복리 15.67%의 투자수익률을 거두었다는 점이 재미나지 않습니까? 종목을 바꾸어 테스트해도 결과는 크게 달라지지 않습니다. 한국에서도 가치투자가 월등한 초과수익을 거둘 수 있다는 의미입니다.

또 독자들은 이렇게 반문할지도 모르겠습니다. "지수가 하락하는 가운데 내 투자수익도 손실이 발생한다면 설령 지수보다 덜 하락한다고 해서 좋을 게 무엇입니까?" 그렇습니다. 지수에 비해 잘했더라도 어차피 손실이 발생했으니 유쾌할 리는 없습니다. 그렇다면 이렇게 생각해보지요. 앞선 사례의 가치가중 포트폴리오를 진행하면서 그보다 열등한 벤치마크인 KOSPI 지수를 공매도하는 것입니다. 여기서는 KOSPI 지수를 1단위 공매도하고, 가치가중 포트폴리오를 2단위 매수하겠습니다. 그러면 실제로 투입되는 자금은 가치가중 포트폴리오 1단위를 진행할 때와 동일합니다.

이런 식으로 상대적으로 유리한 것을 매수하고 불리한 것을 매도한 펀드를 롱숏펀드라고 하며, 헤지펀드를 구성하는 기본 구조입니다. 사례의 헤지펀드는 총 6,810.08%, 연복리 18.80%의 투자수익을 거두었습니다. 이렇게 벤치

절대수익 헤지펀드(1996.01~2020.07)

마크에 비해 초과수익을 거둘 수 있다면, 지수 등락에 상관없이 절대수익을 추구하는 헤지펀드를 개발할 수 있습니다. 만일에 KOSPI 지수를 공매도하는 대신 채권펀드를 공매도한다면 대출을 일으킨 것처럼 일종의 레버리지가 걸린 셈입니다. 그래서 대부분의 헤지펀드는 상당한 레버리지를 사용합니다. 레버리지를 위험하다고 무조건 부정적으로 치부할 문제가 아니라, 레버리지의 유용성은 결국 초과수익이 가능한 견고한 투자 전략을 가지고 있는지 여부에 달려 있습니다. 그럼에도 불구하고 많은 헤지펀드들이 과도한 레버리지로 인해 비참한 종말을 맞이하고 있는 것도 사실입니다.

주주의 할인율을 초과하는 초과이익을 기반으로 주식의 내재가치를 평가하는 기법을 초과이익 모형(Residual Income Model, RIM)이라고 합니다. 이 개념은 개별적인 기업 위험을 감안하여 주주가 당연히 받아야 하는 최소한의 요구수익률 또는 기회비용인 할인율을 능가하는 이익이 있어야만 진정한 가치로 인정하겠다는 의미입니다. 초과수익의 개념을 기업 차원으로 적용하여, 벤치마크 대신 할인율을 적용한 것입니다. 책에서 언급하듯이 초과수익을 거두는 대표적인 투자 기법이 가치투자라고 할 때, 그 방법론으로 RIM을 사용하는 것이 초과수익을 거두려는 목적에 비추어 가장 어울린다고 볼 수 있겠습니다.

민주주의를 가동시키는 핵심 원리는 잘 알다시피 '다수결의 원칙'입니다. 그런데 11장에서 윌리엄 에크하르트는 "성공하려거든 소수처럼 행동하라"는 '소수결의 원칙'을 권하고 있습니다. 이에 대해 로보어드바이저 업체인 두물머리의 천영록 대표는 2017년 6월 1일 자신의 블로그에서 이렇게 말하고 있습니다.

"소수결 게임은 다수가 탈락하는 게임이다. 탈락한 다수의 돈은 소수에게로 모인다. 금융시장에서의 소수결의 원칙은 보다 잔인하다. 사회 전체가 들썩일 정도로 한 가지에 다수가 몰릴 때 소수에게는 항상 좋은 투자 기회가 발생한다. 소수결은 자본주의의 원동력이 되기 때문에 자연스럽게 반복된다."

이렇게 다수가 몰리는 상황에 대해 항상 합리적인 의심의 긴장을 늦추지 않는 태도가 필요합니다. 다른 말로 역발상 투자 또는 소외주 투자로 표현되기도 하는 소수결의 원칙은 다수가 만들어내는 평균치인 벤치마크를 능가하는 초과수익을 가능하게 해주는 핵심이라고 할 수 있습니다.

마지막으로, 이 책의 저자는 책 속에 소개된 대가들처럼 저명한 분이 아닙니다. 유명인사가 아닌 저자의 책은 자칫 폄하되기 쉽습니다. 그럼에도 불구하고 이 책은 상당한 가치가 있다고 생각됩니다. 대가들의 투자 내용을 일목요연하게 정리해서 비교해 볼 수 있다는 점도 다른 책에서 찾기 힘든 좋은 내용이었습니다. 또 인용되는 수많은 명저들의 핵심을 한꺼번에 맛볼 수 있다는 점도 즐거운 일입니다. 훌륭하게 번역해준, 존경하는 이건, 서태준 선생님과, 어려운 출판업계 현황에도 불구하고 용기를 내어 출간을 결심해준 에프엔미디어에 감사드립니다.

감수자로서 독자께 드리는 마지막 말씀입니다. "가치투자를 하세요. 그러면 지수를 월등하게 초과하는 수익을 거둘 수 있고, 기관투자가를 포함한 전체 투자자 상위 1% 내에 들어갈 수 있습니다."

신진오(밸류리더스 회장)

- **PER성장률배수**(PEG ratio): 주가수익배수(PER)를 향후 5년간 예상되는 연평균 이익 성장률로 나눈 비율이다. 성장투자자들 사이에 인기 있는 밸류에이션 척도다.

- **가치 창출**(value creation): 탁월한 경영 능력을 바탕으로 회사의 현금을 잘 사용함으로써 기업의 가치를 증대해야 하는, 기업 경영진에게 주어진 과제를 말한다.

- **가치투자**(value investing): 다양한 밸류에이션 척도에 근거해 매우 저평가되었다고 판단되는 주식에 투자하는 스타일을 말한다. 성장투자자와는 달리 가치투자자는 성장에 대해 회의적이며, 따라서 성장을 바라고 주식에 웃돈을 지불하려고 하지 않는다.

- **가치 함정**(value trap): 얼핏 보면 저평가된 주식으로 보이지만 많은 사람들이 간과하는 중요한 문제를 안고 있는 주식을 말한다. 실사를 철저하게 하지 않은 투자자들이 종종 가치 함정에 빠지기 쉽다.

- **강세장**(bull market): 주가가 직전의 저점 대비 최소 20% 이상 상승한 경우.

- **거시경제 투자**(macro investing): 하향식 투자의 일종으로, 투자자는 세계 거의 모든 지역, 거의 모든 종류의 자산에 투자할 수 있는 재량이 있다.

- **경제적 영업권**(economic goodwill): 장부가치를 초과하는 기업 자산의 가치를 말하며, 회계상의 영업권과는 달리 재무제표에 반영되지 않는다. 강력한 브랜드 파워나 경쟁우위적인 위치, 뛰어난 비용 절감 능력, 탁월한 실행 능력 등과 같이, 이를 통해 기업의 자산으로부터 더 높은 수익을 낼 수 있기 때문에 발생하는 가치다.

- **고점 매도**(top picking): 주가가 최정점에 있을 때 주식을 매도하려고 애쓰는 행위.

- **공매도**(short selling, shorting): 투자자 본인이 소유하지 않은 주식을 다른 투자자에게 빌려서 파는 행위를 말한다. 공매도자는 주가가 하락할 것이라 예상하고 나중에 더 싼 가격에 주식을 되사서 돈을 벌고 주식을 돌려주려고 한다.

- **공매도 비율**(short interest ratio): 어떤 기업의 거래 가능한 상장주식 수량 대비 얼마나 많은 주식이 공매도되었는지 계산한 비율이다.

- **기업공개**(Initial Public Offering, IPO): 기업을 주식시장에 상장하기 위해 일반에게 공개하는 과정이다. 이에 앞서 기업과 주간사(증권회사)는 시장의 상황과 관심을 고려

해 공모 가격을 결정한다. 기업공개 과정에서 기업은 재무 상태와 기업의 사업설명서 등을 공시한다.

- **내재가치(intrinsic value):** 주주에게 귀속될 미래 현금흐름의 현재가치다. 내재가치 계산은 DCF 모형을 따라야 하겠지만 수많은 불확실성과 예측값이 투입되어야 하기 때문에 종종 다른 밸류에이션 방법들, 이를테면 주가배수, 대체가치, 순자산가치 등을 이용한 방법이 더 신뢰할 만한 경우가 많다.

- **능력 범위(circle of competence):** 업무 경험 따위의 이유로 남들보다 우월한 전문지식과 식견을 갖고 있는 산업이나 사업, 부문 등을 지칭한다.

- **대형주(large cap):** 상대적으로 시가총액이 큰 기업의 주식이다. 경험법칙에 따르면 시가총액이 100억 달러나 유로를 상회하는 기업을 통상 대형주라고 한다.

- **더 바보 게임(bigger fool mentality/theory):** 주식을 "바보 같은" 가격, 즉 내재가치를 훨씬 웃도는 비싼 가격에 매수하더라도 나중에 이를 더 비싼 가격에 사고자 하는 "더 어리석은 바보"에게 매도할 수 있기 때문에 괜찮다고 주장하는 이론이다. 이를 옹호하는 사람들은 주식의 내재가치와 무관하게 모멘텀이나 군집행동을 이용해 돈을 벌 수 있다고 생각한다.

- **레버리지(leverage):** 투자에서 가격 변동 효과를 증대하기 위해 빚(신용 거래 계좌 등), 파생상품을 포함한 기타의 금융 상품을 이용하는 행위를 말한다. 잠재적인 투자 수익을 증대하는 것이 목표지만 레버리지 사용은 잠재적 손실도 증대시킨다.

- **매수 포지션(long position):** 주가 상승을 통한 투자수익을 기대하고 주식을 매수하는 것.

- **모멘텀(momentum):** 주식이나 기타 자산의 가격 움직임이 최근의 방향과 같은 방향으로 움직이는 경향.

- **모방 경영(corporate imperative):** 워런 버핏이 만든 용어로, 기업 경영진이 다른 기업의 경영진을 따라 하는 것을 말한다. 특정 산업에서 기업인수 열풍이 분다든지, 아무 생각 없이 다른 기업들이 한다고 유행을 좇아 새로운 것을 도입하는 등의 행위를 설명하는 데 쓰인다.

- **박스장(range-bound market):** 장기 추세적인(장기 순환주기 참조) 장세로 주가는 횡보하고 주가배수는 하락한다.

- **사모투자**(private equity): 일반적으로 기한을 정한 합자회사 형태로 운영되는 특수한 형태의 투자 행위를 말한다. 사모투자 중에는 성장 가능성이 높은 창업 단계의 기업들에 투자하는 경우도 있고, 안정적이고 꾸준히 현금을 창출하는 기업의 인수에 특화된 것들도 있다.

- **사업다악화**(事業多惡化, diworseification): 피터 린치가 만들어낸 용어로, 기업들이 성장을 촉진하기 위해 주로 기업을 인수하는 방식으로 새로운 사업에 진출하는 행위를 말한다. 얼핏 그럴듯해 보이지만 기업들이 기존의 기반산업에 대한 집중력을 상실하고 새로운 사업에 서툴기 때문에 종종 실망스러운 결과를 낳는다

- **삼각측량법**(triangulation): 주식의 정확한 내재가치를 계산하기 위해 대가들이 흔히 여러 개의 밸류에이션 척도를 사용함을 일컫는 말이다. 하나의 척도에만 의존하면 왜곡되거나 실수를 할 수 있기 때문이다.

- **상향식 투자**(bottom-up investing): 주로 기업의 펀더멘털을 고려하고, 경제 전반에는 큰 관심을 두지 않는 투자 스타일.

- **성장투자**(growth investing): 성장 가능성이 큰 기업에 집중하는 투자 스타일을 말한다. 성장에 회의적인 가치투자자와 달리 성장투자자는 고속 성장 기업 주식에 웃돈을 지불할 용의가 있다.

- **소극적 투자**(passive investing): 각종 수수료와 비용을 제하기 이전의 수익률이 특정 지수의 수익률을 추종하는 모든 종류의 투자를 말한다.

- **소문**(scuttlebutt): 경영진, 직원, 고객, 경쟁자, 공급업체처럼 기업 사정에 밝은 사람들과 접촉하거나 매장 방문 등을 통해 직접 수집한 정보를 말한다.

- **소형주**(small cap): 상대적으로 시가총액이 작은 기업의 주식이다. 일반적으로 시가총액이 1억~50억 달러나 유로 정도 되는 기업을 소형주라고 한다.

- **손실 제한 주문**(stop-loss order): 미리 정해놓은 가격보다 주가가 떨어지거나 올라가면 자동으로 주식을 매도하는 주문 방법이다. 트레이더와 공매도자에겐 필수적인 방법이다.

- **쇼트 스퀴즈**(short squeeze): 공매도 포지션을 청산하려는 공매도자들이 몰리면서 주가가 갑작스럽게 폭등하는 현상이다.

- **시장의 장기 순환주기**(secular market cycles): 수년에서 수십 년에 걸친, 특정 자산의 가격 움직임이 보여주는 순환주기를 말한다. 장기 강세장, 장기 약세장, 장기 박스장으로 구별할 수 있다. 장기 순환주기 안에서도 자산 가격은 등락하며, 몇 년에 걸친 짧은 주기를 보일 수 있다.
- **신용등급**(credit rating): 신용평가 기관이 기업에 부여하는 등급으로 기업의 신용도, 즉 채무 상환 능력을 반영한다. 세계 3대 신용평가 기관으로 S&P, 무디스(Moody's), 피치(Fitch)가 있으며, 아래 표는 이들 기관이 매기는 신용등급을 개략적으로 정리한 것이다.

S&P, 피치	무디스	설명
AAA	Aaa	신용도 매우 높음(무위험)
AA+/AA/AA−	Aa1/Aa2/Aa3	신용도 높음
A+/A/A−	A1/A2/A3	신용도 양호
BBB+/BBB/BBB−	Baa1/Baa2/Baa3	신용도 적절
BB+/BB/BB−	Ba1/Ba2/Ba3	투자 등급 이하(정크) 아래로 떨어질수록 신용도 하락
B+/B/B−	B1/B2/B3	
CCC+/CCC/CCC−	Caa1/Caa2/Caa3	
CC+/CC/CC−	Ca1/Ca2/Ca3	
C+/C/C−	C1/C2/C3	

- **신용평가 기관**(rating agency): 기업의 신용등급을 매기고 채무 불이행 가능성을 판단하는 회사를 말한다.
- **신흥시장**(emerging markets): 현재 1인당 GDP가 선진국에 비해 현저히 낮지만 선진국보다 성장 속도가 빨라 중장기적으로 선진국이 될 것이라고 예상되는 국가
- **실질 이익**(real earnings): 이익이 발생한 당시의 구매력을 반영한 이익을 말한다.
- **안전 마진**(margin of safety): 내재가치에 비해 현저하게 할인된 주가를 말한다. 많은 투자자들이 주식을 매수할 때 안전 마진(예컨대 30%)을 적용하는데, 내재가치를 잘못 계산했을 경우 완충재 역할을 한다.
- **안정 기업**(stalwarts): 업계에 확고하게 자리 잡은 대기업으로서, 강력한 경쟁력 덕분에 이익과 매출 성장률이 경제성장률을 약간 상회한다.
- **약세장**(bear market): 주가가 직전의 고점 대비 최소 20% 이상 하락한 경우.

- **역발상 투자**(contrarian investing): 시장의 지배적인 투자 심리와 반대로 투자함으로 써 시장을 능가하려는 태도나 생각을 말한다. 역발상 투자자는 인기 없는 주식들 중에 저평가된 것이 있는지를 살피는 반면, 인기 있는 주식은 멀리하는 편이다. 대체로 약세 장에서 매수를 늘리고 강세장에서 투자 금액을 줄이기도 한다.

- **연준 모형**(Fed model): 주식시장 전체의 가치를 측정하는 방법으로, 시장의 이익수익 률(E/P, 상장기업 전체의 예상 이익을 시장의 시가총액으로 나눈 비율)과 장기 무위 험 수익률을 비교한다.

- **연복리 수익률**(annual compound return): 복리로 계산한 연간 수익률은 해당 기간

$$X = \sqrt[N]{(1+r_1) \times (1+r_2) \times (1+r_3) \dots \times (1+r_N)} - 1$$

에 속하는 각 연도 수익률의 기하평균이다. N은 기간의 연수, r_i는 i연도 수익률.

- **우량주**(blue chips): 시가총액이 가장 큰 기업들의 주식

- **유통 주수**(float): 유동주식을 말하며, 주식시장에서 자유롭게 사고팔 수 있는 주식의 양이다. 총 발행 주식에서 자사주 등 거래가 제한된 주식을 뺀 수량이다.

- **이익 조작**(earnings management): 기업의 재무 상태를 실제보다 (대개의 경우) 좋 게 보이게 하려고 재무제표를 조작하는 행위.

- **주주잉여현금흐름**(free cash flow to equity, FCFE): 주주에게 귀속되는 현금흐름이 다. 주주에게 배당하거나 기업에 재투자할 수 있다. 가장 흔한 수식은 다음과 같다.

FCFE = 영업현금흐름 - 자본적지출

기업잉여현금흐름(Free cash flow to the Firm, FCFF)과 관련 있는데, 이는 주주와 채권자 모두에게 귀속되는 현금흐름이다.

FCFE = FCFF - (1 - 법인세율) × 이자비용

- **자본자산 가격 결정 모형**(capital asset pricing model, CAPM): 주식 투자의 수익 률과 위험을 간단한 수학 공식으로 나타낼 수 있다고 상정한 이론. 주식시장이 효율적 이라는 가설을 전제로 한다.

- **저점 매수**(bottom fishing): 특정 주식의 주가가 정확하게 저점을 찍었거나 그 언저리 에 있을 때 주식을 매수하려고 하는 행위.

- **적극적 투자**(active investing): 포트폴리오 매니저가 시장을 능가하려는 모든 투자 유

형을 일컫는다. 이와는 반대로 소극적 투자는 각종 비용과 수수료를 제하기 전 특정 지수 수익률과 같아지는 것을 목표로 한다.

- **적정 주가**(fair value): 내재가치 참조
- **중형주**(mid cap): 시가총액이 작지도 크지도 않은 기업의 주식이다. 경험법칙에 따르면 시가총액이 50~100억 달러(또는 유로) 정도 되는 기업을 통상 중형주라고 한다.
- **초소형주**(microcap): 상대적으로 시가총액이 매우 작은 기업의 주식이다. 경험법칙에 따르면 시가총액이 1억 달러(또는 유로)를 하회하는 기업을 통상 초소형주라고 한다. 일반적으로 초소형주는 아직 성장의 초기 단계에 머물러 있기 때문에 대형주에 비해 훨씬 위험하다. 또한 유동성이 매우 낮아서 적정가에 사고팔기가 어려울 수 있다.
- **추가 증거금 청구**(margin call): 증권회사가 투자자에게 차익대출(margin loans)이나 공매도와 관련해 추가적인 담보를 제공하라고 청구하는 것을 말한다. 투자자가 청구를 무시하면 증권회사는 해당 주식을 반대 매매해 위험을 제거한다.
- **투기**(speculation): 예감이나 소문, 희망, 부질없는 기대에 근거해 주식을 사고파는 걸 말한다.
- **투매**(capitulation): 보유한 주식의 주가 하락을 더 이상 견디지 못하고 투자 손실의 고통을 잊기 위해 주식을 매도하는 행위.
- **평균단가 낮추기**(averaging down): 이미 보유하고 있는 기업의 주식 가격이 하락할 때 추가로 주식을 매수해 평균 매수단가를 떨어뜨리는 행위.
- **풋/콜 비율**(put/call ratio): 시중의 풋옵션을 콜옵션의 수량으로 나눈 비율.
- **피라미드 쌓기**(pyramiding): 주가 강세가 지속될 것이라는 생각에 모멘텀 트레이더가 주가가 올라갈 때 해당 주식을 계속해서 매수해 보유 수량을 늘리는 방식을 말한다.
- **하향식 투자**(top-down investing): 경제 전반에 걸친 전망에 근거해 주식을 선별하고 포지션을 정하려는 투자 스타일.
- **해자**(competitive moat): 기업의 독점력(franchise)을 구성하는 모든 방어 수단을 포함하는 개념. 경쟁 기업이나 요구가 많은 고객과 거래처로부터 기업을 지켜줄 뿐만 아니라, 대체재의 출현도 막아준다. 대표적인 해자로 진입장벽, 제품이나 서비스의 차별성, 규모의 경제와 같이 동종 업체보다 우위에 있는 경쟁력 등을 들 수 있다.

- **현금흐름할인 모형**(discounted cash flow model, DCF Model): 어떤 자산의 내재 가치를 해당 자산이 미래에 창출할 현금흐름에 근거해서 계산하는 방법. 자산의 보유 기간 동안 창출될 모든 현금흐름의 현재가치를 합한 것이 자산의 내재가치다.

$$\text{fair value} = \sum_{i=1}^{k} \frac{(\text{cash flow})_i}{(1+r_1)^{R(i)}}$$

- **효율적 시장 가설**(effcient market hypothesis): 시장이 효율적이기 때문에 어떤 투 자자도 시장을 능가할 수 없다는 이론이다. 이를 옹호하는 사람들은, 주가와 내재가치 사이에 괴리가 발생하더라도 이성적이고 똑똑한 시장 참여자들 때문에 즉시 바로잡히 므로 시장은 언제나 효율적이라고 주장한다.

서문

1. 참고문헌 목록에 나오는 다음 책 참조. (Malkiel, 2007).

2. 다음을 포함한 다양한 출처에서 데이터를 수집함. (Covel, 2007), (Faith, 2007), (Greenblatt, 1997), (Train, 2000), (Schwager, 1992), (schwager, 2006), (Schwager, 2012).

3. 주로 표 1의 대가들로 표본을 구성했다.

4. 버핏이 초기에 올린 수익률은 명확하지 않다. 그러나 버핏은 포트폴리오 규모가 100만 달러 미만이라면 연 50% 이상의 수익률 달성도 어렵지 않다고 주장했고, 그의 초기 수익률은 실제로 놀라운 수준이었으므로, 십중팔구 수익률이 연 50%를 넘어갔을 것이다.

1장. 대가들의 투자철학과 투자 스타일

1. 다음을 참조하라. (Kahneman, 2011), (Belsky, 1999), (Zweig, 2007), (Dreman, 1998), (Montier, 2010).

2. Zweig, 2007.

3. 확증 편향은 이른바 매몰비용 효과(埋沒費用效果, sunk-cost effect)에 의해서 강화된다. 매몰비용 효과는 많은 시간과 자금을 투입한 경우, 비용이 더 발생하더라도 기존 결정을 고수하려는 경향을 가리킨다.

4. 재해를 예측하지 못한 사람들을 무능하거나 나태하다고 간주한다.

5. 그래서 똑똑한 자동차 판매원은 고객이 구입을 결심한 다음에 옵션 품목을 언급한다.

6. 다음을 참조하라. (Chancellor, 2000), (Kindleberger, 2005), (MacKay, 2008), (Katsenelson, 2007), (Mahar, 2004), (Schiller, 2005), (Smithers, 2009), (Napier, 2009).

7. 최근성 편향 탓에, 강세장에는 사람들이 약세장이 올 수 있다는 사실을 망각한다.

8. 1997년 워런 버핏의 주주 서한: "시장이 급등할 때에는 누구나 높은 수익을 얻을 수 있습니다. 폭우가 내린 뒤 연못의 수면이 높아지면, 어리석은 오리는 자신이 헤엄을 잘 쳐서 출세했다고 착각하면서 우쭐대며 꽥꽥거립니다. 그러나 생각이 바른 오리는 폭우 뒤 자신의 위치를 연못 속 다른 오리들과 비교할 것입니다."

9. 다음을 참조하라. (Dreman, 1998), (Damodaran, 2004). 데이터를 보면 어느 분야에서나 그레이엄의 생각이 옳은 것으로 나타난다. 예를 들어 (Schwager, 1992) 1901~1926년 인기가 가장 높았던 주식들은 이후 1939년 말까지 참담한 실적을 기록했다.

10. 이는 시장의 기대가 인기주에 대해서는 매우 높고 소외주에 대해서는 매우 낮은데, 인기주와 소외주 모두 회사의 실적은 평균에 회귀하는 경향이 있기 때문이다.

11. Graham, 2003.

12. Fisher, 1996.

13. 상향식 투자 문헌으로 다음을 적극 추천한다. (Rothchild, 2001), (Bolton, 2009), (Cunningham, 2001-A), (Buffett, 1997-현재), (Dreman, 1998), (Greenblatt, 1997), (Neff, 1999), (Pabrai, 2007), (Einhorn, 2008), (Cunningham, 2001-B), (Lowenstein, 1995), (Hagstrom, 2005), (Lynch, 1993).

14. Dreman, 1998.

15. 벌처투자 문헌으로 다음을 적극 추천한다. (Rosenberg, 2000), (Moyer, 2005), (Vhitman, 2009)

16. Fraser-Sampson, 2007.

2장. 스텝 1. 저평가주 찾기

1. 피터 린치는 자신이 찾아간 회사에 애널리스트가 방문한 적이 없다는 사실을 발견하면 흥분했다.

2. Siegel, 2005.

3. 증권사들이 최근 몇 년 동안 애널리스트들을 줄였으므로, 분석 대상 소형주가 대폭 감소했다.

4. 소형주, 특히 시가총액이 2억 5,000만 달러 미만인 초소형주는 초과수익을 내는 경향이 있으므로, 저평가되었을 가능성이 높다. (Damodaran, 2004)

5. 군집행동은 복잡한 문제에 직면해 불안을 느낄 때, 사람들이 군중을 따라가면 마음이 편해지는 현상을 말한다. 최근성 편향은 사람들이 최근 추세를 연장해서 예측하는 탓에 시장의 상승세와 하락세가 더 강해지는 현상을 가리킨다. 1장을 참조하라.

6. 앤서니 볼턴에 의하면, 반감주를 확인하는 훌륭한 지표는 분석을 담당하던 마지막 애널리스트마저 분석을 포기하는 것이다.

7. 기관이 가장 많이 매도한 주식에서 초과수익이 나오는 경향이 있다. (Montier, 2010)

8. (Montier, 2010), (Kahneman, 2011).

9. Schwager, 2012

10. 사우스웨스트항공의 기본을 탁월하게 설명한 자료로 다음을 참조하라. (Freiberg, 1996).

11. Schwager, 2012.

12. Lynch, 1993.

13. 템플턴은 9.11 테러 후 첫 개장일인 2011년 9월 17일 주가가 50% 이상 폭락한 저PER 항공주에 분산투자했다.

14. 조엘 그린블라트는 특수상황 주식의 파생상품에 투자하면 (위험은 더 크지만) 더 높은 수익을 얻을 수 있다고 말한다. 대부분 옵션 투자자들은 특수상황 주식에 관심을 기울이지 않기 때문이다. 가장 안전하고 매력적인 파생상품은, 만기가 매우 길어서 촉매가 작용하고 나서 시장의 관심을 충분히 끌어 모을 수 있는 파생상품이다. 예를 들면 LEAPS(Long-Term Equity Anticipation Securities, 만기가 약 2.5년인 장기 옵션)와 워런트(Greenblatt, 1997)이다.

15. Klarman, 1991.

16. 채권이나 우선주도 불안해서 서둘러 처분하려는 사람들이 많으므로, 주식 못지않게 매력적인 투자 대상이 될 수 있다.

17. 미국에서는 SEC Form 10 등 공개 자료를 통해서 (특히 처음 몇 페이지에서) 각 분사 자회사의 정보를 찾아볼 수 있다.

18. 그 반대가 자회사 공개(子會社公開, equity carve out)로서, 일반 대중에게 자회사 주식을 판매하는 방식이다. 자회사 공개는 일반 기업공개(IPO)이므로 별다른 매력이 없다. 다만 (예컨대 곤경에 처한 기업이 재정 부담을 덜려고) 어쩔 수 없이 하는 자회사 공개라면 매력적일 수도 있다.

19. Greenblatt, 1997.

20. Drobny, 2009.

21. 원자재나 주식의 장기 순환주기는 대개 10~20년이다. 장기 순환주기 안에서도 가격은 몇 년 단위로 오르내린다. 장기 강세장에서는 가격이 장기 추세에 따라 더 올라간다. 장기 박스장에서는 주가가 횡보하고, 장기 약세장에서는 주가가 하락한다.

22. Schwager, 2012.

23. 예를 들어 셸비 데이비스는 가장 두려운 경쟁자를 알아내려고 다음과 같은 질문을 던진다. "지금 총알 한 발을 쏠 수 있다면, 어느 경쟁자를 죽이고 싶습니까?" (Rothchild, 2001).

24. 미국 등 일부 국가에서 내부자는 단기 매매차익을 얻을 수 없으므로, 장기 전망이 밝다고 믿을 때에만 매수하게 된다.

25. 래코니쇼크의 연구에 의하면, 대기업은 NPR이 높든 낮든 주가 상승률에 차이가 거의 없다.

26. Heins, 2013.

27. 일부 대가들은 경영진이 교체되면 불확실성이 증가하므로 매도해야 한다고 주장한다. 예를 들어 프레더릭 코브릭은 경영진이 교체되는 주식은 항상 매도했다. (Kobrick, 2006)

28. 채권에서도 발행자의 부도나 신용등급 하락에 의해 대량 매물이 출회될 수 있다. 부동산 경기가 냉각되면 은행들이 압류 부동산의 담보권을 실행하는 과정에서 부동산 매물이 대량으로 출회되기도 한다.

29. 명성 높은 기관투자가의 지분이 높다면, 이는 저평가되었다는 강력한 신호가 될 수 있다. (B. I.1.e 참조)

30. 블루칩은 시가총액이 매우 큰 주식을 가리킨다.

31. Templeton, 2008.

32. 호감주의 주가는 대개 지나치게 높아서, 영업 실적이 시장의 낙관적 기대를 충족시키더라도 높은 투자수익을 얻기 어렵다.

33. Montier, 2010.

34. 애널리스트가 제시하는 장기 이익성장률 추정치가 최근 이익성장률보다 훨씬 높은 종목은 시장수익률을 대폭 밑도는 경향이 있다.

35. Train, 2000.

36. 제러미 시겔의 연구에 의하면, 1957~2007년 금융이나 정보기술 등 고성장 업종의 수익률은 S&P500에 못 미쳤다. (Siegel, 2005)

37. Damodaran, 2004.

38. 예컨대 88쪽에서 설명한 '국유기업을 민영화하는 기업공개'는 예외가 된다.

39. 글렌 그린버그 같은 대가는 공매도 전문가들과 대화할 때 매우 값진 정보를 얻게 된다고 말한다. 그가 경험한 바로는 공매도 전문가들의 분석이 일반 투자자들보다 훨씬 뛰어나다.

40. 리먼 브라더스 CEO는 시장에 나쁜 신호를 보낼 우려가 있으므로 경영진에게 자사주 매도를 자제하라고 했다. (Weiss, 2012)

41. 지수에는 주로 시가총액이 크고 유동성이 풍부한 종목이 편입된다. 따라서 최근 다른 종목보다 시가총액이 빠르게 증가한 종목이 대개 지수에 편입된다.

42. 워런 버핏 같은 대가는 오랜 기간 이런 차익거래로 큰 성공을 거두었다.

43. Staley, 1997.

44. 환매수청산은 공매도자가 더는 주식을 빌릴 수 없을 때, 시장에서 주식을 사서 상환하는 행위를 말한다.

45. 연구에 의하면, 공매도 비율이 5%를 초과하는 종목은 1976~1990년 수익률이 시장지수보다 훨씬 낮았다. 그러나 공매도 비율이 15%를 초과하는 종목은 환매수청산 위험이 커 보인다.

46. Stanley, 1997.

47. 같은 책.

48. 데이비드 스웬슨에 의하면, 20세기 초 이후 전쟁이나 국유화 때문에 주식시장이 일시적으로나마 폐쇄되었던 신흥국이 36개 국가 중 절반이 넘었으며, 100년이 지난 지금도 여전히 신흥국인 나라가 거의 절반이다 (Swensen, 2005).

49. 신흥국 주식은 더 위험하므로, 성장률이 비슷한 선진국 주식보다 더 낮은 가격에 거래되어야 마땅하다.

50. 예를 들어 1998년 말레이시아처럼 일부 국가에서는 갑자기 외환거래를 규제해 외국인 투자자들의 자본 유출을 막기도 한다. 따라서 해당 국가에서 과거에 이런 사례가 발생했는지 확인해볼 필요가 있다.

51. Drobny, 2009.

52. 예를 들어 코카콜라 같은 다국적 기업의 현지 파트너는 상대적으로 안전하다. 경험과 자금력이 풍부한 다국적 기업의 지원을 받기 때문이다.

53. Schwager, 2012.

54. 미국에서 운용자산 1억 달러가 넘는 투자자는 SEC에 분기마다 13-F 보고서를 제출해야 한다. 그러나 이런 보고서는 대개 실제 거래 시점에서 상당 기간이 흐른 뒤에 공개된다.

55. 쇼핑몰에서 가장 흥미로운 매장은 대개 최상층에 있다. 고객들이 최상층까지 올라오면서 최대한 많은 매장을 둘러보게 하려는 의도다.

3장. 스텝 2. 펀더멘털 분석

1. 대가들은 자신이 우월한 지식과 역량을 갖춘 분야에 관심을 집중하라고 거듭 충고한다. 이렇게 '능력 범위'에 집중하면 일반인들에 대해 상대적 우위를 차지할 수 있다. 피터 린치는 말한다. "보험 전문가는 보험 분야에서 우위를 활용해야 한다. 보험주를 기피하고 자신이 전혀 모르는 철도회사나 폐기물처리기업 주식을 사면 안 된다. 쇼핑몰 종업원들도 내부자로서 우위를 활용할 수 있다. 쇼핑몰의 일상 흐름을 파악할 수 있으며, 동료들로부터 어떤 매장이 흥하거나 망하는지 들을 수 있기 때문이다." (Lynch, 1993)

2. 예를 들면 다음과 같다. (Epstein, 2005), (Friedlob, 2001), (Bernstein, 2000), (Bragg, 2007), (Fridson, 2002), (Heiserman, 2004), (White, 2003).

3. 서로 다른 회사의 재무제표를 비교할 때에는 회사별 회계기법 차이를 보정해야 한다. 예컨대 일회성 항목의 처리 방식이나, 합병 등 주요 사건을 처리하는 방식에 차이가 있는지 확인해서 보정해야 한다.

4. 이익률을 비교하려면 비즈니스 모델과 제품 믹스가 똑같은 기업을 비교해야 한다. 그러나 이런 기업을 찾기는 쉽지 않으므로, 이익률을 비교할 때에는 ROIC도 함께 고려해야 한다.

5. 그러나 경기 회복기에는 이익률이 낮은 기업의 실적이 훨씬 가파르게 상승한다.

6. 버핏은 1987년 주주 서한에서 다음과 같이 말했다. "두 가지 탁월한 경제성 기준을 충족한 기업(1977~1986년 10년 동안 ROE 평균이 20%를 초과하면서, 15% 밑으로 내려간 적이 없는 기업)은 1,000개 중 25개에 불과합니다. 이런 슈퍼스타 기업은 주가도 슈퍼스타였습니다. 지난 10년 동안 주가 상승률이 S&P500 수익률을 초과한 기업이 25개 중 24개였습니다. 이 〈포춘〉 슈퍼스타들은 두 가지 면에서 놀랍습니다. 첫째, 대부분 이자 지급 능력이 뛰어난데도 부채를 거의 사용하지 않습니다."

7. 일부 사모투자자는 차입매수(인수 대상 기업의 자산을 담보로 자금을 빌려 기업을 인수하는 기법)를 활용하기도 하지만, 일반 투자자들이 모방할 수 있는 기법은 아니다.

8. 다음을 참조하라. (Mulford, 2002), (O'Glove, 1987), (Schilit, 2002)

9. 벤저민 그레이엄과 월터 슐로스 등의 심층가치 투자 스타일은 객관적이고 정밀한 재무제표 분석에 중점을 둔다.

10. 사람들 대부분이 전문 서비스 회사들의 데이터를 사용한다면, 손수 데이터를 뒤져서 독특한 정보를 찾아내는 투자자는 새로운 기회를 만들어낼 수도 있다.

11. Porter, 1980.

12. 같은 책.

13. 그래도 기술 분야에 관심이 있다면 제프리 무어(Geoffrey A. Moore)의 책을 참조하라. (Moore, 2006), (Moore, 2005).

14. 모니시 파브라이는 장례서비스 회사의 가치가 현금흐름의 3배 이상이라고 판단해 스

튜어트 엔터프라이즈(Stewart Enterprises)에 투자했는데, 2001~2002년 몇 개월 만에 100% 수익을 얻었다.

15. 실적이 없는 벤처기업은 매우 위험하므로 전문 사모투자자들에게 맡겨두는 편이 낫다. 매우 유망한 벤처기업이라면 일반인들에게는 투자 기회가 좀처럼 오지도 않는다.

16. 간단하게 조사하려면 회사의 시장점유율을 직접 경쟁사나 업계 평균과 비교해보면 된다.

17. (Porter, 1980), (Porter, 1985).

18. 워런 버핏은 1982년 주주 서한에서 동질재 사업의 성패는 수요와 공급 상황에 좌우된다고 말했다. "'원자재형 제품'을 판매하는 대다수 기업은 고전할 수밖에 없습니다. 만성적인 과잉 설비 상황에서 가격이나 원가를 관리하지 못하면 수익성이 좋을 수가 없으니까요. 이런 산업의 장기 수익성을 최종적으로 결정하는 요소는 '공급 과잉 햇수 대비 공급 부족 햇수의 비율'입니다. 흔히 이 비율은 형편없이 낮습니다."

19. (Blanchard, 1998), (Collins, 2002), (Collins, 2001), (Peters, 2006).

20. Freiberg, 1996.

21. 인적자원관리의 중요성에 관해서는 다음 책을 참조하라. (Sartain, 2003), (Harrison, 2007).

22. Miles, 2002.

23. 사업부 규모에 이른바 매직 넘버가 있는데, 153이다. 직원이 153명 이하이면, 사람들이 관리계층의 영향을 크게 받지 않으면서 편안한 분위기에서 열정적으로 일할 수 있다. 그러나 153명을 넘어가면 사업부 관리에 계층과 공식 절차가 필요해진다.

24. 효과적인 마케팅에 관해서는 다음 책을 참조하라. (Bedbury, 2002), (Cialdini, 2009), (Godin, 2003), (Pine, 1999).

25. Miles, 2002.

26. Gerstner, 2003.

27. Godin, 2003.

28. 워런 버핏과 피터 린치 등 대가들은 R&D에 지나치게 의존하는 기업은 불확실성이 크다고 보아 기피한다. 대형 제약회사처럼 안정적인 기업이라면 R&D 비중이 크더라도

걱정하지 않지만, 소형 바이오 기업이나 기술회사처럼 몇몇 제품에 존망이 좌우되는 기업에는 투자를 꺼린다.

29. Koller, 2005.

30. 혁신에 관해서는 다음 책을 참조하라. (Drucker, 1993), (Berkun, 2007), (Christensen, 2003), (Kelly, 2001), (Rogers, 2003), (Schrage, 2000), (Gladwell, 2002), (Peters, 2003), (Kim, 2005), (Utterback, 1994).

31. Gerster, 2003.

32. Peters, 2006.

33. Freiberg, 1996.

34. 독점력을 보유한 기업은 가격을 쉽게 인상할 수 있다.

35. 일반 투자자는 벤처캐피털을 모방하기 어렵다는 사실을 기억하기 바란다.

36. 성장에 관한 논의는 다음 책을 참조하라. (Flamhlotz, 2007).

37. Heins, 2013.

38. Dreman, 1998.

39. Porter, 1980.

40. (Kouzes, 2007), (Drucker, 2006), (Pfeffer, 2000), (Collins, 2001), (Buckingham, 1999), (Pfeffer, 2006), (Pfeffer, 2007), (Taylor, 2006), (Peters, 1994), (George, 2003), (Branson, 1998), (Welch, 2005), (Gerstner, 2003), (Schultz, 1997), (Walton, 1992), (Miles, 2002).

41. Freiberg, 1996.

42. 낭비벽이 심한 경영자 중에는 독선적인 사람이 많다.

43. Pfeffer, 2006.

44. Miles, 2002.

45. 피터 린치는 말했다. "회사 사무실이 화려할수록, 경영진은 주주들에 대한 보상에 인색하다." (Lynch, 1993)

46. Pfeffer, 2006.

47. 다음을 참조하라. (Hamel, 1996), (Ries, 1996).

48. 경쟁사들 사이에 비즈니스 모델과 전략이 똑같다면, 운영 효율성으로 승부를 벌일 수밖에 없다. 그러나 경쟁사들은 정보, 장비, 수단도 비슷하므로 운영 효율성으로 앞서가기가 쉽지 않다.

49. Ries, 1996.

50. 장기 주주들을 깊이 배려하는 워런 버핏은 다음과 같이 말했다. "우리는 버크셔 주가가 지나치게 상승하는 것을 원치 않습니다. 대신 내재가치를 중심으로 좁은 범위에서 거래되기를 원합니다. (그러나 내재가치는 합리적인 속도로 증가하기를 희망합니다. 터무니없이 증가하면 더 좋고요.) 찰리와 나는 우리 주식이 대폭 과대평가될 때에도 대폭 과소평가될 때만큼 고민스럽습니다. 어느 쪽으로든 주식이 극단적으로 평가받게 되면, 주주들이 얻는 실적이 버크셔의 사업 실적과 크게 달라지기 때문입니다. 반면에 버크셔 주가가 내재가치를 일관되게 반영한다면, 주주들은 주식을 보유한 기간에 회사가 올린 사업 실적과 비슷한 투자실적을 얻게 될 것입니다."

51. 훌륭한 경영자는 지나친 낙관주의를 경계한다. 자기만족, 과도한 위험 감수, 경쟁자 과소평가로 이어질 수 있기 때문이다.

52. Staley, 1997.

53. 감사위원회에 상근이사가 참여하지 않으며 감사위원회가 연 2회 이상 개최된다면, 이런 회사의 실적은 수정되는 사례가 드물다.

54. 러셀 윌킨스(Russell Wilkins)에 의하면, 경영자의 말보다는 과거 행동이 그의 미래 행동 예측에 더 유용한 지표가 된다.

55. Schwager, 2012.

56. 대가들 모두가 소문 조사를 투자에 필수적이라고 믿는 것은 아니다.

57. 판매부서나 경쟁사로부터 고객, 직원, 공급업체 등에 관한 정보를 얻을 수 있다.

58. 예컨대 CEO와 대화할 때 그동안 수집한 경쟁사에 관한 정보를 먼저 제공하면, CEO도 유용한 정보를 제공하기 쉽다.

59. Mandelman, 2007.

60. 기업이 일부 업무를 외부 업체에 맡긴다면, 그 외부 업체에서 정보를 입수한다.

4장. 스텝 3. 도전! 밸류에이션

1. 기본적인 회계 지식이 부족하다고 느끼는 독자는 다음의 책을 참고하기 바란다. (Epstein, 2005), (Friedlob, 2001), (Bernstein, 2000), (Bragg, 2007).

2. DCF와 관련한 자세한 내용은 (Koller, 2005)와 (Damodaran, 2006)을 참고하기 바란다.

3. Mauboussin, 2006.

4. 마이클 프라이스는 제약회사의 밸류에이션을 보수적으로 한다. 예를 들어 85%의 이윤 폭을 가정하고 각각의 약품들에 남아 있는 특허 기간을 감안하는 식으로, 제약회사가 판매하는 약에 기초한 밸류에이션을 한다.

5. (Lynch, 1993)과 (Lynch, 1989) 참조.

6. (Damodaran, 2004) 참조.

7. (Damodaran, 2004) 참조.

8. 성장용 자본적 지출(capex생장)은 현상유지용과 성장 목적용 사이에서 경험적으로 판단해야 한다. 성숙 기업일 경우 성장용 자본적 지출은 무시해도 되는 수준이다.

9. Dreman, 1998.

10. O' Shaughenessy, 2005.

11. 많은 애널리스트가 EV를 계산할 때 현금 전체를 빼는데, 여유 현금(즉, 일상 업무에 필요하지 않은 현금)만 빼는 게 좋다. 왜냐하면 기업의 일상 업무에 필요한 현금은 기업 인수자가 마음대로 쓸 수 있는 자금이 아니기 때문이다. 분자에서 여유 현금을 빼는 두 번째 이유는 여유 현금의 혜택이 EV/EBIT의 분모에 포함되어 있지 않다는 점이다.

12. Koller, 2005.

13. 수식을 g에 관해 미분하면 아래와 같은 수식을 얻는다.

$$\frac{\delta}{\delta g}\left(\frac{EV}{EBIT}\right)_{fair} = \frac{1-T}{ROIC} \times \frac{ROIC-WACC}{(WACC-g)^2}$$

이 도함수가 양수, 즉 g값이 커짐에 따라 이자 및 세전이익 대비 기업가치가 커질 수 있는 경우는 오직 투하자본수익률이 가중평균자본비용보다 클 경우(ROIC 〉 WACC)뿐이다.

14. (Damodaran, 2004)과 (O' Shaughenessy, 2005) 참조.

15. 경제적 영업권을 회계처리하는 것은 별 의미가 없다. 단지 기업이 다른 기업을 인수할 때 적정가 이상으로 지불한 금액을 기록할 뿐이기 때문이다. 쇠퇴해가거나 재정건전 성이 형편없어 청산가치를 통해 기업가치를 판단해야 하는 기업의 경우, 영업권이나 다른 무형자산에 의미 있는 가치가 남아 있다고 보기 힘들다. (Jean-Jacques, 2003) 참조.

16. (Jean-Jacques, 2003)와 (Greenwald, 2001) 참조.

17. 이들 자산은 재무상태표에 나타나는 영업권을 비롯한 다른 무형자산과 전혀 관계없 다. 영업권이나 재무상태표상의 다른 무형자산들은 기업이 수년에 걸쳐 쌓아 올린 무 형자산의 진정한 가치와 거의 무관하기 때문에 대체가치 계산에서 제외한다.

18. Templeton, 2008.

19. 그레이엄-도드 접근 방식은 새롭게 업데이트되었다. (Greenwald, 2001)과 (Calandro, 2009) 참조.

20. 이렇게 함으로써 (여유 자금 – 부채) 항이 성장률 R로 영원히 성장한다고 암암리에 가 정한다.

21. Templeton, 2008.

22. Kobrick, 2006.

23. (Lynch, 1993)와 (Lynch, 1989)참조

24. (Train, 2000)과 (Ross, 2000)

25. O' Neill, 2002.

5장. 투자 과정에서 저지르는 흔한 실수와 이를 피하는 방법

1. 이 책의 서문에서 봤듯이 투자 스타일과 전혀 다른 방법으로도 시장을 능가할 수 있다. 여기서는 자신의 투자철학이나 스타일, 시장 접근 방법을 명확하게 설명하지 못하거 나, 왜 자신이 시장보다 유리한 입장에 있는지도 설명하지 못해 표류하는 문제를 지적 하는 것이다.

2. 어떤 트레이더는 주식을 고를 때 펀더멘털을 고려한다. 하지만 주식의 매매는 순전히

트레이딩 신호를 따르지, 내재가치를 고려하지 않는다. 윌리엄 오닐(William O'Neil) 을 예로 들 수 있는데 이른바 캔슬림 방식(CANSLIM approach)을 사용한다(O'Neil, 2002). 오닐은 펀더멘털이 튼튼하면서 주가 움직임이 활발한 주식을 찾아 모멘텀 신호 에 따라 주식을 매매한다.

3. (Dreman, 1998)과 (Damodaran, 2004) 참조.

4. Kahneman, 2011.

5. Zweig, 2007.

6. Weiss, 2010.

7. 주식 분할은 가치를 창출하지 않는다. 주식을 분할해도 기업 전체의 가치에는 변함이 없다. 주식의 내재가치 역시 분할한 비율대로 줄어들었을 뿐이다. 분할 이전에 주가와 내재가치 사이에 차이가 있었다면 분할 이후에도 차이는 그대로다.

8. Fisher, 1996.

9. 존 템플턴은 바하마에 위치한 나소로 이사했고, 워런 버핏은 네브래스카 주 오마하에 본사를 뒀다. 버나드 바루크는 현장과 너무 가까우면 집중력과 규율이 떨어진다며 월 스트리트에서 멀리 벗어났다.

10. 짐 차노스에 따르면, 공매도자가 독립성을 유지하기란 매수 포지션만 유지하는 투자 자보다 훨씬 어렵다. 왜냐하면 공매도자는 언론이 쏟아내는 각종 낙관적인 전망을 견 디면서 자신의 투자 논리를 고수해야 하기 때문이다.

6장. 주식의 여러 유형별 거래 방법

1. Porter, 1980.

2. 벤처회사에 투자하는 사모펀드 전문 투자자들은 주로 비상장 주식을 매입해 기업의 운 영을 돕는다.

3. 피터 린치는 평균 이하나 매우 저조한 수익을 경험한 80%의 투자 실패를 만회하고도 남은 약 20%의 종목에서 거둔 경이로운 성공으로 자신의 성공 비결을 설명했다.

4. 어떤 기업들은 심지어 경기민감 성장주(cyclical growers)로 불리기도 한다. 경기에 민

감한 산업 분야에서 고속 성장하는 기업들이다. 해당 산업 분야의 침체기가 끝나면 이들 기업은 자신들이 종전에 세웠던 수익과 매출의 최고 기록을 갈아치우며 경쟁 업체보다 앞서간다.

5. 슐츠, 1997.

6. 코카콜라가 좋은 예다. 1919년부터 1938년까지 고속 성장기를 경험한 코카콜라는 약 연 26%의 성장률을 기록했지만 1938년부터 1993년 사이의 성숙 단계에서는 12.4%를 기록했다.

7. 파산한 회사가 신규 발행하는 주식을 예로 들 수 있다. 기업은 이렇게 조달한 자금으로 채권자의 요구를 충족해주고 기업 활동을 이어갈 수 있다.

8. Templeton, 2008.

9. Risso-Gill, 2011.

7장. 주식을 사거나 팔 때 고려해야 할 일반 원칙들

1. Heins, 2013.

2. Tier, 2005.

3. Train, 2000.

4. Kobrick, 2006.

5. 같은 책.

6. 이 문제는 대규모 포트폴리오를 운용하는 투자 전문가에게 더 중요한 의미를 지닌다. 이들이 보유한 특정 주식의 수량은 주식시장에서 거래되는 일일거래량보다 훨씬 많을 수 있어 일정 기간에 걸쳐 주식을 분할 매도해야 하는 경우가 종종 있기 때문이다.

7. (Easterling, 2005), (Katsenelson, 2007), (Schiller, 2005).

8. Templeton, 2008.

9. 공매도는 고객에게 차를 팔고 나서 자동차회사에 주문을 넣어야 하는 자동차 영업사원과 비슷하다. 고객이 자동차 구매계약서에 서명할 때 자동차 영업사원은 자동차를 공매도하는 것이다.

10. 벤저민 그레이엄은 자신이 공매도한 주식 4개 중 1개꼴로, 열정이 지나친 다른 투자자들이 주가를 하늘 높이 끌어올리는 바람에 실패했던 경험을 말한 적이 있다.

8장. 호황과 불황, 경기 순환점을 알려주는 지표들

1. 주식시장의 주기를 깊이 있게 다룬 아래의 책들을 참고하기 바란다. (Easterling, 2005), (Katsenelson, 2007), (Schiller, 2005), (Smithers, 2009), (Napier, 2009).
2. Lynch, 1989.
3. Dreman, 1998.
4. 역설적으로 들릴 수도 있지만 단기에 별로 쓸모없는 밸류에이션이기에 장기에는 매우 효과적이다. 어떤 예측 변수가 시장의 단기 움직임을 잘 맞힌다고 알려지면 빠르게 인기를 얻어 결국에는 예측력을 잃게 될 것이다.
5. 워런 버핏은 1990년대 후반, 시장 전반에 만연한 당시의 이자율이 영원히 계속되기만 한다면 주가배수가 높지 않다고 했다. 하지만 이자율이 영원히 지속된다는 가정은 역사적으로 말이 안 되는 것이었기에 주식시장은 지나치게 과열되어 있었다.
6. 불안정한 국가처럼 경제성장의 변동성이 큰 경우나 중국 같은 신흥국 경제처럼 지속되기 힘든 고성장 경제에는 FCF, GDP, E의 추세선에 근거한 밸류에이션이 그다지 쓸모가 없다. 왜냐하면 이런 경우는 과거의 성장률을 근거로 미래의 성장률을 예측한다는 것이 매우 위험할 수 있기 때문이다. 이럴 때는 앞에서 다룬 PBR 또는 주가대체가치배수(price-to-replacement value)처럼 경제나 주식시장의 기저에 깔려 있는 자산가치에 근거한 밸류에이션이 보다 적절하다.
7. Schiller, 2005.
8. 여기서 '실질'이란 현재 화폐가치로 환산했다는 의미다. 달리 말하면 실질 이익이란 이익이 발생한 그 당시에 실제로 지녔던 가치, 이를테면 실질 구매력을 의미한다.
9. Brooks ratio가 한 예다. 2,500개 기업 자료를 토대로 계산한 비율이다. 비율이 40% 이하면 내부 매수자가 매도자보다 많고 시장 전망은 강세장이라는 의미다. 60% 이상이면 전망은 약세장이다.

10. Fisher, 2007.

11. 워런 버핏은 현금을 행사 가격과 만기가 없는, 모든 자산에 대한 콜옵션이라고 생각한다.

12. Risso-Gill, 2011.

13. 이런 이유로 옵션의 가격으로 투자 심리를 가늠할 수 있다. 풋옵션이 비싸면 공포감이 팽배해 있다는 의미여서 강세장을 예상할 수 있고, 반대로 풋옵션이 싸면 낙관주의가 시장을 지배해 곧 약세장을 예상할 수 있다.

14. 그런 경우에도 적기를 포착하는 게 중요하다. 줄리언 로버트슨과 조지 소로스는 1990년대 후반, 이른바 '신경제(new economy)' 주식을 공매도했다. 시장의 거품이 5년이나 지속되면서 두 사람은 막대한 손실을 입었다. 반면 존 템플턴은 촉매를 눈여겨봤기 때문에 성공을 거뒀다. 2000년, 존 템플턴은 여러 기술주의 집합을 공매도했는데, 이 주식들은 매도 제한 기간이 풀리기 직전까지 주식공개 때의 주가 대비 3배까지 올라 있었다. 템플턴은 일단 매도 제한이 풀리면 내부자들이 천정부지로 치솟은 주식을 팔 거라고 예상했기 때문에 이들 기술주들이 특히 위험하다고 봤다.

15. Graham, 2003.

16. 앞서 소개했듯이, 세스 클라먼은 거품에 뛰어들기를 거부했기 때문에 1990년대 후반 수년 동안 저조한 실적을 감내해야 했다. 하지만 2000년대 초반 거품이 터지자 규율 있는 행동을 크게 보상받았다.

17. 포커 게임도 이와 유사하다. 탁월한 도박사는 확률 이론을 이용해 어떤 선택과 수가 돈을 벌 확률이 가장 큰지 계산한다. 최고의 도박사들이 사용하는 결정 과정이 아무리 뛰어나다 해도 포커 게임을 매번 이길 수는 없다. 하지만 같은 과정을 일관되게 적용한다면 장기간에 걸쳐 좋은 결과를 기대할 수 있다.

9장. 주식을 사고팔 때 흔히 저지르는 실수

1. 독자들에게 충격일 수도 있겠지만 최고의 기술적 분석 트레이더들도 똑같이 말한다.

2. Fisher, 1996.

3. Lynch, 1993.

4. 워런 버핏이 반문했다고 한다. "기업의 CEO가 이런 말을 하면서 이사회더러 탁월한 실적을 내는 자회사를 팔아버리라고 종용하는 걸 상상이나 할 수 있나요?" (Cunningham, 2001-A) 사실 주식 거래 대금을 차입한 많은 트레이더와 투자자들이 차익을 실현하느라 상승주를 매도해버려서 실패했다. 누구든 포트폴리오에는 상승주와 하락주가 있기 마련이다. 가장 성공적인 트레이더나 투자자들의 실적은 상당한 정도로 오랫동안 보유한 소수의 상승주 덕분이다. 상승주를 습관적으로 팔아대면 스스로 수익 증가의 기회를 제한하는 꼴임을 명심해야 한다. 포트폴리오 전체의 실적은 점점 평균 이하의 성과를 거두는 하락주를 따라갈 것이다. 차입해서 투자하는 경우엔 파멸을 초래할 수도 있다.

5. Mauboussin, 2006.

6. Siegel, 2005.

7. Templeton, 2008.

8. Train, 2000.

9. Cunningham, 2001-A.

10. Schwager, 2012.

11. Fisher, 1996.

12. Reinhart, 2009.

10장. 대가들의 위험 관리 기법

1. 대가들은 위험을 정교한 모형으로 확실하게 계산할 수 있다고 생각하지 않는다. 인간 행동이 지배하는 시장의 위험은 컴퓨터가 아니라 인간이 실시간으로 판단해야 한다는 것이 대가들의 생각이다.

2. 예를 들어 50% 손실을 회복하려면 100% 수익을 내야 한다. 90% 손실을 회복하려면 1,000% 수익률이 필요하다.

3. 워런 버핏에 의하면 고객들에게 먼저 양해를 구해야 한다. 1964년 포트폴리오의 40%를 아메리칸익스프레스에 투자하기 전, 버핏은 투자조합에 참여한 투자자들에게 원하

면 자금을 인출해 가도 좋다고 미리 알려줬다.

4. 특정 산업 분야에 깊은 지식이 있다면 여러 산업 분야로 다각화하는 건 배제할 수 있다. 셸비 데이비스는 보험업계를 매우 잘 알았기 때문에 주로 보험회사에 투자했다.

5. 리츠(REITs)는 집, 아파트, 상업용 부동산, 쇼핑몰 등으로 구성되며 부동산 전문가들이 운용한다.

6. Schwager, 2012.

7. 세스 클라먼에 의하면, 현금은 절대로 원초적인 위험(명목가치가 하락하는 위험)이나 유동성 위험(필요할 때 사용할 수 없는 위험)에 노출되어서는 안 된다. 현금은 세상에서 가장 안전한 은행의 계좌에 보관해야 한다. 아니면 가장 높은 등급과 유동성을 지닌 채권에 투자해야 한다. 이는 당연히 가장 낮은 채권수익률을 의미한다. 괜찮은 수익률을 제공하는 채권은 시장이 어려울 때 손에 들고 있을 만한 투자처가 못 된다.

8. (Siegel, 2005), (Fisher, 2007), (Browne, 2007) 참조.

9. Templeton, 2008.

10. 헤지펀드매니저 나심 니콜라스 탈렙(Nassim Nicholas Taleb)은 아주 드문 사건에 대비한 증권이나 여타 금융상품을 매수해 막대한 보상을 받을 수 있다는 생각을 신봉하는 사람이다. 이런 상품들은 평소엔 극도로 저평가되기 마련인데, 사람들 대부분은 신흥국이 채무불이행을 선언하거나(1998년 러시아), 전 세계적인 신용위기(2008년 세계 금융위기)같이 드문 일이 일어날 거라고 생각하지 않기 때문이다.

11. 대표적인 예가 부채담보부채권(Collateralized Debt Obligations, CDO)으로, 2008~2009년 세계 금융위기가 터지기 직전까지 인기를 끌었다. CDO는 최상의 신용등급을 강조하며 현금성 자산으로 홍보되었다. 전통적인 단기 금융시장(money market) 상품보다 약간 높은 수익률이 가능했다. 하지만 2008~2009년 경제위기가 터지면서 미국의 주택시장이 무너지자 CDO의 가치 또한 급전직하했다.

11장. 대가들을 지탱하는 3개의 기둥

1. 대가와 트레이더들이 주식시장에서 성공하려면 꼭 있어야 한다고 꼽는 소프트 스킬은 똑같다. 최고의 트레이더들이 썼거나 그들을 다룬 책으로 독자들이 참고할 만한 책들은 다음과 같다. (Boik, 2004), (Boik, 2006), (Schwager, 2006), (Schwager, 1992), (Covel, 2007), (Darvas, 2007), (Faith, 2007), (Lefevre, 2006), (Livermore, 2001), (Loeb, 2007), (O' Neil, 2002), (Ross, 2000), (Sperandeo, 1997), (Morales, 2010).

2. (Chancellor, 2000), (Kindleberger, 2005), (MacKay, 2008), (Reinhart, 2009) 참조.

3. Weiss, 2012.

4. 많은 투자자들이 이것을 잘 이해하지 못한다. 예컨대 의사들이 헬스케어 부문 주식은 무시한 채 화려한 기술 관련주를 거래하는 식이다.

5. 자료 출처는 버크셔 해서웨이의 주주 서한이다. (Graham, 2003)과 (Greenblatt, 1997)를 참조하기 바란다. S&P500 지수는 배당금을 다시 합산한 수치다.

6. 대가들의 뛰어난 실적 중 적어도 일부분은, 대가들이 대중매체를 통해 자신의 투자 동향을 밝혀 시장을 자신이 원하는 방향으로 이끌어갔기 때문이라는 생각이 널리 퍼져 있다. 하지만 진실은 대가들은 언론을 피하고 싶어 한다는 점이다. 가장 좋은 예가 공매도하는 투자자들이다. 다수의 사람들은 공매도자들이 자신의 공매도에 많은 사람들을 참여시켜 시장을 끌어내리려 한다고 해서 이들을 싫어한다. 하지만 실제는 이와 다르다. 현명한 공매도자들은 언론에 노출되거나 공시하는 걸 꺼린다. 잘못하면 공매도 투자가 문제에 봉착할 수 있기 때문이다.[예를 들어 환매수청산이 일어날 수 있다. 기업의 외부 세력이 기업을 인수하는 바이-아웃(buy-out)과 반대로, 주가가 떨어진 기회를 이용해 내부자들, 이를테면 현 경영진이 외부의 도움을 받아 주식을 매수해 지분을 늘리거나 아예 상장폐지하는 경우를 가정할 수 있다.- 역자 주]

7. 이런 투자 전략가나 경제학자들 중에는 자금을 운용하는 사람이 거의 없다. 한다 해도 성공하는 경우가 거의 없다. 이런 사람들은 대중매체에서 인기를 끌며, 자신의 견해가 맞아떨어지는 때는 수많은 강연을 하느라 바쁘다.

8. 복리의 힘은 '70의 법칙'이라고 불리는 간단한 법칙으로 확인할 수 있다. 최초의 금액이 특정한 이율로 2배가 되기 위한 기간 L을 계산하는 법칙인데 다음처럼 나타낼 수 있다.

$$L = 70/r\%$$

여기서 L은 금액이 2배 되는 기간, r은 금액이 늘어나는 연복리 이율로 %로 표시한다. 다음 수식을 L에 관해 풀면 된다.

$$(1 + 0.01 \times r\%)^L = 2$$

다시 쓰면 $\ln(1 + 0.01 \times r\%) \approx r\%/100$, 따라서 $L = 100 \times \ln(2)/r\% \approx 70/r\%$의 결과를 얻을 수 있다.

70의 법칙에 의하면 최초의 금액을 2배로 늘리는 데 필요한 시간은, 이율이 각각 5%, 10%, 15%, 20%, 25%, 30%일 때 14년, 7년, 4.5년, 3.5년, 3년, 2.5년이다.

9. (MacKay, 2008) 참조.

10. 앞서 인용한 워런 버핏의 말을 보면 지능지수 125면 충분하다. 보통 사람들의 평균적인 지능지수 100보다 훨씬 높은 것에 주목하라. 이걸 보면 버핏은 간접적으로 투자에 성공하려면 평균 이상의 지능이 필요함을 인정한 셈이다.

- (Baruch, 1957) Baruch, B. M., *My Own Story*, Buccaneer Books, 1957.

- (Bedbury, 2002) Bedbury, S., *A New Brand World*, Penguin Books, 2002.

- (Belsky, 1999) Belsky, G. and Gilovich, T., *Why Smart People Make Big Money Mistakes and How To Correct Them*, Simon & Schuster, 1999.

- (Berkun, 2007) Berkun, S., *The Myths of Innovation*, O' Reilly, 2007.

- (Bernstein, 2000) Bernstein, L. A. and Wild, J. J., *Analysis of Financial Statements*, McGraw-Hill, 2000.

- (Bernstein, 2001) Bernstein, R., *Navigating the Noise*, Wiley & Sons, 2001.

- (Blanchard, 1998) Blanchard, K. and Bowles, S., *Gung Ho!*, William Morrow and Company, 1998.

- (Boik, 2004) Boik, J., *Lessons from the Greatest Stock Traders of All Time*, McGraw-Hill, 2004.

- (Boik, 2006) Boik, J., *How Legendary Traders Made Millions*, McGraw-Hill, 2006.

- (Bolton, 2009) Bolton, A., *Investing Against the Tide*, Financial Times Prentice Hall, 2009.

- (Bragg, 2007) Bragg, S. M., *Business Ratios and Formulas: A Comprehensive Guide*, John Wiley & Sons, 2007.

- (Branson, 1998) Branson, R., *Losing My Virginity*, Three Rivers Press, 1998.

- (Browne, 2007) Browne, C. H., *The Little Book of Value Investing*, John Wiley & Sons, 2007.

- (Buckingham, 1999) Buckingham, M. and Coffman, C., *First, Break All The Rules*, Simon & Schuster, 1999.

- (Buffett, 1977-) Buffett, W., annual letters of Berkshire Hathaway to shareholders, 1977 to present.

- (Calandro, 2009) Calandro, J., *Applied Value Investing*, McGraw-Hill, 2009.

- (Chancellor, 2000) Chancellor, E., *Devil Take The Hindmost*, Plume, 2000.
- (Christensen, 2003) Christensen, C. M. and Raynor, M. E., *The Innovator' Solution: Creating and Sustaining Successful Growth*, Harvard Business School Publishing, 2003.
- (Cialdini, 2009) Cialdini, R. B., *Influence*, Pearson Education, 2009.
- (Collins, 2001) Collins, J., *Good To Great*, HarperCollins, 2001.
- (Collins, 2002) Collins, J. and Porras, J. I., *Built To Last*, Collins Business Essentials, 2002.
- (Covel, 2007) Covel, M. W., *The Complete Turtle Trader*, New York: HarperCollins, 2007.
- (Cunningham, 2001-A) Cunningham, L. A., *The Essays of Warren Buffett: Lessons for Corporate America*, New York: L. Cunningham, 2001.
- (Cunningham, 2001-B) Cunningham L. A., *How to Think Like Benjamin Graham and Invest Like Warren Buffett*, McGraw-Hill, 2001.
- (Damodaran, 2004) Damodaran, A., *Investment Fables*, Prentice Hall, 2004.
- (Damodaran, 2006) Damodaran, A., *Damodaran on Valuation: Security Analysis for Investment and Corporate Finance*, John Wiley & Sons, 2006.
- (Darvas, 2007) Darvas, n., *How I Made $2,000,000 in the Stock Market*, Harriman House, 2007.
- (Dreman, 1998) Dreman, D., *Contrarian Investment Strategies*, Simon & Schuster, 1998.
- (Drobny, 2009) Drobny, S., *Inside the House of Money*, John Wiley & Sons, 2009.
- (Drucker, 1993) Drucker, P. F., *Innovation and Entrepreneurship*, HarperBusiness, 1993.
- (Drucker, 2006) Drucker, P. F., *The Effective Executive*, HarperCollins, 2006.
- (Easterling, 2005) Easterling, E., *Unexpected Returns: Understanding Secular*

Stock Market Cycles, Cypress House, 2005.

- (Einhorn, 2008) Einhorn, D., *Fooling Some of the People All of the Time*, John Wiley & Sons, 2008.

- (Epstein, 2005) Epstein, L., *Reading Financial Reports for Dummies*, Wiley Publishing, 2005.

- (Faith, 2007) Faith, C., *Way of the Turtle*, New York: McGraw-Hill, 2007.

- (Fisher, 1996) Fisher, P. A., *Common Stocks and Uncommon Profits*, John Wiley & Sons, 1996.

- (Fisher, 2007) Fisher, K., *The Only Three Questions That Count*, John Wiley & Sons, 2007.

- (Flamholtz, 2007) Flamholtz, E. G. and Randle, Y., *Growing Pains*, Jossey-Bass, 2007.

- (Fraser-Sampson, 2007) Fraser-Sampson, G., *Private Equity as an Asset Class*, John Wiley & Sons, 2007.

- (Freiberg, 1996) Freiberg, K., *Nuts!*, Broadway Books, 1996.

- (Friedlob, 2001) Friedlob, G. T. and Welton, R. E., *Keys to Reading an Annual Report*, Barron's, 2001.

- (Fridson, 2002) Fridson, M. and Alvarez, F., *Financial Statement Analysis: A Practitioner's Guide*, John Wiley & Sons, 2002.

- (George, 2003) George B., *Authentic Leadership*, Jossey-Bass, 2003.

- (Gerstner, 2003) Gerstner, L. V., *Who Says Elephants Can't Dance?*, HarperCollins, 2003.

- (Gladwell, 2002) Gladwell, M., *The Tipping Point*, Brown and Company, 2002.

- (Godin, 2003) Godin, S., *Purple Cow*, Portfolio, 2003.

- (Graham, 2003) Graham, B., *The Intelligent Investor*, Collins Business Essentials, 2003.

- (Greenblatt, 1997) Greenblatt, J., *You Can be a Stock Market Genius*, Fireside, 1997.

- (Greenblatt, 2006) Greenblatt, J., *The Little Book That Beats The Market*, John

Wiley & Sons, 2006.

- (Greenwald, 2001) Greenwald, B. C. N., Kahn, J., Sonkin, P. D., and Van Biema, M., *Value Investing: From Graham to Buffett and Beyond*, John Wiley & Sons, 2001.

- (Hagstrom, 2005) Hagstrom, R. G., *The Warren Buffett Way*, John Wiley & Sons, 2005.

- (Hamel, 1996) Hamel, G. and Prahalad, C. K., *Competing for the Future*, Harvard Business School Press, 1996.

- (Harrison, 2007) Harrison S., *The Manager's Book of Decencies*, McGraw-Hill, 2007.

- (Heins, 2013) Heins, J. and Tilson, W., *The Art of Value Investing*, John Wiley & Sons, 2013.

- (Heiserman, 2004) Heiserman, H., *It's Earnings That Count*, McGraw-Hill, 2004.

- (Jean-Jacques, 2003) Jean-Jacques, J. D., *The 5 Keys to Value Investing*, McGraw-Hill, 2003.

- (Kahneman, 2011) Kahneman, D., *Thinking, Fast and Slow*, Penguin Books Ltd, 2011.

- (Katsenelson, 2007) Katsenelson, V. N., *Active Value Investing*, John Wiley & Sons, 2007.

- (Kelly, 2001) Kelly, T. and Littman, J., *The Art of Innovation: Lessons in Creativity from IDEO, America's Leading Design Firm*, Doubleday, 2001.

- (Kim, 2005) Kim, W. C. and Mauborgne, R., *Blue Ocean Strategy*, Harvard Business School Press, 2005.

- (Kindleberger, 2005) Kindleberger, C. P. and Aliber, R., *Manias, Panics, and Crashes*, John Wiley & Sons, 2005.

- (Klarman, 1991) Klarman S., *Margin of Safety*, HarperCollins, 1991.

- (Kobrick, 2006) Kobrick, F. R., *The Big Money*, Simon & Schuster, 2006.

- (Koller, 2005) Koller, T., Goedhart, M. and Wessels, D., *Valuation: Measuring and Managing the Value of Companies*, John Wiley & Sons, 2005.

- (Kouzes, 2007) Kouzes, J. M. and Posner, B. Z., *The Leadership Challenge*, John Wiley & Sons, 2007.

- (Krass, 1999) Krass, P., *The Book of Investing Wisdom*, John Wiley & Sons, 1999.

- (Lefevre, 2006) Lefevere, E., *Reminiscences of a Stock Operator*, John Wiley & Sons, 2006.

- (Livermore, 2001) Livermore, J., *How To Trade In Stocks*, McGraw-Hill, 2001.

- (Loeb, 2007) Loeb, G. M., *The Battle For Investment Survival*, BN Publishing, 2007.

- (Lowe, 1999) Lowe, J., *The Rediscovered Benjamin Graham*, John Wiley & Sons, 1999.

- (Lowenstein, 1995) Lowenstein, R., *Buffett: The Making of an American Capitalist*, Broadway Books, 1995.

- (Lynch, 1989) Lynch, P., *One Up on Wall Street*, Simon & Schuster, 1989.

- (Lynch, 1993) Lynch, P., *Beating the Street*, Simon & Schuster, 1993.

- (MacKay, 2003) MacKay, C., *Extraordinary Popular Delusions and the Madness of Crowds*, Harriman House, 2003.

- (Mahar, 2004) Mahar, M., *Bull! A History Of The Boom And Bust, 1982-2004*, HarperBusiness, 2004.

- (Malkiel, 2007) Malkiel, B. G., *A Random Walk Down Wall Street*, W. W. Norton & Company, 2007.

- (Mandelman, 2007) Mandelman, A., *The Sleuth Investor*, McGraw-Hill, 2007.

- (Mauboussin, 2006) Mauboussin, M. J., *More Than You Know*, Columbia University Press, 2006.

- (Miles, 2002) Miles, R. P., *The Warren Buffett CEO*, John Wiley & Sons, 2002.

- (Montier, 2010) Montier, J., *The Little Book of Behavioural Investing*, John Wiley & Sons, 2010.

- (Moore, 2005) Moore, G. A., *Inside the Tornado*, Collins Business Essentials, 2005.

- (Moore, 2006) Moore, G. A., *Crossing the Chasm*, Collins Business Essentials, 2006.

- (Morales, 2010) Morales, G. and Karcher C., *Trade Like an O' Neil Disciple*, John Wiley & Sons, 2010.

- (Moyer, 2005) Moyer, S. G., *Distressed Debt Analysis*, J. Ross Publishing, 2005.

- (Mulford, 2002) Mulford, C. W. and Comiskey, E. E., *The Financial Numbers Game*, John Wiley & Sons, 2002.

- (Munger, 1994) Munger, C., 'A Lesson on Elementary, Worldly Wisdom As It Relates To Investment Management & Business', USC Business School, 1994.

- (Napier, 2009) Napier, R., *Anatomy of the Bear*, Harriman House Ltd, 2009.

- (Neff, 1999) Neff, J., *John Neff on Investing*, John Wiley & Sons, 1999.

- (O' Glove, 1987) O' Glove, T. L., *Quality of Earnings*, The Free Press, 1987.

- (O' Neil, 2002) O' Neil, W. J., *How to Make Money in Stocks*, McGraw-Hill, 2002.

- (O' Shaughenessy, 2005) O' Shaughenessy, J. P., *What Works on Wall Street*, McGraw-Hill, 2005.

- (Pabrai, 2007) Pabrai, M., *The Dhandho Investor*, John Wiley & Sons, 2007.

- (Peters, 1994) Peters, T., *The Pursuit of Wow!*, Vintage Books, 1994.

- (Peters, 2003) Peters, T., *Re-imagine!*, Dorling Kindersley, 2003.

- (Peters, 2006) Peters, T. J. and Waterman, R. H., *In Search of Excellence*, Collins Business Essentials, 2006.

- (Pfeffer, 2000) Pfeffer, J. and Sutton, R. I., *The Knowing-Doing Gap*, Harvard Business School Press, 2000.

- (Pfeffer, 2006) Pfeffer, J. and Sutton, R. I., Hard Facts, Dangerous *Half-Truths and Total Nonsense*, Harvard Business School Press, 2006.

- (Pfeffer, 2007) Pfeffer, J., *What Were They Thinking?*, Harvard Business School Press, 2007.

- (Pine, 1999) Pine, B. J. and Gilmore, J. H., *The Experience Economy*, Harvard Business School Press, 1999.

- (Porter, 1980) Porter, M. E., *Competitive Strategy*, The Free Press, 1980.

- (Porter, 1985) Porter, M. E., *Competitive Advantage*, The Free Press, 1985.

- (Reinhart, 2009) Reinhart, C. M. and Rogoff, K., *This Time is Different: Eight Centuries of Financial Folly*, Princeton University Press, 2009.

- (Ries, 1996) Ries, A., *Focus: The Future of Your Company Depends on It*, HarperBusiness Publishers, 1996.

- (Risso-Gill, 2011) Risso-Gill, C., *There's Always Something to Do*, McGill-Queen's university Press, 2011.

- (Rogers, 2003) Rogers, E. M., *Diffusion of Innovations*, Free Press, 2003.

- (Rogers, 2007) Rogers, J., *Hot Commodities*, Random House Trade, 2007.

- (Rosenberg, 2000) Rosenberg, H., *The Vulture Investors*, John Wiley & Sons, 2000.

- (Ross, 2000) Ross, N., *Lessons from the Legends of Wall Street*, Dearborn, 2000.

- (Rothchild, 2001) Rothchild, J., *The Davis Dynasty*, John Wiley & Sons, 2001.

- (Sartain, 2003) Sartain, L., *HR From The Heart*, Amacom, 2003.

- (Schilit, 2002) Schilit, H., *Financial Shenanigans*, McGraw-Hill, 2002.

- (Schiller, 2005) Schiller, R. J., *Irrational Exuberance*, Doubleday, 2005.

- (Schrage, 2000) Schrage, M., *Serious Play*, Harvard Business School Press, 2000.

- (Schultz, 1997) Schultz, H. and Yang, D. J., *Pour Your Heart Into It*, Hyperion, 1997.

- (Schwager, 1992) Schwager, J. D., *The New Market Wizards*, John Wiley & Sons, 1992.

- (Schwager, 2006) Schwager, J. D., *Market Wizards*, Marketplace Books, 2006.

- (Schwager, 2012) Schwager, J. D., *Hedge Fund Market Wizards*, John Wiley & Sons, 2012.

- (Siegel, 2005) Siegel, J. J., *The Future For Investors*, Crown Business, 2005.

- (Smithers, 2009) Smithers, A., *Wall Street Revalued*, John Wiley & Sons, 2009.

- (Soros, 1995) Soros, G., *Soros on Soros*, John Wiley & Sons, 1995.

- (Sperandeo, 1997) Sperandeo, V., *Trader Vic II: Principles of Professional Speculation*, John Wiley & Sons, 1997.

- (Staley, 1997) Staley, K. F., *The Art of Short Selling*, John Wiley & Sons, 1997.

- (Swensen, 2005) Swensen, D. F., *Unconventional Success*, Free Press, 2005.

- (Taleb, 2007) Taleb, n. n., *The Black Swan*, Random House Trade Paperback, 2007.

- (Taylor, 2006) Taylor, W. C. and LaBarre, P., *Mavericks at Work*, William Morrow, 2006.

- (Templeton, 2008) Templeton, L. C., *Investing the Templeton Way*, McGraw-Hill, 2008.

- (Tier, 2005) Tier, M., *The Winning Habits of Warren Buffett and George Soros*, Truman Talley Books, 2005.

- (Train, 2000) Train, J., *Money Masters of Our Time*, HarperCollins, 2000.

- (utterback, 1994) utterback, J. M., *Mastering the Dynamics of Innovation*, Harvard Business School Press, 1994.

- (Walton, 1992) Walton, S., *Made in America*, Bantam Books, 1992.

- (Welch, 2005) Welch, J., *Winning*, HarperBusiness, 2005.

- (Weiss, 2010) Weiss, S. L., *The Billion Dollar Mistake*, John Wiley & Sons, 2010.

- (Weiss, 2012) Weiss, S. L., *The Big Win*, John Wiley & Sons, 2012.

- (White, 2003) White, G. I., Sondhi, A. C., and Fried, D., *The Analysis and Use of Financial Statements*, John Wiley & Sons, 2003.

- (Whitman, 1979) Whitman, M. J. and Shubik, M., *The Aggressive Conservative Investor*, John Wiley & Sons, 1979.

- (Whitman, 2009) Whitman, M. J. and Diz, F., *Distress Investing*, John Wiley & Sons, 2009.

- (Zweig, 2007) Zweig, J., *Your Money and Your Brain*, Simon & Schuster, 2007.

용어

- H 점수 H-score 144, 205
- Q 비율 Q-ratio 363, 383, 384
- Z 점수 Z-score 144, 205
- 가격이 합리적인 성장주 growth at a reasonable price, GARP 60
- 가치 함정 value trap 172, 181, 226
- 가치합산 모형 234, 236
- 계속기업 223, 225, 228, 236
- 고점 매도 303, 388, 389
- 구루포커스 GuruFocus 94, 135
- 군집행동 39, 46, 51~53, 56, 76, 257, 399, 435, 436
- 규모의 경제 146, 154, 155, 499
- 그레이엄-도드 접근 방식 236
- 기업공개 77, 87, 88, 102, 108, 132, 360, 383
- 내부자 매도 95, 110, 116, 117, 178, 205, 367, 369
- 내부자 매수 94~96, 303
- 넷넷 net-nets 225
- 능력 범위 circle of competence 138, 449, 457
- 대표성 편향 265, 271, 273
- 더 바보 이론 bigger fool theory 255, 257
- 딜(deal)에 근거한 가치 234, 235, 250
- 루프트한자 Lufthansa 297, 298, 300
- 리먼 브라더스 Lehman Brothers 101, 382
- 마법 공식 Magic Formula 134
- 마이크로소프트 Microsoft 90, 148, 153, 246, 282, 283, 289, 293
- 매입보유법 buy-and-hold 298, 323, 338, 394, 396, 397
- 맥도날드 McDonalds 163, 166, 282, 283, 289
- 메리어트 Marriot 86, 87, 290
- 미스터 마켓 Mr. Market 141, 380, 455

· 박스권 장세   337, 352, 354, 356, 367, 376

· 직관 체계 reflexive system   42, 43

· 추론 체계 reflective system   43

· 배당성향 payout ratio   363

· 밸류라인 서베이 Value Line Survey   134

· 버크셔 해서웨이 Birkshire Hathaway   25, 26, 163, 185, 190, 396, 397, 439

· 복점 duopoly   155

· 비커스 스탁 리서치 Vickers Stock Research   135

· 사업다악화 diworseification   190, 196

· 사우스웨스트 항공 Southwest Airlines   79, 158, 184, 283, 284

· 상향식 투자   58, 63, 265, 266, 366, 407

· 소수의 법칙 law of small numbers   44, 51

· 손실 제한 주문 stop-loss order   254, 255, 344, 345, 439

· 쇼트 스퀴즈 short squeeze   346

· 스타벅스 Starbucks   156, 158, 164, 283, 289, 291

· 스핀오프 프로필 Spinoff Profiles   135

· 시스코 Cisco   90, 188, 189, 283, 286~289, 293

· 시점 선택 market timing   45

· 실러 PER Schiller PER   364, 383, 384

· 심리회계   50, 51, 392

· 아메리카 온라인 America Online   118

· 아메리칸 익스프레스 American Express   101

· 아전인수 편향   263, 271

· 안전 마진 margin of safety   211, 242, 249, 250, 310, 328, 347, 419, 421

· 역발상 투자   127~129, 302, 312, 323, 343, 355, 357, 379, 384

· 연고 편향 49, 263, 271

· 연준 모형 Fed model   361, 362

· 영업권   223~225, 227, 229, 250, 308, 362

· 영향력 행사   427

· 월마트 Wal-Mart   90, 154, 157, 166, 192, 283, 289

· 위험 감수 risk tolerance   434, 435, 437, 442

· 위험 욕구 risk appetite   437

· 유상증자 secondary offering   85, 110

· 인지 편향　42, 43, 51~53, 55, 65, 76, 103, 262, 263, 265, 268, 334, 335, 435, 437, 449, 457, 462, 466

· 일관성 편향 consistency bias　48

· 자본자산 가격 결정 모형 capital asset pricing model, CAPM　413~418, 442, 443

· 자본적 지출　79, 107, 115, 216, 217, 238, 239, 301, 303

· 저점 매수　303, 388, 389, 391, 498

· 전환권　222

· 정박 효과 anchoring　47, 51, 53

· 젬파인더 Gemfinder　135

· 주주행동주의자 shareholder activist　98, 99, 309

· 차익거래　60, 61, 75, 112, 427, 428

· 차입매수 leveraged buyout　82, 83

· 초소형주 microcap　108

· 촉매 catalyst　69, 76, 96~99, 116, 117, 132, 333, 355, 369, 402

· 최근성 편향 recency bias　46, 51, 52, 55, 76, 103

· 친숙 편향　264

· 코카콜라 Coca-Cola　148, 152, 154, 190, 294

· 크록스 Crocs　104

· 터틀 트레이더 turtle trader　22

· 토마스쿡 Thomas Cook　305, 306, 308~310, 313, 314, 316

· 토픽스 Tokyo stock price index, TOPIX　103

· 퇴출장벽　147

· 폼포오라클 Form4Oracle　135

· 풋/콜 비율　359, 383, 384

· 하향식 투자　58, 63, 266

· 해자 垓子　104, 146, 190, 204, 231, 240, 250, 294

· 행동주의 투자　62, 451

· 현금흐름할인 모형 discounted cash flow(DCF) model　41, 209~211, 233~235, 243, 244, 249, 250

· 홈디포 Home Depot　283, 289

· 환매수청산　115

· 효율적 시장 가설 efficient market hypothesis　18, 19, 22, 23, 41, 65, 412

- 가벨리, 마리오 Mario Gabelli 97, 234
- 갤빈, 폴 Paul Galvin 160
- 거스너, 루 Lou Gerstner 155, 163, 189, 191
- 게린, 릭 Rick Guerin 20, 23, 439, 464, 465
- 고이주에타, 로베르토 Roberto Goizueta 190
- 그랜섬, 제러미 Jeremy Grantham 175
- 그레이엄, 벤저민 Benjamin Graham 20, 22, 24~26, 55, 58, 59, 76, 77, 140, 211, 213, 224~226, 236, 241, 243, 250, 268, 372~374, 376, 380, 392, 398, 417, 418, 427, 430, 484
- 그린, 해리엇 Harriet Green 305, 310, 314
- 그린버그, 글렌 Glenn Greenberg 20, 89, 155, 312, 323, 421
- 그린블라트, 조엘 Joel Greenblatt 20, 22, 24, 26, 59, 73, 81~84, 86, 87, 97, 98, 101, 111, 112, 122, 134, 141, 206, 219, 329, 336, 421, 450, 455, 464, 465, 476
- 그린월드, 브루스 Bruce Greenwald 134
- 나이그렌, 빌 Bill Nygren 234
- 네이피어, 러셀 Russell Napier 367
- 네프, 존 John Neff 20, 70, 72, 136, 173, 212, 300, 397, 400
- 뉴턴, 아이작 Isaac Newton 479
- 다모다란, 어스워스 Aswath Damodaran 110, 246
- 달리오, 레이 Ray Dalio 406, 428, 466
- 데니스, 리처드 Richard Dennis 20, 22
- 데이비스, 셸비 Shelby Davis 20, 24, 26, 77, 93, 397
- 데일리, 케빈 Kevin Daly 135, 198, 402, 403
- 도드, 데이비드 David Dodd 77, 236, 241, 243, 250, 417
- 드러커, 피터 Peter Drucker 165
- 드러켄밀러, 스탠리 Stanley Druckenmiller 20, 23, 24
- 드레먼, 데이비드 David Dreman 54, 59, 103, 176, 217, 261, 300, 313, 358
- 디미트리예비치, 마르코 Marko Dimitrijevic 125
- 라이트너, 짐 Jim Leitner 91, 128
- 라이트보운, 마크 Mark Lightbown 120, 136, 430
- 라인하트, 카르멘 Carmen Reinhart 406

· 래코니쇼크, 조셉 Josef Lakonishok 95, 96, 367

· 램퍼트, 에디 Eddie Lampert 20, 22, 421

· 러브, 대니얼 Daniel Loeb 20, 98

· 레인워터, 리처드 Richard Rainwater 78

· 로고프, 케네스 Kenneth Rogoff 406

· 로드리게스, 로버트 Robert Rodriguez 373

· 로믹, 스티븐 Steven Romick 378

· 로버트슨, 줄리언 Julian Robertson 20, 23, 90, 115, 118, 154, 181, 341, 374, 458

· 로이스, 척 Chuck Royce 218

· 로저스, 짐 Jim Rogers 20, 23, 24, 79, 91, 92, 107, 120, 124, 136, 301, 369, 379, 475

· 로젠스타인, 배리 Barry Rosenstein 99

· 로퍼스, 알렉스 Alex Roepers 142, 199

· 리버모어, 제시 Jesse Livermore 22, 51

· 린치, 피터 Peter Lynch 20, 24, 25, 60, 70, 71, 78~80, 84, 88, 90, 93, 111, 136, 141,
  142, 146, 148~151, 173, 178, 190, 193, 214, 254, 284, 289~292, 294, 295, 297, 302,
  307, 310, 313, 315, 329, 333, 358, 376, 390, 396~398, 403, 406, 407, 423, 424, 452

· 마이, 제이미 Jamie Mai 79

· 맨델만, 애브너 Avner Mandelman 202

· 멍거, 찰리 Charlie Munger 20, 23~25, 131, 145, 211, 243, 266, 397, 402, 429, 439,
  462, 464, 465, 470, 476

· 바루크, 버나드 Bernard Baruch 18, 422, 429, 455, 456, 458

· 바이스, 스티븐 Stephen Weiss 263

· 버뱅크, 존 John Burbank 126

· 버핏, 워런 Warren Buffett 20, 22~27, 41, 59, 67, 96, 106, 108, 131, 137, 139, 142,
  144, 145, 148~151, 154, 157, 170, 171, 178~182, 186~188, 190, 193~195, 198, 207,
  211, 243, 246, 251, 255, 256, 266, 270, 306, 323, 325, 329, 345, 363, 374, 375,
  378~380, 382, 385, 395~397, 401, 403, 407, 411, 417~422, 427, 430, 439, 440, 451,
  452, 457, 460, 462~465, 467, 470, 473, 475, 479, 480

· 번스타인, 리처드 Richard Bernstein 377

· 본더먼, 데이비드 David Bonderman 20, 264

· 볼턴, 앤서니 Anthony Bolton 20, 24, 25, 82, 96, 100, 110, 141, 144, 149, 181, 195,
  204, 206, 244, 312, 359, 362, 369, 372, 402, 404

· 비딕, 조 Joe Vidich 20, 78, 115

· 소로스, 조지 George Soros   20, 23, 24, 374, 378, 401, 458, 472

· 소프, 에드워드 Edward Thorp   20, 22

· 손킨, 폴 Paul Sonkin   74, 77

· 슐로스, 월터 Walter Shloss   20, 24, 26, 139, 181, 463~465

· 슐츠, 하워드 Howard Schultz   156, 164

· 스미더스, 앤드류 Andrew Smithers   359

· 스웬슨, 데이비드 David Swensen   100, 120

· 스타인하트, 마이클 Michael Steinhardt   20, 273

· 시겔, 제러미 Jeremy Siegel   71, 110, 365

· 심프슨, 루 Lou Simpson   20, 463, 465

· 아이버슨, 케네스 Kenneth Iverson   155, 159

· 아이칸, 칼 Carl Icahn   62, 98, 451

· 아인슈타인, 알베르트 Albert Einstein   477

· 아인혼, 데이비드 David Einhorn   20, 24, 88, 148, 334, 345, 373, 374, 399, 407, 432

· 애크리, 척 Chuck Akre   201

· 애크먼, 빌 Bill Ackman   62, 98, 309

· 약트만, 돈 Don Yacktman   148, 373

· 약트만, 스티븐 Stephen Yacktman   366, 373

· 에크하르트, 윌리엄 William Eckhardt   20~22, 447

· 왓사, 프렘 Prem Watsa   20, 23, 306, 363, 373, 374, 382, 407, 475

· 왜그너, 랠프 Ralph Wagner   90

· 우벤, 제프리 Jeffrey Ubben   62

· 월튼, 샘 Sam Walton   157, 166, 192

· 윌슨, 로버트 Robert Wilson   20, 106, 341, 400

· 이베이야르, 장-마리 Jean-Marie Eveillard   218

· 이인무 Lee Inmoo   367

· 차노스, 짐 Jim Chanos   115, 118, 140, 143, 341, 343, 345, 451

· 카스넬슨, 비탈리 Vitaliy Katsenelson   376

· 캐럿, 필립 Philip Carret   20, 24, 25, 71, 154, 372, 427, 475

· 커코리언, 커크 Kirk Kerkorian   264

· 컨딜, 피터 Cundill, Peter   20, 318, 374, 459, 461, 472, 476

· 켈러허, 허브 Herb Kelleher   158, 184

· 코브릭, 프레더릭 Frederick Kobrick   186, 270, 329

· 클라만, 세스 Seth Klarman   20, 51, 72, 81, 88, 99, 130, 371, 373, 374, 376, 432, 471

· 클로거스, 톰 Tom Claugus   20, 92

· 테일러, 마틴 Martin Taylor   20, 128

· 템플턴, 존 John Templeton   20, 24~26, 67, 72, 74, 81, 93, 99, 103, 120, 125, 128, 130, 154, 173, 186, 198, 211~215, 242, 244, 246, 269, 318, 336, 339, 345, 358, 362, 368, 369, 378, 379, 381, 389, 396, 405, 423, 430, 460, 473

· 토빈, 제임스 James Tobin   363, 383, 384

· 파라메스, 프란시스코 가르시아 Francisco García Paramés   20, 178, 199

· 파브라이, 모니시 Monish Pabrai   80, 90, 100, 134, 135, 204, 336, 460

· 페쉬바크, 조 Joe Feshbach   118

· 포터, 마이클 Michael Porter   144, 151, 169

· 프라이스, 마이클 Michael Price   20, 131, 198, 234

· 프라이스, T. 로 T. Rowe Price   245, 290

· 피셔, 필립 Philip Fisher   59, 77, 93, 109, 145, 150, 154, 184, 185, 199, 267, 310, 328, 329, 336, 377, 390, 397, 421, 424, 425

· 하일브룬, 로버트 Robert Heilbrunn   313

· 허긴스, 척 Chuck Huggins   185

· 헤로, 데이비드 David Herro   122, 171

· 휘트먼, 마틴 Martin Whitman 20, 75, 111, 112, 141, 247, 310, 422

초과수익 바이블

초판　1쇄 | 2017년 6월 15일
개정판 1쇄 | 2020년 9월 15일
　　　 4쇄 | 2022년 9월 25일

지은이　 | 프레더릭 반하버비크
옮긴이　 | 이건, 서태준
감수　　 | 신진오

펴낸곳　 | 에프엔미디어
펴낸이　 | 김기호
편집　　 | 양은희
기획관리 | 문성조
마케팅　 | 박강희
디자인　 | 이은남

신고　　 | 2016년 1월 26일 제2018-000082호
주소　　 | 서울시 용산구 한강대로 295, 503호
전화　　 | 02-322-9792
팩스　　 | 0303-3445-3030
이메일　 | fnmedia@fnmedia.co.kr
홈페이지 | http://www.fnmedia.co.kr
ISBN　　 | 979-11-88754-32-8

이 도서의 국립중앙도서관 출판예정도서목록(CIP)은
서지정보유통지원시스템 홈페이지(http://seoji.nl.go.kr)와
국가자료공동목록시스템(http://www.nl.go.kr/kolisnet)에서 이용하실 수 있습니다.
(CIP제어번호: CIP2020036876)